叢書・ウニベルシタス　256

大学制度の社会史

ハンス＝ヴェルナー・プラール
山本 尤 訳

法政大学出版局

目次

一 序——千年の黴《かび》？

先年、怒れる学生たちが教授連中のガウンの下に生える千年の黴を払い除けようとしたとき、それがシシュポスの果てしない徒労の仕事であるのを見抜いていた者は少数にすぎなかった。千年にも及ぶ大学の歴史の黴は、数年の努力で払拭しうるものではなかった。歴史の重みは、いきり立つ学生たちの批判や嘲罵よりはるかに大きかった。単なるスローガンや「諸制度を貫通する長征」を告知するだけでは、大学の強大な伝統に太刀打ちできるはずもなかった。大学という制度は、その歴史からほとんど無尽蔵の慣性・傾向を引き出していて、伝統を単に記述したり、時代遅れの構造を批判することで、変わるものではなかったからである。「二重の隘路」——大学への入学制限と卒業後の就職難(1)——という状況さえも、これまで大学制度を徹底的には改革することはできなかった。大学はその歴史で生きている。

変化はほとんど起こらなかったように見える。今日、文教政策に携わる政治家たちを悩ませている大学のすし詰め状態は、百年前にも国会議員や教授たちに同様に嘆かれていたものである。それどころか、十七世紀にもすでに、ジャーナリストは「最高学府への過剰な流入」を報じている。現在の大学が集団‐大学に硬直しているという嘆きの声も、同様に、決して新しいものではない。すでに十四、十五世紀にも、大学構成員の個々のグループが互いに鋭く対立し合っていることが嘆かれていた(2)。さらに言えば、ここ十年間の学生反乱は、中世の大学での出来事と比べると、議論だけの無邪気な行事のように思われるが、印象に頼っていてはいけないのであって、類似しているのは表面上のことで、現象として同様であると見えるものも、本質においては異なっている。大学の本質は、歴史の流れの中で変わっている。というのも、大学は自立したものではなく、社会的な制度だからである。しかも、社会が変遷していったために、大学も変遷から免れているわけにはいかなかった。それにもかかわらず、大学においては、他の社会的制度と比較すると、変化に対する抵抗が、より強くかつ長期にわたって行われてきた。大学は、高度に、歴史の堆積物を抱え込んだ制度である、つまり大学の中には歴史的な諸状況が堆積していて、これが少なくとも大学を変化に対して抵抗させてきたのである。慣性・傾向は、その外見から歴然としている。服装、地位を象徴する表彰の数々、儀式、独特の言語習慣、称号は、大学がとっくに官僚主義化された大企業になっているにもかかわらず、過ぎ去った昔を示している。こうした外見的体裁は、そのうちにやがて捨て去られるでもあろう過去の遺物なのではない。それらは、大学が現代において自己主張するための重要な要素なのである。というのも、大学は、社会的制度ではあっても、その資格証明は、現代の焦眉の社会的要求からもっぱら引き出されているのではないからである。大学は、むしろ、高度の知識の担い手にして伝達者であるものとして、直接理解できる諸機能と包括的な諸要求との間のギャップを埋めるために、過去への橋を架けなければならない。つまり、大学によって伝えられた知識は、社会の構成員の多数には完全には獲得されることも、理解されることもなく、なにか秘密めいたものかもしれないが、社会の多数の人々は、大学に金を出し、大学卒業者を尊重しなければならない。儀式、式典、称号の中に含まれている歴史へのアッピール、知の伝統へのアッピールは、大学に資格証明を与えるものではあっても、これは、合理的に——つまり理性に重点を置いた会話によって、熟慮と分別と議論によって——作られたものとはとても言えまい。大学はしたがって、ただ単にその歴史とともに生きているだけではない。しかし大学にとって、歴史は生きてゆく上に必須のものではある。

無くて済むものも多いであろう。先年の学生反乱のときでも、まだ大学教授たちは大学の祝典にガウンを着て姿を現したのであったが、こんなものは、いまでは衣装戸棚に仕舞い込まれている。ガウンの象徴力は――その間に――地に落ちてしまった。学長や学部長を尊称で学長閣下とか学部長閣下と呼ぶべきかどうかは、当人の気持ち次第になっているようだが、その歴史的な伝統的機能はあまり変わっていない。ラテン語は大学の儀式や称号に添え物的に遺されているだけだが、哲学部の多くの課程では、卒業資格にラテン語上級試験が不自然なまでの熱意で要求されている。歴史の遺物が、個人の、あるいは集団の利益を貫徹しようとする際に、時に武器として利用されているともいう。――もっとも、これは必ずしもいつもうまくゆくとは限らない企てではある。歴史は必ずしもいつも資格を証明するものではないからである。

無くては済まないものも多い。大学に設置されたすべての専門分野は、その学問の伝統を誇っている。専門分野の分類は、その分野が生じた時点の歴史的状況に端を発していて、学問の内在的固有性によることは少ない。教える側の形式も学ぶ側の形式も――さまざまな教授法改革の試みにもかかわらず――いまだに過去のものに従っている。新設の大学でさえ、ドクトルの学位の授与には、中世に行われていたテーゼの公開の討論を採用している。十七世紀にはすでに廃れていたリツェンツィアートという学位は、いくつかの学部や大学で再興されている。カリキュラムや試験には、かつて歴史的に意味をもってはいたが、現在では無意味になっている規定が温存されている。(4) あらゆる改革に対して頑固な抵抗がなされている。近年、大学改革の試みを行った人々は、あらゆる改革に抵抗する歴史の遺物の頑固さに手を焼いている。

大学制度の歴史はまた、現代にとって、政治の問題でもある。大学は社会的制度として、社会で支配的な発展傾向の波の中にあり、少なくとも部分的には経済体制の実効的諸関連に組み込まれ、至るところに氾濫する官僚化を自らも取り入れ、いくつかの領域では社会的中流階層、下級階層に対して大きく開かれていなければならなかった。にもかかわらず、大学は、途切れることなく諸々の発展に組み込まれていて、大学固有のダイナミズムの一部を保存してきた。大学の発展は、他の社会的発展と完全には同時的ではない。大学は、非同時性の制度として、歴史に対して橋渡しの機能をもっていて、諸内容、諸価値、諸構造を伝承し、歴史を保存してゆく。大学の非同時性は、社会的発展のメカニズムに大学が直接に包み込まれるのを阻んでいる。大学は、歴史に対するその関係によって、社会から一定の距離を確保しているが、この距離がまた、社会的発展に対する批判的な姿勢と同時に非政治的な消極性を大学に許しているものでもある。それゆえ、大学の置かれている現状を知り、その変革の可能性を判断しようとするならば、大学の歴史に対する関係を明確にすることが重要な問題となる。

一・一　歴史と歴史書

歴史は周知のことである。大学はそれぞれの歴史書と歴史をもっている。大学の祝賀記念文集や記念祭文集は気も滅入るばかりの氾濫ぶりである。諸大学が自分たちの歴史を綴る記録を発見した（ないしは再発見した？）前世紀以来、各大学は、見事な規則性でもって、創立二十五周年、五十周年、百周年に記念文集を発行し、その歴史を、個々の学部や研究所の歴史を想い起こしてきた。(5) 偉大な学者の功績が称えられ、専門分野の発展も評価される。しかし、記念文集の中で、「大学は誰のものか」という問いを追究しているものは稀である。個々の大学の歴史は、今日に至るまで相も変わらず、個人および研究所の歴史として書かれている。時に、経済問題や管理問題、あるいは特定の理念が大学の発展に及ぼした影響についての論文が見られ、かつての大学の歴史についての知識が蓄えられ、一見任意に並べ立てられはするが、こうした列挙も、決して任意ではない。そこには歴史を研究者、教師、理念、認識、諸制度、管理と決定の、偶然のつながりと捉える大学史家や大学教師の自己理解が反映されているのである。彼らは、もちろん制約はあるにしても、歴史の発展を偶然と捉えている。制約された偶然は、諸学問のダイナミズムから、そして大学を規制している周辺の諸条件から、その方向が決まる——たいていの記念論文集の傾向はこのようなものである。大学がいかに発展してゆくかは、記念論文集から受ける印象から言えば、学術的発見や学者、研究者の関心、あるいはまた王侯や政治家の側からの影響の所産であると言える。経済的、社会的諸条件は、詳しく考察する必要のない周辺諸条件としてしか考えられていない。それは大学が自立的な制度と見なされているからである。自立（ないし自治）は社会・経済的利害からの自由と間違って考えられている。これは誤った解釈なのだが、何世紀来、多くの大学人の社会、経済、国家、政治とのイデオロギー上の関係をよく表している。大学は、その歴史のあらゆる局面で、社会的、経済的、政治的な諸矛盾に織り込まれていたにもかかわらず、このように社会から遠く離れ、非政治的で、葛藤のない制度に美化されている。大学人のこのような非政治的意識こそが、不偏不党という外見を呼び起こし、大学の実際的な党派性——歴史上のたいていの時期には支配者側についているその党派性——を覆い隠してきた。大学の祝賀文集や記念論文集は、大学の見せかけのみの非政治的、非社会的自己理解についてイデオロギー批判的な研究を行おうとする場合、貴重な宝庫である。

　このことを、歴史研究者や大学社会学者は、これまでほとんど気付いていなかった。ここ数年来刊行されているアンチ祝賀文集[6]には、主に若手の大学人が批判的に時の大学の社会構造に対する関係を指摘していて、在来の記念論文集の正体を見せつけようとしている。それも二つの意味において、つまり一つは、在来の祝賀文集の党派的で、支配体制の安定を志向する意識を際立たせるという意味で、いま一つは、在来の祝賀文集にも含まれている事実関係のデータを社会批判的に新たに整理し、解釈し直すという意味においてである。これは、しばしば半ばしか成功していない。事実の量は圧倒的な多さで、社会的発展への関係はなかなか見えてこないからである。それに加えて――逆説的ではあるが――大学史の調査研究においては、方法論上、理論上の手掛かりが極めて少ない。批判的祝賀文集はしたがって、個々の大学の社会関連的歴史記述への前途有望な手掛かりとなる。それらは、社会的、経済的、政治的関心を周辺諸条件としてしか扱わない公式の祝賀文集に対抗して、はっきりと反対の姿勢を取ってはいるが、こうした書はもちろん、非政治的な大学のイデオロギーを打ち破ることに成功しない限りは、一般に受け入れられないままにとどまらざるをえない。大学が自己調整する自律的なもので、ただ学術性、科学性にのみ義務を負うという理念は、大学が多くの利害関係の近くにいることからも、強力なイデオロギーであることがわかる。大学教師や研究者は、大きな制度の中にいて、自らは上流社会階層に属し、圧倒的な比率の上流社会階層の子弟を教育し、彼らを社会の指導的地位に送り込み、研究と著述でもって客観的に存在する実用関心に応えているなどなどにもかかわらず、社会からは相も変わらずただ学問にのみ責任を負う個人主義者と見なされている。産業界の代表者たちは、学問に関係のない人物でも社会では決して力が劣ることはないとわかっているのに、「学問上の資格」を特定の地位に就くための前提とすることに固執している。大学問題に携わる政治家や大学の管理機関は、大学をとっくに自分たちの側に取り込んでいて、大学の内部まで強力に統治しているにもかかわらず、大学の自立、自治を強調する。要するに、大学が非政治的で社会から遠く離れ、自立しているという支配的なイデオロギーは、多くの賛同者をもっている。

大学史の学問的研究からは、これまでこうしたイデオロギーにとって危険なものはほとんど生じていなかった。大学制度の発展を綴る歴史的総合的記述に欠けるところはない。こうした記述に載せられている文献は膨大なものである。(7) しかし子細に見ると、そこにはおどろくべき傾向が現れている。つまり大学制度の歴史の総合的叙述はほとんどすべて十九世紀に書かれたもので、二十世紀には、優れたものはわずかしかないことである。これは決して偶然ではない。第一に、十九世紀には、歴史学は最盛期で、大学制度の歴史も隆盛を極めていたからであるし、第二に、二十世紀になると、学問の部門が極度に細分化され、大学制度の歴史の研究も、もともと細目の研究に限定されていたこともあって——とくに理論的、方法論的観点が統合されたために——この細分化の波をうけたからであり、第三に、歴史研究の細分化が、必死に自らの「非政治的」性格にしがみついている大学の、ますます強くなっていた資格証明要求の表現とも考えられるからである。大学は、その社会的、経済的、政治的関連を互いに関連のない個別の研究によってその実態を覆い隠されていた。

最近数十年に刊行された大学制度の歴史についての書物や研究論文の大部分もこうした特徴をもったものである。学問的研究の現状を掘り下げる意図はなく、概観を述べるだけだと明言している一般向きの書物は別にして、大学制度の歴史を初期段階から現代までを、外的な諸状況との関連を踏まえつつ学問研究の現状にまで踏み込んでいる書物はまだほとんど現れていない。十九世紀の後半の数十年あるいは二十世紀初頭に出た数巻にも及ぶ大部の著書（たとえば、ラシュドール、一八八五、カウフマン、一八八八／九六、パウルゼン、一八八五）と比べると、最近の概括書は、その規模も限られている。かつての書物が復刻されてはいるが、(8) 大学制度の発展について最近の個別研究を踏まえた新しい総合的叙述がないことは、明らかであり、また特徴的でもある。細部の個別研究はますます数を増し、時代や場所を限定した研究も溢れているが、適切な総合はなされていない。これは、この分野の欠陥部分なのである。ちなみに、これは本書によっても埋めることはできまい。

大学史の研究は、歴史研究の他の分野にはおそらく考えられないほどに、情報源の巨大な蓄えを利用できる。大学は、学問と伝統の砦として、自らの歴史をほとんど遺漏なく記録にとどめてきている。初期段階の事情は、法律や勅書に記されているし、大学構成員の氏名、試験規則、講座の内容、蔵書、会計資料も残されている。大学記録保管所は、ほとんど無尽蔵の情報を提供してくれる。これに加えて、大学構成員は、歴史上のいつの時代の多数派市民とも対照的に、文士であって、つまり、筆が立ち、自分の意見を表明したがる人種であって、そのため後世に多くの情報を残していることも、大きい。大学人は、早くから自分たちの制度の歴史にもかかわっていて――当初はしばしば法律上の理由で、というのも、外部の人人あるいは同僚たちとの対決において、法規範について異議が申し立てられたのだが、これらはしばしば歴史的にのみ再構成されうるものであったからである。のちになると、歴史学への付随的な興味も加わった。少なくとも十九世紀以来、個々の大学や専門分野、あるいは大学制度全体についての学問的研究も見られるようになり、これがまた、さまざまな資料をもたらすことになった。十九世紀末以来の個別研究と総合研究は、経験的研究によって、当初は統計学的研究と資料分析によって、のちにはまたアンケート調査やその他の研究技術によって、補われた。――情報源は溢れていて、資料に欠けることはない。欠けるものがあるとすれば、それは他の次元でのこと、つまり、理論的設問の欠如および溢れる資料を整理する方法である。

一・二　大学制度についての理論

大学制度の社会史的ダイナミズムについての証言を一般的な歴史的社会的発展法則から引き出す形の大学制度の理論はこれまで存在していない(9)。そうした理論なら、少なくとも、以下のような問いに取り組んでいなければなるまい。社会は知識の伝達と教育をどのように制度化しているのか。知識と教育は社会の発展にどのような価値をもっているのか。種々の教育システムが成立しうるためには、どのような社会的前提条件が満たされねばならないか。学問と教育は社会的にどのように評価されているのか。社会のどの部分がどのような学校に通うことになるのか。教育を受けたことが社会での身分を変えるのか。生産と再生産、労働と職業教育との関連はどのように組織されるのか。資格は社会的にどのように定義され、要求されるのか。学問の革新に対して社会は関心をもつのか。伝達された知識は他の社会的に優勢な解釈体系とどのような関係にあるのか。社会がさまざまな資格モデルを作り上げるときに、教育制度はどのような貢献をするのか。大学制度は職業構造にどのような影響を与えるのか。伝達された教養内容は諸価値や行動様式を変えるのか。大学において用いられるコミュニケーション形式や交流形式は、外の社会の行動様式とどの程度に合致するのか。大学制度は社会に対して自らを表現する際に、どのようなメディアを用いるのか。大学に通うことは社会的階層ないし階級構造に影響を与えるのか。国家、行政機構あるいは教会は大学制度とどのような関係にあるのか。大学の党派性は社会的、経済的、政治的抗争に対して、どのように評価さるべきなのか。大学制度は社会の発展に対してどのような固有のダイナミズムをもっているのか。大学制度はどのような原則によって分化するのか。大学の自立と社会の要請との間の関係はどのように形成されるのか。

こうした問いのリストはいくらでも増やすことができよう。ここでは思い付くままに列記したが、こうした問いをどのように配列するかは、こうした問いに答えるための理論的展望の選択と方法論上の可能性にかかわっている。こうした問いへの答えは、依拠した資料によってあらかじめ決まるものではない。答えは常に理論と方法によるものだからである。そして表面上の事実を寄せ集めることは、決して理論などというものではない。事実として考察さるべきものは、理解力次第である。理解するとは、客観的には盲目で方向をもたない数字や日付けなどの資料を方向付けして、自由に使いこなすことである。資料を動員して進んで行く方向は、理解力に左右される。つまり設問と認識過程への整理に左右される。そしてこのことは、関連の問いなのである。たとえば、パリに大学が出来たのが一二一九年なのか、一〇一五年なのかは、もっぱら資料の信頼度の問題ではなく、大学を当時どう理解していたかによるものである。そしてこの理解は単に制度の質あるいはこうした制度についての自己理解ないし外からの理解に基づいているだけではなく、理論から得られた問題の立て方にも左右される。パリ大学の例をさらに挙げると、大学という概念は、それが大学として通用する場合、少なくともこの制度の中に持ち込まれたいくつかの質的な特徴を含んでいて、この特徴(たとえば、知識の内容と形式、教師の知名度、大きな建物など)は、たとえば大学としての性格が、知の伝達のすべての形態に、あるいはただその特殊な形態に、現れているのかどうか、現在にまで連続性が前提されているのかどうか、それが歴史的に完結した現象なのかどうか、などの理論的な事前理解から生ずるものである。そのうえ、事前の理論的考察からも、すでに主観的理解(たとえばパリ大学の構成員がこれを大学と理解しているかどうか)、あるいは客観的、社会的機能(たとえば諸資格の製造、資格証明の発行)が、この大学という概念を作り出しているのかどうか、という問題も生じてくる。理論上の理解に応じて認識方法も変わってくる。資料に残っている自己理解を単になぞるのか、あるいは説明と解釈によって「理解」するのか、さらには歴史的、社会的法則性を取り入れて批判的に整理し直すか、そうした姿勢によって確かに差異が生じる。資料研究や資料批判は、資料の信頼性を明らかにしなければならないが、認識の過程は資料に固執することはできない。というのも、こうした資料がいつもどのようにして概念にもたらされるかは、認識関心の問題だからである。理論と方法への関係

に応じて、これまでの大学制度の歴史研究には、理念型的に少なくとも次のような異なった立場が認められる。(10)

第一の立場は、おそらく歴史記述派、修史派とでも名付けられるもので、理論をあらかじめ決めることを断固として拒否し、歴史の推移を記述するために、手に入る資料、開拓可能な資料を資料批判的に叙述しようと試みるものである。諸概念は、資料の中に認められる自己理解ないしは形式的な体系から取り込まれる。資料は年代順にあるいは制度的基準によって整理され、それは記述されることによってあとに続く一般化のための前提となる。整理の基準となる視点を、できる限り事実そのものから引き出そうとし、相対的に価値判断を抜きにしようとの努力がなされる。選ばれた事実の重要性は、あとで再構成されるが、その際、再構成のためには、たとえば「引用頻度」、逐次性あるいは連続性といった指標が用いられる。もっともそれらの正確な意味はもちろんのことに不明確なままではある。こうしたやり方には、「歴史的事実に予断をもって」対してはならないという意味で、長所があるとされる。しかしまさにこの点こそが、それが役に立たないという弱点でもある。つまり、諸概念を選択し、何が事実と見なされ、何がそうではないのかを確定する際に、すでに存在しているはずの理論的な事前理解の説明が不足しているために、その措置自体が任意のものになっているからである。データの重要性は、理論的に基礎付けられるものではなく、存在論的に変容するところにある。このことは、一つの大学が出来上がってゆく歴史を叙述する場合、あるいはそこの学長や学部長をリストアップする場合には、まだ比較的問題はないかもしれないが、どのような学科がどのような時代になぜ設立されたかという問題になると、こうしたやり方では満足できなくなる。というのも、学問上の専門分野の制度化は、物質的諸条件、認識の程度、需要、人的条件、職業化の度合いなどの相関関係の分析によってのみ適切に理解されうるものだからである。その際、前提とされるものは、学問上の部門という概念であって、これは出版物とか研究者の個人的野心と研究計画などといった偶然の存在を越えたものである。この概念には、それゆえ偶然の存在から構造への移行が含まれていることになる。まさにこのことが、「価値判断を離れた」記述、つまり周囲の状況から切り離された記述に固執しようとする立場を作り出すことができるのである。歴史記述的（修史的）大学史研究には、原理的にこうした欠陥が認められる。このやり方は、表面的な現象だけを事実として通用させる方法に縛られて、諸関連を常にのちになってからしか名指すことができない。そのため諸関連は、理論に導かれた問題設定が欠けているために、いつまでも任意のものにとどまらざるをえない。

こうした任意性と事実信仰を、第二の立場は、言葉で表現されて歴史に残されている大学人の自己理解を出発点にすることで、少なくとも部分的に克服しようとする。解釈学とでも名付けられうるこの立場は、データを圧縮し、発言者の意図を再構成し、その意味をわかりやすく呈示することで、言語で表現されたデータをそれのもつ意味から検討しようと努める。資料としてこの立場に役立つのは、記録文書、演説、伝記資料、議事録である。記録文書の分析、その内容の解析、イデオロギー批判、言語研究によって、資料の内容は、そのつどの時代の社会的諸条件、経済的発展、政治的前提条件あるいは技術的可能性についての当時の知識レベルと関連付けられる。発言者の意図は、「理解すること」によって「意味」をつかみ、理念型として諸発展を再構成するために、構造的な所与の事情に関連させられる。資料は、発展論理に内在する理念ないしは理想に従って整理され、典型に凝縮され、こうした理念型をもとに、発展の現実的逸脱を定義し、その逸脱の方向によって評価を行おうとする。こうしたやり方は、はっきり価値評価を取り入れていて、主観的意図と客観的構造の調停を歴史的資料への執拗な問いかけによって果たそうとし、同時に主観的関心が一般的な社会的、政治的あるいは宗教的価値とどのように結び付けられていたかをも明らかにしようとする。こうした発展の解釈は、研究者が持ち出す諸価値と関連して行われていて、価値からの自由を装うことは一切しない。こうした姿勢は、大学史研究の領域ではとくに納得のゆくもののように思われる。大学が言語で表現された資料、編纂された資料の巨大な伝統的在庫をもっていて、これを理解し意味深く解釈しようとする研究者に提供されているためである。このやり方は、理念の相互影響とその後の発展を理念史上にもつその重要性からたどるという内在的理念史の形では、成果を挙げていると言えるかもしれない。しかし、学問の歴史は、大学の歴史と同一ではない——少なくとも学問の歴史を理念の歴史として再構成する場合にはそうではない。大学の歴史を解釈学的にあるいは理念型として記述しようとする場合の厄介な問題は、一つには、言語に表された資料の選択と重要性の決定にあり、いま一つは、客観的な諸構造の確定にある。なかでもはっきりしていないのは、膨大な現存する資料から「有意味な」データをいかにして選び出してくるのか、こうした資料が社会的、経済的、政治的諸状況、あるいはその他の物質的諸状況にどのように関連付けられうるのかという問題である。この方法のプラス面は、現象と本質の差異と緊張関係を認めていることで、本質はそこでは「意味」をつかむことを通じて認識されるという。もちろんこの方法は、物質的社会・経済的諸状況がもはや直接には言語的諸要素の中に見出されえないのに、大学という制度の機能様態の中には大きな影響を及ぼしているという限りで、限界をもつものである。

こうした問題を克服しようとするのが、制度主義的ないし機能主義的なやり方を特徴とする第三の立場である。大学は、歴史的に成立し、歴史の残渣によって大きくなり、当代の諸要求によって修正される制度と捉えられる。制度は一つの理念からは完全には導き出せないものである。制度の特徴はまさにその永続性と安定性であって、そのゆえにこそ制度自体はもとの理念より長く生き延びているのである。制度化することで達成を願った目標は、他の目標に取り替えられることもあり、目標が変わることは、かつての目標を言い換えたり、新しい目標を取り入れることで、克服される。制度の本質的特徴は、少なくとも部分的には矛盾し合うさまざまな機能の実現である。こうした機能の不整合こそが、制度に安定性を許している。というのも、制度は機能的な等価性によって多機能的な諸要求を満たしうるからである。大学という制度は、大学内部の人々、産業界、支配階級、さらには学会などの諸要求を同時に満たさねばならず、内部の再分化によって、境界の設定によって、あるいは複雑性の増大ないし削減によって、安定性の確保ないし問題克服のためのさまざまな手段を講じる。緊張を緩和し時代に適応しようとするこうした戦略は、さまざまな外部からの要求と内部の利害の間、正当性の要求と権力体制との間に作られたこの制度内部の均衡を保つのにそのつど役立ってきた。この制度がこうした問題に対処する仕方が、それが歴史的に発展する可能性を作り上げている。再分化、複雑性の増大ないし削減、目標の変更などなどの戦略を取れない制度は、長続きはできない。ヨーロッパの大学の八百年の歴史は、大学が強力な発展のポテンシャルをもっていたことを示している。――少なくとも制度化と機能化という点から言えばそうなのである。こうした考えからすれば、歴史的残渣がどのように制度の中に堆積するのか、歴史の経過の中で諸機能がどのように入れ替わっているのか、どのような制度的再分化が組織のどのようなレベルで導入されているのか、目標の定義や正当性がどのように変化しているか、などなどをこのやり方は示すことができる。その際、このやり方は、制度のもつ「意味」とその時々の機能を突き止めるために、純然たる解釈学的技巧を用いることになる。機能はそれがもっている意味から決定される。意味は外部からの諸要求と内部の欲求から導き出されるが、そこでは要求と機能の間の因果性は仮定されず、一定の機能の存在から諸欲求が逆推理され、逆に存在する諸欲求から一定の機能の成立ないし完成が予測される。機能が表向きのものと潜在的なものに分化することは、制度上の機能と客観的な社会構造の間のつながりを分析するのに役立つ。職業上の資格を与えるという、明らかに客観的に要求された表向きの機能は、潜在的な機能、つまり、支配権力の安定に間接的に貢献するが、公然とは大学の機能とされていない専門外の価値を「隠れたカリキュラム」を通じて伝えるという潜在的な機能によって補完される。機能主義的分析は、したがって、好き勝手な任意なやり方とばかりは言えないわけで、それが歴史的存在であることを説明しようとするこの制度の、安定性ないしは均衡にその基準点をもっているのである。修史学によって得られた資料を解釈学的に展開した意味理解と同一の次元で扱うこうしたやり方は、社会的機能と構造を伝えることによって、相当の納得性を与えるものである。しかし、機能性を制度の「本質」として、これを強調しすぎると、社会の発展との首尾一貫した演繹関連を失うことになる。なるほど、つねに学問体系あるいは「サイエンティフィック・コミュニティー」の自律性のもつ独自のダイナミズムをも同時に内に含む大学制度のダイナミズムは、機能的に捉えることができる。しかし、社会的な形態ないし機能がどれほど確実なものかは、とても十分には捉えることはできない。社会の下部構造をなしている生産と再生産との物質的状況がまず、諸制度の機能を明確にするための首尾一貫した基準点を与えるはずのものである。

こうした認識から、歴史的‐唯物論的分析とでも名付けうる第四の立場が出てくる。この立場は、理念の重要性を認めはするものの、歴史的‐社会的分析のための手掛かりを、人間の外的、内的な自然に対する関係から主として生じる、生産と再生産の物質的関係の中に見ている。こうした分析モデルは、人間の(生産)労働が組み込まれている生産力と生産関係のそのつどの状態、つまり、人間の社会構造の基盤であるそのつどの生産様式を出発点にしている。その際、知識の獲得と伝承の特殊な局面は、その社会のもつ知識、その説明体系、文化モデル、諸規範の複合体が組織されている上部構造の様態に左右される。歴史の発展の動因は、下部構造と上部構造との弁証法的な発展の中に想定される。その際、社会は、諸階級と中間層によってその構造が決定される社会構成の中で、法則的に展開してゆく。知識の獲得とその伝達が制度化されるのも、そこから説明される。つまり、社会が生産することで、自ら再生産されるというありようは、そのつどの生産様式と上部構造の特質に左右されているのである。これは、さまざまな労働形態(分業、肉体労働と頭脳労働との分離)に表現されている。労働力の資格に対してどのような要求が出されているかは、生産力の現状(技術を支える力、さまざまなエネルギー源の発達、自然の状態)と並んで、生産諸条件(生産手段の所有の分散)にも左右される。というのも、労働力を売ることができるものは、自分たちの生産手段から得た収益を管理・利用するものとは違った資格をもたねばならないからである。社会的な分業の現状、生産力の発展、生産手段の所有の分散、社会の階級分裂、現存の支配構造の保持、こうしたものは、このやり方によれば、基盤である下部構造に対して弁証法的な関係にある上部構造の諸要素、つまり宗教、文化、法律あるいは哲学と同様に、教育過程の組織化にとって決定的なものである。知識と教養を伝達する制度の形態と機能は、そのつどの社会の状態から作り出される。教育過程がこうして社会的にその形態と機能を明確に決するとは言っても、「主観的要因」、つまり、そのつどの個人的意識状態、が革新的でありえて、場合によっては物質的諸要求とさしあたり一致しない発展をもたらすことがないとは言えない。とくに高等教育の組織化においては、一方で、特定の技術的、行政的、社会的な任務に携わるものに必要な資格を与え、他方では、イデオロギーによって支配体制の安定化を図ろうとする要求と並んで、計画路線を外れた個性的な思想が、物質的社会諸条件にとっての爆破力ともなる革新的なものを生み出す事態も認められる。たとえば、個性的な哲学者たちによって生み出されたルネッサンスと人文主義の理念は、封建主義とその身分制社会構造の廃止にとって、重要な機能を果たした。歴史的ー唯物論的見解からすると、大学は、経済的ないし社会的利害を直接に代理するものではなかったが、その形態と機能を常に物質的諸関連から導き出さねばならなかった。ただ、歴史上のたいていの時代において、大学には多かれ少なかれ自由に活動する余地が許されていた。大学で与えられる資格がどれほど評価されたかは、教えられた内容、技術、そしてその資格証明書の、その時代に応じた交換価値、使用価値に左右されたし、いまも左右されている。学問上の革新がどれほどの規模で行われえたかも、そのつどの生産様式（とくに既存の生産関係の内部での生産力の改善）と支配組織（支配権を脅かす、ないしは粉飾するものとしての学問）に依存していたし、いまも依存している。しかし、学問が自立的な「生産力」になりうるかどうかについては、歴史的‐唯物論的分析の内部でも議論が多い。知性の役割についての唯物論的見解も、知性が進歩的であると同時に体制安定志向的であるために、一致しないものが多い。歴史的‐唯物論的分析は、社会的発展傾向を捉える際に、一つの統一的構想に従う。つまり、諸状況に対して明確な党派性を取り、真理の基準を歴史の貫徹という点に置く。大学制度の歴史に取り組む場合、こうした傾向は多くの欠陥を示す。とくに「主観的要因」、つまり意識の発展、が軽視される。教育制度の社会化への功績、心理的なメカニズムや心理的要求、正当性の危機や正当性の獲得、知識の獲得と伝達の過程におけるコミュニケーションの問題、こうしたものは、歴史的‐唯物論的分析においては、ほとんどまともには扱われていない。

こうした間隙に割って入るのが、第五の立場で、これは、批判的な社会理論から出てきたもので、歴史的な資料を検討し抜いたのちの立場であって、歴史的‐唯物論的分析のカテゴリーと方法を取り入れた上で、意識的に「主観的要因」を重視する。とくに、そのつどの社会構造と関連させての諸要求、意識構造、正当性の要求が研究されていて、大学史研究にとっては重要な意味をもつものでもある。こうした方向は、そのつどの社会の社会的、経済的、政治的構造と、その時点で支配的な意識、個人の社会に適応するいわゆる社会化の内容、心理的なメカニズム、この両者の間の緊張関係を研究することで、弁証法的方法を受け継いでいる。とくに、歴史的‐唯物論的契機を機能主義的ないしシステム理論的構想と結び付けた点は、大学史研究にとっては、実り多きものと言えよう。大学は、社会経済的、社会文化的、政治‐行政的システムの緊張の場にあり、そうしたシステムの形状と質は、安定したものではなく、社会構成のありようによって、危機にさらされているものである。そうした危機は、意識の危機、モティベーションの危機、正当性の危機として現れることにもなる。社会的変革によって、その時代に支配的な意識も疑問視され、安定した説明体系も崩れ、方針の一部もうやむやになる。これまでの行動指針が疑わしいものになったのに、新しい行動へ導くインパルスが社会の側にまだ存在しないために、こうした意識の危機は、モティベーションの危機に至り、さらに、そうしたモティベーションの危機は、システムのための新しい正当性が作り出されないと、正当性の危機に発展することにもなる。社会‐文化的システムによって用意される正当性は、自由勝手には作り出すことはできない。伝統は無際限にいじりまわすことのできないものだからである。大学自体、正当性を必要としているのと同様に、社会構成員の社会に対する忠誠を保証する正当性、そして合理的な法律体系ないし合理的な強制からは引き出しえない正当性を作り出すことも、大学の使命の一つである。大学の機能は、資格を与え、革新を目指すことにのみあるのではなく、正当性を攻撃すると同時にこれを支える批判的知性を育てるところにもある。この知性は、現実的なるものと可能なものとの間の差異を見極め、批判的態度によって、つまり現実を「間違った実践」と「実りある可能性」とに区別することによって、社会の進歩に資するものである。批判的知性の機能をこのように考えると、大学の機能は、「社会の総体」へはっきりと関連付けることができる。こうした関連は、そのつどの歴史的段階に対して、当然の発言権をもち、これによって、大学史を社会史にまで高めることになる。批判的知性の機能は、公開の場を広げること——最初は代表の意見の公開、やがては市民的ないし学問的意見の公開——と結び付いている。公開性、正当性、危機というこうした構想が、批判的な社会理論にとって基本的なものである。

　こうした立場からのアプローチは、これまでエッセー風の、それも歴史的には最近の百年についてしかなされていないが、大学制度の社会史を綴ることにとって、実り豊かなものになりうる可能性はあるであろう。弁証法を停止させるのではなく、永続的な緊張として捉えようとするこうした立場にとっては、エッセーとか試論の形式が、典型的である。こうしたやり方は、「本質」に迫るための方法論として、解釈学によって始められた、文書として残っているものの徹底的調査を、取り入れている。しかし、本質は、理念から組み立てられるものではなく、歴史的に展開してきた物質的諸状況に規定されている。歴史的-唯物論的行動様式を引き継いでいるものの、支配的な意識をより強く際立たせる、こうした本質の規定は、現存する先入観を批判しつつ、大胆率直で異論を呼ぶという二重の意味で、批判的なものである。続出する異論が、どの程度まで「学問的討議」によって説伏されうるかは、なによりも、こうした理論的展望のもとで歴史学と社会学のより強力な共同作業がうまく行われるかどうかにかかっている。

　以上に略述した五つの理論的、方法論的立場のほかにも、経験科学の実証主義のために切り詰められて失われていた歴史と社会の関連を再構築しようと努めているもの（たとえば、構造主義）を付け加えることもできよう。歴史学と社会学との学問的-理論的関連についての最近（改めて）起こっている議論は、社会史にも手を広げている。それどころか、歴史的出来事と社会的諸状況の間の関連を批判的に分析する社会史は、歴史学と社会学を包括するスーパー学[11]になっている観さえある。こうした社会史に歴史的な基礎付けをもつ社会理論を見つけようとした多くの期待は、もちろん幻滅を感じざるをえなかった。歴史的細部資料の山を、社会と関連する理論に組み入れようとする重労働は、いまだに成果を挙げるに至っていない。こうした研究の関連にとって重要なことは、大学制度の社会史が、その他の社会領域の社会史よりもはるかに取り組みが遅れていることである。それゆえ、この仕事は、確実な基礎の上に立つ総合的叙述というよりも、むしろ資料の収集と略図ということになる。本書も、批判的理論の枠内にあって、成果というより一つの試みである。

最近二十年間にこの問題意識を強めてきた歴史家や社会学者(たとえば、コゼレック他、一九七七、ルツ、一九七三、ヴェーラー、一九七二、『歴史と社会』誌に掲載された諸論文の論者)の間で集中的に行われた議論によれば、歴史はデータの連続に沿ってではなく、理論的な問題提起に沿って記述されるものである。このことは、――とくに、ここに記述されることになる対象には確固とした理論がまだないからであるが――一面的で党派的だという印象を与えるかもしれない。しかし、表向き、ただデータだけを利用した記述が、党派性のより少ないものとは言えない。けだし、どのような記述でも、問題提起と理論的仮説を内に含んでいるからである。単なるデータだけを提示して外見的に客観性があるように見せかけるのは、暗黙裡には必ずそこに含まれているあらかじめの予測のために、単なる体裁にとどまるものでしかない。そうではなくて、あらかじめ問題提起と仮説を明示することの方が、おそらく誠実な姿勢であろう。

一・三　大学制度の諸機能

本書を成り立たせている問題設定は、一方で批判理論の考え方によっているが、大学という制度の歴史的堆積物と多機能性をより正確に捉えるために、制度理論のアプローチの仕方をも取り入れている。大学は、一定の社会的条件のもとに成立した制度であって、その歴史的ダイナミズムは、一方で社会＝経済的利害関係（たとえば、雇用体系、正当性の確保、社会的名声の付与などにおける関係）から、他方で制度上の、学問上の範例としての諸要素、そして情報に関する諸要素から生じてきたものである。大学は、複合的な知的労働の組織形態と考えられる。資格を授与し、革新し、認定し、社会化に貢献するわけで、こうした功績は、そのつどの社会構成を保持し、ないしは制御された形でそれを変更する場合に、高く評価され、社会の構成員の多数派には手の届かぬものにされている。大学は、少数派の制度であって、入学制限、特別な言語形式、儀礼や儀式によって、エリート的であり、その他の社会とは一線を画している。

複合的な知的労働のこうした組織形態は、その他の生産領域、再生産領域における（職業上の）労働の組織形態とはかなりの相異を示している。というのも、こうした形態は、生産と再生産の直接的な要求の外部で特別なグループに知的労働を許すような一定の社会的余剰生産物が作り出されたのちに初めて生じうるものだからである。しかし、その相異が相対的なものであるのは、労働の形態が異なり、大学領域ではなによりも、知の交換ないし伝達という形で現れていることからもわかる。労働形態の相異は、とくに業績の判定と評価が異なる点に現れていて、これは、根本的には、生産労働と教育・養成の分離、より正確に言えば、職業に従事することと職業の資格を与えることとの分離の結果として生じている。だからといって、部分領域では、大学の労働形態が、構造的にその他の領域の労働形態と類似していても、少しもおかしくはない。ただ、このことは、複合的な知的労働の組織形態が、必ずしも大学として制度化されるには及ばないことを意味する。大学の特殊性は、少なくとも、以下のようなメルクマールから生じている。第一は、他の領域に対しての排他性、つまり相異性の強調（言語、儀式、参入条件、特別な資格など）、第二は、労働形態、交際形態、協力形態のかなりの独自性、とくに、言語的に彫琢された、象徴的なメディアを通じての知の伝達の場での教える者と教わる者との相互関係の構造、第三は、伝承された知を、模範的に固定された「学問性」の基準に従って、さらに後代に伝えてゆくという機能、第四は、そのつどの社会において高く評価され、他の制度によっては伝えられないために、高い社会的地位ないし高い社会的信望を保証する資格を与えるという点、第五に、高い社会的地位に就くための補助的前提条件とされ、そうした地位(大学卒業者としての地位)を確認する社会的な特別資格の内容の伝達という点である。大学の第六の特徴は、歴史上のすべての時期に妥当するわけではないが、教育制度全体の形式が整ったときに始まったもので、大学が、常に形式を整えた教育過程の一番最後に、つまり、教育の最高段階に立っていたということである。こうしたいくつもの特徴は、既述の一般的諸条件やのちに述べることになる諸機能との関連において初めて、同様の複雑な知的労働を組織している他の諸制度(たとえば、教会、修道士会、学士院あるいはメドレッセという名で知られているイスラムのコーラン大学)と区別することができる。

教える者と教わる者との協同組合的な共同社会は、現存の諸制度に対して、相対的とはいえある種の自立性を確保しうるためには、さまざまな機能を満たさねばならないが、それは、他の制度からは完全には認められない。既存の他の制度に完全に併合されないためには、発揮する機能に異種の利益が含まれていなければならない。利害の相異こそが自立性を保証するものだからである。大学によって果たされる諸機能は、歴史の経過の中で変化していて、諸機能のカタログを挙げると、時代によって違ったものになる。にもかかわらず、——抽象して言えば——十二世紀から二十世紀の間に大学に引き受けられていた基本的な機能には、資格認定、革新、伝統の保持、正当性の認知という少なくとも四つが挙げられる(12)。歴史的には、この四つの基本的機能にはそのつどに異なったアクセントが置かれてはきたが、大学は常に、その構成員を「教養人」に仕立て、彼らの知の質を高め、特定の領域での資格を与える、という要求に応じてきた。

そうした資格は、少なくとも社会的ないし職業上の地位を得るための重要な手段であったし、近年では、就職の前提条件でもある。しかし資格は、歴史的‐社会的発展の状態および学問的伝統に応じて、そのつど異なった捉え方をされてきた。中世の大学出の法律家に期待された知識の内容や技術は、絶対主義時代や二十世紀初頭の法律家が示さねばならなかったそれとは異なっていた。資格は、複雑な社会化の産物であって、内容と技術の単なる伝授を越えており、職業上の特殊な規範、価値、行動規準の獲得と並んで、「大学教育を受けた者」のエリート的意識内容をも含んだものである。その意味では、資格は、諸学の認識レヴェルあるいは具体的ないし漠然と表現された産業界の期待から途切れることなく生み出されてくるだけではなく、社会的な階層分化や支配の諸要素からも必要となるものである。資格を得る過程は、主として、言語的‐認識的仲介によって行われるのではあるが、大学社会に組み入れられることは、行動の変化、意識の変化と結び付いている。大学に入ることによって、特定の社会階層への参入の道が開かれるからである。こうした社会階層は、歴史的にはその時々に「教養階層」、「大学卒業者階層」、あるいは「大学卒業者の就く職業階層」などと、違った呼び方をされるにしても、大学卒業者の特別な社会的立場を強調していることには違いはない。大学へ行くことで得られる資格は、言語、知識、意識、行動、応用技術の所産であって、歴史上のその時々に違った表現がなされるが、学問内在的、組織的、経済的、社会的、政治的諸要素によって特徴付けられたものである。というわけで、資格のもつ機能は、革新、正当化、伝統といった他の機能と密接な関連をもっている。

革新は、第一義的に、大学に在職するものによってなされる。大学卒業者も限られた範囲で革新に寄与するとはいっても、彼らがこれにかかわるのは、二義的な意味においてでしかない。革新とは、まず第一に、現存の知識基準を発展させること、新しい関連を発見すること、新しい適用可能性を作り出すこと、あるいは、支配的な理論の枠組みに新しい異なった解釈を施すことである。知識の拡散、現在の、ないしは新しい知識の普及、現在の知識の脱‐イデオロギー化、しかしまたその再イデオロギー化も、革新の一部に属する。革新がどれほどの規模で行われうるかは、学者のそのつどの研究条件と学問を取り巻く応用諸関連に依存している。その他の解釈体系（神話、宗教）と並んで、またそれらと手を取り合って、学問は、歴史的経過の中で、自然と社会についての、また認識することそのもの（哲学、学問論理）についてのさまざまな認識の組み合わせと配列のための説明モデルとして、確固たる地歩を築いてきた。学問は、知識が思考原理と秩序原理（パラダイム）に従って理論にまとめられる一つの解釈体系として構成されるが、それが永続性をもつかどうかは、その論理的な整合性とその実用性にかかわっている。パラダイムの転換は、一方では、学者たちの間の（サイエンティフィック・コミュニティーの）合意ないしは不合意に、他方では、成果の実用的‐イデオロギー的利用可能性、つまり経済的、社会的あるいは政治的諸体系の中での利害の移動に、影響される。学問的パラダイムの変換ないし「学問的革命の構造」（クーン）のこのような次元のもとに、新しい認識、解釈、技術、方式が蓄積される。こうした革新的なものがどの程度まで実用的になるかは、そのつどの体制の周辺条件による。学問的革新の唯一の、歴史的にはしかし常に極めて重要な組織形態であった大学にとっては、ここ八百年の間——少なくとも表面的には——周辺諸条件の移動が観察される。つまり、中世には革新が宗教的、政治的制度によって強度に制限され調整されていたのに対して、近世初期には、重点はより強く政治的体制（国家、重商主義）に移されて、その後のおよそ二百年には、もっとはっきりと、経済的体制に置かれるようになる。つまり、そのつどの革新の内容は、変化してきているのである。学問的革新は、解釈や正当化の使命という点に重点を置いてはもはや考えられなくなり、生産機能を強く引き受けることになった。

当初から大学の重要な使命の一つである伝統は、この革新と真っ向から対立するものである。複合的な知的労働は、現在の知識の在庫から出発する。こうした知識の在庫は、単に蓄えられるだけではなく、後世に伝えられねばならない。伝えるとは、単なる保存や再生産ではなく、常に、知を生み出してきた諸関連の伝達でもある。それゆえ伝承するということには、知の周辺関連と内容とが含まれる。この二つから、そのつど、一つの「意味」が、つまり思考の内容と意図と方向付けについての含意が生じてくる。伝統は、歴史的連続性をもち、これまでにすでに考えられたことに対する関係を再構成し、すでに考えられたことの成果と名声に参画する機会を作り出す。しかし伝統はまた、必ずしも絶えず新たに発展させるには及ばないとされる諸形式と行動様式、つまり方法上の思考構造の保持をも意味している。この意味で、伝統は、革新とは明確な緊張関係に立つ。というのも、革新は、新しい学問に内容上も方法上も理論化を強制するものだからである。こうした理論化の強制が行われる場合には、既存のものと新しいものとの緊張がはっきり目立ったものになるために、良い意味で批判的な働きをすることになる。これとは逆に、伝統は、既存の思考構造や組織構造を固定させるものであるために、抑止的に働く。革新として認められるものは、既存のもの（たとえば大学の専門区分）の利害を克服しなければならない。伝統は、一方で、支配の契機になる。既存の構造は、擁護され、伝統によって正当化される。

大学の内部構造と自らに課す使命は、伝統から正当性を引き出してくる。(13) 十二世紀に初めて大学が設立されたときでさえも、それ以前の世紀の法の伝統が下敷きにされていた。現在の大学は、自らのそのつどの特殊な組織形態ないし研究様式を正当化するために、内容的、方法的、構造的伝統をさまざまに利用する。大学にとって、より重要なのは、もう一つ別の正当化の局面である。つまり学問は、社会において、実際にも有用なものとして高く評価される解釈体系として、その他の解釈体系とは違った評価を受けてきて、大学という形で典型的に組織されているわけだが、この社会において、学問的思考がまた、現存の諸状況を正当化するのに役立っているのである。社会と自然の、原理的に完全には見通しえない諸状態は、これを永続的に受け入れるためには、補足的な説明、象徴、あるいは解釈モデルを必要とする。正当性は、原理的に完全には理性的に捉えられないものと現存する秩序との間のギャップを埋め、現存秩序の適法性を信じさせる。その際、この適法性は、理性的に構成された法律の遵守とは必ずしも一致しない。適法性への信仰は、直接的な支配や強制機構によってのみ作り出されるものではなく、学問的認識と一致しているという意識によって助長されるものである。社会と自然の中の法則性を究明する学問的思考は、現存の諸情勢と調和しながらも、これを操作しうるものにするか、あるいは逆にそれと対立するような発言を生み出す。学問が、現状を支え、あるいは批判するのに、どの程度適したものであるかは、学問の党派性の問題である。学問は、現状を認識し、それを理論的に捉えることで、認識したものを新しい段階へ引き上げる。認識された現状は、いまや、より良く判断され、操作され、一方ではしかし、変形され、あるいは攻撃されることになるからである。学問のこうした問題は、複合的な知的労働が大学という形で組織され、こうした組織形態が「学問的名声の砦」と見なされることによって、複雑化してくる。学問の社会的に高い名声のために、大学は正当性獲得という目的の格好のてこにされる。このことは、中世の大学教授たちの役割においてはっきりしていて、教授たちの評議会は領邦君主や聖界諸侯によって諸権力間の対決の中に好んで持ち込まれていたし、また選挙戦において大学教師の資格を宣伝に利用しようとするなどの政党の努力にもはっきり現れている。大学の学問上の資格は、中世から近代に至るいつの時代にも、正当性の強調に利用されてきた。大学はまた、一方で、ほとんど無尽蔵の伝統の在庫品を自在に利用して、いろいろな仕方でそれを操作することができ、他方で、大学内で作成された学問を、多数の一般市民に伝えるときには、特殊な専門用語、象徴、儀式、出版物、証明書などで、つまり合理的な議論によってではなく、むしろ省略された簡潔な表現の伝達形式で行うために、正当性の根拠としてとくに適したものであった。こうした伝達形式は、知識の独占性を強調し、学問の複雑性と同時にその重要性を際立たせ、そうすることで正当性獲得の要因となっている。大学が作り出す正当性は、伝統に結び付いているとともに、資格の授与あるいは学問的革新の価値とも結び付いている。つまり大学の四つの基本的機能は互いに関連しあっているのである。

こうした基本的な機能に、時代によって規模の違うさまざまなその他の使命が付け加わる。資格授与の局面ですでに述べたように、社会的可動性を可能にしたことや社会的階層構造ないし階級構造に及ぼす影響も、とくに重要な機能である。大学に行くことは――大学設立当初の時期や十八世紀の大学凋落期、あるいはいくつかの中間段階を除いて――いつの時代にも上流社会階級への参入に有利に働くものであった。そのために、支配階級は、下層階級の子弟の大学入学を阻もうとしたり――社会的変革の状況にあっては――高い社会的地位、エリートの地位を占める人材の補充に当たって、大学入学者数をコントロールしようとした。こうした社会的な可動性をもたらす機能は、大学職員自身についても厳しく規制され、一部では、社会的なグループや国家機構の側からの直接的な干渉がなされた。大学に受け入れられる学生は、そして教授職に就く学者はそれよりはるかに強い形で、主として大学に入学する前にすでに始まっていた社会的選抜によって、決められていた。わずかな例外的な歴史的状況においてのみ――たとえば、伝統的な貴族独占を学問的な資格証明によって打破しようとした絶対主義的国家において――大学には、目的に合わせた形で、栄達昇進の機能が与えられていた。社会的な選抜機能と可動性機能は、教育内容と教育方法、試験と交流形式の中にはっきり現れている。その際一般に、大学は、そのつどの支配的社会階級に順応してきた。もっとも、近代になって社会的分化が強くなるにつれて、こうした順応は難しくはなっている。大学の中に展開されたアカデミックな文化は、組織の特殊性と研究の場としての特殊性と並んで、とくに社会の上層部ないし支配階級で支配的な行動様式(たとえば宮廷文化、市民階級、ユンカーのそれ)を取り入れてきた。行動様式の模倣と並んで、しかしまた、言語、服装、交際形式における革新傾向も、しばしば大学から始まっている。しかし、大学に通う者にとって、外的な行動の模倣と革新とのこうしたアンビヴァレンツより重要なのは、そのときの社会に特殊な価値と規範への内容的な順応であって、大学の中で教えられたこうした価値規範が、大学卒業者を社会の上流階層の地位あるいはエリートの地位の擁護者に仕立て上げていた。

あらゆる時代に重要だったわけではないが、もう一つ別の機能、つまり大学の経済的機能が、同様に、資格授与と革新との関連でも要求された。これは、さまざまな次元に現れていて、大学卒業資格をもった者が経済的生産ないし社会の再生産に対して果たす貢献(「ヒューマン・キャピタル」、「マン・パワー」)がその一つであるし、学問的革新による経済的な発展、生産性向上に対する貢献(生産力としての学問、テクノロジー=討議)もそうであり、さらには、下部構造の発展、大学所在地の経済構造に対する大学の貢献(消費者としての大学)も挙げられる。こうした三つの貢献は、歴史的な経過の中で、さまざまな役割を果たしてきた。十二世紀から十八世紀にかけては、下部構造機能と消費機能がとくに強調されたのに対して、十九世紀以来、上述の第一、第二の機能が前面に押し出されている。

最後に、大学のもう一つ別の機能が、政治的支配制度に対するそのつどの大学の関係から生じてくる。大学は、歴史の中で、政治的制度には常に一方で批判的に対しているにもかかわらず、他方で政治的支配の腕の延長部分でもあった。中世には、政治的制度に距離を取ることから、大学の自立を保証する特権的な砦が生まれたのだったが、ほどなくして、大学は、国家と教会のために、宗教的、政治的教条の墨守を保証する制度に成り下がる。こうしたアンビヴァレントな関係は、政治的支配装置が膨張し、その機能を増大させるにつれて、表面的には「脱政治化」が行われているとはいえ、現代に至るまで存続していて、この脱政治化は、大学への政治的権力の介入を容易なものにしてきている。もちろん、大学は、政治の側からの企画や直接の干渉には抵抗してきたので、そうした介入は、限られたものではあった。そして大学の抵抗は、わけても、大学の多機能性の結果であった。個々の機能についての詳しい考察は、以下の歴史的叙述で行うこととなろう。

一・四　本書の内容について

全体をより良く概観できるようにと、本書は、理念型的にまとめた歴史上の時代ごとに区分して記述することにする。十二世紀以前の発展については、簡単に概観するにとどめ、中世の大学創設期（十二世紀から十五世紀まで）から、ドイツの領邦国家の時代（十六世紀と十七世紀）、絶対主義の時代（十七世紀末から十九世紀初頭まで）と続ける。(14) 十二世紀から十八世紀までのドイツの大学史の相対的な連続性は、十九世紀に、大学制度の新しい発展によって、途絶える。つまり、文化国家 - 理念と産業化のもとに、第一次世界大戦の終結時に、転回点が認められるのである。ワイマール共和国におけるこの転回点については、一章を設けて別に扱い、同様に、ナチズムの局面にも一章を充てることにする。それに続いて、第二次世界大戦後の二つのドイツ国家における大学の発展について簡単なスケッチを行う。

個々の章は、以下のような統一的な原則に従って構成されている（二十世紀は例外）。まず、社会的、経済的、政治的状況をより良く理解できるように、各章の初めに、それぞれの時代を社会史的に概観し、次に、大学の組織的、理念的発展を述べ、大学の経済的ないし行政的基盤を簡単に述べたあと、大学の内容、教授方法、試験制度、学位授与制度に触れる。

大学の内部の構造をこのように扱ったあと、資格と職業に関連する項と社会的選別ないし可動性と大学のその他の社会的機能についての項の二つを置く。

本書で用いる「大学制度」という概念は、諸制度、諸理念、諸目的規定、社会的、経済的、政治的諸利害の間の関連を、歴史的経過の中で明確にしようとするためのものである。この概念は、個々の大学の歴史を越えるもので、個々の大学の歴史的発展の総和によっては、大学の歴史は語れないことを明らかにするものでもある。しかしまた、この概念を用いれば、さらに多くのこともわかってくる。つまり、そのつどの歴史的諸関連と表面的にのみ自立している大学との間の密接な関連がわかってくる。これまで支配的であった理念史ないし制度史とは一線を画し、本書の冒頭に挙げた問題設定に取り組む社会史に道を開くときにのみ、このことは達成されうる。このような社会史は、少なくとも部分的には、学問の歴史ではなくとも、学問の歴史を包含し、大学卒業者の職業史の知見を得る機会を提供することにもなる。

簡単にしか触れえなかった事項は多い。たとえば、教育制度の分類、高校と大学の接続の問題、大学卒業者の社会での実践、大学の学則や行政規定の改善過程、学問の公開性の発展経過、個々の講座と教授たちの歴史、教授以外の大学人の運命、学生団体の機能などなどがこれである。本書では十分な形で扱えなかったいくつかの点については、重要な個別研究があるので、それに委ねることにするが、研究の難しい問題も残されている。全体として見ると、本書は、ドイツの大学制度の社会史への一つのアプローチにすぎないのだが、少なくとも、これがさまざまな問題への展望を開き、現在の諸問題に歴史を踏まえた光を当てるものである。

二　揺らん期――文筆家文化とアカデミー

ヨーロッパ中世に大学が出来るはるか以前にも、古代の高い文化の中には、複合的な知的労働を組織化した教育制度が存在していた(1)。よく知られている例を挙げると、バビロニアの大図書館、アレクサンドリアの博物館、北京のアカデミー、ミノアとミュケナイの文筆家文化、ギリシャの哲学者アカデミー、ローマの法律学校あるいはキリスト教の修道院がこれで、高い教養ないし高度の知識を保持し伝達するセンターの役割を果たしていた。このほかにも、ビザンティンやインドの教育制度、オリエントのコーラン学校やコーラン大学《メドレッセ》、メソポタミアの寺院や学校、西ヨーロッパの男子修道会も付け加えて挙げねばなるまい。これらの組織はすべて、そのつどの社会の最先端の認識レベルを包括すると同時に、教育機能と認識機能をもっていた。しかし、その重要な特徴は、学問的思考が、いまだ宗教的解釈体系から切り離されておらず、学問的知性の特殊な役割がいまだ明確に決定されていなかったところにある。教養は、いまだに、支配的な宗教的解釈体系の代表者たちの独占するところであった。学問的思考には、宗教的、政治-行政的体制に対しての相対的な自立さえ、いまだ与えられていなかった。

しかし、こうした説明では、ヨーロッパの中世以前に、現在にまでその輪郭をとどめることのできたこの大学というものがなぜ出来なかったのか、という問いに答えるには、完全なものではない。トインビーは、一九六〇年、普遍的な文化史的考察を行って、この問題を取り上げている。それによると、種族や家族の教育の彼方に高度な教養の形式的に組織されたシステムが出来ることは、文明の発展の必須の前提なのである。こうした見解によると、高度の教養が発生するのは、常に、周囲の自然の諸条件と社会の生産様式が、直接には生産過程に組み込まれない特権的な少数者の存在を許容するときである。つまり、そこに余剰生産物が出来て、生産労働を免除された知的営為を一部の人に許す形にならなければならない。形式的な教養制度がひとたび作り上げられたならば、トインビーによると、それは、教養と知識を世代を越えて組織し、蓄積するという必然性のゆえに、そしてまた、以前の文化や他の文明との関連を可能にするために、より複雑な教養システムを発展させる方向に向かう。この目的のために、「国家機構」と秘境的な教養エリートたちは、同盟を結び、そこでは、こうしたエリートから受け継がれた先端的な文化内容が、官吏たちの教養素材となる。こうした発展は、普遍主義的な大宗教の働きによって強められる。こうした基本的考えは、マイヤー（一九六〇）に取り上げられ、ヨーロッパの大学の発展の分析のために用いられた。マイヤーは、その際、トインビーの要請する文明段階モデルを利用する。つまり、太古の、歴史的に再構成されえない文明は、第二の文明段階（中国、インド、バビロニア、古代ギリシャなど）と交替し、こののちに、第三の文明段階（イスラム教、ヒンズー教、ユダヤ教、キリスト教、仏教など）が続いたとする。ヨーロッパの中世もこの第三段階に数え入れられる、この第三の文明段階はすべて、――マイヤーによると――次のような特徴をもっている。（一）教養理念が普遍的、膨張主義的な宗教体系と結び付いていること、（二）高度の教養が宗教施設（修道会、修道院）と制度的に結び付いていること、（三）先立つ文明段階の教養内容を出発点にしていること、（四）周期的なルネッサンス運動が起こって、構造的な社会的危機ないし変革の局面において、そのつど、第二段階の文明を手掛かりに、新しい領邦的、国民的あるいは普遍的な国家機構を打ち立てるに伴って、新しい教養システムを生み出したこと。しかし、西欧以外の文明の第三段階においては、そうしたルネッサンスが、先立つ第二段階の文明の単なる繰り返しの中で行き詰まっていたのに対し、ヨーロッパ中世のルネッサンス運動は、進歩的に、古代文明の教養の諸要素と結び付いたために、新しいアカデミックな教養システムを発展させるに至った。古代文明の教養要素とは、マイヤーによると、古代ギリシャ・ローマ文明の、解放を目指した含みの多い教養理念、古代ギリシャ人にすでに知られていた専門教育（医師、法律家、軍事建築家）、ギリシャ文明のもつ、周辺部にはすでに存在していた研究者、学者としての特殊な役割、古代における官僚の形式主義的な予備教育である。こうした諸要素がヨーロッパ中世のルネッサンス運動（ちなみに言っておくが、これはいわゆる「ルネッサンス」とは同じものではない）と結び付いたことは、中世の大学の成立にとって好都合なものであった。この発展過程には、因果関係は認められないが、上述の諸要素が大学の誕生の前提条件を作り出しているのは確かである。

この発展には、グルントマン（一九五一など）、ベン－ディヴィド（一九七一）その他の研究者が強調しているように、このほかに、自主的な学者ないし研究者の役割の明確化と社会的な優遇を付け加えねばならない。かつての文明段階においては、学者は、主として当時の上層階級や僧侶や官僚の子弟の教育者であった。つまり、他の社会的役割の持ち主であった。こうした見解からすると、中世に大きな団体運動が起こって初めて、自治的な制度をもつ比較的自立的な知識人の層が生まれてきたという。そうした条件のもとでのみ、学生や学者の団体が育ちえた。中世の学生団体運動や協同組合運動は、複合的な知的労働組織の特殊な模範となったのである。「騎士階級と市民階級も、十一世紀、十二世紀になって初めて、独自の身分を形成するようになった。両者は、法的に自由な血統とそうでない血統のさまざまな差別を、社会的、職業的共通性によって架橋する。そして両者は、協同組合的に統合することによって、新しい社会的形態に至りつく。こうした統合があってこそ、昔の多くの不定期の学校が、十二世紀末に、いくつかの大学にまとまってゆく」（クラーセン、一九六六、一六三ページ）。手工業の普及と騎士階級の発生とともに、手工業ギルドと騎士団という歴史的に新しい組織形態が生まれる。新しい組織形態を作り上げることは、大学設立の場合には、他の要因に助長される。つまり、農業の構造が、部分的に、都市の文化モデルに押し退けられ、それによって初めて、大学生活のために十分な諸前提——十分な住居、安価な食料品、交通の便利さ、書物製作など[2]——が整ったし、都市の住民たちと学生や学者との間の葛藤は、市当局と大学との関係を調節する新しい組織形態を作り出すのに役立った。団体としての特殊な立場は、やがては、ライヴァル関係に立つ教皇と皇帝という二つの普遍権力のそのつどの利害によって保証された。

　中世に大学が出来た理由についてはもう一つ別の説明があって、それによると、聖職者階級の文書の独占が、商業と貸借業務が行きわたることによって打破されたことに見る。以来、教会と修道院の外における精神的営為を、職業上の行為として評価することが可能になった。聖職者と一般信徒という本来の図式は、この時代には、さまざまな職業分布によって、またそれに伴っての精神労働と肉体労働の評価の変化によって、崩れてゆく。ヴィルペルト（一九六四、八ページ）は、太古以来の三つの身分の図式——演説《オラトー》者《レス》と戦士《ベラトーレス》と労働者《ラボラトーレス》——は、さまざまな職業身分が生まれたことによって、崩れ始め、労働を罪の償いとする理解が、労働を職業と考える理解に変わってゆくことを、強調している。つまり、この瞬間になって初めて、精神的な労働が、同等の権利でもって、手工業に並び立つのである。一方で、祈りと労働のリズムを、祈りと精神的労働の意味で理解する新しい教団の発生が可能になり、同時に、身分構造の中で、商人にも名誉ある地位を割り当てることが可能になる。それとともに、精神的職業が、教会の外でも可能になる。こうした職業に就こうとする準備も、以後、修道院に入らずとも、教会に属する経歴をもたずとも、できるようになった。特殊な精神的活動や能力は、このことによって職業とすることができた。学問に携わることが、宗教的儀式から解き放たれ、職業上の生業と定義されることになる。ベーム（一九七〇）は、職業という概念が宗教改革の時代に初めて出来上がったとする研究者たち[3]と意見を異にして、職業という考えの上述のような変化が十世紀にすでに出てきているのを証明している。職業概念のこうした変化とおよそ並行して、僧侶や司祭によってはもはや満たされない特殊な精神的活動への需要が膨れ上がっていた。宮廷や教会の行政事務が増大し、遠隔地貿易が盛んになったことから、資格のある法律家の需要が増していた。同じように、教会の行政事務の増大や世俗権力との葛藤の増大に伴って、資格のある神学者への需要も増えていた。その他の領域でも、資格のいる職業への需要が確認されている。たとえば、都市が形成されていった結果として、資格をもつ医者の需要も増えていた。全体として資格のある人材へのますます大きくなる需要は、現存の教育施設では、もはやカバーできなくなっていた。

こうした理由から、しばしば、大学は既存の教育制度から発展してきたという仮定が立てられてきた。[4]カウフマン（一八九六、一〇七ページ）によると、カール大帝治下に設立された修道院学校や教会学校は、「中世の学校制度の基礎、つまり大学誕生の下地」であった。大学の発展過程を見ると、いくつかの例では、事実、既存の学校制度の中に先駆的制度が認められる。しかし、既存の学校から切り離され、それどころか、時には、それらと対立した形で大学が作られた例も多い。その上、大学はその内部構造において、既存の学校とは本質的に違った構造を示していた。したがって、既存の教育組織の新しく生まれてくる大学への影響は否定されえないものではあっても、こうした連続性テーゼは、少数の例外にしか妥当しないものである。

シッパーゲス（一九六三、二〇五ページ以下）は、もう一つまったく違った連続性、つまりアラビア圏の学問の制度化とのつながりを明確にしている。「学問的な授業が行われた場所を東と西で比較してみただけでも、歴史的に注目すべき類似性があるのがわかる。モスクの境内に置かれていたアラビアのマドラサという施設は、中世のユダヤ教の会堂の教育施設と類似し、ラテンの修道院学校やのちの司教座聖堂学校で行われたスコラ的四科《クヴアドリーヴイウム》（神学以外の自由学芸七科目のうちの算術、幾何学、天文学、音楽の四科目）に似ていて、明らかに、ヘレニズムの伝統の上に立っていて、アレクサンドリアの学問を模範にしている。……〈校則〉によって、〈唯一神アラーの小道を彼の帰郷の日までさまよう〉ように決められた学問的な遍歴《ペレグリナツイオーン》は、視野を広げ、さまざまな人との接触をもたらし、東西でのこうしたスコラ的時代に、活気と風格を与える。大規模な遍歴活動は、啓蒙時代の教養の旅にまで引き継がれ、われわれにも馴染みのものである。これは、のちに、大学の領域に受け継がれるが、しかし大学でも、これは、硬直し化石化することになる。十二世紀に――アラビアのモデルからおよそ二百年ののちに――再び、西欧でも、学校制度の際立った固定化という事態となる。」アラビア圏とのさまざまな接触――これは、当初はスペインで、やがて遠隔地貿易の開始によって、最後には十字軍の遠征によってなされた――は、中世前半に、実用的知識を著しく増大させた。たとえば、アラビアの医術、アラビアの、しかしまたギリシャの、哲学や地理学が、ヨーロッパにもたらされた。実用的知識の土台は、途方もなく広がって、組織的に受け入れねばならなくなる。知識の拡大は、必然的に思考方法を変化させ、これまでの知識を疑わしいものに思わせる。こうした緊張は、活発な議論を呼び、墨守されてきた教説を相対化させる。間接的には、十字軍の遠征が、アラビアの学問の摂取によって、宗教的伝統を脅かすこととなり、宗教的伝統の影響は、次第に薄れ、教会の優位性も崩れていった。カトリックの聖職者階級の内部では、異端者の動きが起こり、これが新しい知識の担い手となった。違った文明との接触は、これまでの解釈体系の主導的地位を掘り崩した。それゆえ、アラビアの学問が――そして、これに媒介されて、古代の学問が――ヨーロッパの大学の創設に影響を及ぼしたことは否定できない。

総括すると、中世の大学は、一連の諸要因の重なり合いによって可能であったと確認できる。特権的知識人層の存在を許容した生産様式と支配組織、資格をもった人々の精神的活動への需要の増大、職業概念の変化、専門化した研究者や学者の役割の形成、協同組合的、同業組合的組織形態の普及、二つの普遍権力の中央化、古代やアラビアの学問の受容、行政網や情報網の拡充、聖職者による知識と信仰の独占の衰退などなど、これらが、中世の大学創立を促した諸要因と見なすことができる。

三　中世

三・一　社会史的発展傾向

ヨーロッパ中世は、「封建社会」とか「スコラ哲学」とかの、この時代の特徴を示すとされる概念から推測されるような、硬直した統一的なものでは決してない。たいていの歴史家から今日なお中世と名付けられている、西暦六世紀のローマ帝国の終焉と十六、十七世紀の宗教戦争の間の時期は、経済的、社会史的観点からすると、極めてダイナミックな矛盾の多いものであった。ヨーロッパの個々の地域では、発展は、不統一かつ非同時的に経過し、共通性はほとんど見当たらない。十二世紀以来のヨーロッパの大学創設の背景となっていた社会的、経済的、政治的発展傾向は、極度に地方分散的で、一枚岩的ではなく、ヨーロッパの個々の地方の間では、著しく違っていた。こうした異なった発展を見ると、一方で、それにもかかわらずほとんど同じ時期にヨーロッパの各地で大学が生まれたのはなぜかという疑問が生じるが、他方で、この発展の相異こそが、ヨーロッパでも大学の創設が、何百年も遅れている地域が多いのはなぜかという疑問も説明できるのである。

中世の前半は、「暗黒の時代」（ピレネ）であって、ヨーロッパでは、中央権力とそれと併存する地方の領邦君主、知行制度の確立、またせいぜい初歩的な貿易と手工業の傍らでの農業を主とする生産様式をその特徴としていた。地方の領邦君主は、六世紀から十一世紀におよぶこの「封建時代第一期」（ブロッホ）には、中央権力から得た知行権をもとに封土《フォイドゥム》を授け、城を建て、世襲制の行政システムを採ることで、彼らの支配を確固なものにしていた(1)。こうした地方の利害に対して、中央の権力の方は、ただ限られた範囲でしか行使されえなかった。国王は、王侯《テレ・インペリイ》領や帝国領の創設、拡大、封土の授与、王に忠実な家人《ミニステリアーレ》の育成によって、帝国の統一を強化し、貴族の地方的利益を制限しようとした。このことは、イギリスやフランスではドイツにおけるよりうまくいっていた。ドイツでは、鼎立し合う神権政治的要素と封建法的要素を実践面で調停さすことができなかったからである。ドイツではそれゆえ、領邦君主たちの提携が始まっていた中で、形式的には帝国の統一が不可侵のものとされていたにもかかわらず、国家権力の中央化はなかなか起こらなかった。地方領邦君主制に基礎を置くドイツのこうした分立主義のもたらした結果は、生産様式の変化が、西ヨーロッパ、南ヨーロッパにおけるよりはるかに遅れて起こったことと、支配的な国家的制度が、不十分な形でしか発達しなかったことである。中世初期の構造の中にもすでに、西ヨーロッパ、中部ヨーロッパの発展のあとをよたよたと追っていったこうした発展過程、十九世紀までも、それどころか部分的には現在に至るまで残っている発展過程が、認められる。ドイツでは、中世後半になってもなお、北部、西部、南部の周辺地域しか遠隔地貿易にかかわっておらず、このことによって強められた発展のこうした非同時性は、ドイツの初めての大学が、イタリア、フランス、イギリスより、二百年から三百年も遅れて設立されたのはなぜか、を部分的にではあるが説明するものである。

　イギリスやフランスでは、十一世紀から十三世紀までの間の「勃興の時代」（ボスル）に、支配諸制度の中央化、それに伴う地方の封建貴族と中央の国王との間の権力の分割が行われた。こうした発展は、行政の所轄部局の拡充、人間関係の法制化、権力の集中化ばかりでなく、決定的な経済的、社会的変化を結果としてもたらした。農業は、「封建時代の第二期」に、量的にも（荒れ地の開拓、開墾、植民）、質的にも（新しい栽培法）変化し、これが、領地を所有する封建貴族の関心を変えていった。つまり、彼らの関心は、直接的な農業消費から次第に間接的な農業消費とそれに伴う生産の集中化、剰余の生産へと移ってゆき、そうした剰余物を金銭に換えて権力の保持と拡充に充てようとした。

封建貴族のこうした変化は、貿易と手工業の発達の前提の一つであった。これまで封建貴族の屋敷内で細々と行われていた手工業は、こうした勃興の時代に、大きく発達することができたのだが、その理由は、封建貴族とその封土に依存している者たちが、これまで以上に手工業製品を要求したことのほかに、物々交換経済が次第に貨幣経済に移行し始めていたためである。こうした経過は、国内市場の発達を助長しただけでなく、地中海沿岸や北海沿岸でノルマン人やサラセン人を打ち負かして以来始まっていた遠隔地貿易をも結局は拡大させることになる。支配の中央化（統一的な法律、軍事力）と封建貴族の「企業家的視野」（資本の蓄積）も、貿易の拡充に資するものであった。イギリスとフランスでは、この勃興期に、新しい生産様式が次第に軌道に乗り、これが、中世初期の封建制度を変えてゆき、新しい社会層――とくに手工業と貿易に携わる層――を生み出していった。

こうした発展は、北部イタリアの都市でとくにはっきりと現れていた。――イタリアでは、ドイツと類似した地方的利害が支配的であったにもかかわらずである。地中海を経由してアジアやオリエントへ通じる遠隔地貿易にとっての有利な地勢、[2] 高い農業生産性、ドイツ国王とローマ法王の提携という特殊な政治的状況、皇帝と法王との激しくなっていく競合関係、都市の権利の強大化、ローマ帝国の歴史的遺産、これらのために、イタリアの都市（とくにビザンティンの飛び領土ヴェネティア）は、十世紀以来、手工業と貿易の富を誇る中心地になり、ほかから際立った都市ブルジョア層を抱えることとなった。そうした都市は、中央権力に対して広範な自律性を闘い取っていたが、これは、経済的生産性の急激な変化、とくに分業の行われる手工業、遠隔地貿易、資本の蓄積、自主的な行政によって、さらに強化された。都市のブルジョア層は、「興隆の時代」に、社会的、政治的、組織的に、独自のアイデンティティーを獲得していた。つまり都市貴族は、形式の上で封建貴族と同列に置かれるだけでなく、独自の権利と組織形態を強く主張したのである。都市の権利は、領邦君主と国王に十分に尊重され、ブルジョア層の協同組合的組織形態は——手工業者は同業組合に、貿易業者はギルドに、その他の職業グループは同胞団体などに、組織されていた——進歩的なものと見なされ、都市社会の構成は、硬化した貴族階級の規定からはかなり独立していた。都市の拡大は、市場と交通路の拡大につながり、可処分資本（クレジット経済の開始）と並んで、とりわけ優れた行政能力、処理能力を必要とした。貿易は、組織化され、保護されねばならなかったからである。このことは、なかでも、読み書き、外国語、外交手腕、法律知識、計算、地理学などの資格への需要を増大させることになる。イタリアの都市の社会経済的な構造変化と資格要求の変化から、高等教育制度の拡充を求める動きが起こり、これが結局は、大学設立を促すことになる。(3)

イタリアの都市に始まったこうした動きは、百年から二百年後に、フランスとイギリスにおいても始まる。沿海地帯はなんらかの形で遠隔地貿易にかかわっていて、貿易路の集結点として、都市の形成が促進されていた。都市は、貨幣経済のセンターであって、そこではさまざまな職業の間の分業が進んで、技術的、芸術的、知的、社会的な進歩の諸要素が育っていた。都市と都市の間にはやがて交通路が開かれ、貿易の情報網が張られて、都市の囲壁の外の世界についての情報も増えてくる。この時期に、地域の可動性、(4)社会的可動性も高まる。「十一世紀中葉以後、キリスト教徒たちは、一つの場所に定住することに満足せず、各地を移動するようになる。中世の人々を定住させておこうとする強い圧力——不可欠な労働力を引き留めておこうとする封建領主の強制、真の故郷を天国に求める気を起こさせなくなるとして、放浪や憂さ晴らしやこの世での移住には好意的でない宗教的伝統——があったにもかかわらず、統計学的に人口が膨張したために、故郷の地から、生活の場所から離れてゆく個人やグループは、増加の一途をたどっていた。十一世紀中葉から十三世紀中葉にかけての二百年は、西洋では、大移動の時代である」（ル・ゴフ、一九六五、五五ページ）。

このように言うのは、全体としては、誇張かもしれないし、第一、地域的な人口移動の正確な記録はないとはいえ、遍歴者、流浪者、旅人が増えたことの大学の設立に対してもっていた意味は、強調しておかねばならない。情報網がまだ完備していなかった時代に、こうした移動グループが情報を伝え、新しい知識を集め、革新を促進し、個人の自由、思想の自由を強調したのであった。彼らは、同時代の社会とは、また教会ヒエラルキーの位階序列やその中で理想とされた毅然さとは、縁を切って、社会批判を行っていた。にもかかわらず、批判された社会の方は、必ずしも迫害と撲滅政策でこれに応ずるのではなく、多くの場合、世俗権力も教会権力もこれら移動グループを保護し奨励していた——彼らの影響力が限られたものであることを知っていたからでもあるが、一方では彼らの文化と情報伝達の潜在力を利用しようとしたからでもある。遍歴者、流浪者、旅人の中には、学者や朗読者の小さなグループもあって、そのまわりにはいつも教えを請う者たちが集まり、その影響圏に知識欲の旺盛な者たちがどっと押し寄せていたという。主として都市で活動したこれらのグループは、のちの大学教授の先駆であった。それゆえ、大学が最初に出来た場所は、すでに都市が形成されていて、封建的構造がすでに大幅に変化していて、地域的、社会的可動性が可能であって、思想の自由を強調することが許されていたところである。

このことは、教会内部においても、変化の前提となっていた。中世前半に聖務をこととする教会に発展していたキリスト教の宗教共同体は、グレゴリウスの改革を旗印に、世俗権力から独立していた。このために、世俗支配と教会支配、皇帝ないし国王と教皇との二元対立の図式が出来上がっていて、これが中世後半を規定していた。この二つの普遍権力の間の絶えざる争いのおかげで、都市は、その他の協同組合的団体と同様に、自主性を闘い取り、ないしは守り抜くことができた。教師《マギステル》と学生（遍歴学生《ショラール》）の組合も、二つの普遍権力に、独立した権利を保証させることができた。皇帝と教皇との絶えざる争いの中では、一方がこの権利に干渉しようとすれば、ほとんどの場合、相手側から反発を受けたからである。ここに、中世の大学誕生のもう一つの前提がある。

中世のキリスト教会は、大学の発展にとって、さらにもう一つの刺激を与える要素であった。教会は、早くから修道院や修道院学校の中に、形式の整った教育制度を作り上げていて、これが少なくとも部分的に、のちの大学設立の際に取り入れられたからである。聖職者たちは、中世前半、とにかく読み書きのできる唯一の社会層であった。彼らは、その当時の知識を自在に利用し、それを増やし、文書の形で遺した。これに匹敵する形の素人文化が形成されるのは、ずっとのちのことである。当時、教会は、唯一の社会的大組織として、広範囲の情報網をもっていた。情報は、当時知られていた世界のあらゆる部分から手に入れることができた。こうした情報の独占は、もちろん、正統信仰の内容を維持し統制するのにも役立っていた。教会は正統信仰を擁護して頑なに闘ってはいたが、その頑なさも、中世の勃興の時代には、いくつもの動的な諸要素によって制限されることになる。キリスト教の信仰共同体の内部で、少数派（異端者運動、托鉢修道会など）が、既成の教会に異議を唱え、教会も新しい内容と形式を模索せざるをえなくなる。外に向かっても、教会の主導で行われた十字軍によって、新しい思想——とくにイスラムと古代の知識——がキリスト教徒たちの考えの中に入ってくる。これらに影響されて、十一世紀以来のキリスト教会の内容、組織形態、伝達形態は、流動的なものになり、教義と知識獲得の新しい形態の出現が可能になった。

こうして、この時代に、教会内部にも、スコラ哲学の方法がものをいうようになる。これは、一方で教父たちの文献から(教父学)、他方で何百年も忘れられていたが、ヨーロッパで再発見された古代の哲学者(とくにアリストテレス)の著作から引き出されたものである。スコラ哲学は、字句に忠実な解釈ではなく、キリスト教の思想内容の体系的開陳と展開とを奨励することによって、教会を、十字軍や異端者ないし托鉢修道会運動に伴って始まった激動の時代に順応させるものでもあった。弁証法的な思考法から出発するこの方法は、公式の聖務をこととする教会の頑迷な教条主義の拒否にとどまらず、それを越えて、学問的、社会的思考の全体に影響を及ぼした。古代ギリシャやイスラムの思想の受容がこれによって促進されたわけだが、ここから哲学的、法律的、医学的知識が大きく拡大することになる。たとえば、哲学にとっては、アリストテレスの著作が、医学にとっては、アヴィセンナの著作が、法律にとっては、ユスティニアヌス法典が、役立てられた。このように拡大された知識は、新しい組織形態と伝達形態を必要とし、この新興社会の著しい可動的要素に、大きな魅力を与えた。古代の思考要素と反教条主義的なキリスト教的考えや異教的哲学とが混ざり合ったスコラ哲学のこうした変種が台頭して初めて、教会の直接の統制の外側での知識と学習の制度化が可能となった。修道院や教会学校は、次第に教育制度としての独占的地位を失い、都市学校、市民学校、そしてついには大学という新しい制度が生まれてくる。しかし教会は、大学の誕生にとっては、さらに二つの局面において重要であった。一つは、修道院の組織形態(学位の等級、聖別儀式、特定の言語)がのちの大学の組織のモデルになったこと、もう一つは、領地を所有する封建勢力の一つであった教会が、時にはかなり膨大なものであった農地からの収益の一部を寄進して、のちの大学創立の経済的基礎付けに重要な貢献をしたことである。

教会領域、世俗領域での構造変化に伴って、社会観、労働観も変化していった。とくに教会の固執してやまない秩序思想、つまり社会は自然および超自然の生活秩序である身分に区分されていて（聖職者―一般信徒、男―女、既婚者―独身者、選ばれた者―神に見放された者、自由な者―自由のない者など）、そのつどの身分に組み込まれている個々人は、神の意志によって、「位階《グラドウス》」、「条件《コンデイテイオ》」、「職責《オフイツイウム》」に従って区別されているという秩序思想が、社会構造が変わってゆくにつれて、そのままでは通用しなくなっていた。貴族と聖職者の区別、増大してゆく地域的、社会的可動性、労働観の変化、宮廷での非聖職者文化の開花、これらが、神の望みたまう社会秩序という古来の考えを疑わしいものにしてゆく。昔の身分――「朗読者《オラトーレス》」、「戦士《ベラトーレス》」、「労働者《ラボラトーレス》」――は次第に新しい職業身分に席を譲ってゆく。職業に就き、世俗の労働へ向かうのが、中世後半にとって、決定的な出来事であった。それに応じて、いまや、学問的な活動は、神に選び出されて行う使命の純粋な充足ではもはやなく、世俗的な職業行為としても理解されるようになる。こうした価値観の変化こそが、学問的活動の職業化の礎石、教会の外側でのまさにこうした職業への準備のための礎石であった。学問は、職業的行為となることで、いまや、修道院の壁の外でも――つまり大学においても――伝えられ、育てられうるものとなった。

十一世紀から十三世紀までの間、つまり最初の大学が設立された時期には、いまだに騎士である支配者、しかし教養はない支配者の理想が生き残っていたが、それでも宮廷文化の拡散につれて、「教養のある王《レクス・サピエンス》」という理想も次第に一般化していった。貴族は、もはや単に宮廷の聖職者や書記の読み書き文化だけに頼っていることは許されず、自ら教養を習得しなければならなくなる。教養理想のこうした変化は、社会の階層構成の変化によって（たとえばミニステリアーレと呼ばれた新貴族の出現によって）、またとくに二つの普遍権力の間の争いの激化によって、助長された。世俗的貴族は、いつまでも教養のある聖職者の下風に就いていることを望まず、そこから独立したいと望んだのである。

こうした発展のすべては、中世世界を大きく揺り動かしたのだが、ボスル（一九七二、二九〇ページ）は、これを、いささか軽々しくではあるが、十九、二十世紀の変化と同列に置こうとしている。「十一世紀中葉以来、古風な構造が動揺し始めた。ヨーロッパ社会は初めて創造へ向かって出発したのである。ヨーロッパとヨーロッパの人々は、古代の支配領域をはるかに越えて、北へ、東へ、南東へ、とくにこれまでビザンティンに始まって以来久しく東高西低の支配が行われていた地中海東部地域へと、広がっていった。そこでは、イスラムとその宗教的活動が——それは早くからキリスト教徒と妥協する用意をしていたが——いま新たに、キリストの十字架の名における西側の勢力拡大によって、聖戦によって、目覚まされ、十字軍の遠征とキリストの軍勢というその感動的な理念によって掻き立てられた。〈光〉がやってくる東方へのこの勢力拡張は、外部のみならず内部の境界と障壁をも克服し、新しい植民地を開拓した全ヨーロッパ的運動の一部であった。ヨーロッパの活力は、これによって、一段と強化された。とりわけ、人間の業と力の増大化によって、経済の広範な発展と人間的つながりの絶えざる増加によって。……こうした出発とこうした勢力拡張は、社会の動きの新たな活力、人間と社会の垂直にも水平にも大きく広がった社会的可動性に担われていた。その射程距離と規模は……過小評価してはならない。人間の自由、階級や身分に属する人間のグループの自由、労働の自由、価値、機能が、ここに初めて問題にされた。……十九、二十世紀の社会過程も、その規模の違いを考慮するならば、これほどに強力なものではなかった。」

これまで述べてきた社会的、経済的傾向のすべてが重なり合うこの特殊な状況は、中世における大学の誕生の前提をなすものであった。

三・二　最初の大学――ボローニャとパリ

最初の大学が中部ヨーロッパに誕生した十二世紀以前にもすでに、多くの構造上の特徴からすれば、のちの大学と類似した教育制度は存在した。たとえば、中世初期にすでに時々に話題にされたサレルノやモンペリエの医学校は、完全に学問的な専科大学で、その知識レベルと教育法は、のちの大学の医学部の組織形態や機能上の諸規定と比較できるものであった。また、とりわけイタリアでローマの伝統を引き継いでいた法律学校のいくつかも、その構造において、中世の大学の法学部と似通っていた(5)。

三・二・一　ボローニャ

しかし大学の誕生にとっての経済的、社会的、政治的前提条件は、十二世紀初頭以来初めて、十分に成熟したのであって、貿易あるいは聖職者運動の中心地、時にはその両者の中心地において、大学が設立され、永続しえた。最も早くこれが起こったのは、数世紀前からすでに法律学校をもち、貿易と手工業が盛んで、富裕な都市貴族を生み出していた、上部イタリアのボローニャであった。ここの法律学校には、しばしば著名な法学者が弟子たちを伴って集まってきていた――その中には、ペッポ、グラティアン、イルネーリウスの名も見え、彼らの継受したローマ法は、当時、各地の宮廷や都市に役立てられていた。十一世紀中葉以来、法律の教師とその弟子たちの数が異常に増えていることが確認されている。こうした発展は、次第に、既存の法律学校の内容的、組織的枠組みを崩していった。

当初は、法律学校の拡大もただ量的なものであったが、やがては、この教育制度の組織形態や目標設定も新たに改定されてゆくことになる。中世前半には地域的にあちこちと移動するのが目立っていた法律の教師やその弟子たちにおいて、協同組合として提携することへの関心が起きてきたのは、こうした人的サークルの数的な増加を制御し、法律的保障の欠如の危険から身を守るためと推測される。――とくに、当時の協同組合は、最も近代的な組織形態であり、法律に通じた知識人サークルには「進歩」への参加が約束されていたからである。商業と行政のための法律知識の豊富な人材を必要とした都市貴族は、声望の高い法律の教師を自領内に永住させ、法律に通じる者たちの養成に役立たせることに腐心した。こうして既存の法律学校を土台に、比較的新しい考えをもつ著名な法律教師を抱えて、世俗権力の後押しを受けて、ボローニャに、最初の大学が作られたのであった。その最初の設立文書の年代は、一〇八八年と一一一九年とされている。(6) なるほどそれ以前に、ローマ、ラヴェンナ、パヴィア、ヴェローナやその他にも、法律学校があった。しかしそれらは長続きしなかった。ボローニャにおいて初めて、大学誕生の前提条件として冒頭に挙げたすべての要因が重なったのであった。

既存の法律学校を大学にするのに、法律教師や都市の長老たちの刺激剤となったものは、漠とした伝統と他の法律学校との競争だったようである。カウフマン(一八八九)は、ボローニャの法律学校の設立にしてからが、文書の偽造によってのみ可能になったものだと推測している。というのも、ユスティニアヌス法典によれば、ベリツスないしユスティニアヌス帝国の二つの首都以外には、法律学校の存在は許されなかったからである。ボローニャの法律学校は、偽造された文書によって、皇帝テオドシウス二世の設立になると自称したのだという。これならユスティニアヌスの禁令に触れなかった。こうした法律上の疑点に対して自衛策を講じるために、ボローニャ大学の設立発起人たちは、皇帝や教皇に特権の授与を懇請したのみならず、なによりもこうした教育制度を完全に新しい質の組織にすることによって、法律上の欠点を覆い隠そうとした。法律を教えるだけでなく、その他の学科も教える新しい教育制度なら、おそらくユスティニアヌスの禁令には触れないだろうし、それゆえボローニャの旧法律学校設立の際の文書偽造という欠陥も忘れさせることができると考えたからである。イタリアの諸都市の競争という点に、公権力の初期大学設立への強い関心の一端が見て取れる。それぞれが独自の法的権力をもっていた諸都市間が競争しているという状況は、二つの普遍権力——つまり皇帝と教皇——の特殊な諸機能を理解させるものでもある。都市がそれぞれに独自の法律的権力をもっていたことから生じる法律上の混乱は、そのつど、上位に立つ二つの普遍権力の法律行為によってのみ押さえることができたからである。競い合う諸都市は、多くの領域において、都市間に広がる交流を可能なものにするために、二つの普遍権力の発する法律には特段の関心を示した。しかし逆に、諸都市はまた、自分たちの法律上の立場を強化するために、二つの普遍権力間の争いを、意識的な支持あるいは日和見的政策で、十分に利用することもできた。

皇帝と教皇と諸都市の間のこうした権力の相互関係のおかげで、新たに誕生した大学は、さまざまな特権を手元に集めることで、支配権利に対して相対的な自主性を保つことができた。一一五八年、皇帝フリードリヒ一世（赤髭王《バルバロッサ》）は、ボローニャの学生と教師に頼まれて、「特許状《アウテンテイカ・ハビタ》」を発し、これが時に中世の大学の基本法とされることになる。(7) この「特許状」には、すべての学生と教師は、学問的理由で訪れた場所ではいずこであれ、皇帝の保護下に置かれ、したがって当該の地の刑法で罰せられることはないと定められていた。なにびとも、大学共同体の成員に他の成員の債務に対する責任を負わせることは許されないとも規定されていた。こうした規定は、皇帝の支配領域のすべての大学に適用された。この皇帝の法的行為こそ、大学が競い合う普遍権力や都市の支配から独立した諸権利ないし特権を闘い取る長期にわたる努力の過程の第一歩であって、ついにはここから、大学の自治を確保するための包括的な法的規範が出来てゆくことになる。教皇の方も皇帝に引けを取るまいとして、新しく出来た大学の教師と学生の存在とその地位を、教皇庁の権力の及ぶ全領域で保証した。一一七九年、ラテラノ公会議で、大学での授業は無償で行われることが表明され、その後、一一八九年の教皇の勅書には、詳細に賃貸問題、税金問題が述べられている。当初、教会は、授業と試験にはほとんど干渉しなかった。ライヴァルのイタリアの諸都市の側からの権限に対する疑義やボローニャの都市貴族内部の権力グループの個別利害に対処するために、教皇ホノーリウス三世は、一二一九年、ボローニャ大学の試験をボローニャ市の司教座教会首席助祭の監督下に置くことを取り決めた。このために、大学の自治の一部が失われることになったが、同時に、勉学と学位が地域を越えて通用することにもなった。大学の学位授与の過程に教会の普遍権力が介入することによって、市民グループやライヴァル都市の個別利害は排除され、そのため新しい大学の意義は高められた。

しかし大学は、都市に対して、また別の戦略も用いた。つまり、よその都市へ移って、そこで大学活動を続けるとの脅しである。こうした脅しは、他の諸都市からだけではなく、時には普遍権力の側からも支持され、中世の全期間を通じて極めて効果的な戦略となり、都市の長老たちをしばしば譲歩させている。学生と教師は団体に結集していたために、個々の学者の脱出《エクソダス》は、教師と学生の団体の全員を失うことにもつながりかねず、他のイタリアの都市に大学が出来たことにはさして関心をもたなかったボローニャの有力者たちも、この事態は避けねばならなかった。そのために、ボローニャの長老たちは、多くの場合、大学の要求に譲歩し、大学に場所と奨学金と給料を提供した。その代償として、彼らは、教師に宣誓させて、教師と学生のボローニャ市とのつながりを強化しようとした。「教師はこの宣誓によって、生涯、他都市ではローマ法の講義をしないこと、ボローニャでの研究の質を落とさないこと、つまり学生たちを他都市へ流出させないこと、教授がその知識に基づいて行うすべての試みを市当局に届け出ること、これらを義務付けられた。宣誓ではさらに、市当局の要求によって、法律上の助言を行う義務も負わされていた。……こうした宣誓によってボローニャは、学者の活動の場を保証したのではなく、学者が他の場所に移るのを防いだのであった」（カウフマン、一八八八、一六九ページ）。こうした政策は、創設期にはおそらく意味をもつものであった。のちに、ほかにも大学が創立され、そこでも同じように宣誓がなされたとき、そうした政策はボローニャに対抗してなされたものである。十四世紀にはボローニャもこうした宣誓を廃止している。

ボローニャに大学が設立されて、学者やその弟子たちの移動は止まったが、地域的可動性はいまは制度的にコントロールされることになった。教師と学生は、教え学ぶ定住地を得、少なくとも部分的に物質的な保証も得、諸権利、諸特権の条規を獲得した。こうした制度化の努力によって、中世の知識人は、新しい地位を得ることになる。「十三世紀になると、教授たちは、自分たちにはふさわしい報酬が当然受けられるのだとの考えを一般に普及させる。それも、学問の売り手としての報酬ではなく――学問は神にのみ属するものであって、売ることはできない――労働者としての報酬である。こうして、都市が興隆してゆき、それと連動して新しい価値秩序が出来てゆくなかで、大学の成員たちは、商人たちと同様に、労働の名において、自分たちの報酬を正当化していった。聖職者である大学教師は、生活費を、公権力の支出する金か教会の支出する教会禄、聖職禄から得ている。彼らの教育したインテリ層が、十三世紀には、教会および国の高級官僚の大部分を占めるに至っていて、十三世紀が均衡の取れたものであったのは、高級官僚職を占めるこうした精神的エリートの存在が大きく貢献している」（ル・ゴフ、一九六五、二五八ページ）。

中世の大学知識人層の確立にとって、これに劣らず重要だったのは、協同組合的組織形態が取られたことと、それがさまざまに変形されたことである。教師たちの提携（教師団《マギステル・コルポラテイオーン》）と学生たちの提携（学生組合《ショラーレン・ゲマインシャフト》）は、多くの教団や修道院にすでにあった組織や、台頭しつつあった同業組合（ツンフト）とか商人ギルドで支配的であった組織を手本にすることができた。こうした組織では、教会や国家の中央権力に対してある程度自立し、自治権限、取締権限を規定し、人材の獲得や権限の移譲時の儀式がきちんと決められていて、他の制度に対してはっきり境界線が引かれ、入会ないし退会の明確な判定基準があった。教会と国という二つの普遍権力の意向、さらにはたいていの都市の意向に対立するこうした組織形態を、ボローニャに出来た新しい大学に集まった教師と学生の集団は取ったのであった。

ヨーロッパ各地から遍歴してきた学生たちは、出身地別——といっても、それぞれの出身国とは一致してはいなかったが——の団体に組織されていた。こうした学生たちの保護組合は、元来、各地からやって来た学生の共同生活から生じたものであって、学生たちを四つの（東西南北の四つから来ている）同郷者グループ別に組織していたが、やがて、土地の者《ツイトウラモンターネ》とよそ者《ウルトウラモンターネ》の二つに分けられた。当初、規約や自治もこの組織区分で行われていて、そこで組合長が選ばれ、教授たちを一年期限で雇い入れていた。こうした広範な権利は、学生たちの社会的、出身別の特徴によってうまく機能していた。というのも、ボローニャの学生たちは——パウルゼン（一八八一、二五七ページ）によれば——「子供ではなく……たいていはもういい年になっていて、その社会的地位のために自治団体を作ってゆく能力をもつ聖職の、あるいは世俗の紳士」であったからである。もっとも、十四世紀以後、ボローニャでは、学生たちの広範な自治権限は制約を受け、教師団体ないし教会代表に委ねられることになる。

各国から来た学生たちが集まって「学生の共同体《ウニヴェルシタス・ショラーレム》」を形成していた学生団体に、マギステルやドクトルの団体「教師の共同体《ウニヴェルシタス・マギストールム》」が対立していた。講義をしていない当地の法律家たちも当初多く加入していたこうした教授団は、のちの学部の基礎となるもので、授業計画や試験規則を定め、試験の実施を引き受けもした。すでに講義は受けているものの試験は受けていない者や、何年も大学に顔を出さない者も、教授団に名を連ねていることもあって、初めのうちは、その構成員の範囲ははっきりしたものではなかった。その上、教師たちが物質的に恵まれていなかったことから、さまざまな行き過ぎも生まれた。多くの教授は、収入を上げるために、自前の講堂や校舎をもち、これを効率的に利用するために、時には、よその土地の教師や試験を済ませていない学生を雇い入れ、その連中もやがて教授団に加えられることになった。教授団の成員が試験の実施を拒否したり、賄賂を受け取ったりしたために、しばしば紛争が起こっている。教授団と出身地別の学生団体との間にはさまざまな対立が起こっていた。

しかし総体的に見ると、学生団体と教授団とは、外に向かっては自律的な協同組合の形態を取った一つの共同体《ウニヴェルシタス》であった。教える者と教わる者との機能の別と出身地別の同郷学生会と並んで、専門の別は、大学の第三の区分原理であった。その歴史的経緯からして、ボローニャ大学では、当初、法学部が数の上でとくに図抜けていて、重要なものであった。法学部では、ローマ法が指導的な地位を保っていたが、やがて教会法もこれに加わる。十二世紀末には、学芸学部が、それに続いて医学部が、設立された。一三六〇年になって、神学部も追加された。学部の間には根本的な対立があった。これは、とりわけ、重要な大学職員を独占しようとした法学部の他の学部に対する優位性から起こったもので、再三、大学を分裂の危機に立たせている。こうした争いは、その他の次元、たとえば、学生と教師の間や同郷学生会の間でも、繰り返されている。こうしてみると、中世のボローニャ大学は、矛盾と葛藤を内にはらんだ共同体であって、理念の力や共通の物質的利害によってというよりは、むしろ大学の周囲の世界がはるかに矛盾に満ち、地方分権的であったことによって、結束したのであった。

「それゆえに、教授や学生の自由を求める努力が──その目標に達するためには、団体として結束する道、つまり、国や教会の上からの意志に反せざるをえない道しかたどることができなかった──この二つの普遍権力の精力的な政治的関心と一致したことは、本質的な重要性をもっていた。こうして、十二世紀中葉以来、学生と教師の普遍的な特権が段階的に獲得されていって、大学の自由は正当視され、法的基礎付けが行われていった。わずか百年の間に、こうした権利の授与と治外法権の大きな複合体が出来上がり、十三世紀末までに、その後の大学設立のすべてにとって依り所となりえた権威ある特権の砦として存在することになった」（ベーム、一九七〇、三六―三七ページ）。

ボローニャは、とくに学生と教師の広範な自治、同郷学生会に組織された学生の広範な権限、教育領域ないし試験領域に全力を傾注する教授団をもつことで際立っていて、これを模範にして、それ以後、イタリアに多くの大学が設立された。学生と教師の一斉移住《エクソドゥス》によって出来た大学もある（たとえばパドゥアとヴェルチェリ）。十五世紀には、イタリアには、二〇の大学が出来ている。ボローニャをモデルにして、スペイン北部のカスティーリャとポルトガルにも大学が設立された。こうした基本モデルから逸脱したのは、一二二四年にドイツ皇帝がナポリに建てた大学だけで、これは、中世で初めての「国立大学」で、協同組合的管理はなされず、直接に皇帝の支配下に置かれ、学生と教師の移住の自由は認められなかった。しかし、「国立の大学」という名称は、大学史の文献ではしばしば斥けられている。のちにいう意味での国家は、まだ存在しておらず、のちの国立大学は、違った構造をもっているからである。

三・二・二　パリ

パリ大学の設立事情は、ボローニャの場合と違った構造を示している。パリにはすでに十世紀に司教座聖堂学校ないし修道院学校が出来ていた。その上、ヨーロッパ全土を遍歴する自由な学者が――その中には、ヴィルヘルム・シャンポーやペーター・アベラールの名が見える――講義をしていた。彼らは、キリスト教や古代ギリシャ・ローマの古典的原文を正統派の解釈にとらわれず講じていたために、相当多くの遍歴学生がヨーロッパの各地からここに集まって来ていた。学生たちは、当初、緩い共同体を作っていたが、やがてセーヌ河左岸に独自の勉学のための地区を設けるに至った（一一五〇～一二〇〇頃）。ノートル・ダムの司教座聖堂学校とサン・ゲノヴェーファの修道院学校と手を結んで、この地区は、「パリ学校《スコーラ・パリシエンシス》」を形成し、パリの外でも名声を得るようになる。この地区がのちの大学に発展してゆくには、二つのプロセスが働いている。一つは、これまでの建物もこの地区も学生数の急速な増大のために手狭になり、建物と組織の革新が要求されたこと、もう一つは、ヨーロッパ各地からやって来た学生たちが、パリ市民たちとさまざまに衝突したことである。これらが、法的な立場の明確化を緊急事にしたのであった。

　教会側の尚書、司教、教皇、世俗の側の市民、官僚、皇帝、学校側の学生と教師の三すくみの長期にわたる議論の末、一一七四年から一二三一年の間に相互の法律関係が確立して、パリ大学の設立に至る。学生は、教皇の勅書によって、市民裁判からの広範な自由を得、皇帝の布告によって、パリの教皇直属の尚書の管轄下に置かれた（一二〇〇）。数年後には、学生の提携（学生共同体《コムニタス・スコラーリウム》）が、さらにそののちに教師の提携（教師の共同体《ウニヴェルシタス・マギストロールム》）も法的に認められた。これらの団体は、聖職と世俗の権力グループ間の無数の争いの中で巧みにその矛盾を利用しながら地歩を固めていって、時には、パリから脱出までして自らの要求を強調し（一二二九）、ついに、独自の規定を闘い取るに至る。これは、一二三一年の教皇の勅書「学問の父《パレンス・スキエンテイアールム》」によって保証された。これによって、パリの大学が成立したわけだが、教皇の尚書の特別な地位のために、尚書－大学とも呼ばれていた。「パリの大学は、この二十年間の闘いによって、司教と尚書や皇帝の官庁と都市と並んで、独特の自立性を勝ち取っていた。そして逆に、尚書の方は、大学との関係によって、それまでの司教座教会参事会員として得ていた意味をはるかに越えた地位を獲得した。尚書は、この団体との紛争の際には一方の当事者として対立したが、他方では、それにもかかわらず、この団体に属して、しばしば教授として働いたこともあった。一四〇〇年頃には、尚書の大学との関係は司教座教会参事会員との関係よりも大きなものとなり、尚書の職は、司教座教会参事会に結び付いていた大学担当職以上のものにまでなっている」（カウフマン、一八八八、二六一ページ以下）。

パリ大学の、第二の本質的な構造上の特徴は、教師《マギステル》の強力な地位であった。大学は、「教師と学生《ウニヴェルシタス・マギストトウ》の共同体《ロールム・エト・スコラーリウム》」と名付けられてはいたが、評議会で議決権をもっていたのは、教師だけであった。教師たちが学部を形成し、学部長と学長を選んでいた。学生たちは、四つの出身地別の同郷学生会に組織されてはいたが、この区分は、むしろ図式的なもので、政治的‐行政的に行われたものではなかった。デーニフレ（一八八五、九五ページ）は、四つの同郷学生会に区分されたのは、十三世紀の初めで、管理監督を簡明化するために、数の上で強力なこの四つの同郷学生会を基礎として、その他の学生をこれに割り当てたと見ている。同郷学生会には、学芸学部の教師たちも、加えられた。学芸学部は、他の三つの学部の予科的施設と見なされ、この学部の教師は、しばしば他の学部の学生であったからである。同郷学生会の頂点にはそれぞれ、プロクラトルと呼ばれる責任者が置かれていた。同郷学生会には、大学の自治に対する参加権はほとんど与えられていなかった。これが強い影響力をもったのは、学位候補者を選抜するときと、パリ市民に対して学生の諸権利、諸特権を擁護するときとであった。個々の同郷学生会の特権はさまざまに異なっていたので、学生会相互の対立は長期にわたり、これが時には学部間の争いにまで発展していた。

学生が教師のもとに直接従属させられていたことも、教師の地位を強めるものであった。学生となることができるのは、一人の教師の弟子と認められた者だけであった。教師は、個人的に自分の学生の名簿を作成していて、この名簿に載った学生を法廷や市民に対して擁護しなければならなかった。パリ大学は、自由な学者とその弟子たちのかつての緩やかな結び付きを制度化して出来たという、その設立の歴史にふさわしく、家父長的な教師－弟子－関係が、教師と学生の関係の中に続いていた。学者たちの、いわば個人的な依頼人との提携が、パリ在住の教会の長老たちの監督と保護を受け、皇帝から法的な特権を授けられて、出来上がったのが、パリ大学であった。

パリ大学の第三の特徴は、これもその設立の歴史に由来するものであるが、教授団がその補充を自力で行ったことにある。教える素材が急激に増えてゆき、学問分野が専門化して、専門分野を教える能力の証明された教師がますます多く要求されてきた。形式的には、――昔の学校でもそうであったように――教授資格を与えるのは、尚書であった。しかし内容的には、新しい教師の能力は、教授団によって判定された。ここに、大学の試験制度の出発点を求めることができる。というのも、バカラリウス、マギステル、ドクトルなどさまざまな学位を取る試験は、教授資格授与の内容的な前提条件だったからである。尚書は、学部で試験を済ませていない者に教授資格を与えないとの宣誓を行わねばならなかった。「教授団が出来た当初から、司教の代理人である尚書との対立が起きている。そこでは、教授資格と教授能力の問題も重要であった。認可するのは今後も尚書とするが、それは教授団の規定する試験に通った者だけに対して行うという結末で話し合いがついている。ここに、教授資格は、尚書による教授資格の授与、つまり免許状の授与と、教授団ないし大学による教授能力の認定という二つの行為に分割された」（リューレ、一九六六、四四ページ）。教授団の後継者補充権は、大学の核心であり続け、尚書大学、教授大学の特殊な共同作業のありようを明らかにしている。尚書は、監督官というよりむしろ公証人であり、教授たちは、内容的なコントロールを留保していた。共同社会的組織原理と普遍権力の利害が、この構造の中に互いに融合したのである。――これは大学にとって有利に働いた。

後継者補充権は、「学部分割の萌芽期にあった専門学者たちの共同体にとって、重要な貢献をなした。合同で会議をし、尚書と対決し、他の専門分野の共同体とも対決し、規約を作り、はては、教会と国から特権を勝ち取って、学部は加速度的に発展していった。パリでは、時間的に見ると、神学部と学芸学部が先行し、法学部と医学部は当初は数も少なく、重視されていなかった。……パリでも、他の中世の大学のすべての場合と同様に、神学部が最高のランクを占めていて、その下に法学部が、次に医学部があり、この三つが上級学部を形成していた。それらの基礎には共通してキリスト教の教義があった。ある意味では、これは、キリスト教徒の三つの側面、つまり魂の救済、国家の中での生活そして肉体、を正当に評価しての分業を表している」(リューレ、一九六六、四五ページ)。これに対して、学芸学部は、どちらかというと、三つの上級学部へ進むための準備段階と考えられていて、学芸学部でマギステルを得た者も、しばしば三つの上級学部の学生であった。学芸学部の長は、他の学部のように学部長ではなく、全学の代表者でもある学長であった。このことは、発展史的にも説明できることで、パリのかつての学校の教師たちが、のちの学芸学部に吸収された学科を代表していて、他の学部の教師たちの方が、より高いランクに置かれたにもかかわらず、新しい教育制度の頂点には、かつて名声が一番高かったこうした代表者たちを立てようとしたからである。何世紀ものち、大学の構造が固まって初めて、三つの上級学部の教授も、学長になれるようになる。

合議体の教授団《コレーギウム》が、初期から存在したことも、パリ大学の特徴である。学生団体の所属者の裁判権をなによりも重視する托鉢修道会との対決を通じて、大学構成員は、修道会のもつ組織化された福祉的生活様式の有利さを知り、教授団をつくることで、こうした生活様式を真似ようとした。教授団では、貧しい学生や教師に衣食住などの生活保護から書物まで世話をし、協同組合的な生活様式で共同生活ができるようになっていた。一二〇〇年から一五〇〇年までにこうした教授団がおよそ五〇も出来ていて（ソルボンヌの教授団は、とくに有名になった）、そこでは、衣食住を共にするだけに限らず、学問的な活動（講義や論争）にも多くの時間が捧げられた。

総体的に言えば、パリ大学は、ボローニャ大学よりも、教会との結び付きが密接であった。このことは、神学の優位性、司教の代理人としての尚書の大学内での強い立場にも現れている。パリ大学の組織原理は、個々の点で、修道院や教団を模倣したもので、その内容と生活様式は、キリスト教の教養の方向を取っていた。もっともキリスト教の教義も、大学から影響を受け、変更を迫られもした。ボローニャは、これに反して、より強く協同組合的原理によって組織され、内容的にも、法律学を志向していた。ボローニャ大学は、市民的な利害を特徴としていて、権力グループ間の対決の中に引き込まれていた。

二つの大学ともに、教皇と皇帝という二つの普遍権力間の、また都市と市民グループ間のライヴァル関係を巧みに利用して、一世紀もかけて、諸権利、諸特権を取り込んでいって、自分たちの広範な自主性を確保し、地方分権主義的志向の強い世界からも、普遍主義的志向の強い世界からも、同様に権威あるものと認められることとなる。ボローニャとパリの大学は、こうして中世の大学の模範となった。のちに出来た大学の設立趣意書には、たいていの場合、ボローニャとパリの特権がはっきり引き合いに出されている。新しい大学の創立者たちは、好んでこの両大学の卒業生を招聘していて、彼らは、その高い名声のために、各地から引っ張りだこであった。両大学の学則も、領邦国家体制が確立されて地方的特殊性が優位に立つに至るまで、他の中世の大学の学則の模範とされた。

両大学は、多くの点で似通った条件のもとで設立されている。その頃、都市には、すでに市民階層がかなりの程度に興隆し、すでに学校が制度化され、二つの普遍権力間の葛藤もはっきり解決に向かっていて、ここに、それまで地域に縛られていなかった知識人の層が定住したのであった。こうした発展が、かなり以前から潜在的に存在していた関心や多くの偶然事と重なり合って、十二世紀、十三世紀に至り、教師と学生の緩い共同体および既存の学校から大学が生まれることになったのである。

三・三 その他の大学

ボローニャとパリに大学が出来てから、ヨーロッパの各地にも大学が設立されるまでには、さして時間はかからなかった。社会経済的、政治的発展の度合いによって、各国の大学の設立事情は異なっている。最も急速に事態が進んだのは、イタリアとフランスで、一二〇〇年から一五〇〇年の間におよそ二〇の大学が新設されている。イタリアの大学は、――ナポリに作られた皇帝の大学は例外[9]――ボローニャ大学を模範とし、フランスの大学は当然、パリ大学を模倣していた。フランスではモンペリエだけが医学校として特別な地位にあった。

パリの影響は、オックスフォードにも及び、十二世紀末から十三世紀初頭にかけて、イギリスでも大学が設立された(一一六七/一二〇九)[10]。ここでも、教師団が、大学を支配し、学部を形成したが(文法学部が五番目の学部として加えられた)、各学部の指名を受け、司教から承認された尚書が、大学を監督し、その裁判権を握っていた。イギリスの二番目の大学は、一二〇九年と一二一四年に、オックスフォードの学生が集団でケンブリッジに移住したことで出来たと推測されている。しかし、このケンブリッジ大学の規則が出来たのは、一二六五年ないし一二六七年になってからである。オックスフォードとともに十九世紀までイギリスの二つだけの大学であったこのケンブリッジ大学は、当初は、オックスフォードを模範に組織されていて、独特の構成上の特徴をもつに至ったのは、ずっとのちのことである。

スコットランドのグラスゴーに、十四世紀、既存の学校を基盤に大学が出来たが、オックスフォードやケンブリッジと比較できる点は少なく、これまでの学校の性格を脱するようになるのには時間がかかっている。数十年後に、スカンディナヴィアでも、同じような発展経過で、いくつかの大学が出来ている（たとえば、ウプサラ、コペンハーゲン）。少し遅れて、南東ヨーロッパでも大学が設立された（オーフェン、フュンフキルヒェン）。こうした大学はすべて、――地域的な差異はあるにしても――パリの大学を模範にしていた。ただ一つ、アラゴニア王国においてのみ、パリもボローニャも模範とされず、ナポリの「国立大学」の方向で作られている。アラゴニアの大学は、国王の設立になり、多かれ少なかれ直接に宮廷の監督下に置かれ、それぞれの都市と司教区が、資金の分担を受け持たされていた。

経済的、社会的先進国――とくにイタリア（その一部はドイツ帝国に属していた）、フランス、イギリス、スペイン――では、十二世紀末と十三世紀初頭にすでに、大学が出来ていたのに対して[11]、ドイツでは、十四世紀中葉まで、大学はなかった。大学の設立が遅れた主たる理由は、ドイツが世界貿易において周辺的位置にいたこと、それと結び付いて諸都市の発展が立ち遅れていたこと、農業の封建的生産様式が続いていたこと、地域的、社会的可動性が比較的小さかったことにあった。それに加えて、小国分裂状態が始まっていたこと、教会が精神的に狭量で、知識伝播のダイナミズムの邪魔をしていたことも大きい。

ドイツ領内の初めての大学設立趣意書は、一三四七年に出されていて、それをもとに、プラハに一三六六年、大学が設立された[12]。ほとんど同時期に、ウィーン（一三六五）とクラカウ（一三六四／一三八四）にも、そして、くびすを接して、ハイデルベルク、クルム、ケルン、エアフルトに大学が出来る。十五世紀には、ヴュルツブルク、ライプツィヒ、ロストック、グライフスヴァルト、フライブルク、バーゼル、インゴルシュタット、トゥリーア、テュービンゲン、マインツに大学が新設された。こうして、十五世紀末には、ドイツ語圏には、全部で一六の大学があった。

これらのドイツの大学は、同じ図式に従って設立されている。つまり、領邦君主が、いくつかの例では都市の首長が、二つの普遍権力に、すでにボローニャとパリがもったような特権を懇請したのである。この種の設立認可書を発するのは、通常、教皇と皇帝で、新しい大学にそのつど、懇請された諸特権、諸権利を保証した。大学設立後に皇帝の認可書をやっと手に入れた例もいくつか見られる。通常、教皇の認可書には、いくつかの指示が付いていて、その土地の教会所有地のこれこれの範囲を新しい大学の使用に供するとか、大学教師にはこれこれの聖職禄から給料が払われるとかが定められていた。もともと、大学設立は、教会の記念行事としてなされたもので、大学が——しばしば数少ない教師と学生だけでのことであったが——その活動を始めるまでには、それぞれの都市と領邦君主と教会との間に、法的、経済的諸問題について、長期にわたる交渉がしばしばなされている。したがって、大学の設立と開学の間には何年もかかっていることもよくあった。設立認可書が出されたのに、大学設立に至らなかった例も見られる（たとえばリューネブルクの場合）。

ドイツの大学は、組織的には、パリの大学を模範にしていて、学長を頂点にした教師団体であり、当初は、教会の代理人である尚書が、大学内で強い立場に立っていた。しかし、宗派間の諸矛盾と宗教戦争が激しくなるにつれて、当初の強い立場は失われていった。パリの場合と似て、四つの学部があって、神学部が最高のランクに置かれていた。しかし、学生数では、学芸学部が他の学部よりはるかに勝っていた。学芸学部は、とくに三つの上級学部の準備課程の役割を担っていたのだから、それも当然であった。その上、ドイツの大学では、小理屈を並べるスコラ的な方法をめぐる議論が、一段と甲高かったために、哲学に特別の重要性が与えられていたことも与っていた。それゆえ、学芸学部は、しばしば「哲学部《ピロソピカ》」あるいは「全知識愛の学部《トタ・ビロソビア》」とも呼ばれていた。

学生たちは、——パリとのちのライプツィヒを除いて——同郷学生会に振り分けられていたが、それは形式だけであった。学生団体は、ボローニャの学生のような共同決定権をもってはいなかったが、パリの学生と比べると、より大きな影響力をもっていた。「教師と学生は、大学名簿に並列ないし上下に登録され、同じ宣誓を行った。両者は、この名簿登録によって、大学の構成員《メムブラ》にして学長の臣下《スポシータ》となり、保護、裁判籍、刑罰、関税、租税などに関して同一の特権を享受し、互いに大学割当金を分担した。しかし大学の管理は、原則的に、ドクトルとマギステルの称号をもつ教師の手に握られていた。原則として、彼らだけで、大学の管理運営を決定する会議を開いていて、学生がこの会議に呼ばれるのは、通常、決定内容を知らされるときのみであった。……しかし、このことより重要なのは、いくつかの大学——プラハ、ウィーン、エアフルト、ライプツィヒ、フランクフルト、バーゼル——の学生たちが、学長選挙の投票権をもっていたことである。たいていの大学では、間接的な選挙権を所有していた」(カウフマン、一八九六、四八ページ以下)。しかし、こうした選挙権は、十五世紀末には、たいていの大学で失われている。共同決定権の一部——たとえば、いくつかの委員会でのものや学位候補者の選抜におけるもの——は、ドイツ領のたいていの大学では、その後もずっと、学生たちの手にも残されていた。

十四世紀中葉から十五紀末までの間に出来たドイツの大学は、その構造では、パリ大学と似ているが、学生団体の規約に関しては、ボローニャ大学のいくつかの要素を取り入れている。ドイツの大学だけの特徴と言えるものは、ほとんど見られない。これが現れるのは、何世紀かのちのことである。ドイツの大学は、既存の模範を真似て作られたので、独自性のある設立動機を探してもなかなか見つからない。主要な動機として挙げられるのは、諸都市、領邦君主、皇帝が自分たちの領土を一般の精神的発展に与らせ、自国の大学の名声を飾りにしようとする努力である。しかし、それを利用しようとする関心も大きくかかわっていたようである。宮廷と都市や教会の官庁は、資格のある法律家や神学者の必要性[13]を次第に強く感じていながら、資格者の養成と資格者の需要の間に一貫した関連があるとはまだ考えていなかった。[14]都市と領邦君主と教会の当局は、将来の人材の養成をある程度まで自らの手で行おうとする一方で、大学の評議会員の地位と大学構成員の名声を手に入れようと努力もしている。大学教師の鑑定の重みとその名声は、地方権力の間の論争において戦略的にも重要なものとなっていた。それに加えて、都市の市民たちは、よその土地の学生や教師の移住によって収入が増えることを期待できた。大学史のこの段階での商業上の観点は、支配体制を明確にするために代表的世論を展開するにはまだ至っていなかったにもかかわらずである。とにかく、ボローニャとパリに大学が初めて出来てのち、一二〇〇年から一五〇〇年までの三百年に、ヨーロッパには、その組織構造、内容、教授法がよく似た大学が、およそ七五も設立された。いくつかの「国立大学」を除いて、それらに違いがあるとすれば、ボローニャとパリの模範のそのつどの特定の方向付けだけであった。もちろん、設備、教員スタッフ、学生数、あるいは専門分野の基準に関しては、個々の大学の間に大きな違いがあって、ボローニャとパリ、しばらくのちにはオックスフォードとケンブリッジが、中世で最も重要で、最も学生の多く集まる大学であったのに対して、フュンフキルヒェン、リスボン、ロストックの大学は、当初はほとんど学生が集まらなかったし、大きな大学では、あらゆる専門分野に専門の教師がいたが、小さな大学では、しばしば一人の教師が、たとえば医学の全分野を教えていた。こうした相異はあったにもかかわらず、中世の大学は、比較的同一の形式から出発していることは否定できない。

三・四　経済的基盤

最初のイタリアの大学は、いずれも都市大学であった。都市貴族と都市の官庁が、大学の設備とその維持の面倒を見ている。都市は、大学の建物を提供し、教授団の建物と学生寮を建て、(15)少なくとも部分的には、教師と学生の住居の世話もし、少なくとも原稿や写本やその他の教材をある程度整えてやっている。それはそうとして、大学は、試験料、学位授与料、教授団費、寄付金で運営してゆかねばならなかった。部分的には、都市が、教授たちの俸給を引き受けていて、たいていの場合、都市の行政部門が、教授の一定数に対する必要な資金の調達を保証していた。それを越える教授ポストについては、裕福な都市貴族の寄付と学生の授業料で賄われていた。そのために、都市貴族と学生は、当初より、イタリアの大学の内部では、強い立場に立っていた。

初期のイタリアの大学を物質的に支えたのが、主に都市貴族ないし都市の当局で、稀に教会と領邦君主であったのに対して、フランス、スペイン、イギリスの場合は、大学設立に際して資金を出したのは、二つの普遍権力であった。教会は、かつての学校ないし修道院の建物を新しい大学に提供し、教授たちには、教会の聖職禄を与えたり、参事職をそれに充てたりし、学生寮や教授団の建物を建ててやり、修道院や封臣に賦役提供を義務付けていた。世俗の支配者は、大学に税の負担を免除し、価格の上限を定め、住居の手当をし、少なくとも、幾人かの教授にいくばくかの報酬を保証していた。総体的に見ると、教授たちの俸給は、フランス、イギリス、スペインの大学では、イタリアの大学におけるより、規則的に支払われることが少なかった。フランスの大学が、その物質的基盤をなによりも教会と世俗の封建的所有に求めていたのに対して、イタリアの大学は、都市の貿易と手工業の市民層の収益により多く頼っていた。中世の大学は、一般に、支配的生産様式の物質的援助に頼り、したがって、当時の経済の景気にも左右された。ドイツの大学は、南ヨーロッパ、西ヨーロッパより歴史的に遅れていたために、中間的な位置を占めていた。つまり、「ドイツの大学は、こうした関連から言えば、フランスとイタリアの中間に立っていた。当初から、教授の俸給は、各方面からの配慮に頼っていて、イタリアの場合と同様に、領邦君主や都市が、大学費用の大部分を引き受け、一部は、毎年、自ら金を払い、一部は、基金の形で積み立てていた」（カウフマン、一八九六、三三ページ以下）。ケルンでは、一定の数の教授に市の財政資金から俸給が支払われていて、市当局はその教授たちと俸給に見合った契約を結んでいた。そのほか、教会も、十一の司教座教会のそれぞれに一つの参事職を置いて、これを一つの教授職と結び付け、それに加えて、幾人かの教授に聖職禄を与える形で、講座の資金援助を引き受けている。参事職に誰を据えるかは、教会当局によってではなく、ケルン市の大学委員会と大学の学長によって決められた。さらに、ケルン市は、大学のために、建物を提供し、基金の管理も行った。ロストックとフライブルクの場合は、事情はまったく別で、市が一括して支出したある金額で、大学はやり繰りし、教授たちの俸給も支払わねばならなかった。たいていは、都市と並んで、領邦君主と教会が、物質的援助に加わっていて、多くの都市や領邦の地方公共団体が、領邦君主に命じられて、毎年、大学の維持費を負担し、時には、学生の奨学金まで面倒をみていた。同様に、たいてい、修道院や司教座教会は、相応の支出を強制され、ないしは、すべてを犠牲にして、大学の目的のために尽くしている。

大学の設立に当たって、事情はどのようであったかを、イエンス（一九七七、一八ページ以下）は、テュービンゲン大学設立に尽力したエーバーハルト伯爵を例にとって具体的に次のように述べている。「当初、そしてこのことが最も重要だったのだが、資金計画を立て、借金で利子が嵩むのを避けるために、一連の金策でまず資金を確保したあと、これを新たに分配することが考えられた。具体的に言えば、エーバーハルト伯爵は、エアフルト、バーゼル、ハイデルベルクの例にならって、聖職禄をその元来の目的から切り離し、その資金を自由に使えるようにしておいて、それを計画中の財団の基金に利用することにした。このために、エーバーハルト伯爵は、母が亡夫から遺贈された領地にあったジンデルフィンゲンのザンクト・マルティーン司教座教会参事会財団から金を捻り出すことに取り掛かる。司教座教会参事会の一〇人中八人、司教座教会首席司祭、そして彼らの所得の三分の二が、テュービンゲンのザンクト・ゲオルク教会に送られることになった。あとに残った修道院には、ヴィンデスハイム修道院会の監督下にあった共同生活修道士会の会員たちをできるだけ速やかに移り住まわせることにした。修道士たちは、修練を積んだ筆耕者であり、司書でもあって、設立さるべき大学のための資料提供業務を行うには打ってつけであった。エーバーハルト伯爵はもちろんこうした真の意図は口には出さない。彼は、極めて慎重であって、教皇への請願書には、大学についてはー切触れていない。ジンデルフィンゲンは、市の囲壁の外にあって、大きな司教座教会としては、余りにも危険にさらされすぎている、それゆえに、移転がどうしても必要で……というのが請願の内容であった。請願書が受け付けられた数カ月後の一四七六年五月十一日、ジンデルフィンゲンの大多数の人々のネッカー河畔のテュービンゲンへの移住が認可された。エーバーハルトは次の段階に取り掛かることができた。……エーバーハルトの言うところによると、八人の司教座教会参事会員とその聖職禄の助けを得て、教授職が一〇、つまり神学部三と教会法三の六つの完全講座と、芸術のマギステルのための四つの不完全講座が出来ることになり、こうして、将来のわが母校、テュービンゲン大学の基礎が築かれた」と。新設のテュービンゲン大学が、最終的に財政上の基盤を確立するまでには、エーバーハルト伯爵は、なお多くの巧みな術策を弄しなければならなかった。一方で、聖職者階級の抵抗が根強く、——この抵抗は、まず教皇から、のちにはさらに皇帝からも特許状を得ることで抑えられた——他方で、大学となれば当然、他の費用に加えて経常的な教授の給与費が大きくのしかかっていたからである。建物も確保し、維持しなければならず、住居の手当も必要であり、その他の大学職員の報酬も用意しなければならなかった。さらに、建物の管理人、出納管理者、式部官と楽団員、印刷工と筆耕者、書記と図書館員にも、聖職者として教会から給与を受けていない限りは、その生活を保証してやらねばならなかった。[16]教授が亡くなった場合、その未亡人と遺児の面倒を見なければならないことも多かった。要するに、教授陣だけでなく、それをはるかに越える大人数のグループを抱え込まねばならない大学は、多額の出費を招くわけで、大学を一つ作るのは、とにかく金のかかることであった。

にもかかわらず、大学設立者たち――たいていの場合、領邦君主と都市貴族、時に聖職者階級――は、一般に、こうした費用を進んで引き受けた。それは、自分たちの名声に磨きをかけるためであり、結局はさらに、大学都市の経済的発展を望んだからであった。というのも、裕福な学生が町に集まって来て、住居、食糧、衣料、贅沢品の消費者として金を落としてくれて、町の経済循環が活気づくと、都市の市民たちは期待したのであった。というわけで、中世の大学は、支配上の動機や名声を求めるところからのみ設立されたのではなく、経済的な計算もそこに大きく働いていた。しかし、こうした大学は、経済的には決して安定していたわけではなく、寄付金や教会財産や領邦君主の助成金に頼らざるをえなかった。

「領邦君主、あるいは、その肩代わりをして大学設立に当たる都市が、維持費を工面せねばならず、領邦君主は、この目的のために、聖職者の財産や聖職禄を引き出すことができるとするのは、とにかく、あの時代の通念であった。当時は、国家が大きな事業を起こそうとするときは常に、この資金に手を延ばさざるをえなかった。……プラハ、ウィーン、ハイデルベルク、ライプツィヒ、インゴルシュタット、フライブルク、テューービンゲン、ヴィッテンベルク、フランクフルトは、領邦君主によって、ケルン、エアフルト、バーゼル、ロストック、グライフスヴァルト、リューネブルク、ブレスラウは、都市ないし都市と気前の良い市民たちによって、領邦君主とも手を組んで、計画され、設立され、整備され、維持されたものである。クルム、ヴュルツブルク、トゥリーア、マインツでは、聖職君主が特権を獲得してはいたが、彼らは領邦君主でもあって、その上、さほどの大学設立の熱意はもっていなかったので、クルムでの設立計画は、実行に移されず、トゥリーアのそれは、ずっと遅れ、しかもトゥリーア市によってなされた。こうした事情を見ると、中世のドイツの大学が教会によって設立されたとされるのは、間違いであることがわかる。それは、領邦君主と都市あるいは個々の人物によって設立され、整備されたのであった。彼らは、この目的のために、部分的に彼らの自由になる教会の収入を利用したのだが、決してただそれだけに頼っていたのではない。ライプツィヒ、ウィーン、ハイデルベルク、ロストック、バーゼルその他では、大学の俸給は、関税収入ないし市の財政局と領主の財務管理所から支出されていた。大学のために利用された教会の聖職禄の相当な部分も結局はこの目的のために設けられたものであった。聖職禄を設定したのも、大学の資金と年金を保証するための一つの形式であった」（カウフマン、一八九六、四四ページ以下）。

それゆえ、中世の大学は、経済的には、支配的生産様式からの収益、つまり、土地からの収益、関税、租税、寄付金を頼りとしていた。資金は、さまざまなところから出されていて、統一的な構想によって調達されたものではなかった。それゆえ、長期計画は不可能で、大学の構造は、そのつどの経済的状況に依存していた。農作物の不作や自然災害は、戦争や物価の激変と同様に、大学の経済的基盤を破壊することもあった。個々の大学の歴史は、これについてさまざまな事情を伝えている。

三・五　教授内容と学習形態

大学の所在地は、それぞれ遠く離れていて、行き来には長い旅をしなければならなかったのに、それぞれの大学で教えられていた内容には、ほとんど差はなかった。学部によっては、内容の重点の置き所が違っていたし、ある科目がすっぽり抜けている大学もあったようだが、学生も教師も、パリでもトゥリーアやクラカウでも、ほとんど同じ内容がほとんど同じ教え方で伝授されているのを知っていた。中世の大学は、全ヨーロッパにおいて、内容的にも教え方の上でも、同一であった。これには、いくつかの理由があった。あの時代の知識レヴェルは、ギリシャとアラビアからの伝承やキリスト教教会の正統信仰志向を規範にしていて、こうした知識の担い手が地域をさまよい回ることで、そうした規範的知識が国際化されたからであり、「国際教授資格《イウス・ウビクエ・ドツエンディ》」が与えられて、すべての大学卒業者に、二つの普遍的権力の及ぶ範囲のすべての大学で教える権利を保証したからでもあり、さらに、あの時代の知識が、ヨーロッパのどこででも、ただ一つの言葉、つまりラテン語で、伝えられていたからである。

あの時代の思考法、教授法、学習法は、スコラ哲学を基本としていたが、古典文献をもとに、とはいっても、教会の正統信仰志向とは反対に、それを越える知識の進歩と新しい解釈も許されていた。ル・ゴフによると（一九六五、二五八ページ）、スコラ哲学の思考は、少なくとも、中世の精神の発展の過程で見ると、四つの段階を経て進められている。「第一の段階は、テクストの講読《レクテイオ》で、この段階は、越えられて、消えてゆく。第二は、問題設定《クアエステイオ》の段階で、これは、もともと、講読の段階で出てきたものである。この問題を議論《ディスプタテイオ》するのが、第三の段階で、この発展過程の中心に立つ。最後に精神的な決定を下す解決《デテルミナテイオ》の段階がくる。このようにして、スコラ哲学を用いる知識人は、単なるテクストの解釈者ではなく、問題の提起者となり、彼に考察をそそり、思考を刺激し、態度決定を迫ることになる。」

このように見てくると、スコラ哲学は、当初、中世の知識レヴェルにダイナミックな影響を与えていた。しかし、古代や中世初期から受け継がれてきたテクストが読まれ、議論され、解釈されているうちに、こうしたスコラ的方法からそのダイナミズムが失われてゆく。広範な概観（百科全書《エンテイクロペデイア》）あるいは体系的要綱（大全《スンマ》）が編まれ、これが、教育上のドグマとされたために、ついには、精神的な硬化をもたらすことになる。精神的なダイナミズムの傾向と硬化傾向の間の生産的な緊張は、十四世紀、十五世紀の大学において、次第に、権威に凝り固まった教育基準によって排除されるようになる。スコラ哲学の思考段階も、硬化して、単なる図式と化す。封建時代のイデオロギーの表現であったスコラ哲学も、結局は、どのようなイデオロギーもそうであるように、解放と支配の弁証法の枠を抜け切れるものではなかった。スコラ哲学は、生まれたときには、教会の正統信仰を克服し、キリスト教の信仰にも理性の光を当てようと努力していて、どこから見ても、進歩的で、知識人の広い層に魅力を与えたものであった。ところが、各地に大学が設立され、教会でも世俗でも、新しい勢力が（教皇権は強化され、司教区庁は官僚化され、領邦君主は自意識に目覚めていた）支配の座に就いたとき、スコラ哲学は、支配者側の機能を果たさねばならなかった。スコラ的方法は、支配の利害関係に役立てられることになり、もともとの機能からは切り離されてしまったのである。あとに残ったのは、内容の空疎な形式だけであった。

中世の大学で教えられた内容は、伝統に沿ったもので、実験的なものは含まれていなかった。教授内容は、すべての学部で、伝承された学説から始めて、それを当座の支配的な意見に合わせて現状に引き寄せようとするものであった。知識を現実に関連させて利用する観点は、まだ、打ち立てられていなかった。医学部では、ギリシャのヒポクラテス、ローマのガレヌス、アラビアのアヴィセンナの所説が講じられ、法学部では、ローマ法と教皇庁法、当代の法学者（たとえば、イルネリウスやグラティアン）の学説が教えられた。これに対して、神学部と学芸学部では、時代の精神的、政治的対立の中に強く引き込まれていた。教授内容は積み重ねられ、対立状況に応じた講義がなされていて、神学者と学芸学者たちは、十三、十四世紀に、伝承された神学と哲学を、アリストテレスの再発見された著作や教皇と教会の立場についての最新の学説とに結び付けて、包括的な教育体系を打ち立てようと努力していた。その際、アルベルトゥス・マグヌスとトマス・アクィナスがとくに重要な意味をもっていた。彼らは、後継世代の多くにとって、ヨーロッパの大学における神学と哲学の教材の主成分となった包括的な教科書（百科全書や大全）を書いた人物だったからである。これについてさまざまな議論がなされたが、その中心になったのは、いわゆる普遍論争の焼き直しとも言えるもので、トマス説信奉者とその他の中世の「実在論」信奉者たちを一方に、他方にフランシスコ会員ウィリアム・オブ・オッカムによって更新された「唯名論」の代表者たちに分かれて対立し合った。普遍概念は、個々の事物から独立して、客観的な、形而上学的な実体をもつのかと、急進的な実在論者は疑義を呈し、それは、似ているものを総括する単なる言葉（名前）ではないのかと、唯名論者は言う。トマス・アクィナスは、普遍概念を、それが諸対象の中にその本質に従って捉えられるからとして、客観的に妥当するものと考えていて、そうした穏健な実在論は、当時、教育に適する立場として確固たる地位を占めていて、長い間、大学の講義内容はもっぱらこれによっていた。しかし、のちになると、学問（経験論、自然科学）の発展にとっては、唯名論の方が、はるかに重要なものとなってゆく。

学芸学部では、「七つの自由教養学《セプテム・アルテース・リベラーレース》」が教えられた。これは、古代の哲学的遺産と結び付いているもので、中世の全期間を通じて、驚くべき連続性をもって行われていた。最終的には神学に役立つようにと考えられたこの学科は、上位四学科（算術、幾何学、音楽、天文学）と下位三学科（文法、弁論術、修辞学）に区分されていた。この七つの学科で、神学と法律学と医学を除く時代の全知識を取り上げ、ギリシャ哲学によって、一つの共通性をもたそうとしたものであった。上位四学科を関連付ける共通のものとしては、——クリンケンベルクによれば（一九五九、二ページ以下）——「取り扱う対象、つまり、数、もっと適切に言えば、大きさ、であった。大きさそのものを扱うのが算術であり、動かない大きさを幾何学が、動く大きさを天文学が、さまざまな大きさ相互の釣り合いを音楽が取り扱う。……宇宙は、数の宇宙である。宇宙の秩序の本質は、量にある。すべての感覚の質は、量的な関係の主観的な現れにすぎない。数は、すべての事物の本質であり、根源である。ここから、上位四学科を四角形にたとえれば、その二つずつの角に位置する学科に、全体の構造の中での特殊な機能が付与されてゆく。つまり、算術が、数そのものの学として、宇宙論の基礎を築き、音楽が、釣り合いの学として、本来の宇宙論領域にとっても一般的なものになる。音楽は、他の学科の成果を踏まえつつ、部分の秩序と全体の調和を研究する。」同じように、学問を応用する学問である下位三学科も、ギリシャ哲学を理想としていた。しかし、中世の大学の諸条件のもとで、この七つの教養学科も、「空疎な決まり文句のがらくた」（リューレ）に硬化していった。

いくつかの大学の学芸学部では、中世の終わり頃、スコラ的思考の図式的な繰り返しに反抗し、実験を学問の前面に押し出そうとする思想的萌芽が現れてくる。そこから、自然科学の最初の萌芽が生まれ、その他の領域の学問も、こうした新しい思想の動きを完全には無視できなくなっていた。ここに至って、哲学に対する神学の優位性も、ついに揺らぐことになる。もっとも、実験的な思考を主張して闘っていた人人は、神学の優位を揺り動かす意図はないと、その後も長らく強調してはいた。哲学は、他の学部の準備段階としての役回りに専念することはなくなり、独自の地位を要求するようになる。こうした発展は、神学部と学芸学部との間の勢力関係を変えることになっただけでなく、学問の専門化をも、それに伴って、大学の拡張をも、助長することになる。

中世の大学で知識を伝達する方法は、幾世紀をも通じて、ほとんど同一であった。個々の学部では、教師たちによって講じられるテーマは、通常、明確に決められていた。「すべての講義、すべての演習は、書物を通じて行われた。……そうした書物は、それが正規のものに属するかどうかによって、つまり学位を得るための基準に沿うものかどうかによって、正式のもの《オルディナリイ》とそうでないもの《エクストウラオルディナリイ》に分かれていたので、それを使って行われる講義も、正式のものとそうでないものとに区別されていた。しかし、そうしたもともとの意味は、多くの正式でない講義や演習や討論も、試験に必須な、あるいは無くては済まないものとされていたので、早くから制限を受けていた。……大学での行動の形式には、一部は規約によって、また一部は慣習によって、守るべき決まりがあった。……そうした決まりは、授業の内容や形式はもとより、あらゆる事柄にまで強制力を及ぼしていた。使用する教科書ばかりでなく、注釈書も注解書も指示され、説明の仕方全体や主たる内容、さらには、口述をしてよいか、よいとしてどの程度までか、ノートをもとに講じてよいか、あるいは少なくとも覚書を利用してよいかまで、指示されていた。……ライプツィヒでは、教師は、規約の指示に従って講義をし、慣習に従ったテキストの何一つ省かず、授業時間にはいつも学部の定めた章を過不足なくきっちり行うことを、学芸学部長に誓約していた」（カウフマン、一八九六、三四二ページ以下）。たいていの大学の規約は、授業を行う正確な時間、休憩を取ってよい時間、休みをどれだけ取ってよいかまで規定していた。また、どの教師が、どのテキストを、どんな順序で講義すべきかも規定しているものもあった。このように、中世の大学の講義は、かなり厳密に決められていて、内容的にも教育方法上も、自由な裁量の余地はなかった。

講義も演習も、ラテン語で行われ、古典的な教師－学生－モデルに基づいていて、大学での教師は、口述によって、限られた数の学生に、知識を授けた。教育の助けになるような媒体は一切用いられなかった。

書物は一字一字手で書き写さねばならず、そのため、極めて高価であったが、そのほかに補助手段は一切なかった。知識の伝達へは非公式な接触もなされ、こちらの方が、「公式の」教育施設よりも大きな影響を及ぼしていたふしもある。教師と学生は、しばしば、教授団の屋敷や学生寮で共同生活をしていて、教授の中には、学生を自分の家に呼んだり、個人教授で別収入を得るために特別の教室を構えている者さえあった。中世の大学では、それゆえ、教師と学生の間には密接な接触があって、硬化した公式の教育状況の外でも、内容の濃い知識の伝達が可能であった。中世の大学の教育状況は、多くの点で、徒弟と職人と親方が一緒に住んで働いていた手工業ツンフトの生活に似ていた。学生と教師の共同生活は、大学というツンフトの規範と基準を面倒な手続きなしに簡潔に守らせることができた。学ぶ側は、教師から、単に知識だけでなく、行動モデルと考え方をも習得した。学ぶということは、単に学問的知見の習得にあるだけでなく、世渡りのこつを身につけることでもあった。学生と教師が「共同体《ウニヴェルシタス》」に結び付けられていた、まさにこうした教える側と教わる側の置かれていた状況から、逆説的ながら、典礼と儀式のさまざまな要素への要求が引き出されてくる。つまり、教える者と教わる者との間の人間同士の緊密なつながりが、大学の組織レヴェルと機能上の諸規定を曖昧なものにしないようにと、典礼と儀式によって、大学の構成員にも外部の世界にも、教える者と教わる者との間の距離をはっきり見せつけなければならなかったのである。このようにして、中世の大学では、むしろ知識伝達的ないし相互作用的なと言える授業形態が、むしろ典礼的なと言えるそれと共存できたのである。このことは、なによりも、教えられる内容と実際の要求との間の関係がいまだに出来上がっていなかったことのために可能であった。

三・六　試験と学位

中世大学の設立の歴史をたどってきたが、試験と学位の制度がどのように成立したかには、まだ触れていなかったので、ここに一章を設けて述べることにする。大学の試験制度は、大学の設立とほぼ同じ時期に出来上がり、大学の自律性にとっての本質ともなっていた。しかし、中世に大学が設立された当初は、教会組織や職能階級の組合ではすでに入会儀式や季節の変わり目ごとの儀式が行われていたのに、この試験制度は、まだ一般に広まってはいなかった。(通過儀礼と大学の試験との関係については、著者は、別に詳しく扱った――プラール、一九七六。)

大学が、通過儀礼や試験制度の形態をどの程度までその他の社会的領域から引き継いでいたかは、はっきりとは突き止めることはできない。ヤストゥロウ(一九三〇、二二九ページ)は、中世のキリスト教会の当該の取り決めからきていると指摘し、「大学が出来たとき、すでに試験制度はあった。司祭品級の儀式(叙品式)には、上から順に、極めて厳格な七等級があって、それぞれの品級に進むには、前提として、叙階されている司祭の判定が確認されねばならなかった。当人には、なんらかの形で、〈試験を受ける〉ことが義務付けられていた。少なくとも、カロリング朝時代に、こうした試験が、獲得された知識を見るのにも及んだのは確実だとされている」という。しかし、ヤストゥロウは、こうした教会の決まりが、どのように大学に受け継がれたかについては、証拠を挙げることはできなかった。大学がそれまでの教育制度の諸要素を受け継いで、自分たちの必要に応じて改変したのだろうことは、十分考えられることで、中世の大学は――ヴレテュコの見解によれば(一九一〇、三ページ以下)――古代ローマの伝統と結び付いて、これを出発点にすることができた。「〈ドクトル〉とか〈マギステル〉といった表現は、しかしわれわれの大学よりはるかに古い。それらは、すでにローマで用いられていた。当時、〈ドクトル〉という言葉は、とくに、教師を指していた。……中世初期の資料では、〈法のマギステル〉とか〈法のドクトル〉と言えば、法律に精通した人である。……イタリアとフランスに大学が出来て以来、〈ドクトル〉は、〈ドミヌス〉とか〈マギステル〉とともに、同時代や後世の人々が名望のある教師に与えた称号であった。」

大学が出来る前にも、教師は、時に、〈マギステル〉とか〈ドクトル〉の称号をもってはいたが、そうした称号を得るのに、前もっての試験などはなかった。遍歴学生たちも、これまでの教師のもとを離れて独立しようとするとき、試験を課されることはなかった。時に、有名な教師が、自分の弟子の学生に推薦状を書いて渡すことはあったのだろうが、そのために前もって試験をすることはなかった。教師と学生の間には、通常、緊密な接触があって、学習成果は正確にわかっていたからである。大学が出来た当初の時期には、教師と学生が結成した共同社会的な団体には、自分を適格だと思う者は誰もが加入できたのだが、やがて、加入者を制限するために、組織的な規則を作らねばならなくなる。学生と教師が提携した組織は、境界を設定し、新入者を選抜することで、成り立つことになる。大学という団体への加入は、もはや完全に開かれたものではなく、決められた基準（資格証明、年齢、ラテン語の知識）を満たさねばならなくなる。組織内部の区別と階層をはっきりさせ、一段上に上がってゆくための内規も必要となった。たとえば、学部を変わったり、さまざまなレヴェルの教職に就こうとするのには、前もって試験を受けねばならなくなる。「大学」という組織は、試験とそれに応じた資格を導入することで、教授スタッフの学内補充を大学が自主的に行うという限りで、その内部構造を自らの手で制御する手段をもつこととなった。さまざまな組織レヴェルに教師をどう配置するかは、試験の数を増減することで、操作できたし、試験を段階に分けて次々と行うことで、組織自体のレヴェルも高められた。こうしたプロセスは、中世の大学において、時間をかけてゆっくりと形を変えながら発展していったが、ボローニャとパリでは、その発展経過は異なっていた。

ボローニャでは、正式に大学が出来る以前から、〈ドクトル〉の団体があって、当市に定住する法律に精通した者たちが、ギルドを結成していた。この〈ドクトル〉の団体は、大学が出来ると、そこで教えることが許されたが、本来の教師団とは同一のものではなかった。〈ドクトル〉の団体には、以前から、学生も、試験することなしに、推薦されて入ることができた。ボローニャの大学の発展経過を見ると、推薦方式と試験方式が共存していて、当初は、推薦制の方に重点が置かれていた。（人事がもつれたときにのみ、試験が決め手とされた。）教師団に加えられるときの判定基準に試験制が取り入れられたのは、ずっとのちのことである――推薦制が悪用されたことが、その方向を助長したのは明らかである。不適格な者を教壇から排除するために、一二一九年の教皇ホノーリウス三世の命令によって、教師団に加えられる者は、事前に、ボローニャ市の教皇直属の司教座教会主席助祭の前で「良心的に」試験され、主席助祭から教授の認可を受けている者だけに限られることになった。（「学識ある者たちが、学術教育の指導官庁に任用されることの少なきを〔危惧す〕、かかる不任用は、学者たちの名誉の減少並びに大学関係者一同の世間一般での名誉の阻害を招くこと多し。」）このとき以来、ボローニャでは、試験が一般的に行われることになった。

十三世紀になると、試験そのものと教師団への加入の認可とは切り離され、試験で良い成績を取った者は、教えることが許されたが、試験に通ったことで自動的に教師団に加えられたわけではない。大学の試験に通れば与えられる教える権利は、当初、地域的な制限を受けていたが、一二七九年の教皇の勅書によって、教皇の権力の及ぶすべての領域で行使できることになった。もともとは大学内に限られていた「教《リケ》授ライセンス《ンティア・ドケンディ》」は、「全国共通の教授ライセンス《イウス・ウビクエ・ドケンディ》」になった。このことによって、大学人の地域間の移動が頻繁に行われるようになったばかりでなく、[17] 同時に、学問が普遍的に通用するという考えが、決定的な価値をもつことにもなった。強度に地方分権的な世界においても、「全国共通の教授ライセンス」は、過大評価とも言える普遍性をもち、各地の新しい大学の基礎固めに多大の貢献をなした。

こうして、試験がもっていたもともとの機能、つまり、教授スタッフの自家補充を規制する機能には、第二の機能が付け加わることになる。試験によって証明された学問的な教授能力が、当人の勲章になったのである。試験に通って獲得された学位は、卒業者の名声を高めただけでなく、さまざまな付帯的な利益をもたらすものでもあった。というのも、たとえ教授団に加えられることができなかったときでも、大学設立の過程で闘い取られた諸権利、諸特権は、その後も、ドクトルの学位と結び付けられていたからである。優秀な成績で試験に通るのは、——カウフマン（一八八八、一九七ページ）がすでに強調しているように——貴族に列せられるのと同列視された。「十三世紀にはまだ、ドクトルの学位は、一種の貴族と見られていた。下層階級の生まれの者も、この学位によって、社会の最高階級に属するものと見なされたが、このことは、身分的対立の支配していたあの世紀においては、今日とはまったく違った意味をもっていた。服装は身分ごとに決められ、贅沢は法律で取り締まられていたが、ドクトルは、貴族と同列に扱われ、祝典では、貴賓席に真っ先に座ることができ、訴訟でも、優遇されていたところが多い……。」[18]

試験に通って獲得される大学の学位は、中世にあっては、自由に手に入れることのできる財産であって、学位所持者には、封建的身分社会の社会構造、威信構造の中で、高い地位が保証された。大学の学位授与制度は、社会的機構の一つであって、これによって社会の構造の変化もある程度助長されたが、試験は、資格に関する要素と資格には関係のない要素（学問上のものと社会での処世術）を試すものの二つがあって、どちらを受けるかは個人の責任に帰せられるものだったので、こうした社会の構造変化も個人レヴェルのものであった。社会的構造の変革と威信の授与と特権化が、大学の学位制度の果たした機能であって、これは、次第に強く、大学外の利益集団に目を付けられることになる。十三、十四世紀には、ボローニャの富豪一族は、学位を独占しようとして互いに相い争い、ボローニャ市を支配する党派は、大学に圧力をかけて、自分たちの支持者に学位を取りやすくし、政敵には学位を取らすまいとしていて、それについての報告や記録には、学位を教授団体の後継者の自家補充機能から切り離して独立させようとする傾向が見られる。

パリでの試験と学位の制度は、これとは異なった形で発展している。ここでは、大学は、当初から、教師の大学であって、教師団が、尚書の形式的な協力のもとに、新しい教師の教師団への加入承認を決定していた。おそらく、十二世紀の終わり頃以来、教師団への加入には、事前の試験が行われていたらしいが、登用試験について述べられている初めての成文規約が出来たのは、一二一五年で、この規約によると、教師団が候補者に試験を課して合格と認めた場合に、尚書が、「教授認可書《リツェンティア・ドツェンディ》」を交付するものとされていた。指定された講義を聞き、読書に励んだ学生は誰でも、試験を受けることができた。もっとも、もう一つ条件が付いていて、学芸学部で二十一歳以上、神学部では三十五歳以上という年齢制限があった。パリの大学の試験と学位の制度では、教師団に加えられるまでの勉学はいくつもの段階に分けられていて、まず学芸学部から始めて（例外はほとんど認められていなかった）、この学部で一つ学位を得てのちに、他の学部に進むことができた。どの学部でも、一番下の学位は「バッカラリウス」で、最高の学位は「マギステル」であった。「ドクトル」の学位は、それが長らく唯一の学位であったボローニャとは違って、パリでは、当初一般的ではなかった。十三世紀以来、バッカラリウスとドクトルの間に、独立の学位として、「リツェンツィアート」が作られた。ちなみに、「バッカラリウス」という言葉の語源は不明である（ベーム、一九五九、一七五ページ以下参照)。時に、この語は、古代フランス語の「バシェリエ」(かなり大きな農場の所有者、のちには若者ないし騎士を意味する)に由来するともいわれるが、また、「バ=シュヴァリエ」(下級貴族の騎士の意)からのものとも推測されている。十六世紀には、古代ラテン語の「バッカ」(ブドウの実)と「ラウルス」(月桂樹)の合成語「バッカラリス」に由来するものと考えられるようになった。この語の正確な綴りも不明確で、文献には、バッカラリウス、バッカラレウス、バッカラウレウス、バッカラウレアト、バッカラリト、バッカラールなどが並んで現れている。ホルン(一八九三)は、さらに、この語がもともとは「バタラリウス」であって、「バタイユ」(戦争)に由来するものだとも指摘している。こうした由来がどの程度まで試験の闘争状況に帰すべきかは、もちろん、はっきりしない。

バッカラリウスの学位を取得するためには、学部の教授団による正式の試験を受けねばならなかった。この試験で好成績を取ると、学位認定の候補者と認められ、一定期間内にいくつもの学問上の口頭試問を受けることが規定せられていた。それに合格して、規定の宣誓を済ませると、候補者には、厳かな学部式典の席で、バッカラリウスの称号が与えられた。原則的には、バッカラリウスになったものは、講義を行うことが許された。しかし、パリの学芸学部では、それは可能性にとどまって、ほとんど実現していない。バッカラリウスの学位は、他の学位を得るための前段階であって、――これは、パリ大学の規約に載っていることだが――「他の学位取得のための最初の門」にすぎなかったからである。

バッカラリウスとドクトルの間に設けられたリツェンツィアートという学位(しばしば特許《リケンチア》、講義認可《リケンテイア・レゲンディ》、統治認可《レゲンディ》、討論と教育認可《ディスプタンディ・エト・ドケンディ》、などとも呼ばれた)は、当初は尚書から、十三世紀末以来は事実上、学部から、与えられた。教育する権限を与えるこの特許は、事前の試験と学部の教授(マギステル)の推薦によってのみ与えられるものであった。しかし、それだけではまだ、リツェンツィアートの学位所持者は、教授団の一員にはなれなかった。そのためには、高額の経費のかかる厳粛な「教授団加入式《インケプティオ》」が必要であった。その上、候補者は、少なくとも二年間、パリにとどまって教えることを宣誓しなければならなかった。応募者のすべてが、特許を得たのちに教授団加入式の費用を負担する意志があったわけでもなく、あるいは、その負担に耐える資力があったわけでもなかったので、このリツェンツィアートは、ほどなくして、独立した学位になっていった。これは、おそらくは、マギステルの学位を得るまでの期間を延ばし、マギステルの身分が過剰になるのを防ごうとした学部の意図するところでもあったのだろう。候補者は、膨大な金のかかる教授加入式を済まさない限り、マギステルと呼ばれることはできず、教授団に属する資格は与えられなかった。それをなし終えても、マギステルのすべての権利や特権を享受しうるためには、その後も一人のマギステルの監視下に、かなり長い見習の期間を過ごさねばならなかった。

つまりパリでは、非常に早い時期に、試験と学位の段階的なシステムが出来ていた。しかし、その機能は、ボローニャの場合のように、もっぱら威信を与えることにあるのではなく、その他の機能の方が比重ははるかに高い。その第一は、勉学段階をはっきりさせる機能で、試験の順番が勉学の進め方を決めるからである（最初に学芸学部、次にその他の学部、最初にバッカラリウス、次にその他の学位）。第二に、教授スタッフの補充機能、一番下の試験（学芸学部のバッカラリウス）に通れば、教職の一部を受け持つことが可能であった。第三は、各学部の最高の学位所持者によって行われる試験で、大学内の諸権利、諸特権の受益者を調整する機能である。

パリ大学の試験と学位の制度は、もちろん、威信を与えるものでもあって、社会構造に間接的に影響を及ぼしていた。ベーム（一九五九、一七二ページ）は、これを次のように述べている。「パリ大学創設期から十六世紀までの期間の大学規約を調べてみて、真っ先に気付くのは、言語上の要素であろう。すべてに共通して、位階《グラドゥス》、地位《スタトゥス》、名誉《ホノール》という三つの同義語を大学の学位を表すものとしてのちのちに伝えている。ここにはすでに、学位のもつ法的な意味が言い表されている。……同時に、学位所持者には、身分社会のヒエラルキーの一般的秩序の内部で独自の地位が与えられていたことも、ある程度まではっきりしている。学問領域でのそれぞれの位階（グラドゥス）は、同時に地位（スタトゥス）、つまり職業上の社会的身分、生活上の身分であって、それにふさわしい名誉ある特権が与えられるものなのである。」大学の学位システムは、つまるところ、大学の内部の区別を社会構造に適応させる機能をもっていたのである。学位の上下の序列は、それゆえ、徒弟、職人、親方といったツンフトの序列と比較されてきた。しかし、こうした平行関係は、一部でしか当たっていないのではなかろうか。というのも、十四世紀にすでに、学位の序列を手工業組合のそれとではなく、貴族の序列と並行して想定している規約が知られているからである。それによると、神学部のマギステルないしドクトルは上級貴族と、法学部のマギステルないしドクトルは普通貴族《シムプリケス・イルストゥレス》と、医学部のマギステルないしドクトルは、下級貴族《ミノレス・イルストゥレス》と同格に並べられていた。しかし大学の学位制度には、なお二つの局面で、大学と社会とを結び付ける機能があった。一つは、生まれたときの身分から離れて職業上の別の身分へ移ることを正当化したこと、もう一つは、代表的世論を主張展開したことである。「全国共通の教授ライセンス」をもつことで、中世の大学は、自らの自律性を主張する道具を手に入れたのであった。というのも、極端に地方分権的な構造をもっていた世界にあっては、こうしたライセンスは、教皇と皇帝の二つの普遍権力によってしか撤回されえない数少ない普遍概念の一つであったからである。こうして、教会法とローマ法に並ぶ第三の国家の枠を越えた法典が出来上がり、それを土台にして、大学が制度化され、大学教授が作り出されていった。学位を授与する権利は、正当化の根拠として、中世の大学の役に立ったのであった。生まれたときの身分から職業上の身分へ移る段階で、教師という職業身分が出来上がり、団体を結成して大学を設立したが、この身分の者は、逆に、まさにこの大学から、試験と学位によって団体法的な「全国共通の教授ライセンス」を与えられたというところに、こうした正当化の歴史的弁証法を見ることができる。

　こうした正当化のプロセスを安定させ、さらに盛り上げるために、試験と学位には、さらに、大学の外へ向かって儀式によって自己を誇示する機能が加えられた。というのも、代表的な世論をそのまま一つの型として表していたあの時代の宮廷社会においては、儀式が重要な地位を占めていたからである。文盲率の極めて高い社会では、祝典、馬上試合、行列などの儀式が支配に重要な役割を果たしていた。大学の儀式の中には、世俗、聖界を問わずその支配のさまざまな要素が混じり込んで、独特の形になっていた。とくに、学位授与式は、一般大衆の面前で大学の専門的知識とその尊厳とを見せつける場で、中世の大学の日常の中でも大きな行事であった。町の一般大衆は、大学を自分たちの代表だと思ってはいても、学問に精通しているわけではない。しかし、教会の儀礼と騎士や貴族の象徴である冠とか剣はよく見知っていた。そこで、大学の学位制度の手続きとして――少なくとも、その公的な部分では――聖職界と貴族社会の実例が借用された。試験の場合は、そのむしろ「個人的な」部分で――試験規定では、試験の個々の部分を、「個人的協定《プリヴァアトウス・コンヴエントウス》」と「公的協定《プブリクス・コンヴエントウス》」に分けていた――当時、手工業界で一般に行われていた入会式も実施されていた。

　地域的、時代的な違いは別にして、中世の大学の試験と学位の経過はどこでも似通っていた。それぞれ決まった期間に行われる試験を受けようとしてやって来た遍歴学生は、前提条件をすべて満たしていることを証明し、学部の教授全員のいる前で学部長にそれを宣誓しなければならなかった。前提条件には、指定された教育施設で学んだことのほかに、配偶者の素性や社会的に非の打ち所のないことも挙げられていた。それが済むと、学生は、試験に通らなかった場合や成績の序列が正しくないと思った場合でも、決して試験官に復讐しないことを誓わされた。ここには、試験に大量に差し挟まれていたと思われる感情的傾向を事前に制度的に中性化しようとする試みが、はっきり読み取れる。試験は、学部ないし学部委員会によって行われたが、とくに、指定の書物のいくつかの箇所を要約して繰り返させ、解釈させるものが多かった。その後、候補者の序列付けが行われた。これは、評点の形で表現されたものではなかったが、のちに学部の教授陣に加わった場合に、その序列の決め手になるものであった。受験者の中で成績の良かった者は、宣誓させられたあと、決められた期間内に、自分の選んだテーマについて口頭試問を受けることになる。上級の学位の場合には、その後、司教座教会あるいは大学所在地の大聖堂で（のちには大学の講堂でも）、ミサと華麗な儀式を伴った厳かな教授団加入式が行われた。この儀式のときに、候補者は教授たちに贈り物（たとえば、手袋、ビレッタ帽など）を手渡すのがしきたりであった。儀式の前と後に、行列があって、教会と市の高職者もこれに参加した。その後、祝いの宴会が行われるのが普通だったが、中世の終わり頃には、これが次第に派手になって、大学の全員と教授夫人まで出席して、しばしば何日も続いたという。その費用はすべて候補者の負担であって、上級の学位を得るためには、受験料の何倍もの出費を覚悟せねばならなかった。教皇や皇帝は、学位授与式典の費用を制限する命令を出してはいたが、そうした措置では効果のほどは知れたものであった。教授たちは、わずかの給料しか受けておらず、贈り物や祝いの宴会で、やっと経済的に潤っていたからである。そのためもあって、当局は、学位授与式典の膨大な出費に目をつぶっていたし、裕福な候補者には相応の贈り物と交換で試験をやさしくする多くの教授たちの態度に対しても、干渉することは稀であった。こう見てくると、中世の大学の学位制度の運用には、裕福な学生によって、間接的ながら大学の運営を財政面で助けてもらうという仕掛けも含まれていた。こうした運用で、領邦君主や都市の長老たちは、大学への直接の出費を節約できたのだが、これは同時に、大学社会に参入できるのは裕福な階層に限るという社会的な選別を固定するものでもあった。

儀式が大学全体の外の世界に対する自己誇示に役立ったとすれば、学位とともに与えられた表章（たとえば、本、帽子、外套、指輪など、時にはその他の記章）は、個々の学位所持者が、大学人という貴族と同列の共同社会に所属していることを標示するものであった。ベーム（一九五九、一七五ページ）の説明によると、「さまざまな表章のもつ象徴内容は、ドクトル試験の受験有資格者（ドクトラント）に許されている地位と権限から読み取れる。つまり、帽子と外套は、マギステルとドクトルのみが公式の祝典や時には講義のときに身に着けることの許されていた職服の主要部分であった。……外套は、絶えず学問に励むようにとの意を込めた本来の学問の象徴である本とともに、教職をまっとうする能力を表すものである。……帽子と外套と本が、まず第一に、教師の権威《アウクトリタス・マギストウラリス》を象徴しているのに対して、杖と並んで貴族の身分を示す昔からの印、司教と大修道院長の印である指輪は、精神の貴族の身分に昇ったことを意味した。……のちに、これらのシンボルは、さらに増えて、獲得した自由と尊厳の印として黄金の首飾りもこれに加わっている。」

表章と学位を授与されることによって、マギステルやドクトルたちは、外に向かっても、貴族と同列に置かれた。しかしこうした外的な栄誉も、貴族の場合のように、一族に及ぶことはなく、学位所持者個人にのみかかわるものであることを、学位授与行為は強調していた。表章の数々も、その候補者が、将来に向けて、学問の奥義を伝授されたものであることを、象徴しているものであった。表章と学位を授与されたことで、教授団への加入の儀式は、外的にも完結することになる。マギステルやドクトルのグループへの加入式は、極度に儀式化され、厳かに行われたが（同じことが、バッカラリウスやリツェンツィアートの場合にも言える)、これは、中世の大学の本質的な要素であった。試験と学位の制度が、大学の内部構造と並んで、大学と社会のつながりに重要な役割を果たしていたからである。象徴的な小道具を用いて外部に自己を誇示するのは、社会構造へ参入することや学問の「奥義」に精通することと同様に、学位制度の果たす機能であった。

三・七 職業化と職業構造

大学が出来たのは、社会秩序が、もっぱら生まれたときの身分によってではなく、職業上の身分によって整えられるようになる社会的変革の状況の中においてであった。ヴィルパート(一九六四、八ページ)が指摘しているように、「弁士《オラトーレス》と戦士《ベラトーレス》と労働者《ラボラトーレス》というもともとの三つの身分の図式は、さまざまな職能身分に席を明け渡し始めていて、労働を贖罪とする考え方に、労働を職業と見る考え方が付け加わる。つまり、この瞬間に初めて、精神的労働が、同じ権利で、手工業と並び立つことになり、祈りと労働のリズムを、祈りと精神的労働の意味に解する新しい団体が生まれ出て、それと同時に、身分構造の中で、商人にも名誉ある地位を割り当てることが可能になる。……理論家が実務家より高く評価され、トマス・アクィナスも、マギステルのS・テオロギアエを、牧師の中でも魂への配慮のみに携わる牧師より優れているとし、建築家が、大工や左官より尊重されることになる。理論的知識が、実務能力より優位に立つ。それゆえ、詩人が称えられるのも、その技能のためではなく、その知識のゆえなのである。知識の点で、詩人はマギステルたちとの類縁性を感じ、学識の点で、マギステルたちに匹敵しようとする。」

社会の秩序原理としての職業上の身分が現れるとともに、労働と知識の評価にも変化が起こった。労働はもはや、神の摂理と見られるのではなく、職業として考えられ、そのつどの労働がなお神への奉仕とされることはあっても、社会的には違った価値レヴェルに置かれた。無学文盲が一般的であった社会でも、中世末になると、極めてゆっくりとではあったが、学問的活動に対する尊敬の念が広まっていった。学識と造詣は、神の摂理によって、個人に与えられたものだとする以前の考え方に取って代わって、知識の獲得と伝達は、神への奉仕の形を取った労働だと考えられるようになる。こうした労働には、準備が必要で、そうした活動のための特別な教育が求められ、特別の役割が与えられて、学問的な活動が行われることになる。[19]

これがまず、大学で実現された。マギステルの仕事は、特別な準備と特殊な職務を必要とする職業上の仕事とされた。教師の共同社会には、共通の価値、規範、世界観をもつという、拘束力のある不文律があった。教師の団体は、新人を受け入れるときには、試験を行って、共通性を守るのに専念した。規範を守り、これをのちに伝えることが、教授団の自律性と同一性を保持するための決定的な管理の手段となった。教授団は、自分たち以外の知識グループに対して、明確な境界線を引き——たとえば、托鉢修道会との対決もこれである——外部に向かって、自分たちの職能身分のイデオロギーと利益とを積極的に誇示した。そのために、中世末の教授団の中には、職業としてのあらゆる本質的な要素がすでに備わっていた。大学教授の仕事は、職業化され、大学における職業は、その後、独自のダイナミズムをもって、その地位を固めていった。「こうした基盤があってこそ、兼職で〈徒弟〉の世話をするだけの大学内の実務家の役割と、将来の実務家を養成しながら理論的な専門領域に集中することができた大学教授の役割の分離が可能となった」（ニッチュ、一九七三、一〇五ページ）。こうして、大学の学者身分の職業化の結果、理論家と実務家の分離が行われたのだが、これが、手工業の場合とははっきり異なっているところである。手工業の場合の、徒弟と職人と親方からなる技能を教えながら働く共同社会は、昇格の規則、試験、あるいは構成員の役割を導入することによっても、協同組合的統一体であったのに対して、同じ協同組合的な教師団の場合には、並行して、試験に落ちて大学に入れてもらえず、大学外で活動する知識人層が発生している。

当初、中世の大学における理論家と実務家の分離は、あまりはっきりしたものではなく、大学の創設期にはまったく予想されていなかった。というのも、教える者と教わる者との「共同体」という理論は、実務家も理論家と同様に、この二つのグループを統一して捉えようとする認識から、実務家には、大学で教える権利を与え、逆に、理論家には、実務的な仕事が委任されるという立場を出発点にしていた。優秀な成績で試験に通った者は、教授団の一員であろうとなかろうと、誰でも教えることができるという擬制は、理論と実践の統一、つまるところ職業上の仕事と知識の伝授の統一、という考え方から出たものであった。しかし理論家と実務家の提携は、大学制度が形式を整え、その内容が職業上の実践から離れるにつれて、崩れていった。教授団が、形式の整った加入規則によって、外部と隔絶してゆくにつれて、大学外の職業的実務家が教鞭を取る可能性は少なくなっていった。

しかし逆に、大学教師には、しばしば、大学外のさまざまな機能が委託され、医学部の教授は、通常、領主や都市貴族の侍医を務め、大学の法律学者は、同時に裁判官の機能も果たし、諸侯や都市の行政の顧問であり、神学の教授は、その地の大聖堂の名声高き説教者であった。学芸学部のマギステルでさえ、しばしば兼職で、初級学校の教師や校長をしていた。大学教師は、大学制度の初期段階では、さまざまに教師と実務家として二重の役割を果たしていた。彼らが大学外で実務に就いた領域では、大学の学位所持者への需要がすでに起こっていたが、永続的な職業上の地位として成り立つまでにはまだ至っていなかった。大学構成員のこうした二重の役割は、大学の経済的状況（大学教師の副業収入源）や社会的威信構造（大学教師の鑑定に寄せられた大きな信頼）によって助長されていたのだが、これが、どの程度まで、大学の外での学位取得者の職業化を阻んでいたかは、当時の資料からは判断できない。

大学設立の当初にもすでに、公式にも、学位取得者のその後の活動の可能性は示されてはいた。一二二四年のナポリの大学の設立を命ずる皇帝の勅令には、その卒業者が、帝国内で、希望する「職業」に就きうることを、新しい大学の長所として自賛している(ハンペ、一九一三参照)[20]。しかし、中世の大学の卒業者にとって、希望する職に就けるチャンスは必ずしも大きくはなかった。中世末に、学位取得者への需要が数の上ではおそらく最も大きかったのは、次第に数を増していた都市の学校や市民の学校であった。ここでは、とりわけ、学芸学部の卒業者が教師を務めていたからである。しかし、こうした教師の地位は、当時の苦情からもわかることだが、給与が極めて悪く、校長を除いて、たいていは一時的な腰掛けだったようである。当初は、大学を卒業していない者も、こうした教職に就いていたが、中世末には、たいていの都市や領主は、教師には少なくとも大学の学位所持者を充てることを重視するようになっていた。貴族や新興の市民の個人的な教育係や家庭教師としても、大学卒業者は、働き口を見つけるようになる。というわけで、中世には、大学卒業者のかなりの部分が、教養を求める層に受け入れられたのだが、その場合、学芸学部の卒業者の比率が極めて高かった。そうした連中の学芸学部の卒業者全体の中で占める割合がどれほどになるかは、今日の資料では突き止めることは難しい。このことは、学芸学部と比べて当初その数がずっと少なかったその他の学部の卒業者についても言えることである。

大学を出た法律家への需要も、かなりのものになっていたようである。歴代の教皇も、司教区に対して、少なくとも一人の教会法の専門家、つまり教会法を学んだ大学卒業者を雇い入れるように指示していた。教会法専門家にはまた、司教区、修道院、教会学校の主宰の役が任されていた。世俗権力と聖界権力との葛藤が次第に激しくなり、法律的な手段で闘うことがますます増えていたからである。他方、宮廷や都市官庁や裁判所では、ローマ法の専門家への需要があった。彼らは、都市や宮廷の行政、裁判や外交ばかりでなく、貿易、貨幣経済、労働機構のためにも必要とされた。その上、――ラシュドール（一八九五、第三巻、四五六ページ以下）によれば――法律書記、弁護士、公証人、記録保管人、その他の法律に通じた者の職能身分には、大学の法学部の卒業者のかなりの部分が受け入れられている。

　神学部の卒業者は、数の上ではそれほど多くはないが、さしたる困難なしに、職に就くことができた。神学部の学生の大部分は、大学で学び、卒業後、修道院や教団や教会に帰っていった者の子弟であった。その上、中世には、牧師や教会学校の教師や教会の管理事務員にはかなりの給与が与えられていた。このために、他の学部の学生たちで、神学部の一番下の学位くらいはついでに取っておこうとする者も、少なくなかった。しかし、神学部の卒業者数は、全部合わせても、必要なポストを埋めるには足りなかったらしい。学芸学部のマギステルまでが、先に挙げたようなポストに就いたと、いくつもの資料に出ているからである。十三世紀から十四世紀までの公会議では、繰り返し、そうしたポストを他の学部卒業者で占める場合の割合を決議している。教会の職は、中世末には、とくに高給が支払われていて、そのため、職をめぐっての争いがしばしば起こっている。

　中世末には、医学部の卒業者への需要が、最も少なかった。このことは、とくに、学問的な医師と一般医との分離にその原因が求められる。大学出の医師は、医官《ピジクス》とも呼ばれ、一般的に高い社会的名声を得てはいたが、医学の理論的な基礎、たとえば、ヒポクラテスやガレヌスやアヴィセンナから伝承したものには通じているものの、実際の医療の素養はなかった。経験医《エムピリクス》とも呼ばれた医術の実践家は、たいていは、風呂屋、香油屋、床屋、産婆、羊飼い、絞首刑吏の兼業であったが、実技に長け、患者の治療では実績を上げていた。そんなわけで、当初は、かなり大きな都市しか専任の医師を雇っていなかったし、諸侯や皇帝の宮廷でも、たいていは、医学部の教授に頼めない場合、侍医が一人いるだけであった。すでにパウルゼン（一八八一、三〇五ページ）が指摘しているように、学位をもつ医師が働けるポストは、全体的に見ると、極めて少なかった。「大学教育を受けた医師の需要は、中世のドイツでは、極めて少なかった。富裕な大都市でのみ、大学の講義を聞いた医師が専属で雇われていただけであった。十五世紀になってかなり経ってからも、なお、ギーセン、マールブルク、ヴェツラー、バッヘラハ、それにアンベルクのような都市でさえ、らい病患者の診察には、フランクフルト・アム・マインから医者を呼ばねばならなかった。」こうした状況は、ドイツでは、十五世紀の終わりまで続いていたようである。イタリアでは、大学出の医師への需要はもっと高かったが、それは、この国では、早くから医学部が出来ていて、都市の貴族が、早くから、大学教育の担い手であり、かつその利用者になっていたからである。

全体として、大学での学位の授与とそれへの需要の間に、厳密な関連性を考えてはならない。というのも、大学での教育は、実務的な職業上の要請に直接に応えるものではなく、むしろ、大学の文化モデルの伝授をこととしていたからで、結果的にこれが、卒業者をエリートの地位に就かせていた。中世の大学が伝授した社会的な資格は、特殊なものであって、専門分野に役立つ特殊な資格は、限られたわずかのものでしかなかった。その社会的な資格にしても、雄弁と演技の要素に加えて、なによりも、交際上の特別な作法と団体の規範の順守を含むものであって、それが、資格所有者の特徴ともなり、中世の知識人層、エリート層の高い社会的威信を支えていたのであった。

中世の知識人層の社会的威信は、大学卒業者の数がかなり少ないことによっても保たれていた。大学の学生数の正確な数字はつかめないが、オイレンベルク（一九〇四）の見積りによると、十五世紀末頃、およそ七五の大学があったヨーロッパ全体の学生総数は、一万人から一万五〇〇〇人だったという。このうち、およそ四分の一が学位を取得し、その他は、しばらく在学したのち、学位なしで大学を去っていった。全学生の二ないし三パーセントだけが、マギステルないしドクトルの学位を得、七ないし八パーセントがリツェンツィアートになっている。在学期間は、少なくとも上級学部で学位を得るためには、かなり長く、相当の年齢になることもよくあったので、毎年送り出される学位取得者は、かなり少なかったと見なければならない。しかし、その数が少なかったことが、学位制度の希少価値を示すものであり、中世の大学のエリート的性格を際立たせている。こうして見ると、中世の大学の学生数そのものにも、大学の団体としての性格と大学出身者の職業のエリート性と社会構造の選択度の相関関係が現れている。

三・八　大学と社会構造

中世末の社会には、旧体制とヒエラルキーを堅持しようとする勢力と、社会構造を揺り動かし変化を求めようとする諸傾向との間に、大きな緊張が生じていた。総体的に地方分権主義に立っていたこの中世世界は、その上、教皇と皇帝という二つの普遍権力の事あるごとの争いに巻き込まれていたが、大学の高踏的な文化は、この中に、馴染んでゆかねばならなかった。大学は目前の利害に直接には関係しなかったので、このことは、簡単ではなかった。学生と教師の「共同体《ウニヴエルシタス》」は、なによりも、普遍権力に対しての自立を目指したものであったので、聖職界や宮廷の文化モデルを受け入れるなどは、基本的にはできないことであった。俗世界で繰り広げられている文化と結び付こうとしても、そうした文化はまだ一般に高い評価を受けておらず、うまくゆきそうもなかった。というわけで、大学の文化は、貴族、僧侶、俗世界の文化からさまざまな要素を引き継ぎつつ、それらを変形しながら、かなりの独自性を発揮していった。

こうした形しかとれなかったのは、中世の生活の理想が、当初、高い教養よりも、信仰や体面や素性の方に向けられていたからである。貴族は、中世末まで、たいてい無学であった。「知恵の王者《レクス・サピエンス》」という理想は、当初はほとんど見向きもされなかった。(21) 皇帝や諸侯は、十三、十四世紀には、本を読むことも書くこともできなかった。こうしたことは、従者の役目であった。しかし、貴族が、上級貴族と下級貴族、新貴族《ミニステリアーレ》、騎士、世襲貴族に細分化され、宮廷が大きく膨れ上がるにつれて、貴族の教養理想も、変化していった(ボスル、一九七二、二八七ページ以下)。「理想像を掲げ、生活の規範を定めていた宮廷社会に、初めて、洗練された〈俗世界〉が、強力に発言し始め、同時に、これが、国民的な文学語で、しかるべく文学的に表現された。……新しい創造的な諸勢力の影響を受けて、さしもの騎士的な上流階層も、文学的に目覚め、それのあとを追うように、労働者、商人、製造業者などの台頭しつつあった下層階級も、宗教的に目覚めていった。……宮廷詩人や騎士たちの新貴族の間では、生まれながらの貴族に対立する〈精神の貴族〉が話題になり、歌に歌われた。こうして、誇るに足る系図をもたない〈下級騎士〉が、封建法でも〈軍楯法〉に明記されて宮廷社会の頂点に立つ上流貴族に対して、自己主張するようになる。……中世末の下級貴族は、かつて職業軍人の身分であった騎士の生活様式とは、共通するものはほとんどもっていなかった。下級貴族の身分が、政治的、社会的、文化的に衰退したのは、慣れ親しんだ軍隊生活の経済的な諸基盤と諸前提が崩れ去ったために、しばしば都市に借金をしたことの結果ないしは随伴現象であった。政治的、軍事的使命がなくなることによって、その衰退には加速度がついていった。台頭してきた領邦権力が次第に重用していったのは、騎士道徳によってではなく、悟性と知識と教育と経験によって、他に掛け替えのない実績を上げる、専門的知識のある僧籍の、また市民出の官公吏であったからである。新しい大学、その教授たちと学生は、人間存在の新しい知的様式を示していた。それは、新しい政治的様式、新しい社会理想、新しい名誉概念に現れていた。」

貴族の後ろ向きの保守層がこうして社会的に没落に瀕しているのを見て、その渦に巻き込まれたくなかった進歩的な貴族は、こうした発展経過に与せざるをえなかった。当初は、貴族の中で、大学の文化を受け入れようとする者は少数だったが、貴族内部の階層変動が進む中で、貴族の子弟にも、何年か大学で過ごすこと、それどころか卒業することさえが、次第に魅力あるものになっていった。

中世において二番目に大きな身分であった聖職階級の中にも、細分化と階層変動が起こっていて、やがて、二重の意味で、社会的身分の変動の激しい領域になっている。一つは、聖職界のヒエラルキーの細分化が進むにつれて、聖職界内部での社会的な昇進が容易になったこと、もう一つは、社会的出自が聖職界に入る条件になっていなかったために、ここで出世してゆく可能性があらゆる住民層に与えられたことである。教育がほとんどもっぱらラテン語で行われていた時代には、聖職界に身を置くことは、一般の学校制度がまだ存在していないこともあって、高等教育を受ける前提を獲得する可能性につながるものでもあった。修道院ないし僧侶修道会に——できれば期限付きで——属すれば、ラテン語の知識やその他の予備知識を習得することができた。そのために、聖職に就くのは、しばしば、高等教育を受けるための通過段階であった。聖職界で出入りが多かったのには、このほか、独身制規定のために、社会的な世襲傾向が制限を受けていたことも与っていたのだろう。もっとも、聖職の上の位には、平均以上に多くの前貴族が就いてはいた。

当初、とくに都市の手工業や貿易に携わる新興の市民層には、聖職に就く機会が多くあった。一般的な学校制度がまだ出来ておらず、修道院や教団に期限付きで入るのが、のちに大学教育を受けるための前提条件でもあったからである。中世末に学校制度の拡充を推進した市民層は、社会的にさらに発展しようとして、高い教養を得ることに関心を示していた。大学教育を受けることが、市民階級のために、貴族社会を打ち破ることにつながるわけはなかったが、それでも、高い地位の職、とくに都市や宮廷の行政にかかわる職に就くには有利であった。その上、大学を好成績で出ると、代用貴族の地位に昇ることもできた。大学の学位は、貴族の階級と同列に扱われたからである。都市の新興の市民階級、聖職階級、貴族の進歩的部分、これらが、中世社会の中でのさまざまな動機から、大学教育に関心を示したのであった。

　学生の実際的な構成については、不十分な資料しか残されていない。オイレンブルク（一九〇四）は、学生名簿をこれまでのところ最も詳しく調べ上げている。学生名簿には、遍歴学生の実家の社会的な身分が必ずしも完全に記載されているとは限らないが、オイレンブルクの算定とその他の研究から、学生の社会的構成のおおよそのところは推定できる。最もはっきり確認できるのは、学生が「貧乏人《パウペル》」か聖職者かという記載である。オイレンブルクが確認しているところでは、十四、十五世紀のドイツの大学では、貧乏人の比率は、平均して、全学生のおよそ二〇パーセント、聖職者は二〇から四〇パーセントであった。このデータにはしかし、詳しい解説が必要である。「貧乏人」という記載は、必ずしも、学生が貧乏で、社会的下層階級の出であることを意味しない。というのも、この記載が意味しているのは、その学生は授業料を免除されていたということだけだからである。授業料は一部ではかなり高く、これを免除するかどうかは、学長の裁量によっていた。学長は、大学の経済状態によって、さまざまな基準で裁量していたらしい。「貧乏人」という記載も、したがって、学生の実際の経済的状態をそのまま推量させるものではない。

　同じことは、「聖職者」という記載についても言える。というのも、手工業者や商人や書記などの子弟が、大学へ入る準備段階として、聖職の一番下の叙階を受けることがしばしばあって、これも聖職者と記載されていたからである。聖職者という名称は、社会的な出世街道の飛び板になる場合でも、聖職者という社会的身分に最終的に入っていった場合でも、同じく用いられたものなのである。そして、それ以上には、詳しい社会的出自は書かれていなかった。聖職者は、社会的階級のすべてに開かれていて、独身制[22]を建前にしているところから、社会的な世襲関係は考えられていなかったからである。

学生の社会的出自についての詳しい研究はなされていないので、一般化はできないが、十三、十四世紀にボローニャで学んだ二二〇人のスイス人のうち、五一人が貴族ないし騎士階級の出、四五人が新貴族の出、六〇人が市民階級の出で、その他は不明であった（グルントマン、二一ページより引用）。学生の四分の一が、それぞれ貴族と新貴族と市民の出の者で占められていた。もちろん、このことから、あの時代には、全学生の四分の三が貴族と新貴族と市民の出の者であったという結論を引き出すことはできない。同じように、全学生の半数以上が「貧乏人」ないし聖職者であったという、オイレンブルクの資料（一九〇四）から引き出される逆の結論も、許容できないものであろう。こうした結論は、当時よく聞かれた貧乏学生の殺到に対する嘆きの声を裏付けるものかもしれない。現に、ヴィッテンベルク大学の代表者は、中世末（一五六四年）、こう嘆いている。「ほとんど貧乏人の子弟ばかりが、大学へやって来る。彼らは、天性の才能かどうかは別にして、極めて優れていて、大学での勉学で称賛に値することをなしうるにもかかわらず、貧困のために、学業を途中で諦め、外に就職して行かなければならない」（パウルゼン、一九二〇、二二六ページより引用）。しかし、こうした嘆きは、相対化して受け取らねばならない。ここには、社会の下層階級に対する知識人層の社会的偏見と拒絶姿勢が表現されているからである。現代に至るまでの大学の歴史の中で、すでに確立している地盤に立つ知識人のグループは、社会的下層階級からの学生の殺到を、ほとんどステレオタイプと言える形で、繰り返し嘆いていながら、それについての経験的なデータないし納得のいく社会モデルを呈示したことは絶えてない。中世の学生の社会的構成についてのデータは、したがって、これまでのところ、社会的可動性についての内容を基礎付けるには不十分である。

四　領邦国家の時代

中世が終わり、近代に入ると、ヨーロッパの大学のシステムの間の相異が大きくなっていった。大学の歴史は、ドイツでは、イギリスとはすっかり違った形で経過している。ドイツでは、一五〇〇年から一六五〇年までの百五十年間に、イギリスでは、オックスフォードとケンブリッジの二つだけしかなく、ほかには新しい大学は出来ていない。逆に、この時代にイギリスでは大学のほかに科学アカデミーが作られているのに、ドイツには、これに匹敵するものは存在しなかった。フランス、イタリア、スペインの大学でも、ドイツとは違った発展傾向が見られる。大学のシステムの非同型的、非同時的な発展は、経済的、社会的、政治的そして精神的なさまざまな違いからきているのだが、ここではそうした違いを詳しく追うことはできない。

四・一　社会史的発展傾向

ドイツ帝国は、中世末にはすでに、多くの比較的独立性をもった領邦国家の上にかぶさる形式的な屋根でしかなくなっていて、この時代には次第にその意義を失いつつあった。同じ時期、もう一つの普遍権力であったキリスト教会の中央集権的影響も影が薄くなっていた。少なくとも形式的には皇帝の権力のもとに立っていた多くの侯爵領、大公領、伯爵領、王国は、相続争いや派閥争いを繰り返しながら、独自の地位を築き、中央の帝国権力の影響を弱めていた。個々の領邦は、独自性を強調し、二つの普遍権力と対決するときにしばしば手を結ぶことはあっても、政治的にも経済的にも、互いの権限の独立を主張していた。領邦国家は、独自の政治的体制と社会的構造を取っていて、いまだに中世の封建体制をそのまま引き継いでいた。ほとんどすべての領邦国家には、小さな伯爵領においてさえ、封土内の人々と被傭農民の労働で生活する独自の貴族社会と宮廷文化が出来上がっていたので、中世にすでに北部イタリアやフランスやイギリスあるいはフランドルで都市市民層を生み出していた社会経済的な発展の活力は、ドイツにはさっぱり芽生えてこなかった。ドイツの多くの領邦国家では、宮廷の封建社会が、ほとんどそのまま生き残ることができた。(1)

にもかかわらず、中世末から三十年戦争の終わるまでの間に、ドイツでも、重要な変化が起こっている。中世末(およそ一三五〇年から一四七〇年の間)の不作、疫病、戦争の結果、多くの荘園の領主の経済的基盤が崩れ、封建貴族への集中現象が起こり、この荘園領主の弱体化が同時に、領邦君主の支配力の強化につながっていった。領邦君主は、勢力を拡大し、自国内の諸構造を整え、「近代的」国家権力の基礎を築いていった。司法と軍隊が領邦君主の重要な支配の道具となった。そうなると、司法と軍隊の中で活動と昇進の可能性を見た封建貴族は、領邦君主と結び付いていった。しかし、ここにはすでに、この支配の手段の限界が内包されていた。というのも、封建貴族が領邦国家の支配機構の中に入り込んでゆくに従って、情実人事、腐敗、惰性が日常的になり、ついには、領邦君主と封建貴族が非生産的に権力の座に共生することとなったからである。宮廷文化は、ドイツではなによりも体面の維持と浪費を特徴としていて、封建貴族によって作り出された剰余生産物の大部分がここで消費され、資金は生産的に投下されるのではなく、無駄使い的消費か非生産的な誇大施設（城、館、武具）の建築で使い果たされた。多くのドイツの小国での宮廷貴族と封建貴族の非生産的な共生の結果、南ヨーロッパや西ヨーロッパで見られたような社会経済的発展は、オステルビーンを例外として、ほかにはほとんど起こりえなかった。貿易は、さまざまな障害（関税、通行税、貨幣制度）のために、閉塞状態にあった。手工業は、製品の売れる可能性がないために、当初は、主として自家用のものしか作られていなかった。中世に出来ていた手工業のツンフトと商人のギルドは、その後も、同職に就く者を制限し、この身分を外に向かって代表してはいたが、経済的活動が乏しかったために、硬化していって、旧式の生産技術にしがみついているだけであった。こうした経済的状況のために、独立した市民階級は、その芽を押さえられていた。このため当初、ドイツには封建社会を克服するための社会的起爆力はどこにも見られなかった。

これに対して、二つの普遍権力間の葛藤が先鋭化する中で、聖職者階級の基盤も崩れていた。キリスト教会の支配要求は、中世末には、理念的にも経済的にも、硬化してしまっていて、十五世紀末には、その内部では、不和軋轢が高じて、公然たる争いにまで発展したが、それは、さまざまな社会的、政治的、技術的変化（たとえば印刷術の発明）によって助長された。宗教戦争の経過の中から、最終的に、領邦君主たちが勝者として台頭し、それぞれの正しいとする信仰を管理監督するという名目で、自らの支配を拡大することができた。世俗支配が宗派に属することは、同時に、ドイツの多くの地域の領邦化を強めることになり、他宗派の多くの教会領は没収されたり、小作に出されたりしたために、教会の経済的基盤は弱められた。教会の封建権力の基盤は、貴族の封建権力に有利な形で、骨抜きにされたのである。このことは、大学の発展にとっても、極めて重要な意味をもつものであった。一つには、学生の社会的構成において聖職者階級の比重が落ちたことと、もう一つ、没収された教会財産によって、大学は経済的に安定することになったからである。

ドイツが領邦国家になり、宗派に属することになったのは、三十年戦争の契機でもあり、また長期にわたる結果でもあったのだが、そのため、小国が群生することになり、経済的、社会的発展が妨げられ、西ヨーロッパ、南ヨーロッパと比べて、その後もずっとかなりの遅れを取ることになった。にもかかわらず、ドイツでも、そうした分野での変化がまったくなかったわけではない。十六世紀に、短期間に物価が五倍にもなる物価革命があったが(これはなかんずく、アメリカからの金の輸入と宗教戦争による経済的潜在力の破壊の一つの結果であった)、これは、ドイツでも、はっきり認められる。他方で、新しい生産形態——たとえば初期資本主義的問屋制度——が、ドイツにも導入され、経済構造、とくに手工業と貿易のそれに影響を及ぼしていた。ツンフト内部にも緊張状態が生じていたが、これは公然たる争いにはなっていない。農業的‐封建的な経済様態に応じて、ドイツでは当初、社会的葛藤は、なによりも農民一揆の形で噴き出している。封建的領邦国家権力の傘の下で、ドイツでも、社会経済的なさまざまな葛藤がくすぶっていたが、さしあたっては、宗派間の対立の影に隠れていた。(2)

宗派間の争いのために、ドイツでは当初、十四世紀末以来、イタリアに芽生え始めていたルネッサンスは、たいした展開を見せてはいなかった。ルネッサンスの思想家たちは、古代から伝承された思考様式の助けを借りて、硬化したスコラ哲学に反旗を翻し、カトリック教会の硬化した位階制思考と闘い、世界像の個別化を要請していた。これを促進したのが、個をあらゆる認識の中心に置こうとし、そのために自然科学思考法を用いた人文主義であった。個は、自らの理性と認識によって、内なる自然、外の自然の合法則性を捉えることを学ぶべきであり、非合理的にキリスト教のドグマに従ってはならないとされた。ルネッサンスと人文主義は、社会経済的な発展と密接に関連していた(コフラー、一九六六、一七六ページ)。

「事実上の、そして観念上の個別化は、ただ単に中世の克服ではなく、社会的解放過程の単なる消極的な結果でもなく、……新たに形成された実際的な社会の関連形態の結果でもあった。なんらかの集団的な制約から完全に独立して、自由に個を形成しようとする活動の中に、個が引きこもるのは、同時に、社会的なダイナミズムを機能させるための前提でもある。この前提のよって立つところは、個がもはや自給自足できないという事実である。中世的な自然経済の内部では、個人には、原則的にそれができなくなっていたのである。……個の活動は、当時はまだ、資本主義の発展ののちの段階におけるようには、分業によって魂を奪われて機械化されておらず、したがってまた、意のままにならない上位の〈自然法則〉の受動的な機能に成り下がっていない。個の活動は、いまだ、あらゆる社会的事象の最後の根拠と理解される。それゆえ、どのような要素にも増して、個人的なものが、最も強く意識に迫ってくる。すべてのものは、給付と反対給付、欲望と満足といった明瞭に認識できる関係の中に調和的に組み込まれる。……すべての欲望が支障なく満足させられ、市民的個人の自由な活動にも十分に金が支払われることになって、ルネッサンスの時代にみなぎっていた楽観主義も膨れ上がってゆく。商業市民層は、まだのちのマニュファクチュア時代の市民層ほど倹約を重んじておらず、むしろ浪費に明け暮れる享楽的な性格をもっていたが、これは、楽観主義の雰囲気に応じたものなのである。」十五、十六世紀にイタリアで支配的であったこうした楽観主義は、やがて、フランス、イギリス、フランドルに、そして部分的にはドイツにも伝わってきた。激しい宗派間の争いにもかかわらず、ドイツのルネッサンス諸侯、貴族、市民的手工業者や商人、同時代の知識人たちが、こうした楽観主義の諸理念を代表していた。彼らは、自然科学を推奨し、領邦君主の支配の、心理主義的とも言うべき自然法学説を代表していた。国家は、自然法に基づいて支配する領邦君主の支配体制と同一視された。ルネッサンス諸侯は、一方で、絶対的支配を目指しながら、他方で、あの時代の進歩楽観主義の担い手でもあった。それゆえ彼らは、学問と芸術を推奨し、同時代の知識人たちをその宮廷に集めていた。このことは、大学の発展にとって重要なことである。というのも、知識人たちの影響下に、ルネッサンス諸侯は、高等教育制度の拡充を推進したからである。諸侯は皆、自分の領邦に少なくとも一つの大学をもとうとした。諸侯が大学を設立するに至る動機は、もちろん、学芸の保護後援や学問的な進歩を促そうとする志向にだけあったのではなく、なによりも、その臣民を領邦内につなぎ止めて、将来の国や教会の役人の養成を内容的にもコントロールしようとの意図にもあった。

このあとに挙げた設立意図は、なかんずく多くのドイツの領邦国家にとって決定的なものであった。領邦君主たちは、宗教戦争を闘い抜いて、領内の教会の監督権をも手に入れていたからである。そのためもあって、ドイツの領邦国家にある大学は、宗派上の対立にすっぽり組み入れられていて、これが、大学の内部構造にもさまざまな影響を与えることになった。総体的に見ると、ルネッサンスと人文主義は、ドイツにおいては、封建主義の存続と市民階級の発展の遅れのために、南ヨーロッパ、西ヨーロッパにおけるより、その浸透ははるかに少ないものであった。にもかかわらず、ドイツでも——とくにプロテスタント教会において——ルネッサンスの進歩楽観主義は、広く蔓延していたと言える。これについては、ルッターの次の言葉を証拠として挙げることができよう。「年代記を漁っても、キリストの誕生以来、最近の数百年にわれわれのところで起こったことと比べることのできるものは何一つ見つからない。どんな国でも、これほど多くの建物は見られなかったし、こんなに行き届いた国もなかった。みんなたらふく飲み、たっぷりとうまいものを食べていて、それも誰でもが手に届くとは。着ているものも、贅沢の限りだ。今日のような生活のことを、かつて聞いたことのある者はいまい。それが、この世に広がっていて、世界中を包み込んでいる。絵画、彫刻はもとより、あらゆる芸術が進歩し、さらに完成されてゆく。その上、われわれのところでは、すべてを見通す精神を所有している有能かつ賢明な人々がいて、いまの二十歳の若者は、かつての二〇人のドクトルを合わせたよりも物知りである」（ロマーノ／テレンティ、一九六七、一一八八ページより引用）。

こうした楽観主義が、十六世紀を通じて、ドイツの知識人たちや一部の貴族の心を掻き立てていたようである。しかし、他方では、あらゆる生活領域に、思想の自由を締め付け、進歩楽観主義と際立った対照を示す強い宗派志向も隠然たる勢力をもっていた。こうした矛盾をはらんだ状況の中で、ドイツには多くの大学が設立されてゆき、既存の大学も発展を続けていた。

四・二　大学の発展

領邦国家の時代に、ヨーロッパの大学の構造の比較的な同型性は、崩れてゆく。十五世紀末以来、大学の設立事情、教授内容、組織形態には、はっきりした違いが見られる。こうなると、大学の法的根拠と特権はもはや二つの普遍権力の責任だけではなくなっていた。一四九五年のヴォルムでの帝国議会で、皇帝マクシミリアン一世は、帝国内のすべての領邦君主に、それぞれに大学を設立するように勧めている。領邦君主は、その財政的事情から長期にわたって大学を維持することが考えられなかったにもかかわらず、少なくとも一つの大学を自領内にもつことを望んでいた。

領邦君主たちの功名心に加えて、もう一つ大学設立を思い立たせたものに、教会が二つに分裂して、カトリック教会と並んで、いや、それと対立して、プロテスタントの領邦教会が建てられたことがある。既存の大学は、所在地の領邦がカトリック側かプロテスタント側かによって、再編成されることになる。大学をもっていない小国は、他宗派の隣国と張り合うために、既存のギムナージウムを大学に昇格させた。

一五〇〇年から一六五〇年までの間に、そういうわけで、多くの領邦国家に新しい大学が生まれた。プロテスタントの領邦国家では、ヴィッテンベルク（一五〇二）、フランクフルト／オーデル（一五〇六）、マールブルク（一五二七）、ケーニヒスベルク（一五四四）、イエナ（一五五八）、ヘルムシュテット（一五七六）、ギーセン（一六〇七）、アルトドルフ（一五七八／一六二二）、リンテルン（一六二一）に、三十年戦争ののちには、ドゥイスブルク（一六五五）、キール（一六六五）に、大学が設立され、ヘルボルンには新教改革派の大学（これはしかし総合大学の性格をもってはいなかった）が出来ている。カトリックの側でも、ディリンゲン（一五四九）、ヴュルツブルク（一五八二）、パーダーボルン（一六一五）、ザルツブルク（一六二三）、オスナブリュック（一六三〇）、バンベルク（一六四八）に、大学が新設された。ハプスブルク家の諸国では、この時期に、オルミュッツ（一五八一）、グラーツ（一五八六）、リンツ（一六三六）、少し遅れてインスブリュック（一六七二）、ブレスラウ（一七〇二）に、新設されている。こうした新設の大学に加えて、いくつかのギムナージウムに大学レヴェルの課程を上乗せしたものが出来ていて、一時はこれも大学と呼ばれてはいたが、これらはその後も総合大学の地位を得るまでには至らなかった。

十六、十七世紀に出来た多くの新設大学は、十分な財政面での裏付けもなく、大急ぎで作られたものであった。費用を節約するために、既存のギムナージウムに幾人かの教授を補い、「大学」の名を冠した例も多い。また、最初は、神学部だけで発足し、のちに学芸学部（既存のギムナージウムの教師ですべてを賄った場合も時に見られる）や法学部が増設された例もある。なかには、有名な学者を獲得できて、多くの学生が集まることになった新設大学もある。たとえば、十六世紀末から十七世紀初めのヘルムシュテット、ディリンゲン、ドゥイスブルクは、ドイツ圏では最も学生数の多い大学であった。こうした新設大学の栄光はしかし多くの場合、そう長くは続かなかった。十七世紀末にはすでに、学生はわずかしかおらず、教授も数えるほどしかいなくなった新設大学がいくつも出ている。十六、十七世紀に出来たいくつかの大学では、財政上の基盤と内容の構想があまりにも弱く、大学を長期に維持することができなかった。ルネッサンスの進歩楽観主義と人文主義が現実の社会的、経済的状況とうまく合致しえなかったのと同様に、そうした大学においては、大学設立の熱意と財政的ないし内容的基盤が互いに大幅なずれを示していた。

その後の大学の歴史にとって、大学の量的な拡大よりもずっと重要なのは、その決定的な構造の変化である。中世に教師と学生の団体の協同組合的提携として生まれ、二つの普遍権力から特権を保証されたかなりの程度に自律的な「大学」という制度が、次第に、領邦君主の監督下に立つ国家施設になったことである。「十五世紀後半にはすでに各領域で前面に踊り出ていた領邦君主の統治は、その命令権を次第に広げていて、大学と学部について、その外部に対する関係と内部の授業様態についても、規定と命令を次々と出している。教授は、国の役人となって、領邦政府の委任を受け、その監督下に教鞭を取った。教授と学生の生活と授業様態を調査する任務を帯びた視学官が、政府から派遣されて監督に当たった。……学生たちも監督下に置かれ、世俗界、聖職界を問わず、領邦君主の支配する役所に働く将来の役人になるものと見なされた。……こうなると、当然のことに、大学の領邦化、もっと言えば、学問と精神生活一般の領邦化が起こってくる」（パウルゼン、一九二〇、二五〇ページ）。

こうして、一つの決定的な転換がさまざまな観点で行われ始める。もっとも、その意味がはっきり見えてくるのは、十七世紀末の絶対主義の時代になってのことである。大学は国家施設になり、教授は官吏になり、学生は、世俗領主あるいは聖界領主の下僕の卵として、――のちによく言われたように――「役に立つ奴」になった。中世の大学の普遍権力に保護された特権の砦は、領邦君主の命令に屈服したのである。

領邦君主は、大学の内容、教授方法、受講形態、生活様式のすべてにわたる最高の監督者となった。こうして、大学の自律性は消えていったのだが、しかし同時に、大学の財政上、運営上の基盤は広がっていった。というのも、教授たちは、国に雇われた官吏として、定期に俸給を受けることになり、不安定な寄付金収入や副業に頼らなくてもよくなったからである。領邦君主の命令や監督は、大学行政の持続性と採算性を促し、この制度が悪用されることを阻む方向のものであった。それゆえ、領邦君主の大学への干渉は、単に彼らの新しい権力の誇示としてだけで見てはならないもので、中世の大学構造を領邦国家の利害に沿った財政上、管理上の自己防衛策によって改造しようとする努力に支えられたものでもあった。

しかし、中世末にすでに大学の中に認められた没落傾向は、大学が続々と新設され、領邦国家に組み入れられたことによって、表面上は糊塗されてはいたが、もちろん、そんなことだけでこの傾向が克服されたわけではなかった。精神的な偏狭さは、すべての大学が新旧の教会に二分されたことで、さらに強まっていた。宗教改革とそれに続く反宗教改革、そして延々と続いた宗教戦争で、宗教的対立と争いとは、大学の中にも持ち込まれていた。プロテスタントの大学とカトリックの大学は、互いの言い分を一切受け付けなかったし、プロテスタントの中ではさらに、ルター派、改革派、カルヴァン派に分裂していた。教授を任用するときには、規則として、領邦君主の信仰する宗派への宣誓が行われたが、それに先立って普通行われる「教授任用試験《エクサーメン・ドクトウリナエ》」では、候補者はその信条を試される「やりきれないほどに辛い試験」に耐えねばならなかった。このことのために、当時の人々の嘆きの声にもあるように、追従や密告や陰謀が横行した。[3]

精神的な偏狭さは、中世の「全国共通の教授ライセンス」が事実上廃棄され、学生や教授の国境を越えての自由な行き来が制限されたことによっても、さらに強められた。他国の大学へ行くことを禁じた領主も多い。「他国の大学、それも少なくとも教義の異なる大学で学ぶことは、さまざまな形で禁じられ、禁を破れば就職の場は失われた。……たとえば、一五六四年には、ブランデンブルクの住民は、他国の大学で学ぶことを禁じられるとともに、他方で、高級官吏やその他の豪商たちには、職場に空席がある場合、領邦内のフランクフルト／オーデルの大学から候補者を推薦してもらうよう言われていた。これは、給費生制度を補完する当然の措置で、禁止措置も、領邦国家の生産性を補うものなのである」（パウルゼン、一九二〇、二五八ページ）。こうして大学は、領邦国家に役立つ人材の養成とその需要関係の中に組み込まれていった。この役割はしかし、重商主義と絶対主義の時代になるまでは、完全には実現されることはなかった。さしあたっては、この領邦国家の人材養成は、むしろ、領邦君主の権力の拡大と教会の正統信仰志向の副産物であった。

四・三　イエズス会の影響

大学内の宗教改革派と反宗教改革派の間の争いにとくに大きな意味をもっていたのは、一五四〇年に教皇から認可を受けていたイエズス会であった。イエズス会は、独自の教育制度によって、ないしは既存の施設を引き継ぐことによって、自分たちが唯一正しいとしているローマ・カトリックの信条を普及し擁護することをその使命とした団体である。会の規約には、独自の教育体制が定められていた。「自らの魂と隣人の魂を救って、魂の本来の最終目的に到達させるのが社会の目的であり、そのためには、模範的な品行のほかに、教義と教授術《ドクトウリナ・エト・モドウス・エアム・プロホネンディ》が必要であるので、受験《プロバティオ》を許され、修練期間《ノヴィティアト》にある者たちにおいて、自己抑制の十分な根拠、美徳の点で必要な進行途上にあるとの十分な根拠がはっきり認められるならば、諸学問を打ち立てて、われらの創造者にして主なる神の一層の認識と神への一層の奉仕にそれを役立てることが重視されねばならない。この社会が教授団体を、また大学を次々と抱え込んでいるのは、この目的のためである。試験の場で実力を示してはきても、われらの教育施設にとって必須の学問的教養を身につけてこなかった連中は、魂を救うのに役立つもろもろの事柄について、ここで授業を受けねばならない」（パウルゼン、一九二〇、三九〇ページより引用）。この「イエスの会」は、十六世紀中頃以来、独自の教授団を作り、カトリックの国々のいくつかの大学の神学部や哲学部を引き継いできた。イエズス会は、反宗教改革派の最強の勢力として、人文主義と宗教改革の影響を食い止め、大学での失われた地位を奪回しようとした。彼らは、ヴュルツブルクに新設された大学（一五八二年）をほとんど完全に押さえ、ケルン大学では大きな影響力を掌中にし、インゴルシュタット、ウィーン、ハイデルベルク、フライブルクの大学では、哲学部と神学部のほとんどの教授席を自派で埋めた。その他の大学でも、部分的な影響力をもっていた。いくつかの領域では、イエズス会の影響は、十八世紀の後半まで続いている。[4]

イエズス会は、カトリックの教義を大学教育の指針にしようとした。彼らの「授業の原則《ラティオ・ストゥディオールム》」は、言葉と修辞とラテン語の粋の習得に置かれていた。講義では討論をもっぱらとし、それも中世の大学の場合とは違って、儀礼的機能に尽きるものではなく、競争の性格をもったものであった。教育の目標は、ラテン語で意志の疎通を図り、雄弁と洗練された表現によって相手を説伏することであった。講義は系統的に行われ、段階的な試験を細かく規定していた。「一つの段階から次の段階へ進む（プロモティオ）ためには、試験に合格することが必要で、これには、ラテン語の散文と詩、あるいはギリシャ語のテクストの筆記試験が課せられる。課題が口述されたのちに、その文法やその文章を書いた作者について口頭試問がなされる。大学学事長とあと二人が試験委員を務めるが、この二人は教師とは限らない。……毎年、年末に、どこの学校でもそうであるように、大学でも、当該の専門分野についての試験が行われる。平均的な成績を取った者だけが、次の年には上の段階に進むことが許される。神学の課程の終わりには、大きな修了試験が行われ、〈哲学と神学の優れた講義に要求される学問的素養をもたない者は、説教と統治のとくに優れた天分をもっている場合を除き、(これはイエズス会総長の判断によって行われる)〉あるいは、古典語ないしオリエントの言語にとくに優れた業績を上げている場合を除き、四つの誓いを立てているこの天職に就くことは許されない」(パウルゼン、一九二〇、四二九ページ以下)。

イエズス会-大学の特徴は、したがって、学習段階と試験の体系的積み上げ、筆記試験(おそらくヨーロッパの大学では初めてのもの)、学外者によって行われる試験、学問水準と正統信仰の極度の強調であった。こうしたイエズス会の大学は、時代遅れの大学制度の改革にとっての模範とされたこともしばしばであった。古い大学の腐敗と没落傾向を弾劾する多くの大学改革論者にとっては、イエズス会の大学の厳格な構成とコントロールは、将来の大学形態のモデルでもあった。しかし、イエズス会が総体的にはおよそ二世紀にわたってドイツの大学制度に影響を与え、その上、ヨーロッパ全体にも広がって、統一的な基本モデルの模範であったにもかかわらず、そのような原則は――ヴュルツブルク、ケルン、ウィーンを除いて――貫徹されなかった。宗教改革と人文主義に対してイエズス会があまりに極端な攻撃姿勢を取ったために、彼らの大学は、広く一般の模範として認められることがなかったからである。

四・四　教授内容と学習形態

中世の大学のスコラ哲学は、硬直して、世間離れした儀式になってしまっていて、ルネッサンスと人文主義、それに加えて激しい宗派間の争いとともに噴き出したダイナミズムに、もはや対応できなくなっていた。封建主義の世界像は、地理学上の諸発見、自然科学の台頭、実験的な思考とは、もはや相容れることはできなかった。こうした時代には、大学の学問の内容も方法も変わらざるをえず、ルネッサンスとともに、古代の思考が新しい価値を付与されて再生してきた。それは、単にスコラ的思考練習の「採石場」として利用されるのではなく、進歩的な思考の基準となった。ギリシャ学においてすでに展開されていた、弁証法的思考、科学的批判、理論と実践の統一といった構想が、スコラ的思考の中にしっかり根付いていた保守的志向を克服するために、新たな装いで表現された。人間と自然は、実験的思考の対象とされ、教会のドグマから解き放たれた。自然科学に人間科学が仲間入りし、これが早速に社会科学的、心理学的局面をも取り上げることになる。(5) 人文主義を旗印に、人間の個性のもつ能力は発展するもの、形成されるもの、という理念が、前面に押し出された。言語さえも、単なるコミュニケーションの手段ではなく、実験的思考の対象となるものとされた。

とくにイタリアと西ヨーロッパで発展した、こうしたルネッサンスと人文主義の原理は、ドイツの領邦国家にも波及してきて、大学制度に影響を及ぼしている。人文主義者たちと硬直した大学のシステムとの対決は、「陰の男の手紙」に文献的に残されていて、とりわけ、エアフルトの人文主義者たちは、旧式の硬直した大学教育を——とくにケルン、マインツ、ライプツィヒ、ハイデルベルク、フランクフルト／オーデルの大学の学芸学部と神学部を——辛辣に嘲弄している(一五一六／一七)。宗教改革運動も、こうした批判の仲間入りをしていた。

こうして、人文主義は、次第に数を増していた大学の知識人層に支えられて、ドイツの多くの大学で地歩を固めていって、改革に取り組んでゆく。人文主義者たちは、とくに、古代の「純粋な原典」に帰ってゆこうとした。この目的のために、しばしば短縮され、改竄されていたギリシャ哲学のテキストを推敲し改訂する作業が行われた。スコラ的思考で書かれた時代遅れの命題論集や解説書は廃棄され、詩と修辞学が強く推奨された。人文主義者たちは、同時に、古代の言語を磨くことも要求した。とくに、ギリシャ語、ヘブライ語、芸術性豊かなラテン語の振興が図られ、数学と音楽もこれまでよりはるかに重視されて、カリキュラムに組み入れられた。

十六世紀初頭から、人文主義の影響のもとに、多くの大学のカリキュラムが改革されていった。とくにヴィッテンベルクは、メランヒトンの強力な影響下に、人文主義的大学改革の模範になっている。エアフルト、ライプツィヒ、ロストック、グライフスヴァルト、フランクフルト／オーデル、テュービンゲン、フライブルク、インゴルシュタット、ウィーンでも、人文主義の大学改革が勃然と起こっている。もっとも、とくにケルンのように、その後もずっと、スコラ的思考の牙城を堅持していたところもある。それにしても、人文主義思考が高揚したことから、大学は、中世のスコラ哲学から離反し、数十年間のことではあったが、新しい栄光を浴びることになる。

しかし、宗教改革運動の勃興とともに、人文主義は再び地盤を失い、大学の内容上の改革も方向を転じていった。とくに、ルターは、古代の異教的信仰と闘い、キリストの福音への厳密な意味での帰依を要求した。宗教改革運動は、カトリックとの激しい争いの中で、大学においても「純粋な」福音主義の教えを貫徹しようとし、人文主義によって要求された思考の自由でこれが危険にさらされることを恐れた。宗教改革的大学政策は、最初、一五二七年に新設されたマールブルク大学にはっきり現れている。(6)その前年の一五二六年、大学の新設を考慮して、ヘッセンの教会規約が改正されているが、そこでは、神学、法学、医学、学芸、言語は、神の純粋な言葉に従って教えられるものであることが強調され、「神の言葉に反して何ごとかを教える者は、破門する」とある。神学部は、大学の最高の学部と規定された。宗教改革派の大学改革の模範となったのは、一五三三／一五三六年のヴィッテンベルク大学の新しい規約で、そこには、大学での教授内容は、アウクスブルクの信仰告白（一五三〇）に沿ったものでなければならないと、明記されていた。スコラ的神学の主要作品は禁じられ、新約、旧約聖書が、神学を学ぶ際の唯一の基礎となった。神学部は、他の学部や領邦内の諸学校や教会に対する監視官庁と規定された。こうして、プロテスタントの大学の神学部は、カトリックの大学におけるよりはるかに強い地位を得ることになったが、こうした地位を得たことによって、同時に、他の学部との間に歴然たる境界線が引かれることにもなった。人文主義の影響を受けて多くの思想の自由を獲得していた哲学部は、古代のものを、その異教的要素がキリストの福音を損なわない限りで教えることができる一方、諸言語の習得も奨励された。法学部は、法典、ローマ教皇の教令、ローマ法概説、ローマ法令集を広めた。医学部は、ヒポクラテス、ガレヌス、アヴィセンナ、ラーツェスなどの古典的テキストを教えることと並んで、解剖の知識を与え、十七世紀末になって、実験的研究方法を取るようになる。

カトリックの大学では、これに反して、スコラ哲学を引き継いだ教授内容が依然として保持されていた。神学部の優位性は、ここでも保たれていた。哲学部では、スコラ的教条主義が幅を効かせ、古典語と詩作法は、ほとんど発展していない。法学部では、教会法が依然として代表的なものとされ、医学部では、ほとんど変化は見られなかった。いくつかのカトリックの大学では、イエズス会が強い影響力をもち、教授内容と方法を根底から変えている。

宗教改革と反宗教改革の時代には、プロテスタントの大学でも、カトリックの大学でも、勉学の内容は、それぞれの宗派の厳格な統制のもとに置かれ、中世の終わり頃にすでに認められていたドイツの大学の保守と革新の間の溝は、ますます深いものになっていた。それゆえ、十六、十七世紀には、大学は、新たな開花と深まる没落の間を揺れ動いていた。こうした緊張関係から、十七世紀末になると、多くの大学がすっかり凋落してゆく中に、新しい「近代的な」大学が生まれてくることになる。

こうした緊張も、当初は、教授法の上ではほとんど変化を起こすものではなかった。講義と討論の形式は踏襲され、与えられている命題について論文を作成することが重視されているうちに、マギステルたちによって書かれた学術論文の機能も変わっていって、次第に、学術文献製造の一つの手段になっていった。人文主義の波が高くうねっていたときには、議論と文学的演習が前面に出ていたが、これもほどなくして、宗派の対立の中で、制限されるようになる。

中世の教師と学生、つまり教える者と学ぶ者の共同体は、次第に後退して、官吏になった教授と学生の間の関係は、疎遠なものになっていった。共同社会的な生活様式も、外面的なことや儀礼化した交際形式に変わっていった。

こうした変化を最もはっきり示しているのは、おそらく、新入生歓迎式《デポジティオーン》と上級生による新入生教育《ペナリスムス》という現象であろう。十六、十七世紀以来、ドイツ、スカンディナヴィア、オランダの多くの大学では、この歓迎式が行われ、新入生が大学に入るときには必ず経験する通過儀礼であった。この残忍な歓迎儀式については、ラウマー（一八八二）が、スウェーデンの論文から引用して、次のように詳しく述べている。

「この歓迎式の統括者は、デポジトーアと呼ばれ、大学に入学しようと望む若者たちに、色さまざまな服を着せ、その顔を黒く塗り、アイロンでつばを下に伸ばし長い耳と角を取り付けた帽子をかぶせ、口には長い豚の歯を突っ込み、……肩には長い黒マントを羽織らせた。デポジトーアの方はと言えば、異端裁判で火刑台へ引き出されて行く者よりもひどい、ぞっとするようなおかしな服装をしていて、新入生たちを、控室から観衆の待ち構えている大広間に、牛かろばの群れででもあるかのように、後ろから棒で追い立てて行く。大広間では、彼は、新入生たちに円陣を組ませ、その真ん中に立って、一人一人をしかめっ面でにらみ付け、……彼らの奇妙な服装に文句を付け、……。彼は、若者たちの悪徳と欠点をあげつらい、大学でのこれからの勉強でそれを矯正し、折檻し、しごくことがいかに必要かを、縷々《るる》述べる。それが済むと、さまざまな質問を新入生たちにぶつけ、新入生たちはこれに答えねばならない。しかし、彼らは、口に豚の歯をくわえているので、はっきりものが言えず、豚のようにぶうぶう言うしかない。デポジトーアは、この豚野郎めと怒鳴っては、彼らの肩を棒で殴り、折檻する。〈おまえたち若者は、食って飲んでばかりで、知力がくもっている。この豚の歯は、その不節制のなによりの証拠〉だなどと言いながら、袋から大きな木製のやっとこを取り出して、彼らの首を挟み、揺さぶって、豚の歯を床に落とす。〈おまえたちが賢くて勤勉なら、不節制癖も大食らい癖も、この豚の歯のように落ちるのだ〉というわけである。そのあと、彼らの長い耳を引き千切り、ろばのままでいたくなければ、まじめに勉強せねばならんと、説教を垂れる。粗野な残忍さを表している角も引き千切ったあと、袋から今度はかんなを取り出し、新入生の一人一人を、まずうつ伏せに、次いで仰向けに、また横向きに寝せて、体中をかんなで削りながら、言う。〈文学と芸術は、おまえたちの精神にかんなをかけてくれるだろう〉と。そのほかにもいくつかのおかしな儀式があってから、デポジトーアは、大きな桶に水を満たし、新入生たちの頭から水を浴びせる。あとは大きなボロ布で荒っぽく拭いてやるだけである。こうした道化芝居は、この汚れを洗い流す一幕で終わって、いじめ抜かれ、かんなをかけられ、洗濯された新入生たちには、最後の訓示がなされる。〈おまえたちは、これから新しい生活を始めねばならない、悪癖と闘い、悪しき習慣を改めねばならない〉と。」

　こうした儀式を経て、新入生たちは、大学の公式の代表者によって、学生の仲間に受け入れられた。このような歓迎の儀式は、あの時代の残忍さ（宗教戦争、三十年戦争）の特徴をよく表しているだけではなく、また外面的な形式の重視をも表している。「悪」の外的な印を除去することによってのみ、新入生は、に導かれることができるのである。不節制で躾《しつけ》のできていない若者が向学心に燃えた節度ある学生に変容するのは、明らかに、精神的な確信ないし発展によってではなく、外的な力によってのみなされうることであった。新入生の歓迎儀式は、試験に似た要素をいくつも含んでいて、儀式化された入学試験とも考えられ、あの当時の報告には、時に、大学の試験との並行関係が指摘されている。いくつかの大学では、この受け入れの歓迎式は、十六世紀の末にはすでに廃止されているが、イエナとエアフルトでは、十八世紀の三〇年代まで存続していた。

この歓迎式とある種の並行関係にあるのが、同じ頃に出来た上級生による新入生教育である。上級生がそれぞれ新入生を配下に置き、新入生にさまざまな肝試しを課したり、奉仕させたりし、新入生を自分たちの攻撃目標に仕立てたのである。領邦君主への視学官の報告によると、この新入生教育は、しばしば度を過ごしたものになっていて、領邦君主が大学への干渉を強化しようとするとき、これがしばしば口実に使われている。

新入生歓迎式と新入生教育は、攻撃的衝動のはけ口となる行事で、激しい葛藤と争いの渦巻いていた時代にはとくに重要なことでもあったのだが、それだけではなく、大学制度が極度に細分されてゆく中で、大学との結び付きを儀式的にも強調するという機能ももっていた。教師と学生の伝統的な団体が解体し、もともと国境を越えた形で構想された大学が領邦化されてゆくと、当然のことに、細分化の方向を強めることになる。とくに、統一的な教授内容やその方法が、競合する無数の宗派、構想、思考法に次第に屈していった時代にはそうであった。領邦国家の時代の大学における教授内容と学習形態は、したがって、人文主義と、宗教改革と、カトリックないし反宗教改革＝イエズス会という三つの方向の影響を特徴としているが、そこでは、新旧の方向がしばしば交差し、たいていの大学では、中世と近代の間の不安定な宙吊り状態にあって、中世の授業の要素がまだ無数に残っていた。しかし、時に、新しい思考法、新しい認識が、すでに大学の中に入り込んでもいた。一方では自然法への、また他方では実験的な自然科学への方向も次第に強まってはいたが、これらは十六、十七世紀にはまだ大学に影響を及ぼすまでに至っていなかった。十七世紀の終わりになって初めて、啓蒙主義の台頭に伴って、自然法と自然科学が大学においても地歩を固めることになり、授業形態が変わってゆくことになるが、これは、かつて人文主義によって行われたよりはるかに持続的なものとなった。

四・五　試験と学位

すでに中世の大学で確立されていた試験と学位のシステムは、十六、十七世紀にも保持されていて、新設の大学にも引き継がれていたが、領邦国家時代には、その法的根拠、手続き、学位の評価の点で重要な変化が起きている。大学が二つの普遍権力から正当化され、特権を与えられているとする法的な虚構は、皇帝と教皇の権力が失墜したあとも生き残ってはいたが、実際には、それは、大学にとって余計なものになってしまっていた。というのも、大学は、いまや、どんな法解釈からも一致して、領邦君主の手に握られていると見なされたからである。古来の自立的な団体が国家施設に組み入れられるとともに、大学の試験と学位の法的根拠も変わっていった。「中世末以来、すべての団体生活は廃れ、これまで二つの勢力の間に分割されていた権力が、古代の国家理念に基づいて、全権力を一手に握ろうとした一つの領邦国家にまとめられると、大学からは協同組合的自律性は奪われ、大学には国家施設という性格が押し付けられる。……学位、とくにドクトルの学位の授与権も、大学およびその付属施設の他のすべての権限と同様に、こうした新しい法的状況を根拠に、国家から引き出される権限となっていった」（ボルンハーク、一九一一、七四ページ)。法的根拠が変わるとともに、いまや、領邦君主は、試験規定、学位規定の制定権までも握り、そのつどの学位授与規定を認可し、少なくとも形式的には学位審査規定まで監視することになる。試験と学位授与の監視は、普通、「視学官《レーガートゥス》」ないし「試験使節《プロカンケラーリウス》」によって行われた。大学の学位制度に領邦君主がどの程度まで直接に干渉したかは、これについての苦情でいくつか出版されたものはあるが[7]、文献上では、はっきりした説明はまだなされていない[7a]。具体的な干渉よりも重要なのは、法的構成の変化から生じた大学の構造上の変化であった。学位授与権が領邦君主にあったために、領邦君主はまた、この学位の通用する領域をも規定することができたのである。

もともと大学の学位は、即、教える権利であったのだが、それが、たいていの場合、形式上ではなく、実際にも奪われることになった。というのも、大学の支配権が領邦君主に移行すると同時に、領邦君主は、大学運営を財政的に支える義務も引き受け、領邦国家が教授たちやその他の大学職員を雇い入れ、その給与を支払ったからである。こうなると、実際の運営上、さまざまな矛盾が生じてきた。領邦君主は、普通、大学がもともともっていた後任者の自主的選考権を形式的には奪わなかったので、それぞれの大学で教える権利は、学位の構成要素として法的に残ったままであった。しかし、授業は、国から給与を受けるポストに就いている専任の教授陣によって行われる限り、採用するのも、授業をもたすのも、領邦君主の権限の内にあった。「禄を与えるもの、あるいは給与を支給するものが、就く職を決めた。領邦君主は、時に学部に助言を求めることはあっても、給与を払っている教職に誰を就けるかについての決定に参与する権利を学部に認めることは決してなかった。学位の授与によって空席を自主的に埋めるという協同組合的権利と、給与を払っている教職をお上《かみ》の側から与えることとは、どのような関連からも共存するものではなかった」(ボルンハーク、一九〇〇、一七ページ)。

競合する二つの法的原理――こちらには、組合団体的な後継者の自主補充権、あちらには、お上《かみ》の側からの雇い入れる権利――は、その後も続いてゆくが、この事態は、他の大学の試験を通った教授が、新たに所属することになった大学の学部で、学位を改めて取るか、ないしは少なくともその資格を追認してもらわねばならないという規定によって、さらに強調された。この規定によって、学部は、一方では、最終的に専門上の資格を認定する権限をもつことになったが、他方では、新しい教授の正統信仰を改めて確認させられることになる。この規定は、一五六四年の教皇の勅令で、二つの普遍権力の内の一方から強く要請されたものであって、そこには、こうした信仰告白《プロフェッシオ・フィディ・トゥリデンティア》を行うことなしには、大学の学位は授与されてはならない」と明記されていた。「こうして、大学の学位授与試験は、公式にも信仰を試す試験になった。というのも、学部から認定された専門上の能力に加えて、その地を支配している信仰を順守することが、大学の試験ないし学位の基本的な要素となっていたからである。プロテスタントの大学には、領邦君主から、教皇の正統信仰規定を受け入れる布告が出されているが、その表現は、パウルゼンによると（一九〇二、四三ページ）、教皇の規定よりはるかに厳しいものであった。「異端に対する恐怖、教義において正統信仰を重視するその偏狭さは、ルター派の大学においては、カトリックの大学に劣らず、いや、おそらくはそれよりずっと大きかった。というのも、前者にあっては、教義はさほど固定しておらず、二つの側、つまりカトリック主義とカルヴァン主義へ流れる傾向をいつももっていたからである。」学位を授与されるときには必ず、その地の領邦君主の信仰を表す象徴と聖書とに誓いを立てねばならなかった。「よその地のドクトルを採用する場合、教授採用試験を行って、雑草の種が持ち込まれぬよう注意が払われた」（パウルゼン、一九二〇、二五八ページ）。

このように、領邦国家の時代には、試験は明らかに信仰を試す試験となっていた。このことは、一方で、その儀礼的性格によって強められたが、他方では、大学の学位の時代遅れの区分を清算するものであった。というのも、バッカラリウスの学位は、一般には、俸給が支給される教授職に就くには不十分とされ、それには、たいていドクトルの学位が前提されていたし、元来は尚書の許可した教授資格であったリツェンツィアートは、法構成の変化で無効になっていたからである。バッカラリウスとリツェンツィアートの二つは、十六、十七世紀には、たいていの大学で廃止されるか、ないしはドクトルの学位と一緒に授与されていた。一部では、バッカラリウスの学位は、「カンディダトゥス」(候補者)という名称に替えて授与されていたが、これは、一般には行われるには至っていない。ドクトルの学位は、十六世紀末以来、かつて同格であった「マギステル」という名称に代わって用いられるようになったものだが、ドイツの領邦国家では、十六、十七世紀に一般に用いられた学位であった。それとともに、哲学のドクトルの学位も、学芸学部の「学芸学マギステル」に対応するものとして定着した。一六二五年にはすでに、「公式にマギステルと呼ばれる哲学のドクトル」という言い方がなされている。西ヨーロッパの大学は、領邦化されなかったので、中世の伝統がずっと長く保持され、中世の大学の学位もそのままのちにまで残っていた。

ドクトルの学位に一本化されたために、儀礼的機能がさらに強まる結果になった。これは、領邦君主の利益につながることでもあった。というのも、大学は、領邦君主の権力を誇示するものであったからである。それゆえ、十六、十七世紀の領邦君主たちは、自領に大学を設立するだけでなく、外部に向かって大学を華やかに誇示することにも大きな関心をもった。学位授与式をとくに華麗に行うよう、再三大学に指示を出していて、個々の学部は時に困り果ててもいる。十七世紀末になってもなお、キール大学と領主の公爵とが、法学部の学位授与式で、音楽と花にかかる費用をいつもより節約してよいかどうかで争っている。公爵は、いつも通りの費用をかけることに固執したが、結局は音楽にかかる費用の「少々の値引き」

を認めた（デーリング、一九六五参照）。大学の発展のこの段階では、その派手さでは、明らかに、中世の学位制度の華やかさをはるかに越えたものであった。時には、領邦君主さえもが、節度を越えないように訴えねばならないほどであった。「一六八三年、フランクフルト／オーデルでは、祝宴は、一回限りとし、女性は招かず、高級な糖菓は付けず、料理は十品、という規定が出来ている。ドクトルの学位を得ようとする場合、貧しい者は、費用の半分の負担だけで、手袋の贈り物も祝宴もしなくてよく、すでにリツェンツィアートであれば、これまで法学部や医学部で行われていたように、祝宴などせずに、そのまま個人的に授与されることになった。領邦国家の政府自らが学位取得の祝宴のすべて、そうでなくともその一部を負担した場合は、もっとよかったのは当然で、フランクフルト／オーデルでは、選帝侯にそのつど提案して、野獣の肉を手渡すだけでよかった。ひどい例は、ケーニヒスベルクで、マギステルの学位を受けると、次のような費用がかかった。部屋代、七一ターラー五六グルデン、ブドウ酒代、五二ターラー、牛肉、一〇ターラー、鯉二〇四、二ターラー、香辛料、三ターラー五〇グルデン、薪代、四ターラー一六グルデン。神学のドクトル号には、マギステルの場合のなんと二倍の費用がかかった。確かに、十七世紀のドイツの家産制国家は、貧しかったが、それでも学問のためには気前よく物惜しみはしなかった。もちろん、それぞれなりに」（ボルンハーク、一九〇〇、一四ページ）。

　学位授与式に国が財政的援助をしたことを正しく評価するためには、当時の大学卒業者の平均的収入を知っておくことが必要であろう。かなり大きな都市の病院勤務の医師あるいは外科医の年間収入は、十七世紀後半には、およそ三〇ターラー、副収入もある裕福な都市専属の牧師で、およそ一〇〇ターラーであった[8]。それゆえ、ドクトルの祝賀式典の費用だけでも、医者なら年収のおよそ二ないし三年分でも足りず、裕福な牧師で一年半分を吐き出さねばならなかった。大学の学位を得るための儀式は、当時、たいへんな出費だったのである。資産家にしか、こうした費用は賄うことができず、そのため、あの時代の学位取得者の出身社会階層を極度に制約することになった。しかし同時に、ドクトルの祝賀式典はまた、大学教師の生活を側面から援助するものでもあった。彼らの俸給は——国家の大学への財政的支援は次第に強められていたとはいえ——当時もかなり低いものだったからである。そうだとすると、学位授与に付きものの儀式には、いくつもの意味があることになる。つまり、大学教師の間接的な生活援助、社会的選別の操作、それぞれの正統信仰の再チェック、領邦国家権力の誇示、そして最後に学問的資格の証明がこれである。

大学の試験と学位制度のこうした多機能性の中には、学位取得に際しての腐敗と営利化の萌芽が含まれていた。領邦君主側からのさまざまな統制にもかかわらず、十六、十七世紀の多くの大学には、広範な商業化、営利主義化が始まっていたようで、これについては、ハルトフェルダー(一八九〇、九八ページ)の嘆きが代表的なものであろう。「まだ前の試験に通っていない者に次の試験を受けることを許したり、受験料を払えば、誰でも試験に合格させたり、規定の講義や討論を済ませていることが証明できない場合でも、受験料を返さなかったりすることが、よく起こっていた。……十分な知識がなくとも、誰も試験に落第しなかった。……試験官の良心も麻痺していて、受験者に事前に問題を教えてやるようなこともしばしば起こっている。金儲けがすっかりシステマティックに行われて、一部では、一つの形式を取るようになって、〈ゆすり〉という名前が堂々と人前で通用するまでになっていた。試験に確実に通るためには、ある額の金を支払うことを約束しなければならなかった。」

十六、十七世紀当時の文献にも、大学の学位が金で買えることに対する嘆きの声が、時に激烈な調子で表現されている。「在籍していない者の学位《プロモティオ・イン・アブセンティア》」ないし「個人的な学位《プロモティオ・プリヴァアタエ》」を授与しうるとの規定があるために、法には触れずに、学位制度を悪用することができた。この規定はもともとは、有名人や金持ちを大学へ引っ張ってくるために作られたものであったが、のちに、学部の連中によって、明らかに、かなり勝手に拡大解釈されたのであった。というのも、学位制度が商業化して、裕福な連中にいわば間接的な税金という形で、一般的にかなり低い給料しかもらっていない教授たちの懐を潤していたからであった。領邦君主たちも、教授に高給を払うために苦しい予算を組まなくてもよかったし、学位があるからとて、こんなものなら、すぐなんらかの権限なり資格を約束しなくてもよかったので、こうした富の再分配が行われるのにも目をつぶっていた。領邦君主たちのこうした態度は、重商主義の理念の台頭と平行して起こったものでもあった。重商主義を取る各国は、できるだけ多くの金を国内に引き込み、資本やその他の生産力の流出を阻む措置を取って自衛しようとしていたからである。というわけで、学位制度の商業化に目をつぶることは、とりもなおさず、学生と教授の居住移転の自由の制限を意味するものでもあった。学位の商業化を助長したもう一つの要素と考えねばならないのは、領邦化が進む中での貴族と社会的肩書のインフレ現象である。社会的に高い地位やステータスを象徴する特徴が多様化するとともに、自由に使用できる社会的価値基準（勲章、称号など）への要求がどうやら増大していたらしい。こうした経過に伴って、外面的な目印にこだわり、威信にも等級を付け、儀式ばった交際をする傾向が、ますます強くなっていった。その限りで、学位が金で買えることも、社会の一般的な発展傾向と矛盾するものではなかった。とはいうものの、こうした傾向が大学制度の発展にとって役に立つものでなかったのはもちろんである。

学位を金で買うことがどれほどの規模で行われたかについては、信頼のおけるデータはない。それゆえ、在来の仕方でどれだけの学位が獲得されたかも、はっきりしない。試験と学位の手順は、この時期には、人文主義の影響を受けて、大きく変わっていた。試験は、中世から常に口頭試問で行われていて、試験官が立てた命題に受験者、つまり学位候補者が答える形を取っていた。十五世紀に活字による印刷が行われるようになり、人文主義によって授業形態が変わったために、試験の手順も変わったことは、ナウク（一九五八、一一ページ）も指摘している。「大学の外にいることが多かった人文主義者たちが、門外漢でも自主的に精神的な仕事ができる、いや、そうすることが望ましいと要請し、実際にそれを証明して以来、そして、大学の考えに反対する意見をもつ人々が、新しい気風の代表者として輩出し、教授たちの反発を呼んで以来、事態が変わっていった。講師や学生は、討論演習や公開の討論形式に反対しただけではなく、命題を文書にして印刷するようにとの要求にまでエスカレートすることも稀ではなく、これについての議論が、授業中や試験の際にも行われた。人文主義がきっかけで、大学教師は、これまで以上に、学術論文を作成し、それを印刷に付すようになったが――これがドクトル論文《ディセルタティオーン》と呼ばれたものである――ドクトル試験の討論の際には、当然その内容が問題にされた。こうしたドクトル論文はもともと、ドクトルの学位を所持する教師の書いたものであって、学位申請者のそれではなかった。そして、とくに、その論文が口頭試問のときの下敷きになるような場合は、学位候補者たちが先生のドクトル論文に多大の関心をもったのは当然であった。学位候補者たちは、多くの場合、教授の書いたものの印刷を手に入れようとして、金に糸目を付けなかった。」

　ドクトル論文は、「おそらく教授団体の側からの著作生産の初めてのもの」であって（ホルン、一八九三）、印刷術が発明され、意志疎通の技術が変化したこととともに書かれ出したものである。それと同時に、世論の構造も変化し、世論ももはや一義的に代表者たちの意見だけを示すものではなくなり、次第に、学問的な世論という形態を展開することにもなる。十七世紀以来、学問的な出版物や雑誌が目立って増え、学会が出来、大学の外でも、議論をするサークルが出来て、思想を豊かにしてゆくことになる。世論の構造の変化とともに、試験制度の一部も変わって、その後、論文形式の試験が大いに取り入れられた。しかし、学位試験受験者に、のちにこれもドクトル論文と呼ばれることになる論文の提出が一般に義務付けられたのは、ドイツの大学では十七世紀末のことである。

しかし、十六、十七世紀には、一方では試験と学位制度の商業化、他方ではその宗派による相異のために、儀礼、儀式を重んじる傾向が強く、試験形式の変更には、抵抗が激しかった。その上、イエズス会の試験制度が、在来の大学のシステムに対して挑戦する反対モデルとして確立していたのだから、なおさらである。

四・六　大学と職業

領邦国家体制が進んでゆくと、領邦君主の宮廷でも、都市の行政部門でも、領邦教会でも、人材が必要になって、大学卒業者への需要が増大していった。支配が、支配者個人や取り巻きの貴族の手から、訓練を積んだ専門家たちからなる行政の仕事に移行してゆく度合いに従って、領邦国家では、法律家への需要が増えていった。官庁網を拡充し、他の領邦国家に対して権限を明確にするためには、大学教育を受けた法律家を据える上級の行政職の拡充が必要であった。それに加えて、十六、十七世紀には、行政は、一部で新しい機能をもつようになっていて——たとえば、税の徴収や経済政策——、これも、資格のある人材を据える行政職の拡充を促すものであった。コルマン（一九五二）によると、バイエルンでは十六世紀にすでに、「本格的な職業としての官僚機構」が出来上がっていた。他の領邦国家でも、似たような発展が見られるが、行政官吏の系統立った専門教育が行われるようになるのは、十八世紀になってからである。十六、十七世紀に行政の仕事が増えて、当然のことに、法律家の需要が増したが、司法制度が変わっていったために、大学の法学部の卒業者への需要がそれ以上に強くなっていた。領邦国家体制が固まるとともにに、各領邦は、独自の裁判制度を作ってゆくことになり、たいていの領邦では、裁判官と陪席判事には大学で法律を学んだものを充てることを規定していた。一四九五年のマクシミリアン一世の帝国最高法院規則では、陪席判事の半数は騎士階級出の者、あと半分が「法律を学び、実力の認められた者」、つまり大学の法学部を出て、学位をもつ者とされていた。一五五五年の帝国最高法院規則には、帝国最高法院の裁判官と陪席判事を任命する場合には、大学での勉学と学位のほかに、さらに一定の実務経験(「法律の現場で弁護に当たり、研修を行っていること」)が、前提として要求されている。それと同時に、騎士の陪席判事も大学で法学部を出ていなければならないことが規定された。

その後、法律の業務に就くための前提条件としての試験や研修期間について、細かな点まで体系化されてゆくが、これが完全に実施されるようになるのは、十八世紀になってからである。「大学の法学部の教育は、それまでは一般に学位を取ることで終わっていたが、十七世紀初めには、それだけでは足りずに、〈研修と試験〉を組み合わせ、内容と制度に従って、総合的な筆記および口頭の試験が要求され、場合によっては、弁護士として暫定的に現場に立つ形の準備実習勤務も課せられることになる。研修期間中の弁護実績が、委任を受けた特定数の官吏たちによって鑑定され、それに続いて、その同じ官吏たちから、法律知識と法律の適応技術が口頭で試験された。……弁護士は、大学でその予備教育がなされていた。十六世紀初頭以来、論文を提出して一定のレヴェルを示した場合にのみ弁護士となることが許され、宣誓をすればよかった。公証人の場合も、だいたい同じような形が取られていた」(コルマン、一九五二、四五六ページ以下)。

こうした決まりは、領邦国家の独自性が強かったので、国によって千差万別ではあった。研修期間が設けられたのは、帝国最高法院では十六世紀だが、バイエルンでは十七世紀初め、ブランデンブルク＝プロイセンとザクセン選帝侯国では十七世紀末である。ザクセンでは、十七世紀末まで、公証人や弁護士になるのには、大学で勉強したという証明だけでよく、学位の必要はなかった。しかし、十七世紀から十八世紀にかけての時期に、ドイツのすべての領邦国家において、法曹界の職に就くためには、正規に大学を終え、学位を取得していることが、条件になっている。

しかし、この時期には、学位は金で買えるものだったので、学位をもっているからといって、十分な資格証明とはならなかった。それゆえ、たいていの領邦国家では、学位のほかに、大学卒業後の研修をも採用条件にするようになっている。大学卒業後、司法研修生の期間が設けられ、それを終えるには、国の官吏の監督下に行われた試験を受けねばならなかった。研修期間が延び、段階的に上に進む形が取られると、一方では、資格内容が保証されることになったが、他方では、これまで十分な教育はなくとも、古い家柄の生まれだというだけで裁判官になれた貴族の影響は押さえ込まれることになった。貴族の独占体制は、教育課程が形を整え、試験が国によって統制されたことで、崩れていったのだが、広い範囲にわたって崩壊現象が認められるようになるのは、十八世紀になってからのことである。教育課程と就職との関係について詳細に規定されたことによって、この時期に、司法と行政の分野では、職業化が進んでいった。

法学部の卒業生の数は、はっきりはわかっていない。オイレンブルク(一九〇四)は、一五四〇年から一七〇〇年の間に、各大学で法学部の学生数が倍増したという——全学生の中に占める法学部の学生の比率で、約一〇パーセントからほぼ二〇パーセントになっていた。この期間にドイツの全大学の学生数は約三二〇〇人から約七八〇〇人に増えているから、法学部の学生の数は、約三〇〇人から約一五〇〇人にまで五倍になったと推定されるわけである。しかし、こうした計算は現実に即していないように思える。すべての大学が法学部を拡大したとはとうてい言えないからである。その上、こうした学生数から、学位試験に通った者の数を算出することもできない。全学生のうち、ほんのわずかしか試験を受けようとはしなかったからである。法学部で試験を受けようとした学生の割合も、大学によってさまざまであった。というのも、領邦化が進み、領邦君主によって居住移転の自由が制限されたにもかかわらず、いくつかの大学は、他の大学と比較にならぬほど大きな魅力で各地から学生を集めていたからである。上級職に就くためには、外国で学んだ方が有利でさえあった。「それゆえに、なかんずく、十六世紀には、学生たちのイタリア遊学が、新たな勢いで始まった。逆に、当時、ドイツの大学も、宗派上の理由も一部はあって、同じように外国から多数の学生を集めていた。……しかし、イタリアに行く学生の中では、法学を学ぶものが際立って多かった。上級の地位に就くためには、イタリア留学がほとんど必須の条件、少なくとも有利な条件になっていたからである。ドイツの学生のイタリア行きは、その後、退潮するが、十七世紀になると、今度は、オランダの大学への留学が多くなっていった」（オイレンブルク、一九〇四、一一〇ページ）。それゆえ、さまざまな理由から、この時代の法学部で学位を得て卒業していった者の正確な数は計れないが、一五〇〇年から一七〇〇年までの間に法学部の学生数が二倍ないし——計算の仕方によっては——四倍になっているのだから、はっきり増加したことだけは確かであろう。その他の学部の学生数ないし卒業生数についても、同じことが言える。

中世と比べて、領邦国家時代に激増したものに、一般の学校の教師の需要も挙げられる。というのも、市民階級の台頭に伴って、都市の学校の数が増えたことと、領邦君主たちが、独自のギムナージウムあるいは直轄学校を設立したこと、さらに、貴族の教育のための騎士アカデミーも設立されたからである。とくにプロテスタントの地域では、学校制度が急速に発達した。領邦君主たちは、これまでのラテン語学校、牧師学校、私塾を大きな能率のよい学校に統合し、領邦君主の官吏である教師に授業を受け持たせた。こうした学校では、校則によって教師有資格者の最低必要数の基準が設けられていた。都市のラテン語学校や国のギムナージウムでは、たいていの場合、校長《レクトル》、教頭《カントル》、バッカラリウスの学位所持者（ないし助教《ソキウス》）の三人が少なくともいなければならなかった。その地位に就くのに、学位は必須条件とされてはいなかったが、実際には規則のようになっていた。十六世紀のたいていの校則には、学芸学マギステルでなければ校長の職に就くことはできず、それも国の人事担当官の審査を受けねばならないと定められていた。その他の教師の職も、多くの場合、学芸学部ないし哲学部の卒業者によって占められていた。教職は、「聖職に就くための準備段階にして付属物」（パウルゼン）とされており、かなり待遇が悪く、もっと良い給料を約束してくれるほかの職場が見つかるまでの腰掛けとして利用されていたからである。哲学部の卒業者は、貴族や新興の市民層の子弟の家庭教師になることも多かった。

学芸学部の卒業生の総数も、先に挙げた理由から、正確にはわからない。一五〇〇年から一七〇〇年までの二百年間に、当初の学生総数の約七五パーセントから約五〇パーセントにその比率は落ちているが、学生の実数が三二〇〇人から七八〇〇人に増えているために、それでも学芸学部の学生は二四〇〇人から三四〇〇人に増えていることになる。こうした学生の絶対数の増加にもかかわらず、卒業生は減っていたらしい。領邦国家時代には、学芸学部の下級の学位が廃止され、マギステルないしドクトルの学位を取得するには金がかかりすぎたからである。その上、学芸学部は次第に——一般の教育制度が確立されてゆくに従って——上級学部への準備施設という機能を失っていった。学芸学部の卒業生の総数がそうした理由で、十六、十七世紀に少ししか増えなかったのに、この学部の学位所持者への需要は総体として高まっていたので、学芸学部ないし哲学部のマギステルの就職のチャンスは、当時、かなり改善されていたと考えることができる。

この時期、神学部にも学生が殺到した。というのも、宗教改革と反宗教改革の時代には、聖職の数がとくに増え、神学を修めると就職の機会が多かったからである。聖職でも下級の地位は学芸学部の卒業生に充てておいて、神学の学位をもつ者は、とんとん拍子に上級の地位に昇っていった。しかし、神学部の試験に通れば、それでよいというわけにはゆかなくなっていた。職に就く前に、領邦教会ないし領邦君主の側からの信仰を試す試験に合格しなければならなかったからである。オイレンベルクによれば（一九〇四、一九九ページ）、当時、教会の位階制度に組み込まれているすべての職に就くためには、大学で神学を修めていることが、次第に必須の条件になってきていた。「これまでは、大学に行くことは、高位の職に就くときのみ必要ないし有利であったのだが、次第にそれが、ミサの立役者とも言える教義の解説や説教を行うときの前提条件になっていった。教義を述べ説教をするためには、学問的な素養が必要だというところから、神学部が活性化したわけで、これは宗教改革のもたらしたものでもあった。神学部は、同時に、国家に仕える教会の官庁であった。

神学部の学生数も、大学によって、著しい多寡があった。しかし、大きな大学では、この時期、全学生に占めるその比率は、約一〇パーセントから二〇パーセントへとかなり増えている。この数字は、各大学の神学部をまとめて見た場合のもので、これがどれだけ一般的なものなのかは、現在の資料からははっきりしたことは言えない。

中世と比べて、その変化が最も少なかったのは、医学部である。医学部の学生数は、十六、十七世紀に、オイレンベルク（一九〇四）の推計によれば、各大学で、全学生の〇・五パーセントから五パーセントの間を揺れている。卒業生の数にはほとんど変わりはない。たとえば、フライブルクでは、十六世紀を通じて、医学のドクトルを取ったものはわずか四二人、十七世紀でも、ほとんど変わらず四六人であった。大学教育を経た医師の需要は、この時期にはほとんど増加していないようである。やっと十七世紀末になって、医学が実験と専門分化によって目に見えて進歩し、軍隊の拡充と国による衛生政策の開始によって、医師が大量に必要になったために、その需要が急増したのであった。

総括して言えば、領邦国家の時代には、法律と神学の学位所持者の需要、そして教師の需要は増大したが、とくに医師の場合はその需要は停滞していた。需要に応えるために、主として、領邦大学が大幅に拡充され、当初は、禁止措置（居住移転の制限）と援助措置（奨学制度）によって、学位所持者の数をコントロールしようとしていた。しかし、こうした試みは、合理的な計画のもとに行われたものではなかったし、精巧な行政機構も伴っておらず、その上、学位が金で買われて資格を保証することが期待されなかったために、初期の段階で頓挫したままになった。古い大学と新しい大学が併存し、時代遅れないし腐敗した形式と領邦国家の改革努力とがぶつかり合っていたこうした発展過程において、大学は、没落と改革の間のアンビヴァレントな状態から抜け出ることはなかった。

四・七　大学と社会構造

領邦国家体制が固まってゆくにつれて、多くの小国の宮廷貴族の数は著しく増え、その社会的な信望も大いに高まっていた。少なくともこうした貴族社会では、中世末以来、ドイツで目立ってきていた知識の重視尊重の気風がみなぎっていた。この気風は、法曹界や行政職の高い地位に就くには大学出の資格を必要とするという考え方が一般に定着してきたことによって、さらに強められていった。貴族が自身の権力を主張しようとし、行政官僚に排除されたくなければ、こうした資格要求の風潮に従って、大学を卒業しておかねばならなかった。その上、こうした傾向は、ドイツの状況の特殊性にも基づいていた。フランスでは、上流社会が首都パリの宮廷に集中して華やかな生活を繰り広げる一方で、地方は著しく荒廃していたが、これとは違って、ドイツの宮廷社会は、地方に分散し、その消費生活も体面の維持もはるかに慎ましい形でしか行われていなかった。フランスの貴族が、宮廷社会の周辺で身分の高さの誇示と消費生活の方により強い関心をもっていたのに対して、ドイツの貴族は、公職に就くことにより強く精力を注いでいた。「ドイツでは、宗教改革の時代以来、貴族社会では、法律を学び官職に就こうとする傾向がはっきり定着していた。これに反し、フランスでは、貴族は伝統に従って、働くことはしない戦士ないし騎士の身分を堅持していて、聖職に就こうとする場合を除いて、一般に大学へ行く者はなかった。……ドイツでは、大学は、学識を与えるための決定的な道具になったが、フランスのアンシャン・レジームの大学は、学識を積み重ねてゆく本来の社会、つまり宮廷社会とはほとんど生きた接触をもたなかった。ドイツでは、知識人層は、全面的に、学者、ないし、そうでなくとも大学に通ったことのある人々によって形成されていたが、フランスでは、大学はエリート選抜機構ではなく、その役割を果たしたのは、宮廷社会であって、ここが狭い意味でも広い意味でも〈世界《モード》〉であった」(エリーアス、一九六九、一八四ページ)。

この時期、イギリスの大学は、それらとは別の機能を果たしていた[9]。さまざまな階層社会を生み出していた中世の封建主義が克服されたのちも、一五〇〇年から一六〇〇年のイギリスの社会を貫いて、深い亀裂が走っていた。一方に、古くからの上流貴族《ピ ア》と一般の貴族の形成するジェントルマン層がかなり広く上流階層として君臨し、他方に、大多数の一般庶民がいて、大多数にもかかわらずあまり影響力をもたなかった。ジェントルマン層には新興の市民階級からは例外的にしか参入することはできず、この層の教養を担う施設として役立ったのが、イギリスで二つだけの大学、オックスフォードとケンブリッジであった。ここに入った貴族と市民は、もはや中世におけるように特殊な職業上の使命に向けての教育を受けるのではなく、ジェントルマンの理想に沿って教育された。彼らには、社会的エリートの中心的な諸価値が守られ、かなり包括的な教養規準が与えられた。この二つの大学で学んだことが、社会的昇進の前提であった。大学は、イギリスでは、一方で社会的可動性の道具であったが、他方では、また社会的統制の道具でもあった。というのも、大学は社会的な資格を与え、それを制御し、理想像を作り出していたからである。エリートの養成を二つの大学で独占していたために、イギリス全土のジェントルマン階層に属する者には、ほとんど同一の教養規格が保証された。この意味では、イギリスの大学は、階級形成の道具になっていた。大学は、ジェントルマンの理想という意味での教養を授け、卒業生には、エリートの価値モデルを守らせた。しかしこれは、上級の行政職や聖職に就くための直接的な職業準備にはほとんど役立つことはなかった。そうした職は、主に、社会でもまれてきた人々によって埋められた。

というわけで、十五、十六、十七世紀には、ヨーロッパの大学と社会構造との結び付きは、まったく異なった形のものになっていた。フランスでは、大学は社会の上層に対しては二義的な機能しか果たさず、そのために没落の坂道を転げ落ちつつあったのに対し、イギリスの大学は、エリート養成とエリート的価値モデルの伝授だけに没頭していて、二つだけしか大学がなかったことが、この機能を助長していた。

これに反して、ドイツでは、大学制度の社会的機能は分裂したものであった。一方で、大学は、領邦君主、領邦社会、都市当局に仕える専門的な資格をもつ官僚の養成と教師養成に励んだのだが、他方で、学位の売買や極端な宗教性のために早くから没落傾向を内にはらんでいた。この傾向は、財産基盤が弱く、内容的にも不毛な新設大学の輩出によってさらに強められた。しかし、ドイツの大学の没落現象は、長い間、覆い隠されていた。極度に分化してゆく貴族階層と新興の市民階層が、外面的な勲章や称号や儀礼を求めていて、これらが大学で——たとえ金で買えるものであろうと——獲得されたからである。しかし、大学は、この時代、エリート的な価値モデルを伝授したとしても、それはただ限られたものでしかなかった。大学は、――少なくとも領邦君主の意図するところに立って見れば――専門教育を施すべき場であったからである。エリートの価値モデルや行動モデルを与える役割を負ったのは、この時代では、騎士アカデミーと部分的にはまた領主直轄学校であって、ここでは、貴族の教育施設として、「身分にふさわしい」教育が行われた。

十七世紀末以来、大学の「貴族化」が広い範囲で始まったと言われるが、オイレンブルク（一九〇四、六六ページ）の調べによると、十六世紀にもすでに貴族の大学への大量の殺到が始まっていた、という。「宗教改革以前には、貴族が大学へ行くのは、主として聖職に就くためであった。貴族の次男、三男は、司教座聖堂参事会員か高位聖職者になることが多かった。……貴族がかなり多く大学に行くようになるのは、十六世紀になってからであると、一般的に言えよう。貴族の学生中に占める比率は、当然、大学により、時代によりさまざまであった。シュトラースブルクには、十七、十八世紀、ロートリンゲンやフランスからの貴族が多くやって来て、法学部はかなりの盛況であった。ハレでも、設立以来の五十年間に、八パーセントの貴族を受け入れていた。ライプツィヒとエアフルトはこれに対して、市民階層の方がはるかに優勢であった。カトリックのディリンゲンの場合、創立後の六十年間を調べると、貴族は一四パーセントで、その出身地は、バイエルン、シュヴァーベン、チロル、オーストリアであった。その後、十七、十八世紀になると、貴族たちが大学で主導権を握るようになり、学生生活全般に影響を与えたと言うことができる。彼らは、特別の配慮を受け、多くの特典を与えられていた。……貴族をたくさん抱えることで、大学の名声を上げようとして、極端な場合、十四歳か十五歳の侯爵を学長にして大学の頂点に据えることもはばからなかった。全体的に言えば、十六世紀以来、貴族がかなりの数、大学に押し寄せ、これは、本来市民階級の時代と言える十八世紀まで続いている。……当時は、今日と同様に、平野部は住民も農民が主だったため、大学での農民の子弟の比率は、わずかかか無視できるものであった。十八世紀末でも、ハレ大学の農民の子弟の比率は、わずか三パーセントで、これは、十九世紀になっても変わっていない。……ただ修道院があったところでのみ、時に、農民の子弟で大学に進む者が比較的多かった。いずれにせよ、大学を膨張させる契機のまず第一に考えられるのは、市民階層、つまり都市の住民たちであった。……宗教改革以前には、司教座聖堂や修道院の所在地の都市から、その後の時代よりもはるかに多くの学生が来ていた。……教養の担い手は、最初は、聖職者たちであって、のちになって、市民層がこれに取って代わっていった。都市の学校を後援する財団は、当然、大学進学の傾向を極力推進したものであった。大学都市でも当初は、市民層の子弟の比率は低く、フライブルクで四パーセント、ケルンで五パーセント、ライプツィヒで六パーセントであった。」

十六世紀から十八世紀の間のドイツの大学の社会的構成とその機能は、それゆえ、二つの要因、つまり領邦貴族と都市の市民的文化を特徴としていた。

五　絶対主義の時代

五・一　社会史的発展傾向

中部および西ヨーロッパでは、十七世紀末から十九世紀初頭までの間に、社会的、経済的、政治的構造は大きく変わった。三十年戦争のあと、常備軍と行政機構の拡充によって、また下部構造対策や目的をもった経済政策によって、民族国家、領邦国家は、強力になっていった。[1] この時代に、領邦君主の支配から絶対主義国家が発展してきて、これが、国庫財政、貿易、職業、教育のすべてにわたる政策で、新しい機能を受け持つことになる。領邦君主は、古い身分の貴族の抵抗を抑えてでも、自分たちの権力を拡大しようと努力していた。これは、専門化された官僚機構、権限分割、国家機能の拡大によって、手っ取り早く成功していった。フランスから西および中部ヨーロッパに広がった重商主義の理念に従えば、強力な国家は、安定した経済的基盤と外に対する防衛によってのみ存続しうるものであった。この理念に沿って、絶対主義国家は、自国の経済構造を拡大し、外の競争相手から身を守り、収入を増やすことにもっぱら関心を示していた。このために、国家は、加速度的に積極的な経済政策を取るようになり、マニュファクチュアを作らせ、これに援助を与え、道路を建設し、流通経路を整備し、情報伝達構造を密にし、市場の調節に当たった。経済的発展は、国家の需要（とくに軍需）によって促進され、外からの障害に対しては、関税と輸出入制限と課税によって保護された。

絶対主義国家は、職業政策でも積極的に動き、職業構造と職場の状況にも干渉し、要求される資格を定め、一部は業務内容まで監視した（営業警察によって）。国家の行政、司法、軍隊の拡充によって、多くの仕事は職業化されていった。大学で取得した資格がものをいう領域でとくにそうであった。行政部門や法曹界や軍隊に入るのがもはや貴族出身者に限られなくなり、資格を取ることで可能になったために、そうした領域では、ある範囲で社会的可動性が生まれていた。こうして、まず、諸身分が、その意味を失っていった。

しかし、十八世紀には、あらゆる生活領域に貴族が進出していって、古くからの貴族が、軍隊や行政部門の長に収まり、次第に勃興しつつあった市民階層は、しばしば、貴族に列せられ、絶対主義国家は、旧来の貴族と新興の市民階層に対して妥協点を探ることにもなった。市民階層は、貴族と絶対君主の融和努力や、新貴族の誕生や、宮廷社会の分化によって、その社会的可動性を強めていた。

マニュファクチュア制が拡大するとともに、手工業に携わる市民層が、やがては貿易に携わる市民層も、目立って勢力を増してくる。しかし、こうした経過は、イギリスとフランスで強く現れたもので、ドイツでは、無数の小さな領邦国家に分裂していたために、十分な展開を見るに至らなかった。入り乱れた国境、貿易障壁、異なった関税や通貨システムが、ドイツの経済的発展を妨げていた。西ヨーロッパ、とくにイギリスで、すでに十六世紀以来始まっていた初期資本主義的発展が、ドイツに入ってくるのは、ずっと遅れてからであった。領邦君主の絶対主義は、経済的繁栄を望むものではあったが、その狭い国境と保護主義的努力を廃棄する用意はもっていなかった。にもかかわらず、十八世紀のたいていのドイツの領邦国家にも、初期資本主義的構造がはっきり現れていた(2)。製品を大きな市場に出すために、それを分業で生産するマニュファクチュア制は、手工業の伝統的な構造を変えていって、生産過程と製品に直接関係して分業はほとんど行わない家父長的手工業は、マニュファクチュアの部分機能に専門化された労働に、次第に排除されていった。この過程の中で、富と影響力において手工業者をはるかに凌駕するマニュファクチュアの持ち主に対抗する形で、製品には直接の関係をもはや持たず、ついには労働力を売るだけになったマニュファクチュア労働者の層が出来てくる。こうしたマニュファクチュア制の中に、のちの産業資本主義において展開された社会的発展傾向が、すでに始まっていた。

マニュファクチュア・システムが出来上がるとともに、都市も繁栄し、都市機能は拡大し、都市行政は拡充され、都市市民層は総体として勢力を伸ばしていった。教育制度も、十七世紀末以来、強力に拡充された。上昇志向の市民層は、高等教育に強い関心をもっていたからである。市立の高等小学校の数は著しく増え、絶対主義国家が部分的にその財政と監督を引き受けた。宗教改革ののち、教会の学校制度が機能を失って(修道院は影響力を失い、修道院学校は一部廃止されてもいた)、国家が、教育制度を立て直すという新しい課題に取り組んでゆくことになる。十八世紀以来、ドイツの多くの領邦国家は、学校制度全般を引き受け、通学、転学、授業、教師の採用と養成、財政のすべてにわたって一般的規則を作っている。

教育制度に対する国家の強い関心は、啓蒙主義の理念と関連をもっていた。啓蒙主義は、人間を教育によって完成させることができるというところを出発点にしていたからである。この意味で、カントは、啓蒙主義を「人間の、自己に責任のある未熟さからの出発」と定義したものであった。絶対主義国家は、ふさわしい制度によって、市民たちにその能力に応じて相応の教育を受けさせることを自らの使命と考えた。何をもってそれぞれの能力にふさわしいものと見るべきかは、主として、所属する階級をもとに計られ、一般に「下級階級」には劣った能力しか認めず、上流階級にはより優れた能力が認められた。啓蒙主義の教育理論は、個々人の「自己に責任のある未熟さ」を出発点としており、個々人がいまの階級に所属させられているのは、その未熟さのゆえであって、個々人は基本的に、教育によっていまの階級から抜け出る可能性をもっているとする。しかし、個々人は、その属する階級に応じて（下級階級に属するか上流階級に属するかによって）、その能力は異なったものとされていた。[3] 啓蒙主義の中には、このように、一方で上昇志向の市民層に迎合しながら、他方で既存の階級構造を温存しておこうという、解放と保守の二面的課題が含まれていた。啓蒙主義の理念は、時代遅れの権威と闘うには適していた。——その限りで、それは、フランス革命や当時のその他の革命を準備する手助けになりえたが、指針となる積極的な社会理論を展開することはできなかった。啓蒙主義によって、スコラ哲学の残骸やカトリックとプロテスタントの正統信仰は叩かれ、自主的、批判的思考が、理想像として持ち上げられた。実験的、自然科学的思考はこれに影響を受けたわけだが、自然法の理念も同様で、それは、国家と社会の位階制との超越論的構成（たとえば神の意志による）を克服し、成熟した市民階級間の社会契約理念を理性的に打ち立てようとした。啓蒙主義、自然科学、自然法、社会契約、理性、これらは、十八世紀に進歩的なインテリ層の思想を規定していたカテゴリーであった。

これらのインテリ層は、大学に集まっていたが、他方で、教養市民層（牧師、教師、文筆家、弁護士など）の中にもいて、次第にその数を増していた。ドイツではしかし、こうしたインテリ層は、いつの時代も、大学と「自由業」の中にしかいなかった。小国に分裂して、財政的基盤に乏しく、大学以外の施設をほとんどもっていなかったし、インテリ層を後援保護する気風はほとんどなかったからである。これに反して、イギリスでは、すでに十七世紀にも、大学の外に科学アカデミーや討論サークルが出来ていて、[4] そこでは、早くから、「学問的世論」が生み出されていた。これは、ドイツでは、十八世紀になってやっと現れたものである。インテリ層のサークル、討論サークル、公表機関は、当時、大学内に、あるいはその付属施設として出来ていた新しい実験室や研究所と同様に、学問的世論の一部であった。

精神的領域における啓蒙主義と合理主義の発展、政治的領域における絶対主義国家の確立、社会的領域における市民階級の台頭とその貴族化、これらは、大学制度の変化を強力に押し進める起動力であった。

五・二　大学制度の発展

大学は、十七世紀後半と十八世紀全体を通じて、ドイツでは、衰退と再生を繰り返していた。十六、十七世紀に慌ただしく設立されたたくさんの大学は、経済的にも精神的にもその基盤はあまりにも弱く、遅くとも十八世紀末に、廃校の憂き目に遭っている。十八世紀を乗り切って、刷新することができた新設大学は数えるほどでしかない。しかし、昔からあった大学も、領邦国家に組み込まれ、宗派に色分けされ、商業化の波に洗われ、儀式化を強めていたために、弱体化していて、その改革が切実に望まれていた。多くの大学は、魅力を失い、教授も学生も数が少なくなって、尻つぼみ状態であった。ドイツの大学の学籍簿に登録された学生数は、著しく揺れていて、三十年戦争のあとには約七八〇〇人であったのが、一六八〇年までに平均して約五九〇〇人になり、一七四〇年頃まで再び上向きに推移し、八五〇〇人まで増えているが、一八〇〇年にはまた五八〇〇人にまで減っている。一六五〇年から一八〇〇年までの間にドイツの人口ははっきり増加していたのだから、全人口に対する学生の比率は、大きく減っていたことになる。学生数が減った原因はいろいろと考えられるが、なかでも、官庁と軍隊に入るチャンスが多くなったのと、一般徴兵制が導入されたことに影響されているようであるが、大学の名声が地に落ちたこととも関係しているのは確実である。

絶対主義国家は、領邦君主制の時代に始まった大学の国家施設への組み入れを徹底的に押し進め、なによりも監督を強化し（視学官の派遣や教授の任命）、経済的にてこ入れし、法的に大学の位置付けを明確化したのではあったが、ドイツではとくに多くの大学が、財政的にも組織の上でも不安定に揺れ動いていた。国家財政が、とくに小さな領邦国家の財政が、不安定で、国庫収入が外からの影響に左右されていたからである。そのために、教授の給与も大学の設備も、極めて不十分なものであって、たいていの教授は副収入や賄賂で食いつながざるをえない状況であった。教授たちが副業に懸命で本来の義務を果たさないという嘆きの声が、当時、数多く上がっていた。十七、十八世紀に物価が大幅に上がっていたことも、この状況を容易ならぬものにしていた。

しかし、社会的な変化も、大学の内部構造に現れていて、新しい緊張を生んでいた。教える者と教わる者との、かつての一体感は最終的に崩れ去り、生活様式と交際形式は、新しい宮廷社会の理想に近付いていた。「十六世紀にはまだ、大学の教授は、例外なく、中世のしきたりを踏襲して、聖職者の服装を身に着けていた。十七世紀の後半になると、宮廷服を着るようになる。もちろん、これは特別の名誉を示す唯一のもので、僧服を着るのは神学者と校長の方に任せた。学生も、こうした目標に向かって動いていって、僧服を着ていた昔の遍歴学生に代わって、十七世紀には、騎士を真似た服装と態度を取る学生が現れてくる。長靴と拍車、革のジャケットとサーベル、鳥の羽根と記章、これらが上を向いて努力する学生の特徴であった」（パウルゼン、一九二〇、四九四ページ）。

こうした宮廷文化への外面的な順応は、貴族に列せられる教授の数が増えてゆくにつれて、起こったものであった。教授たちは、宮廷から認められて、上層の支配階級の称号を授けてもらおうと血道を上げた。こうなると、大学の教授団体の中にもさまざまな葛藤が起こることにもなった。「学者は廷臣になり、大学は国家と社会に奉仕するための準備施設になるのが理想とされ——そこでは常に、宮廷に伺候できるのが理想像であった——その結果、フランスを真似てドイツの宮廷でも一般的になっていた宮廷的位階制が、大学にも受け入れられ、それがいわば小振りに複製されることにもなった。したがって、実質は伴わないのに不遜にも振り回している威信が傷付けられたり、軽視されると、その不満や苦情は、しばしば教授同士の間の争い、あるいは大学を挙げての都市当局との争いに発展している」（ハマーシュタイン、一九七〇、一五六ページ）。こうした争いが多くの大学の衰退傾向を強め、大学無用論を勢いづかせてもいた。外的な体面ばかりを強調するために、十七世紀末から十八世紀初頭の大学は、すっかり時代遅れになっていて、表面的には社会の要求に応じているようには見えても、内容的にも、組織の上でも、荒廃し切っていて、改革なり新設が切実に要請されていた[5]。

このための第一歩は、ブランデンブルク－プロイセンにおいて踏み出された。「諸民族と学問と芸術のための普遍的大学」という大選帝侯の空想的計画は実現には至らなかったものの、ここでは、地理的な状況からも、新しい大学の設立が切願されていた。というのも、ブランデンブルク－プロイセンの三つの大学、ケーニヒスベルク、フランクフルト／オーデル、ドゥイスブルクは、すべて領邦の辺境にあったからである。こうして、一六九四年、ハレに近代になって初めてのドイツの大学が設立された。ここでは、啓蒙主義の理念が本気に取り上げられ、講義は初めてドイツ語で行われ、初めから歴史、地理、実験自然科学、自然法が教えられ、「研究と教授の自由《リベルタス・ピロソパンディ》」という原則が推進された。ハレでは、確実な真理を伝授ないし解釈するのではなく、「真理を探究することと、そうした探求の準備をすること」（設立趣意書より）が重要視された。神学、法律学、医学の内容は改められ、新しい学科が導入されたが、それらは、ハレでトマージウスやヴォルフによって提唱されていた合理主義哲学によって推進されたものであった。この結果、無意味なものに成り下がっていた学芸学部が、哲学部として新たに脚光を浴び、もはや単に上級学部へ進む学生の基礎的な準備をするところではなく、独立した学問分野を代表するものになった。このため、ドイツでは、著名な学者は、大学の中に活動する場をもつことができた。――イギリスやフランスでは、これとは違って、一流の指導的な哲学者は、大学の外で活躍していた。

ハレを模範にして、一七三七年、ゲッチンゲンに、また、一七四三年には、エアランゲンに、新しい大学が設立された。ゲッチンゲンとエアランゲンは、財政的にハレより恵まれていて、設立後すぐ、指導的な学者を引っ張ってくることができた。十八世紀中葉には早くも、この三つは、ドイツで学生数の最も多い大学になっていて、[6] 多くの他の大学の模範にもされ、当初はプロテスタントの北ドイツで、やがてはカトリックの南ドイツでも、根本的な大学改革が進められることになる。哲学部の新たな活況と並んで、その他の学部の構造も変わっていった。ドイツ語が次第に授業の際の公式の言語として用いられ、カリキュラムは根底から組み替えられ、研究に重点が置かれ、初めて実験室や研究所が開設された。至るところで図書館と資料保管所も作られた。大学はもはや、言い伝えられた知識をもっぱら伝授するところではなくなり、「実用的で、有益で、国家に役立つもの」(ヒンツェ)に仕えるべきものとされた。新しい大学は、官房学《カメリスティック》の精神に貫かれ、経済的原則によって運営されたばかりでなく、同時に、領邦国家の経済的発展にも刺激を与えるものとされた。

シェルスキー(一九六三、三六ページ)の印象によれば、こうした新しい大学の設立構想の中には、重商主義的思考が表現されているという。「官房学の精神を大学において最も完璧に具現していたゲッチンゲン大学の設立とその後の運営を見ると、大学は〈産業界〉の一企業と見なされ、これに活を入れ、あるいは、当時一般に用いられていた表現を借りて言えば、〈学問の採鉱場《アカデーミッシエス・ベルクヴェルク》〉として繁栄させることができると考えられているのがわかる。」新しい大学の目標は、これまでの幾世紀の間におけるより明確に、職業上に役立つ機能に置かれていて、とくに絶対主義国家の監督下に、またその設定目標に合わせて、行政、軍事、産業の領域での有用さを目指すものであった。ゲッチンゲンでは、ケーニヒ（一九三五、三三ページ）によれば、実務が重視されるあまり、極端になって、「実務を要求する学問では、自ら当該の職業に携わったことのある理論家だけにしか、講義をすることはできなかった」。

こうした新しい大学ないし改革された大学とは反対に、衰退の一途をたどっていた大学——たとえば、ディリンゲン、リンテルン、ヘルムシュテット、ドゥイスブルク、パーダーボルン——は、官房学的考え方を一切受け付けなかった。それらの大学では、相も変わらず、中世以来ほとんど変わっていないスコラ的思考法が教えられ、時代遅れの教授法が固持されていて、病的なまでの称号欲、名誉毀損、典礼儀式といった外的なものが、しばしば笑止な形で強調されていた。こうした大学の運営は、古い形式のままに硬直し、時代の要求に応えることはほとんどできずにいた。居残っていた数少ない教授たちは、わずかの学生しか集めることはできなかった。こうした時代遅れの大学は、激しい批判の的になり、十八世紀前半の無数の弾劾文には、激烈な調子で、すべての大学の解体が要求されている。時代遅れの大学は、大学一般——新しい大学も含めて——の評判を悪くしていたのであった。大学制度は、批判と嘲りを受けていたが、これを弾劾する文書の中には、すでに大学と高等教育制度の社会的機能の根本的議論への萌芽も含まれていた。時代遅れで機能を喪失した大学と新しい大学ないし改革された大学が併存していたことこそが、大学制度全般の新しい組み替えのための議論に有益な影響を与えてもいて、こうした議論が、十八世紀末、とくに十九世紀初頭の新人文主義的教育改革に流れ込んでいった。

ハレ、ゲッチンゲン、エアランゲンの大学設立でもって始まった大学制度の近代化は、ヨーロッパの他の諸国では、ほとんど実感をもって見られることはなかった。(7) フランスでは、古い大学構造がそのまま続いていて、革新は、当初、工科大学の設立だけにしか見られなかった。その他の点では、フランスの大学は、イタリアやスペインの大学と同様に、相変わらず、聖職者の影響下に置かれたままで、中世以来、本質的にはなんら変わっていなかった。イギリスでは、オックスフォードとケンブリッジの主導権は揺るがなかったが、それでも、十八世紀後半になると、改革の動きが始まってはいた。これは、北アメリカの植民地の新しい大学の模範にされることになる。

このように、十七、十八世紀のたいていのヨーロッパの大学は、強い衰退現象を示していて、大学はすべて解体すべきだという要求に格好の理由を与えていた。当時、学問的研究は、ほとんどといってよいほど、大学の外で行われていて、十七世紀に全盛を極めたイギリスの「王室アカデミー」にならって、十八世紀には、「アカデミー・フランセーズ」が設立され、これは、その後久しく、ヨーロッパの学問の中心地とされた。このように、大学の外に新しい学者という職業が出来て、そこで活躍する学者たちは、時代遅れの学問を広めているだけの伝統的な学者層と対立して、学問の進歩の担い手を自負し、とくに自然科学的知見を深めていった。こうした大学外のインテリ層は、ヨーロッパに学問で結び付いた共同社会を築き上げ、そのための情報網(たとえば、文通、出版物の交換などの)を張り巡らすことになる。(8)

これに反して、ドイツでは、学問的研究は、もっぱら「近代的」大学、とくにハレ、ゲッチンゲン、エアランゲン、のちにはイエナ、ヴィッテンベルク、ライプツィヒ、ロストック、ハイデルベルクに定着し、研究を常に教育と結び付けてきた。このやり方が、十九世紀の大学改革の核心になっていった。オーストリアでも、十八世紀にさまざまな大学の改革がなされ、少なくとも部分的にはハレやゲッチンゲンの改革が模倣され、こうした研究と教育の結び付きが萌芽の形ながら現れていた。しかし、オーストリアの改革は、なによりも国家の影響力の拡大、堅固な学問的基礎の確立、カリキュラムの強化を目指すものであった。

総体的に言えば、十七、十八世紀には、ヨーロッパの大学では、中世末以来、そして領邦国家体制の開始以来はっきり表に出ていたその衰退傾向が、ずっと継続していて、その根本的な改造に着手したのが、いくつかの絶対主義国家であったということになる。

五・三　教授内容と学習形態

没落傾向と再生の狭間にあって、ドイツの大学のカリキュラムは、十七世紀後半と十八世紀全般には、極めて不統一なものであった。古くからの大学でも新しい大学でも、形式的には四つの学部の形態は残されたままであった。しかし、各大学のそれらの学部を比べて見ると、内容的にはまったくばらばらで、共通点はあまり見出せない。古くからの大学で没落の淵に追い込まれているところほど、そうした違いには無頓着で、学部によっては、中世以来用いられているテキストや解説書をもとにした講義がいまだに行われ、それぞれの学問分野で新しく起こっていた潮流を顧慮することもなかった。

しかし、新しい大学ないし改革された大学では、そして古くからの大学でもいくつかでは、授業内容には、根本的な変化が起こっていた。医学部では、生理学や化学の領域に、実験的な自然科学的方法や認識が取り入れられ、次第に書物による学問から実験による学問へと形を変えつつあった。絶対主義国家による保健衛生行政《メディツィーンポリツァイ》の影響を受ける一方、軍医の誕生も加わって、十八世紀には、医学教育には、理論と実践を統合しようとする初めての動きも芽生えてきていた。いくつかの大学では、医学部の教授が、市立の病院や軍の病院と協力し、学生たちに臨床技量も教えている。理論や実践の両面の教育は、専門分化（外科学、内科学、薬学、産科学、生理学、解剖学など）とともに、十八世紀の「近代的」大学の医学部の特徴となっていた。

神学の分野では、進歩はほとんどなかったとはいえ、大学内部では、やはりある種の変化は起こっていた。歴史的資料に向かう一般的な傾向を受けて、教会史が復活され、地理的な大発見が相次ぎ、世界旅行が話題になる中で、異国の宗教システムも神学の叙述に取り入れられるようになっていた。結局は、神学もその内容を、新しい発見、実験的自然科学や医学の諸認識に合わせなければならなかった。

依然としてローマ法と教会法を主としていた法律学においても、同じようなことが言える。法学者たちが激しく攻撃していた自然法も、講座として独立するようになっていたし、この時期には、ついに国際法も、新たな活気を見せ始め、国際法、憲法、外交の教授ポストが新たに設置され、それらはまた時に、商法、交通法にまで言及するようになっていた。総体的に言って、十八世紀の法律学は、細分化ないし専門化の傾向をはっきり示していたのだが、それだけでなく、これまでよりはるかに強く実際上の問題の黒白を決しなければならなかった。十七、十八世紀の法学の教授は、たいてい、諸侯の法律顧問、宮廷の弁護人、大法廷の陪席判事あるいは特任外交官でもあった。

法学部ないし哲学部に設置された官房学《カメラーリア》の教授ポストは、専門別の法律家養成よりはるかに強く実際上の要求に応じたものであった。絶対主義と功利主義の波の中で、大学が国家のために役立つ方へと流れてゆくにつれて、当然のように、ハレ大学には「官房学《カメラーリア》、経済学《オエコノミア》、行政学《ポリツァイザッヘン》」の講座が設けられ（一七二七年）、すぐあとを追ってフランクフルト／オーデルの大学にも同じような講座が出来た。「官房学の講座の設立は、他の何にも増して近代の行政国家の発展と結び付いていた一つの学問分野が、大学の中に定着したことを意味する。官房学は、国民経済学あるいは行政学以上のもので、国家の行政技術のすべての領域、絶対主義国家の広範な〈行政〉にとって重要な学問領域のすべてを包含していた。領邦国家が細かな経済単位、行政単位に分かれていったことと、大学の中に官房学が取り入れられたこととは、相互補完関係にあった。行政の諸要求が、官房学の設立とその範囲を決め、実際の課題に沿って大学での教育を整理させたのであった。逆に、大学教育の方にも行政能力の合理的な拡大にその影響が跳ね返っていた」（ブレーク、一九七二、六五ページ）。官房学はそれゆえ、絶対主義国家の秩序に密接に結び付いていたために、絶対主義の時代が終わると、まもなく大学から消えてゆくか、ないしは他の学科（国民経済学、行政学、商業学）に改組された。十八世紀、十九世紀初頭に多くの大学に官房学の講座が設置されたのと同じ時期に、独立の商科大学の理念も生まれているが、当時はまだ実現されるに至らず、これが出来るのは、二十世紀になってからである。

経済学と政治学は、当時は哲学部で教えられていた。哲学部は、あらゆる学部の中でも最も大きな変化をした学部である。上級学部への準備としての機能が失われ（一般教育制度の拡大の結果の一つ）、新しい学科が導入されたことによって、昔の学芸学部の特徴であった七つの教養科目からなる学芸《アルテース・リベラーレース》は、元来の意味を失ってしまっていた。哲学部のカリキュラムの前面に置かれたのは、もはや一般教養科目ではなく、実際に役立つ学科、つまり地理学、数学、建築学、築城学、紋章学、系譜学、年代学、帝国史と世界史、そして経済学と政治学であった。こうした学科は、一方で実社会での職業に役立つものであるとともに、他方では学生の中にいる多くの貴族たちに身分にふさわしい教育をする役割をも果たしていた。こうした二重の機能のために、やがて、「パンのための学問《ブロート・シュトゥディウム》」と「一般教養」とが両立しないことについて、激しい論争が起こっている。

教育の場では、ラテン語は次第に使われなくなっていって、ドイツ語ないしフランス語に取って替わられた。というのも、フランスの宮廷社会がヨーロッパ中で注目を集めていて、外交交渉はフランス語で行われていた時代においては、大学も宮廷の言語様式を真似ようと懸命であったし、他方でまたドイツでは、国民的志向が高まっていて、言語と国民的帰属性の関連が強調され、ドイツ語だけで授業をしようとの要求が強かったからである。教える際の言語としてラテン語が、ドイツ語やフランス語に押し退けられるにつれて、高等教育一般の機能にも変化が現れてくる。つまり、中世には、ラテン語が聖界、俗界を問わず、エリートの言語であり、排他性を、したがって庶民との距離を表すものであり、意志伝達の手段ではあっても、それだけではなく、共通の知識、行動、ないし価値水準という一つの規準を伝授する儀礼的要素でもあったが、これに対しドイツ語は、住民の大部分に理解され、排他性も儀礼性もなく、むしろ意志の疎通と実際上の問題にかかわる言語だったからである。しかし、当時のドイツの教養言語は、ドイツ語、フランス語、ラテン語を混ぜ合わせたものであって、リューレ（一九六六、七三ページ）は、進歩的な哲学者トマージウスを例にとって次のように述べている。「トマージウスは、ライプニッツと同様に、非生産的になってしまっている人文主義の学者の理想にフランスで生まれドイツの宮廷に取り入れられていた教養理想を対置して、こんな言い方をする、〈適切な《オネート》学識、精神の美《ボテ・デスプリ》、良き趣味《アン・ボン・グ》と粋《ガラントウリ》、これらすべてを一つにまとめると、賢明な完全人間《バルフエ・オム・サージュ》あるいは完全な賢者が出来上がり、この人を頼ってこの世での大切な事柄に当たることができる〉と。ところで、ここに挙げた引用文は、当時の恐ろしく歪められたドイツ語のほんの一例にすぎない。何百年もの間、インテリ層でラテン語が使われ、その後、宮廷でフランス語が使われた結果、ドイツ語は、ぎごちなく、彫琢されることもなく、教養から締め出されていた庶民の言葉として荒っぽく粗野なままであった。」言葉の次元でも、大学の衰退傾向が現れていた。

新しい、ないし改革された大学での授業は、十八世紀中葉には、もはや講義と命題討論だけに終始するのではなく、次第に実務的な演習と実例による具体的説明、コロキウムとゼミナール形式に移行していった。図書館が設置されるとともに、学術的文献の入手も容易になり、古典のテキストや解説書だけでなく、個別論文や批判的論文も続々出版されるようになって、授業形態も変わっていった。知識の伝授は、教師の口頭の講義だけでなされるのではなく、教師の著書あるいは他の書物を読むことにまで広げられた。かつての教える者と教わる者との学問上の、そしてまた生活も共にする共同体は、最終的に、「学問に携わ《アカデーミッシャー・》るものの広場《マルクトプラッツ》」になった。教える者は、その持てる知識を、教場での口述と書物によって提供し、それを、教わる者は、自分の求める知識とさまざまに異なるカリキュラムないし試験制度に応じて、受け取るようになったのである。大学の業務は、かつて中世の大学の特徴であった虚構の共同体理想ではなく、むしろより強く交換原理に従って行われた。

大学内部での交際形式は、十八世紀にはとくに、外面的なもの、つまり称号、服装、記章、武具、そして社会的な素性によって規定されていた。大学の「貴族化」とともに、宮廷の諸形式——乗馬、舞踏、フェンシング、馬上試合、位階序列——が、大学の日常の中に入り込んできた。こうして、大学は、宮廷社会の諸理想にすっかり染められてしまって、名誉が傷付けられたとか位階序列が乱されたとかの理由でさまざまな争いが起こっている。総体的に言えば、十八世紀の大学生活は、一方に外面的なものの強調、他方に新しい内容と形式の伝授、そして最後に多くの大学の衰退を特徴として挙げることができる。

五・四　試験、学位、就職

絶対主義の時代の大学における試験と学位の制度には、少なくとも三つの異なった発展傾向が認められる。一つは、すべての大学の学位が金で買えるという腐敗と商業化が続いていったこと。二つ目は、絶対主義国家が大学の外に国家による試験制度を設けて、行政の官職に就く人材をコントロールしようとしたこと。これは、貴族の独占を打破し、就職の過程に介入して市民層にも支配に参与させるためであった。第三は、大学の試験も国家による試験も、次第に強く、職業上の実務の要求に応じた形を取るようになったことである。

中世末頃から始まっていた試験制度の商業化は、絶対主義国家が強力になっていっても終わることはなかった。学位が金で買えることの中には、重商主義と絶対主義の根本的なディレンマが表現されているのだからである。つまり、支払い能力のある学生をできるだけ多く集め、腐敗にもある程度目をつぶって、教授たちの給与費を低く押さえようとする重商主義的経済政策が一方に、そして他方に、国家機構のために資格をもつ人材を得ようとする絶対主義的行政上の政策、この両者のディレンマである。こうした根本的な矛盾は、十八世紀に、大学の試験と国家による試験を別々の形で発展させていった。この二つの試験制度が再び統一されたのは、十九世紀に根本的な大学改革が行われてからのことである。大学から授与された学位は、官職に就くには十分な資格とは認められなかった。そうした学位が金で買えることに対する不平の声は数え切れぬほどに上がっていた。「こうした高い位や名誉ある称号がなんと破廉恥に乱用されていることか。一年でも十年でも大学に席を置いて、親のすねをかじりながら食って、飲んで、兄弟たちより多くの遺産を注ぎ込ませ、果てに故郷に帰ると、父親の最後の血と汗を、つまり父親が手仕事で稼いだ金を、引き出して、マギステルとかリツェンツィアートとかドクトルの学位を買う。……あるいは、息子のために為替と引き換えにフランスかイタリアからドクトルの学位を送らせ、あるいは、それをドイツで現金で購ったとなれば、われわれは、馬鹿者をドクトルにする術を学んだことになるわけだ」（ホルン、一八九三、九〇ページより引用）。

イタリアとフランスでは、十八世紀には、学位の売買がとくに広く一般化していたが、ドイツのたいていの大学でも、この悪習が浸透していて、新しく設立されたハレの大学でさえも、そうした試みが報告されている。

十八世紀の大学では、たいていの場合、試験制度はそうしたものであって、当時の報告によれば、「試験に落ちることは考えられず」、試験の形式、内容、諸機能は、時代遅れになってしまっており、単なる儀式に硬直していた。しかし、こうした状態は、絶対主義国家の支配者たちの二つの関心事、つまり自領の大学をできるだけ声価の高いものにしたいという願望と、官職への就職過程を点検し、できるだけ資格のはっきりした人材を獲得したいとする希望とに、正面から衝突するものであった。こうした葛藤の中で、ドイツの絶対主義国家の支配者たちは、伝統的な学位制度を存続させながらも、大学での勉学と就職とを部分的に切り離そうと決心する。一方で、伝統的な構造には手を触れぬまま、信望と特権と就職のチャンスに恵まれた大学の学位という「公的な財産」を売買することに暗黙裡に目をつぶって、国家施設に改組された大学の教授への給与支払いの財政負担を軽減しようとし、他方で、大学を卒業した者でも官職に就こうとする場合には、さらに独自の試験を課することで、資格の点検を強化した。絶対主義国家にとっては人材の確保が必須のことであったからだが、それればかりでなく、この試験には、それ以上の機能——たとえば社会的な身分の移動の調整とか職業構造への干渉——も、もたせたのであった。

絶対主義国家は、職業選択や職業教育をもっぱら個々人の向上心に任せておくのではなく、ヤストゥロウ（一九三〇、二二〇ページ）が強調しているように、特定の目的に合わせて管理しようとした。「三十年戦争後の再建の時代、十七世紀の後半、そして十八世紀になるといよいよ強く、警察国家は、すべての活動に対して、それを統制する権利、とくに許認可権、資格認定権、を要求し、自らの意図を実現するために、同業組合《イヌング》を利用し、必要とあらば、それに代わって直接に介入もした。職業政策のこうした考え方は、医療に関係する職業の場合には、もっと強く現れて、医療政策の考え方を変えていっている。医学が発達していったために、医療にはだんだんと人手が要るようになるが、これに携わる人々には、同業組合に入ることは問題にならないので、行政側が規制を始めることになる。理髪師兼外科医《バーダー》は、同業組合に親方資格課題作品（普通、膏薬）を提出し、親方試験に合格してのちに、〈外科医《ヒルルグス》〉としての仕事が許される。大学出の医師は、学位《ディプローム》が要求される。」医師には、同業組合の権限が及ばないので、国家が、少なくともその直接の職業領域のために――とくに軍隊のために――資格を認定する再試験の実施を引き受けている。軍隊の外科医になろうとする者は、軍の医師団の前で改めて試験を受けねばならなかった。こうした方式が、やがて十九世紀になると、すべての医師が開業免許試験《アプロバティオーン》を受ける形に発展してゆく。

法学を修めたものの就職に際しての国家の介入は、はるかに強いものであった。絶対主義国家の領邦君主たちは、直接の管理下に官僚機構の細分化を進め、外交の業務を拡大し、独自の司法制度を作り上げることに腐心していたからである。この三つの次元で、資格をもった人材が必要であり、これは情実人事や家柄の特権によってはもはや補充されえないものであった。貴族はもはや、分業化され専門化された官僚機構にとって十分な資格ではなく、貴族だけでは、裁判ももはや行われえなくなっていた。絶対主義国家は、資格のある「召使《ベディーンター》」と「公務員《オフィティアント》」をますます必要としていた。（「官吏《ベアムター》」という概念は、当時はまだ貴族の直轄地の小作人に用いられていた。）

国家試験が導入されると、これまでの貴族の独占は打ち崩されることになり、行政と司法の人事では、社会的出自は二の次とされ、試験の成績だけを基準にして行われることになる。その上、大学で受けた学位は資格を十分に保証するものではないとして、重視されなくなり、絶対主義国家の行政と司法は、合理的な基準によって選ばれた人材で構成されることになる。「領邦国家の高権の合理化によって、領邦君主は、近代の行政および司法技術を独占するものとして、諸身分より優位に立つことになり、大学出の法律家を独占したのだったが、彼らの方も同時に、近代の行政国家の官職を自分たちで独占する基盤を作っていった」（ブレーク、一九七二、六二ページ）。というわけで、（法律家の）資格認定と支配の合理化の間には、直接的な関連が認められる。しかし、この関係は、直線的につながっていたわけではなく、官職に採用する際の基準については、各地でさまざまな政治的な争いが頻発していた。プロイセンのフリードリッヒ・ヴィルヘルム一世は、軍事国家の原則に沿って新たに中央官僚機構を作って、貴族出身の官僚を斥けることができたのだが（一七二三年の中央政府の設置）、それまでには、貴族出の法律家たちの抵抗を押さえ込まねばならなかった。彼らは、行政、司法、軍事の高級官僚のポストに就くのは貴族でなければならないと強硬に主張していて、このポストに就くためには大学で法律を学んでいなければならないとの規則はあっても、貴族の独占を効果的に打ち崩す保証とはなっていなかった。というのも、貴族は、続々と大学に通い始め、たいていは、さして苦労もせず、法学の学位を手に入れることができたからである。それゆえ、そうしたポストに就くためには、いくつもの難関を乗り越えねばならぬようにして、貴族にも個人的な努力を要求するようになる。こうした措置の一つとして一番先に取られたのが、事前の実務研修で、これが重視されることになる。――これはとくに、大学の衰退傾向、商業化傾向の中で、理論だけの資格によっているのが問題になっていたためである。一七二三年以来、プロイセン政府は、条例を定め、官職に就こうとする者は、「議事録をきちんと取り、計画を立て、文書を抜粋し、公示文を起草し、動産、家畜、農場の用具の査定をし、税額を決めて徴収する」仕方を学ぶために（コーザー、一九〇四、一二一ページより引用）、一定期間、無報酬で、司法官試補として、官房か国有地の役所あるいは都市の税務所に勤務すべきものとされた。司法官試補は、一年間の勤務ののち、官房によって行われる試験を受けねばならなかった。司法官試補の期間は、実務教育であるとともに試用期間とも見なされ、それが終わると試験で査定された。のちに設けられた司法研修生制度の前身とも言えるものである。試補を務めて試験に通った者しか、行政や司法の上級ポストに採用しないという明確な規定はなかったが、ブレークのこの件についての研究（一九七二）によれば、試補の期間を終えている志願者は、当然のことに、有利に扱われた。なおこの上に、官房学を学んでいると、官職に就くにはとくに有利であった。フリードリッヒ・ヴィルヘルム一世は、この試補制度と官房学教育とをとくに貴族の法学者や諸身分の利害に対する武器としていたのに対して、彼の後継者のフリードリッヒ二世は、むしろ君主制と貴族を融和させようと努力している。「貴族には、軍務でもその他の公務でも、そのトップの座を独占させて、絶対主義国家の組織の中に組み入れ、その失われた政治的な既得権は、社会的、経済的に優遇することで補償してやらねばならなかった。……貴族出の官僚と市民出の官僚との分業は、プロイセンの君主制国家が終わるまではっきり残っていたもので、長年にわたってスムーズに機能していた。君主制を代表する形で威信を誇る機能は、貴族に負わせ、市民階級出の官僚が、より技術的な、内部的な地位、軍においてもその事務面を担当した。……官僚の登用を社会的な身分を尺度にして行うようになったため、フリードリッヒ二世の治下では、その他の資格基準——大学出であるとか試補を務めたとか——の意味は後退した。……決定的な変化が起こりえたのは、君主制絶対主義が官僚制絶対主義に交替してからのことである。具体的に言えば、君主の選抜権が、官僚の手で実施され管轄された試験制度によって制限を加えられてからのことである」（ブレーク、一九七二、六九ページ以下）。

プロイセンでは、一七七〇年に、「最高試験委員会」が設立されて、軍事会議員、直轄地協議員、税務協議員、領邦議会議員、建設部長などの職に就こうとする者の試験を行うことになって、この試験は制度化された。高級官僚の道を歩もうとする者は、この試験委員会の前で、口頭と筆記によって、「法律、数学、実用物理学、力学、農業の大要やその個々の部分について十分に学び、知識をもっていること」を証明しなければならなかった。大学での勉学は必須の条件とはされていなかったが、要求される知識レヴェルからすると、大学で法律と官房学を修めていることがほとんど不可欠なものであった。試補制度以来導入されていた、理論的な大学の試験と実務的な試験という二つの局面が、ここに高級官僚の条件として制度化されたことになる。

最高試験委員会の前での試験に通っても、そのまま希望通り官職に就けるとは限らなかったが、君主の特権は制限されていて、官職への登用は、君主の鶴の一声で決せられるようなことはもはやなくなり、規定された教育と試験によって決められることになった。君主も、結局は行政側の監督下に置かれた採用規定に縛られていた。というのも、少なくとも実務教育は行政側の監督下で行われ、試験の成績も官僚によって判定されたからである。こうして、行政側は、次第にはっきりと官僚の登用の規範を決定してゆくようになり、古くからの身分を誇る階層の利害を克服していった。貴族は、古来の既得権であった、行政、司法、軍部でのエリートの地位を、行政側の登用規範に従わない限り、もはや保持し続けることができなくなった。そして行政の側はと言えば、理論と実践を併せもった資格を強く主張し続けた。

こうした登用基準を設けたのは、高級官僚の場合よりも、法曹界においての方がずっと早い。一六九三年以来、プロイセンの宮廷裁判所と王室裁判所の判事のポストは、筆記と口頭の試験に合格した者によって占められ、一七一三年以来、その規定は、下級裁判所に勤める裁判官にも適用された。一七二三年には、すべての法務官と弁護士に、領土内の大学で学び、その試験に合格していることが義務付けられた。一七五五年、すべての司法研修生のための中央的な法律試験委員会が設置された。大学で法律学を学びその試験に合格した者は、その後、第一審法廷で試補として研修し、何年かののち、試補試験を済ませると、下級裁判所に判事か弁護士の職を得ることができた。試補の期間は当時はっきり決められてはいなかったので、何年になるかわからないが、ともかくそれを終えると、判事補の試験を受けることができた。大学の試験、試補修了試験に次いで三番目の試験である。これを経て初めて上級裁判所の地位が得られた。つまり、絶対主義国家の司法制度には、登用基準として資格証明と実地研修を強く目指す細かな試験制度が出来上がっていた。

行政官僚の場合と同じように、法務官僚の登用方式も、社会的な選択度の極めて高いものであった。というのも、試補や研修生の何年間もの期間は、無給であって、裕福な社会階層の者でなければやってゆけなかったからである。行政や司法の職に就くためのこうした何段階もの試験で、形式的には、貴族の優位な立場を崩すことにはなったが、実質的には、それを再生産することにもなった。登用基準として資格を重視したことは、絶対主義国家体制の合理化を進めることになったが、第二の登用基準として行われた無報酬での実務研修は、経済的に独立していなければできないことで、したがって、資産家、つまりはとくに貴族、に有利であったからである。当時、貴族の出であるという基準は、資格や財産という基準に排除されていったとはいえ、実際上、貴族は、代々受け継いで行政と司法の地位に居座っていた。――もちろん、そのためには、いまは、貴族とて、形式の整った教育過程を通ってこなければならなかった。こうして総体として見れば、行政と司法に携わる官僚の教養の質は高くなり、同時に、官職に就く可能性が原則的に住民のあらゆる層に開かれているという意味で、社会的に公正な選抜だという印象を呼び起こしもした。その上、このシステムは、重商主義の考えにもかなっていた。というのも、試補や研修生が無給で働いてくれることは、絶対主義国家の財政の負担を軽くしてくれるものだったからである。

ここでも、すでに学位が金で買えるということで起きていた問題が繰り返されている。つまり、絶対主義国家の支配者たちは、当時の重商主義的精神に則って、国の費用はかからず、資産家たちの負担でやれるものなら、——教授たちが賄賂を受けようと、実地研修が無給であろうと——絶対主義の他の目的（たとえば、貴族の独占の打破、行政技術の合理化など）にたとえ矛盾しようとも、これを許容したのである。彼らは、たいていの場合、費用がかからず、それでいて彼らの目的の一部が満たされる妥協策を選んだ。こうした妥協性が、多くの絶対主義国家の司法と行政の分野に新しい「官僚主義」を生み、これはついには、自分たちの権力を保持するために、絶対主義のもつ進歩的目的を逆の方向へ変えてしまうことになる。

絶対主義王国の没落を早めたこうした傾向は、十九世紀の「合理的行政国家」によって初めて克服される。そのための基礎を築いたのが、一七九四年の「プロイセン普通法」であって、すべての公職に就くためには資格が必要であるとして、次のような規定が設けられた。「十分な資格をもたず、その技量についての試験を受けていない者は、なにびとも官職に就くを得ず」（II. X. §70）。さらに、任用に携わるすべての官僚を対象にして、「職務をそれに適さない人物に故意に委ねたる者は、国家および国家の個々の市民に対して、当該の人物の無知と無能によって生じた一切の損害に対しその責を負わねばならない」（II. X. §75）とされた。この規定でもって、学位の売買や貴族の保護にも、歯止めがかけられることになった。

国家試験が不可欠であったのは、行政と司法の官職に就く場合だけで、その他の分野ではまだ強制的な規定は出来ていなかった。たとえば、ドイツのいくつかの領邦国家では、十九世紀初めにもまだ、大学出でもなく国家試験にも通っていない者が、教師に採用されていた。しかし領邦君主たちは、早くから、教師の採用に当たって学校長が事前に試験をするように警告していた。プロイセンでは、一七一八年に早くも、学校の指導的地位に就こうとする者は、「大学の発行した証明書」を提出した上で、任用に当たる当局の試験を受けることが定められている。「ラテン語で教えている学校でも、ドイツ語を用いている学校でも、校長、高校教師、専門職員、小学校教師を任命する場合には、事前に、役員会ないし管区総監督が無料で試験を行い、不適格な場合には審理を中断ないし差し戻し、適格な場合には証明書を発行するものとする。そうした証明書を所持しない者は、なにびともこの職に就くことを得ず」(コーザー、一九〇四、一二〇ページ以下より引用)。十八世紀には、学校長は、生徒に証明書(当初は奨学生証明書、のちにはさらに転学証明書、高校卒業証明書)を交付しなければならず、これらは国家施設に対する諸要求と結び付いていて、その論理的帰結として、国立の学校でも教会立の学校でも、学校長を任用する場合には任用試験が行われることになったのであった。しかし、すべてのドイツの領邦国家で、すべての教師に試験が課せられるようになるのは、十九世紀になってからである。そこでもプロイセンが先頭を切っている。

プロイセンの絶対主義国家では、医師の免許を規制する権限は、教育の場におけるよりもっと明確であった。一七一八年の勅令では、医師について次のように述べられている。「爾後、わがクールマルクとノイマルクにおいて、大学での学位の取得の有無にかかわらず、わが国の医師団の前に自ら出頭し、試験を受け、十分なる適格性を認められ、かつ、他人の関与および援助を受けず自力のみで医療の実際に当たることを誓い、その結果、医師団から証明書を交付されない限り、さらに以前の指令や印刷された書式に従って提出されていた医療従事の誓いを破棄しない限り、なにびとにも医療行為を行うことは許されない」(コーザー、一九〇四、一二〇ページより引用)。その他の州の出身の医師希望者は、自分の州の医師団代行機関で試験を受けることができた。この試験は、医師という職名を法的に保護するものではなかったが、そこには、国のレヴェル（たとえば、軍隊や病院）で行われる職務、あるいは特別な権力状況の中に（たとえば行政、司法、教育あるいは保護業務などによって）国民を取り込む職務に就こうとする者の資格を、自らの手でコントロールしようとする絶対主義国家の姿勢が表現されていた。しかし、絶対主義国家は、大学出で国家試験に通った医師と競合する「もぐりの医師」を全廃することができず、この姿勢もそれほど一貫したものではなかった。十九世紀の中葉になってもまだ、腕のいい散髪屋は、おおっぴらに「外科医《ヒルルク》」と名乗ってよかった。

絶対主義の時代にはそれゆえ、悪評を買っていた大学の試験のほかに、資格認定のもう一つの審判の場として国家の手による試験があらゆる領域に導入されることになる。支配と司法の技術を合理化しようと努めた絶対主義国家は、行政、司法、教育、医療の決定的な機能を充実してゆくための基準として、資格と実地研修を重視した。これと結び付いた社会的政治的機能、つまり、古来の身分制に立脚した貴族の支配の独占を打破し、市民階級の上昇志向に道をつけるという機能は、しかし部分的にしか実現されなかった。一方で重商主義思考が、貴族を行政と司法の指導的地位に居座らせ、それに実務を任せていたからである。絶対主義国家の試験は、それゆえ、支配の保持と細分化の道具でもあった。その進歩的な内容は、君主と貴族の狭い範囲でのみ発展することができた。

五・五　アカデミーと専門学校

十八世紀には、大学と並んで、専門的技能を養い、職業上の実務とははっきり関連をもたせた専門施設がいくつも出来てきている[9]。ベルリンには、一七二四年、医師養成所《コレーギウム・メディコ・ヒルルギクム》が設立された。これは当初は軍医の養成を目指したものであったが、のちに、自然科学－医学の単科大学に改組された。ベルリン（一七七〇年）、クラウスタール（一七七五年）、フライベルク（一七七六年）には、鉱山アカデミーが、十八世紀末には、ベルリンに獣医学校（一七九〇年）、軍医養成所《ベピニエール》（一七九五年）、建築アカデミー（一七九九年）、農業研究所（一八〇六年）と続々と専門施設が作られた。一七四五年にブラウンシュヴァイクに設立された工業学校《コレーギウム・カロリーヌム》やその他いくつかの獣医学校や林業アカデミーのような技術者養成の専門学校もここに挙げられよう。

こうした施設では、直接に職業上の技能の習得が目的とされ、優れた業績を上げて、大いに名声を高めることになる。ベルリンの医師養成所は、たいていの大学医学部より勝るものとされた。鉱山アカデミーや建築アカデミーも、たっぷり教育費や研究費を与えられ、多くの有名な学者を迎えることができた。これらの施設はすべて、十九世紀に工科大学に昇格するが、これが設立されるに至ったのは、ほとんどの既存の大学が実際的な職業教育をせず、直接役に立つ研究を行っていなかったからである。これらは、パトロンたちや有名な教師が個人的に建てた学校を母体にしたものが多かった。しかし、こうした学校で教えられた知識は、マニュファクチュアから工場生産への移行期にあって、一般的な実用関心と結び付いていたので、絶対主義国家は、やがて、こうした専門教育施設を援助するか、自ら経営することが必要と考えるようになる。経済的、軍事的、政治的関心との関連で、こうした専門の単科大学は、十八世紀末に、急速に発展している。もっとも、その影響が絶頂に達するのは、十九世紀になってからで、これらは、高等工業学校から、独立した工科大学か既存の大学の自然科学－工学部や農学部に昇格することになる。こうした専門教育施設の実用教育は、ケーニヒによると（一九三五、二〇ページ）、恵まれた状況下に行われたものであった。「それらの施設は、理論に飽き飽きした時代の、実際的で現実に即した教育への憧れを実現し、同時に、建設の実際的要求を考慮に入れていた。こうして、大学を将来の職業の準備施設に限定する方向が完成したのであった。」それゆえ、総合大学がその後も理論を伝授する場と見られたのに対して、こうした専門教育施設においては、なによりも、実際的な知識が伝えられるところとなっていた。工科大学、自然 - 林業大学、医科大学は、この時期に次第に強くなっていた経済界の市民層の教養志向、上昇志向にかなったものであった。これらが設立されていったのは、また、既存の総合大学が「貴族化」して、貴族が主導権を握っていたことに対する反動と見ることもできる。

五・六　大学と社会構造

十七、十八世紀の大学は、次第に多く貴族の子弟を引き入れるようになっていて、交際の形式に、大学の「貴族化」が目立ち、大学は、宮廷社会のしきたりと理想に近付こうと努力していた。大学内部では、称号、礼儀作法、儀式、生活態度が重視され、大学は、貴族的な生き方を伝授するところとされ、大学教師は、そのために、明らかに外面的にも貴族社会の特徴を表すものでなければならなかった。「こうした観点から見ると、十八世紀に出来上がった習慣、つまり、法学部や哲学部の有名な教授ないし功労ある教授に、宮廷顧問官とか枢密顧問官とか法律顧問官といった国の称号を与える習慣は、特有のものであったことがわかる。違った領域から借りてきた称号は、大学の教師にはふさわしくないと思われたのである。……しかし、大学の教師には、大学に学ぶ若者に国家志向なり宮廷志向を植え付けるという使命も同時に与えられているとすると、こうした称号は明らかにその機能と関係付けられていたのであろう。……同じことは、学部相互間の関係にも現れている。つまり、直接に国家に仕える法学部の名声は、教会に仕える神学部を犠牲にして高まっている。新しい大学では、法学部は、当初から疑いもなく、最も大事な学部である。ここには身分の高い家柄の子弟が所属し、これに対して、哲学部や神学部では、将来、教会や学校に勤務するための、より低い社会階層の子弟が学んでいる」（パウルゼン、一八九六、一一六ページ）。このように、社会構造と学部相互間の関係は、相関関係にあって、なぜ十八世紀の大学、それもとくに法学部が貴族の牙城であり、それと同時に、とくに哲学部と神学部が社会的な身分移動のささやかな道具でありえたかを説明しうるものである。にもかかわらず、ゲールト（一九三五、三〇ページ以下）は、大学の社会的可動性機能を明らかに誇張して次のように述べている。「大学は、社会的に出世して聖職と官僚の列に加わるための閘門《こうもん》であった。」

ゲールトのこうした仮定は、多くの点で間違っているか、少なくとも誇張したものと言える。オイレンベルクの調査によると（一九〇四）、十八世紀の大学の学生数は、増減の波はありながらも全体としては下降線をたどり、「大学へのかなり広範な殺到」は、経験的データからは証明されていない。人口が増えていたのに、学生数は減ってさえいて、全人口に対する割合は、「インテリ層の過剰生産」などとは、とうてい言うことができない。求職数と大学卒業者数の不均衡がどの程度のものであったかは、当時、労働行政がいまだなされておらず、その上、ある地位が代理で賄われて定数が決まっていないこともしばしばで、求職数はほとんど確かめるすべがないにもかかわらず、経験的データによって、なんとか推測することができる。オイレンベルク（一九〇四）の調査でも、全体として見ると、大学における市民階層出の学生数は増加してはおらず、むしろ貴族の占める割合の方が増えているのである。結局、はっきり言っておきたいのは、すでに十八世紀に、大学入学を制限する――少なくとも貧しい者を制限する――入学試験の前段階の形式（とくに奨学生試験）が出来ていたことである。それゆえ、全体的に見れば、十八世紀の大学が「社会的上昇の閘門」であったとするゲールトのテーゼは、多くの点で疑問視される。

当時、上昇志向の市民階層が、大学へ進学することで、地位の確立していた貴族と張り合うことができたとする意見には、いくつかの出世例からそうした印象を与えてはいるものの、はっきりそれを裏付けるデータはほとんどない。むしろ、市民階層が大学へ進む動機は、社会的に出世しようとする権力なり信望の次元にではなく、経済的安定志向という局面に求められるように思われる。これについて、ヘルルッツ(一九七一、一三四ページ)は次のように指摘している。「それゆえ、こうした条件下で、大学へ行って、それほど給料が良くなくとも官職に就くことの方が、父親の職業を継いで惨めで不安定な生き方をするよりはるかにましだと考えられたとしても、驚くには当たらない。」というわけで、マニュファクチュア制が起こり、三十年戦争の後遺症で苦境に陥ってかなり古くからの手工業や商業の市民層においてとくに、大学へ行くことによって経済的により安定した地位を得ようとする志向が強かったと言えよう。このことは、おそらく、貴族ではない大土地所有者や教養市民層の一部にも当てはまる。彼らは、明らかに、神学部か哲学部で学んで、牧師か教師の職に就き、経済的に安定したいと望んでいたのである。

とくに神学部は、こうした進学動機のために繁盛したようである。というのも、神学部は、十八世紀には、しばしば学部の中では第一位の大きさであったからである。オイレンベルクの調査(一九〇四、二〇五ページ)によれば、当時有数の十三大学では、平均して、全学生の三六パーセントが神学部に在籍しており、これに対し、法学部は三五パーセント、医学部は一〇パーセント、哲学部は一七パーセントであった。「神学部と法学部が首位を争っていて、後者が大きく差を付けているところが多い。ゲッチンゲンでは法学部が学生の過半数を占め、シュトラースブルクでもそれに近く、ハレでも四〇パーセントを越えている。……実際、法学を学ぶのは流行になっていた。上流階級の子弟は、〈最終目的をもたず、単に大学へ行かないのではさまにならないというだけで、法学を学んでいる〉(ミヒャエーリス)。……しかし、神学部もいまや、なによりも専門教科を授ける場になっていて、聖職に就くためだけでなく、高等学校の教職に就くための準備過程の役割も十分に果たしていた。神学部は、テュービンゲンが最も著名で、全学生の三分の二がここに属し、ハレでも半数以上の学生が神学部に集まっている」（オイレンベルク、一九〇四、二〇五ページ以下）。

法学部と神学部の学生数が圧倒的に多かったことは、十八世紀の大学では二つの大きな社会的グループ、つまり法学部の貴族の子弟、神学部の市民階層の子弟、が並列して学んでいたことを示すものと言える。しかし、さらに細かく見ると、次のようなことが指摘できる。一つは、新しい専門施設がとくに市民層に対して、経済的にあまり負担にならず実務要求にかなう新しい教育の可能性を提供したこと、二つ目は、当時、没落に瀕していた古い大学がいまだに存続していて、その哲学部は、全学生のおよそ三分の二を抱え、したがってドイツのこの学部の卒業生の総数を引き上げていたこと、三番目に、十八世紀の経過の中で、学部相互間の関係に大きなずれが生じていたことである。「個々の大学でその期間全体にわたって追跡できる場合で見ると、神学部の学生数が目立って減少し、それに反比例する形で、法学部、とくに医学部が増加していることがわかる」（オイレンベルク、一九〇四、二〇八ページ）。法学部の学生数の増加は、先に触れたような大学の「貴族化」傾向と国の行政および司法制度の拡充とに見合ったものである。医学部の学生数の増加は、医学の発展と大学出の医師への需要の増加から説明できる。神学部の学生の比率が落ちたのは、十八世紀末に哲学部が改革されて教職の準備施設になったこととともに、大学が没落に瀕し、神学部のかつて占めていた重要な地位が崩れていったことと関連していると言えよう。

総体的に言えば、十八世紀に大学で学ぶことは、教師や牧師の職に就くという社会的な出世を約束するものであった半面、法学部を出たあとに就く行政や司法の官職はほとんどすべて貴族に握られていたと考えねばならない。それゆえ、ホールボルン（一九七〇、I、三八二ページ）は、絶対主義の時代の大学の社会的可動性機能に疑問を呈し、次のように言うが、おそらくこれは正しいのであろう。「大学を出ることは、社会的に出世する可能性を開くものであった。……しかし、そうした若者が上流階級に受け入れられるかどうかは、極めて疑わしいものであった。なるほど、官僚機構はある種のチャンスを提供することはあったが、下層階級出の者が高い地位の役職に昇ることは、もちろん中には、貴族に列せられた者も例外的にいるにしても、十六世紀におけるより稀になっていた。」

行政や司法の高い地位に就く際の社会的選別は、法学部で貴族が圧倒的に優位を誇っていたことと、なによりも卒業後の無給の準備期間（試補や司法研修生制度）があったことによって行われた。これとは別に、非公式な選別のメカニズムがあって、はっきりと表には現れないが、その影響は小さくないものであった。つまり、大学の「貴族化」に伴って、学生の生活様式が派手になって、金がかかるものになっていたこと、学生、とくに法学部の学生の行動様式が、十八世紀には、理想に向けて高度に様式化され、宮廷社会の交際様式を取り入れていて、これは貴族の子弟にはさして困難なことではなかったが、その他の社会階層の子弟にはそれに適応するには大変な苦労があったこと、教授たちは、収入を上げるために、貴族を対象にした個人授業を行っていたこと、さらに、当時の文書によってもよく知られているように、教授たちは、宮廷の理想像にならい、貴族に列せられるのを望んでいて、そのためおおっぴらに貴族の学生を優遇したこと、これらが非公式には選別のメカニズムとして働いていた。法学部以外では、ほとんどの学生が貴族出身ではなかったために、こうしたメカニズムはほとんど見られない。「下層階級出の」学生がこのように多いことから、十八世紀の領邦君主の中には、公式に「下層階級の者の大学進学熱」を抑える措置を取る者もあった。「無能な」学生が殺到することになるからという理由であった。「一七〇八年のプロイセン政府の特許状によると、大学に進みたい者でも、能力のない者にはこれを許さず、大学進学を諦めさせ、手に職を付けるよう指示するように、とある。手工業者や農民に至るまで誰もが、その息子の天分や能力の違いを考えず、勉強させようとし、大学や高等教育機関に通わせようとするならば、あらゆる学部での勉学の質は下落し、軽蔑を招く。国家にとっても、公共の制度にとっても、むしろ重要なことは、こうした勉学には適さない者を、それぞれの条件と自然な適性とに従って、マニュファクチュアや手工業者のもとや軍隊、あるいは農業に就かせ、生計費を稼ぐすべを教えることである」（ヘルリッツ、一九七一、二三一ページ以下より引用）。

　にもかかわらず、十八世紀には、手工業者や農民の子弟が、続々と神学部や哲学部に入って来ていたようである。十八世紀も末の一七八八年になっても、「神学部で学び、教会や学校に勤めようとする者のためのヴュルテンベルク大侯命令」には次のような箇所がある。「あらゆる下層の手工業者や農民、その他の大侯直轄地および地方公共団体の下級職員、たとえば林務官、村長、町長、小学校長など、その他、小売商など、これまで本来の有力な名士の階級に数えられていないすべての人間」は、その息子に神学部で学ばせることはできない、と。例外は、「しかるべき試験」で抜群の才能を証明された場合に限られていた。[10] こうした措置はすべて、支配階級には、「下層階級」の「才能ある者」に大学で学ぶという社会的な出世の道を開く用意はあったものの、その他の点では、大学が、——以前の幾世紀よりはるかに強く——「社会的な身分移動にとっての遮断機構」（ブレーク）として機能していたことを示すものであった。十八世紀の大学は、それゆえ、さまざまな仕方で支配の道具でもあった。大学は、行政と司法の高級官僚を養成する際、理論上の資格と実際の経験を強調することで、古くからの身分である貴族という登用基準を排除しつつも、同時に、付随的な選別の機構（資産の有無）によって、貴族や一部の富裕な市民階層に支配の独占を維持させ、資格を重視することによって、「合理的な」絶対主義を付随的な形ながら正当化し、哲学部と神学部を解放することで、市民階層や一部のプロレタリア階層の上昇志向を、支配にはあまり関係のない地位（教職や教会勤務）の方へ導いていったからである。このように、大学は、あの時代のエリートの養成に決定的に関与したのであった。社会的な選別よりもっと重要なのは、支配の規範を教え込んだことである。大学の「貴族化」とともに、その後の大学の卒業生たちは、貴族的ないし宮廷的な理想と行動様式に縛られることになった。十八世紀の大学卒業者は、宮廷の諸理想を指針とし、宮廷社会を守る闘士となり、したがって忠誠な国家の下僕となったのである。(11) このように、社会構造と大学との関係においては、選別と社会化とが手に手を取って進んでいた。

六　文化国家から産業資本主義へ

十八世紀末の大規模な市民革命から二十世紀初めの第一次世界大戦までの間に、中部ヨーロッパ、西ヨーロッパの経済的、社会的、政治的状況は、根本的に変わった。この変化は、大学の形態と機能にも、深い影響を及ぼさずにはいない。新しい社会経済的、政治的諸要求は、なおもさまざまに中世の伝統を残していた大学の全面的な転換を強いるものであった。

六・一　社会史的発展傾向

産業化とともに始まった変化は、これまでの幾世紀のどのような変化よりも急速に行われた。マニュファクチュア制で、すでに生産者と製品は、合理化された分業によって分離されていたが、このシステムも、分業の強化、人間ないし動物のエネルギーの人工的エネルギーへの転換、機械の導入、急速な技術化によって、産業システムに改組されていった。イギリスや西ヨーロッパのその他の地域ではすでにたけなわであったこうした経過は、ドイツには十八世紀末に伝わってきた。しかし、ドイツで産業化が全面的に行われるようになったのは、やっと十九世紀も後半の六、七〇年代であった。(1) ドイツにおける産業化の遅れの原因は、よく知られているように、無数の小国に分かれていた領邦国家体制が、十八世紀に至っても農業的封建体制を支えていて、無数の国境と関税、通貨、計算のシステムの違いのために、貿易の発展を阻害していたからであり、また、何百年もの間、遠隔地貿易から離れ、封建的な生産様式に固執していて、資本蓄積に乏しく、資本集中的な新しい生産様式の急激な浸透を妨げたからであり、さらには、小国鼎立と封建的、宮廷的社会構造によって、上昇志向的で変化を望む市民階層がまったくといってよいほど弱体であったためである。しかし逆に、こうした後進性には長所もあって、発展過程で生じるさまざまな問題を自らの手で克服する苦労を省いて、西ヨーロッパの産業の発展をあとからうまく取り入れることができた。産業資本主義的生産様式の初期的な形は、すでに国家の要請でマニュファクチュア制が取られてはいたが、革命戦争とナポレオンの侵攻を経験するに至り、小国鼎立から生じる障害を取り除くために、根本的な政治的変化が必要となった。封建的構造を廃止するとともに、これまでの資本の束縛から解放される一方、労働力も大量に解放され、これを「産業予備軍」として、工場に投入することができた。

産業化によって、経済構造は根本的に変わった。農業生産の重要性は薄れ、伝統的な手工業は、特殊な領域でのみ生き残り、マニュファクチュアは製造会社に移行し、工場は、最先端の製造の場となり、産業の部門は、それぞれ違った形ながら大きく発展し、ために経済部門によって大きく浮き沈みがあったが、それも急速な経済発展の駆動力ともなり、商品は、大きな市場を目指して生産され、生産方式は、ますます高額の資本の投入を要求し、資本の蓄積は、銀行制度を育成し、新しい組織形態（たとえば株式会社）の発展を促進し、商業組合は、商品の配分を引き受け、一部ではこれまでの商人を追い払い、産業化と関係しない経済部門でも（たとえば農業）合理化と技術化が始まり、これがまた産業に跳ね返った。そのほかにも、産業化に伴って、交通、情報システムやその他の下部構造も拡充され、これがまた、特殊な産業（たとえば鉄道敷設）の発展に寄与していった。

産業化に伴って、労働様態も規制化され、技術化された。人間の前に大きく立ちはだかる自然力（光、エネルギー）は克服され、自然の時間のリズムは、生産の諸要求にうまく合わせられるようになる。工場での生産には、厳格な職階制が持ち込まれ、やがては新しい産業官僚主義が生まれる。このために、要求される資格もこれまでとは違ったものになってゆく。(2) 単調な部分的な作業をするだけの労働者の大群には基本的な資格だけでよかったのに反し、産業官僚には、経営上の知識、技術的知識、そしてそれをうまく伝達する能力が求められ、研究所や設計事務所には高度の専門知識が要求されることになる。こうして産業化とともに、早速に要求される資格に変化が起こり、その結果として当然のことに、経済と教育のシステムも変わっていった。技術と自然科学の重要性は、急速に増し、多くの発明により、さらにその認識の直接的な転換により、その不可欠性が証明されていった。

十九世紀の産業化によって、社会構造も大きく変わった。一方で、労働者階級が急速に成長し、他方で、資本主義的ブルジョアジー、つまり企業家、出資者、銀行家、商業経営者、貿易業者の範囲と意義とが増大した。この両者の間に、サラリーマンとインテリの階層が位置することになるが、その社会的位置付けは流動的なものである。十九世紀を通じて、旧来の中間層（手工業者、商人、農民など）の社会的地位は、新興の新しい中間層（官僚、サラリーマン、サービス業）によって次第に制約を受けていった。そして貴族はと言うと、引き続き政治的なエリートの地位を要求する一方で、資本を提供することで自ら産業の発展に参加していった。立身出世を願う市民層の一部は、貴族に列せられることで、これに組み入れられもした。社会構造は十九世紀の間に著しい変化を遂げてゆく。

十九世紀初頭に、産業労働者は、ドイツ社会の中ではほんの一部でしかなかったが、第一次大戦前にはすでにこの階層の半分を占めるようになり、十九世紀初頭にサラリーマンとして働いていた者は数えるばかりだったのに、この世紀の終わりには、全就労者の一〇パーセント以上になり、十九世紀初頭には全就労者の半数以上が農業に従事していたのに、一世紀後には、被傭者のほとんどが商工業に従事するようになっていた。職業構造、社会構造の変化は、社会階級ないし社会階層の勢力地図を塗り替えていった。貴族は、これまで通りに、国の行政、政治的決定機関、軍隊のトップに君臨していたが、その権力を維持するために、大学へ行って学位を取ることで資格を身につける一方で、次第に勢力を増してきている市民階層と妥協して、その権力の一部を譲らざるをえなかった。それでも残った権力を維持する経済的基盤を確保するために、貴族は、その所有する動産を先進的経済分野（製造会社、銀行）へ投資し、さらには所有地の農業生産の合理化に励まねばならなかった。他方で、十九世紀になると、羽振りの良くなった産業市民層の側から、資本の一部を合理化された農業経営にも振り当てることが増えていった。産業や貿易に携わる市民層は、台頭してきた政党を通じて、国家権力へ影響を与えるまでになってきていたが、経営上の成功を誇りながらも、支配権を握る貴族と対立することはなく、社会的に貴族にならおうと努めていた。産業界の市民層がこうした順応戦略を取ったために、ドイツでは――イギリスやフランスとは違って――市民革命は成功するに至らず、政治的、社会的民主化のための闘いは、教養市民層の反逆と産業労働者層の闘いに限られることになる。産業界の市民層でとくに忠誠な者は、貴族に列せられもして、こうした態度こそが、プロイセンのユンカーに、ヴィルヘルム官憲国家の政治的‐管理的権力を維持させたものである。産業市民層とプロイセンのユンカーのこうした態度のために、教養市民層の方は、いやが上に、理想主義的な姿勢を取らざるをえなくなる。こうした姿勢は、十九世紀初頭にはまだ、リベラルなプロイセンの官僚による「上からの改革」を期待させるものであったのに、ウィーン会議以後の復古時代になると、期待しえたのはただ精神的な次元での新たな開始になり、十九世紀後半には、産業資本主義の激しい競争に直面して、ただ諦念とシニシズムだけしか示さなくなる。社会経済的発展傾向は、産業化の初期には進歩オプティミズムと理想主義に導かれ、産業資本主義の全盛期には社会的矛盾とイデオロギー需要に導かれていたのだが、ヴィルヘルム時代の教養市民層は、こうした社会経済的発展傾向の写し絵でもあった。そして、さまざまにアクセントの置き所は違うが、ドイツの産業市民層と教養市民層は、国民的統一運動の担い手を自任していて、この運動がついに小国の鼎立に終止符を打ち、ドイツ帝国を成立させることになる。

市民階級のすべての部分は、産業に携わる者も、資本家となっていた者も、教養市民層といわれる者はもちろん、高等教育に対し強い関心をもっていた。しかし当初は、それほど特殊な専門知識や実務に役立つ技能を求めていたわけではなく、むしろ社会的な基準や非闘争的なイデオロギー（新人文主義の「人間形成」）を授けてもらえばよいと考えていた。こうした見掛け上は階級とは関係のない中立的な教養こそが、社会的にも政治的にもバランスの取れた市民階級の規準であり記章だとも考えられていた。こうした教養を授けるギムナージウムにはすでに、その階級的性格が示されていた。これに対して、職業に直接役立つ形の学科は、実科学校ないし実科高等学校で教えられるものとされ、そこでは、市民階級でも下層の部分と、その他の上昇志向をもつ社会階層の子弟の職業教育がなされ、住民の大多数は、小学校だけしか出てはいなかった。十九世紀には、市民階級の地位の確立と結び付いて一般教育が制度化されたが、その基本的特徴には、社会の階級関係の変化が反映している。市民階級と新興の労働者階級との間の対立が先鋭化してゆくにつれて、一般教育制度の階級別の区分けや社会的なイデオロギー的教化も激しいものになっていった。教育施設は、それ以来、これまでの幾世紀の間におけるよりはるかに直接的に、選別と社会的不平等を正当化するものとなり、ついには社会の階級構造の再生産という目的の中に組み入れられていった。

十八、十九世紀の教育制度は、プロイセン普通法（一七九四）に「小中学校、高等学校、大学は、青少年に有用な知識と学問を授けることを目的とする国家の施設である」（II. 12. §1）とあるように、国の監督下に置かれていた。だからといって、教育制度の「国営化」によって、小中学校、高等学校、大学が、さまざまな階級利害の影響から免れていたわけではない。私立の学校がたくさんあって、社会的上流階層の子弟はとくにこうした私立の学校に通っていた。こうした発展はむしろ、国家の機能拡大と関連したものであった。国家はいまや絶対主義的領邦君主の合理化された支配の道具としてではなく、管理国家の道具として、経済的発展の推進と社会経済的危機のコントロールとに不可欠の下部構造の確保に仕えるべきものとされたからである。国家には、教育制度全般を組織し、上の段階への進級を規制し、人件費やその他の費用を負担する使命が与えられたのである。

六・二　大学の理想主義的新生

西ヨーロッパとは違って、ドイツにおいては、小国の鼎立と社会経済的な後進性とのために、啓蒙の諸理念は、革命的な発展を遂げるに至らず、結局は理想主義にとらわれたままであった。十八世紀以来ドイツで発展してきた理想主義は、現存の社会体制、国家体制を革命的に変えるには適さず、理性が社会的、政治的エリートを動かして「上からの改革」へと向かわせることを頼りにしていた。啓蒙的絶対主義の統治形態は、ドイツの理想主義に近いものであった。しかし、理想主義は、十八世紀のプロイセン国家の統治とは完全には一致するものとは言えない。十八世紀の権力国家は、精神と権力の緊張関係の止揚や社会的諸矛盾の解消やより高度な理念へ向けての発展に関心をもっていたとはいえ、それは限られた範囲のものでしかなかったからである。そうしたことが可能になったのは、プロイセンがナポレオンの軍隊に占領され、これまで支配的であった国家構想が揺らいでからのことである。

十九世紀初頭のこうした状況の中で、プロイセンのリベラルな改革派官僚が地歩を固めていった一方で、すでに十八世紀に理想主義的哲学者たちによって展開されていた「文化国家」という理念が定着していった。(3) こうした経緯は、フランス革命から弁証法的に理解することができる。つまり、官僚機構が上から、革命を理念の上で補う形での改革に取り掛かり、革命の衝動を「理性的な」国家の中で解消しようとしたからである。「文化国家」は、国家と学問を、統一的な理性原理から発した異なった質のものとして、両者を不可分に結び付けることによって、自らの内に、理性の諸原理を実現させるものだというのである。普遍的なものと特殊なものとの弁証法的な関係に立つと見なされた国家と学問は、「文化国家」理念のいうところによると、ともに同じ理性原理によって機能する。学問と国家は、理想主義的に組み立てられた人間の発展の最終目的である「理性」という本質存在の、二つの異なった現象形態にすぎず、制度化された大学は、理性の展開を目指す国家の行為の直接の構成要素であり、逆に、国家は、厳格に学問の諸原理に則って動かねばならないと考えられた。

国家と学問ないし大学のこのような弁証法は、大学がもっぱら国家の下僕の養成に当たるものではなく、少なくとも同じ価値レヴェルで「理性」を生み出すことに、つまりは啓蒙に、仕えねばならないことを意味した。こうした二重の使命から必然的に生じてきたのが、大学を代表するのは単に実践に関連した学科だけではなく、「理性を生み出す学科」、なによりも啓蒙的哲学であるべきだとの姿勢であった。「理性」を学問の場で生み出すことは、国家の指導のもとになされるものではなく、むしろ国家の統制から自由でなければならず、のちにしばしば引用される「孤独と自由」がその前提であった。大学は、フィヒテの言葉によると、「自由な精神の理想的同盟」でなければならず、そこでの自由で連帯的な協力という条件のもとでこそ、進歩的な精神は大きくはばたくことができるという。国家は、このために、援助と保護を提供すべきものとされた。「自由な精神の同盟」はしかし、教える者と教わる者との団体とか組合と考えることはできず、その本質からして、さまざまな認識段階にある若い者から年取った者までの「学生たち」のための教育施設でなければならないという。研究に携わるのは、私的に研究する学者によって、あるいは大学外の研究所において行われるべきもので、その研究の成果が、「精神的、倫理的教育の素材」(フンボルト)として、教育の場で利用されることになる。ドイツでは、研究と教育のこのような相互の結び付きが、西ヨーロッパにおけるよりはるかに緊急なものとして要請されたのだが、それは、ドイツのほとんどの国に、学問を奨励する財力豊かな上流階層がいなかったからであった。「文化国家」は、その国の最も進歩的な「精神の持ち主たち」の助言を受け、彼らに代表されるべきものとされ、啓蒙君主やリベラルな官僚機構は、学問的な、したがって「理性的な」基準に則って行動し、学問的認識によって社会的対立を止揚するために「理性」の展開を助けなければならないのである。

文化国家の理念は、十八世紀末と十九世紀初頭にとくに激しく闘わされた大学の社会的機能についての議論の結果出てきたものというわけではなく、社会的発展傾向に応じたものであって、これについては、ニッチュ他(一九六五、一二ページ以下)が次のように述べている。「文化国家の理念は、フランス革命とその結果として起こった社会的動揺との弁証法的関係の中で解釈されねばならない。それは、革命を〈理念の上で補うもの〉であると同時に、理性的な国家の中で革命を〈止揚〉するものでもあった。しかし、シュタイン-ハルデンベルクの改革と大陸封鎖と解放戦争によって、ドイツの市民階級の経済力はささやかながらも向上し、その政治的-理念的意識が形成されてゆくと、具体的な国家としてプロイセンは、この高い要求を放棄して再び後退してゆくようになる。封建的諸身分の敗北と市民階級の興隆から出発していたプロイセンは、力を増してきた市民階級への反発と、国家の支配を脅かすその政治的自由の要求に対する反動として、少なくとも古い封建的差別と特権の体裁を保持しようと試みるようになる。国家の要求と現実とのこのような深刻化してゆく分裂のために、大学および文化国家の理念は、やがてその社会的基盤を奪われ、保守的に簡略に解釈し直されることになる。絶対主義君主が文化国家思想を積極的に受け止めたのは一時的なものに終わったわけだが、その理由は極めて簡単なことで、プロイセンが権力国家としてはナポレオンの国民軍に対して太刀打ちできなかったことを思い知らされたのち、プロイセン国王の言葉によると、プロイセンは、物質的領域で失ったものを、精神の領域で取り戻さねばならなかったからである。権力国家から文化国家へ向かおうという要求は、それゆえ、その実質において不撓不屈の国家の強さの証明であると同時に、外の世界で他の国々に対して政治的な要求を貫くことのできないその弱さの表現でもある。」

こうして、文化国家の理念は、一方でリベラルなプロイセンの官僚機構の中に改革指向の基盤をもちはしたものの、他方で、既存のプロイセン国家と結び付いていたために、現在の国家が認める枠内でしか現実との接点をもちえなかった。こうした特殊な状況のために、「ドイツ的な意味での大学」は、現在の国家と一体化すると同時に、まさにこの国家に対して啓蒙的な姿勢を取るというディレンマに立たされていた。権力と精神とのこの弁証法は、新しい大学構想の実現に際しての限界を示すものであった。

十九世紀初頭の大学改革者たちの理念は、中世末にすでに人文主義によって受容されていた古代の人間形成の再発見に支えられたものであった。彼らの教養の目標は、啓蒙と自然制圧による個の完全な開花であった。個は、教育によって、あの時代の重苦しい状態から解放されることができるとされ、こうした解放の方向は、内的生活の統一と、あらゆる能力の十全なる開花という古代ギリシャの理念をその尺度とした。新人文主義は、学問的教養を、個のあらゆる能力の推進の可能性としてと同時に人間の内的外的自然の支配として捉えていた。この意味で、オッフェ（一九六九、二一ページ以下）によると、新人文主義の視野に捉えられていた学問的営為の使命は、「人間の内的外的自然の支配を完全にすること」であり、「学問的認識は、自然をそのように支配し、永続的に生き延びるのに役立つ状態を尊重するという歴史的に言っても最も効果的かつ成果の豊かな方法である。ここに、新しい知識を生み出すことの技術的機能が存する。……ドイツの大学の構想には、学問のこうした意味付けに加えて、それに対して特殊な緊張関係に立つ第二の要素が必然的に付随するという考えが含まれている。……学問的営為のこうした機能は、正しい判断力を付けることで、誤った判断を克服し、確かなことと思われているものの誤りを証明し、間違った考えを打ち崩し、これまで克服できないとされていた境界を踏み越えることにあって、これは、学習という習得形式を取るものではなく、学ぶレヴェルでは反省という形式を、研究のレヴェルでは理論という形式を取るものである。その目標は、技術ではなく、誤った意識とは結び付いていない正しい行為という意味での実践なのである。……十八世紀に絶対主義官僚機構の後見のもとで、この官僚機構の人事政策上の需要に応えるものであったアカデミーや専門学校システムとははっきり対照的に、また教会の支配を受けていた中世の大学とも異なって、大学はいまや、国家と社会との関係を自ら自由に決定することを要求した。大学は、研究と授業の内容について、教師の採用と学生の入学許可について、自らの手で決定する権利を要求し、自ら規約の作成権と裁判権を要求した。」

大学は、「自由な精神の持ち主たちの理想的な同盟」（フィヒテ）が連帯して学問に携わり、「孤独と自由」（フンボルト）を前提にして、こうした諸原理でもって、自然支配と批判という二重の機能と取り組むことができた。国家と社会に対しての自由は、相互補完的概念であって、人間の自己教育と自己実現に対して責任をもっていた。自由と責任とをこうした形で関連させることによって、大学で行われる学問を通じて、自由で成熟した社会の基礎が作り上げられるとされた。

一七六〇年から一八二〇年までの数十年は、ドイツの大学の機能と構造についての理論的な議論にとってとくに実り豊かな時期であった。伝統的な封建的大学は時代遅れになってしまっていて、すべて大学なるものを廃止せよという要求がさまざまに出されていた一方で、ドイツ観念論哲学、新人文主義、文化国家理念が、学問、教育、国家、社会の関係について根本的に新しい志向を挑発していたからである。大学改革を求める無数の論文がとくに十九世紀初頭に書かれ、これらが大学の改革ないし新設に強い影響を与えていた。なかでも、シュライヤーマッハー、フィヒテ、シェリング、フンボルトの大学構想は、十九世紀初頭以来の改革の基本ともされた。

理想主義的な啓蒙の伝統を受け継いでいたシュライヤーマッハーにとっては、学問は、個を自由にかつ他者と触れ合いのできる形で発展させることのできる媒体であった。「いまだ粗野なままの民衆を、少数の教養のある者が、手を差し延べて引き上げる形で支配し、知の衝動を民衆の中に目覚ませようとする」状態においてのみ（アンリッヒ、一九五六、二二四ページ）、国家の組織する教育施設が必要となるが、大学は、発展の方向へ進むためには、「いまだ粗野なままの民衆」のこうした歴史的な状態をもとに作られた国家の強制からは自由で、「学問で結ばれた団体」とならねばならない。それも、「あらゆる知の必然的な統一、その成立の法則と条件、その形式と特徴、つまり、本来あらゆる知覚、あらゆる思考を、本来の知にもたらすもの」（二三二ページ）に導かれてである。こうした構想では、大学は、国家から独立したものとして、考えられている。国家は、知の普及のために、それにふさわしい教育施設を作り、学問の最も進んだ認識に則って政治に当たらなければならない。これに反して、こうした構想からは、知識や教養を利用しようとする要求は導き出せない。むしろ、シュライヤーマッハーの論文には、国家に対する深い不信感がにじみ出ている。というのも、彼の評価によると、「学問が国家に対して影響を与えようとすると、それは憎まれ、恐れられるもの」だったからである（一三〇ページ）。それゆえに、大学は、「学問の目的のために、自由意志で合流する」人々の自由な団体をもとに――（プロイセン）国家から独立して――成り立つべきものとされた。

学問と国家のこうした未解決の関係は、フィヒテによって、国家を道具と見なす議論で解決された。国家はなるほど、自ら「理性文化」の担い手になることは決してできないが、理性の前提条件を作らなければならないと、フィヒテは言う。このためには、具体的に現存する国家は、ドイツ国民の一人一人を成熟させるために、国民教育の担い手を引き受けねばならない。国民が成熟するならば、強制と教育の施設としての国家は、最終的に不要なものとなる。国民教育の担い手としての国家は、教育の方向（つまり、社会的な、フィヒテにとっては国民的な、成熟への教育）が見失われないように、理性を生み出す学問の保護と奨励に努めねばならない。理性を身につけた社会は、最先端の思想家たちを「自由な精神の持ち主たちの理想的な同盟」として糾合しなければならない。「さまざまに異なった個人からなる組織的な団体のこうした形式は、その領域において、いの一番に――他の人間の問題にかかわる団体にはるかに先んじて――学問を実現することができる。あらゆる人間の諸関係のために、このように作られた形式が、こうして早期に実現するならば、それは、その他のものも、いつの日にか、そのように作られるということの予言であり、保証であり、証《あかし》である。不安に脅える諸民族の頭上の明るい高みに弧を描く同盟の輝かしい虹である」（フィヒテ、一九五九、一一三ページ）。フィヒテにとっては、それゆえ、大学は、啓蒙の原動機であり、その希望であった。大学には、国家が必要である。ふさわしい物質的基盤を作ってもらい、必要な法的根拠を与えてもらわねばならないからである。しかし、国家は最終的にはそれ以上のもの、つまり、現在の社会を理性に基づいて発展させるための道具であった。したがって、国家と社会は、弁証法的な緊張関係の中に織り込まれていて、両者は、最終的には「自由な精神の持ち主たちの理想的な同盟」の中から発展してくる理性の保証人であると同時に、その対象ともなるものである。大学は、このような構想の中では、国家や社会の直接的な強制から自由であって、同時に、国家の援助によって、社会の中に理性が行きわたるのを助けるという使命をもっていた。

シェリングは、国家と社会の現実にはありえない一体性に、精神と自然を統一することで、理念上の基礎を与えようとした。国家が、人間の自然と人間の社会的欲求を自由に発露させる手助けをしなければならないのは当然として、それだけではなく、国家は、具体的な現実の中では精神と自然という形で別々に現れている絶対的なものの構成要素に自らならねばならない、と言う。そのつどの経験的知識をはるかに超越した理念の中で、自然と精神の対立は止揚されうるのであり、こうした理念こそが、個を自然の盲目的な強制から解き放ち、同時に人間の行動の基礎を作る認識である、と言う。こうした自由を作り出すために、国家は、内的外的自然に対する相対的な自由が個々人に可能になるまで、社会に働きかけねばならない。(ちなみに、これは、理念の中では絶対的自由にならなければならない。) 国家は、認識の保証であり、自由を確保するために、認識を利用しなければならない。しかし、国家は、経験を越えた理念においては、社会と一体であり、両者は、絶対的なものと考えられるので、認識こそが、国家と社会を自由にし、こうしてこそ、ついには、人間の思考を縛っている国家と社会のいまだに存在する桎梏を払拭しなければならない。したがって、思考は——とりわけ、大学においてなされる思考は——理念の絶対性から発する自由を実現するための原動機なのである。こうした綱領のすべてが、理念的に、大学構想の基盤となっていて、ここに、フランスやイギリスの啓蒙主義の進歩的理念、新人文主義の教養理想、プロイセン官僚機構の改革志向が、融合されていた。こうした理念を現実の政治的、社会経済的要求と結び付け、具体的な大学計画に移すことに他の理論家や政治家の誰よりも見事に成功したのは、ヴィルヘルム・フォン・フンボルトであった。今日に至るまでなお、彼の名前が十九世紀初頭の大学改革と結び付けられているのも、当然のことである。

フンボルトは、職業と結び付けられている実践的な専門教育と「学問の純粋理念」を指針とした人間形成の教育との間には根本的な相違があると言う。「人生の要求するものと個々の職業の要求するものは、切り離して、完成された一般的な授業に従って獲得されねばならない。この両者を混同するならば、教育は不純なものになり、完全な人間も得られなければ、個々の階級の完全な市民も得られない。――というのも、一般教育と特殊教育、この二つの教育は、異なった原理から導かれているものだからである。一般教育によっては、力が、つまり人間自身が、強められ、純化され、規制されるのに対し、特殊教育によっては、人間はただ、実用の能力を獲得するだけである」(フンボルト、一九六〇、Ⅳ、二五七ページ以下)。こうした一般教育と特殊教育の違いをもとに、大学は、新たに組織されるべきであり、そこでは、理性の開花を助けるために、一般教育、つまり「学問の純粋理念」が、いかなる場合においても優先さるべきとされた。したがって、現存の知識を批判的に発展させ、認識を通じて、個に十全にしてかつ調和的な自己発展をさせる哲学が、あらゆる大学の学問の頂点に立たねばならないとされた。

古い「ツンフト制の中で硬直した大学」では、教師と学生の間はもっぱら外的な権威で結ばれていたのだが、新しい「学問の施設」は、これとは違って、さまざまな認識段階にいる学ぶ者たちの「不断の、自己自身を絶えず活気付け、しかし強制されず、下心のない協力」の場でなければならない。教える者と教わる者との「強制されず、下心のない協力」においては、研究と教育の関係に、はっきりした役割を決めることはなされない。「それゆえ、大学の教師は、もはや普通の意味での教師ではなく、学生ももはや受動的に教えを請うものではなく、自ら研究に取り組むものであり、この研究を教授が手を差し延べて指導する。というのも、大学の授業は、いまや、学問が統一できるものと理解し、そうした統一を生み出す道を歩んでいるのであり、創造する諸力を要求しているのだからである」（フンボルト、一九二〇、XIII、二六一ページ）。大学で学ぶということはそれゆえ、研究と教育の相互関係の中に包み込まれているべきとされ、この結び付きは、教える者にも教わる者にも当てはめられた。新しい大学のこのように規定された生活様式、研究様式は、もちろん、なにものにも拘束されない精神性の場であることはできず、新人文主義の理想とする人間の自己倫理と自己形成に仕えねばならないものであった。こうした考えに沿って、もっぱら職業に関連した内容や強制する形の教育形式は拒否されねばならなかった。

「学問による教育」の前提とされたものは、孤独と自由であった。「人間のみが、自己の手で、自己の中に、見出すことのできるもの、つまり純粋な学問への洞察は、大学において初めて行われる。本当の悟性の中でのこうした自己の行為のためには、自由がどうしても必要であり、孤独がこれを助けてくれる。この二つの点から、大学の外的な組織のすべてが流れ出てくる」（フンボルト、一九二〇、XIII、二七九ページ）。自由とは、とくに学問を外的な目的に固定することから自由であることを意味し、そのために、一方では職業アカデミーを、他方では教会と領邦国家からの干渉を激しく拒否するものであった。社会から隔離されるという意味での孤独は、なによりも、「市民生活の惨めさ」（A・v・フンボルト）、貴族的封建社会から市民的経済社会への転換期にあった当時の社会の物質的、規範的強制に、反対するものであった。

大学改革者たちの考えていた孤独は、それゆえ、僧侶の禁欲的遁世ではなく、物質的、規範的強制に対する社会的孤立であった。フィヒテは、この考えに沿って、「家族や隣人や郷党がいつまでも学生を引き立てようとしてその体に巻き付けているあの幼児歩行練習バンド、これを一度、学生から取り外し、彼個人の価値以外はなに一つ通用しない見知らぬ他人のグループの中で、新しい自分だけの生活を始めさせねばならない。このこと、つまり、人生を一度自力で初めからやり直す権利は、なにびとの場合にも侵されない。……それゆえ、領邦大学とか地方大学とかは、すべて廃止されねばならない。大学は、特殊性を止揚するものであって、〈地方大学〉なる表現には一種の矛盾が含まれているからである」（シェルスキー、一九六三、一〇〇ページより引用）。フンボルトは、大学に対する国家の干渉を余計なこと、いや有害なものと考えている。「国家が口を差し挟むと、いつも邪魔になる。事柄そのものは、国家がなければ、はるかにうまくゆくし、本来そうしたものである。……国家がそうした形態や資金を調達するやり方だけが、事柄の本質にとって有害になるというだけでなく、まったく異質なもののためのそうした外的な形態や資金があるという状況そのものが常に必然的に有害に働くのである。そして精神的なもの、高みにあるものが、物質的な低次元の現実に低落する」（アンリッヒ、一九五六、三七八ページより引用）。したがって、新しい大学は、――理想としては――国家に対しても孤独と自由を主張し、逆に、国家に対して、さまざまな認識段階にある個々人の「強制されず、下心のない協力」のための物質的基盤を少なくとも作り上げるよう要求しなければならないとされる。理念から引き出されたこうした要求は、シュライヤーマッハーも行っていて、教育の場での国家機能の減退傾向が歴史的にも認められるとして、次のように言う。「政府が学問の奨励に乗り出し、学問普及のための施設を設置せねばならなかったのは、あらゆる種類の芸術や技能について普通行われているように、新しいヨーロッパの教育の歩みにとってふさわしいことである。しかし、至るところでそうであると同様にここでも、こうした後見はやめねばならない時が来ている。こうした後見は、ドイツにとってためになるものでは次第になくなっているのではなかろうか。少なくともドイツのプロテスタント地域では、国家は、学問を放任し、すべての国内施設を学者に任せ切り、ただ経済の管理と警察の監視とこうした施設の公務員としての職務への直接の影響を観察する権利のみを留保するのが、得策となろう」(アンリッヒ、一九五六、二四四ページより引用)。

国家の大学に対する関係をこのように解釈すると、大学は、古い団体から近代的な施設に改組されねばならないことになる。国家は大学に物質的基盤と法的保護を提供するが、大学は国家の直接的な干渉を受けないものでなければならない。シュライヤーマッハーの考えによると、大学は、自由な「学問を通じての団体」として、学内規則を自ら作り、「学者＝大学」として、教授内容、教授招聘、試験を自律的に監視しなければならない。フンボルトの場合は、これとは違って、文化国家の発展を信頼していて、リベラルなプロイセンの改良国家に大学への影響力を広く認めようとした。少なくともフンボルトの晩期の著作には、国家は、普遍的なものの具現として、「自由な精神の持ち主たち」の部分的利害を抑えねばならないというヘーゲルの理念が表に出てきている。普遍性を強調することで初めて、学問は、自己倫理の理念として、その本性に従って開花しうるというのである。こうした観念論的構造は、プロイセンの官僚機構の関心に近いものであって、のちのプロイセンの大学の新設に際して、設立計画の中にも取り上げられることになる。

大まかな公約数にまとめると、大学改革構想は、その置かれていた状況はさまざまではあったが、啓蒙された官僚国家の原理でもって、古い封建的大学の封建性と団体的結び付きを解体しようとする努力を統合したものであった。時代遅れになっていた大学構造を打ち崩し、新しい大学構造を改革志向の官僚機構に順応させようとしたこうした傾向には、さらに第二の要素として、経済的リベラリズムの市場原理が加わってくる。つまり、大学は、団体の強制から解放された学生たちが教授の精神的財産を求めて集まるリベラルな市場として機能すべきであるとされた。「自由な精神の持ち主たちの理想的な同盟」も、ついには、規制を受けずに商品が交換される市場のモデルにならって、形成されるべきだとされた。精神的＝文学的、学問的公共の場が出来てきて、研究者と教師とジャーナリストを一人で兼ねて私経済的に活動する新しいタイプの学者が生まれてくると、これまで暗黙裡に受け入れられていたこうした市場モデルは、さらに助長された。十九世紀初頭にとくに数多く提起された大学改革構想は、文化国家理念とリベラルな市場モデルと文学的＝学問的公共世論の絡み合った網の目の中で見なければならない。

六・三　改革と復古の狭間における大学

ドイツの大学の改革案と新設案は、それゆえ、抵抗する諸勢力との兼ね合いもあって、多くの妥協を余儀なくされた。大学改革計画や実際に新設された大学の進歩的ないし復古的要因のすべてを比較考量して、ニッチュ他（一九六五、二七ページ）は、次のように言う。「結論として言えるのは、大学改革は、萌芽の段階で頓挫したということである。その成果として挙げられるのは、実際上、次のような組織上の原則で規定された大学なのである。その一は、大量の学生の入学を許可したこと。しかし学生たちは〈純粋な学問〉への志向とは無縁で、大学を将来の職業のための高等専門学校としてしか利用しなかった。とくに昔からの三つの学部でそうであった。その二は、制度上の分離が行われたこと。しかし研究と教育を一人の人物で行わせようとしたものの、それは教授と学生の少数派にとってのものでしかなかった。とくに哲学部においてそうであった。その三、政府の専門的監視のもとにある国家施設内部で教授は影響力をもた

ない非政治的 - ツンフト的団体の代表者になったこと。その四、いくつかの〈文献学〉ゼミナールと補助研究所が国家の直接の監督下に作られたこと。そこの個々の正教授は国家から任命された。その五、大学の管理から私講師が除かれたが、同時に、私講師の職は、慣行として残されたことである。」

ドイツの大学が、政治的、社会的自立性という歴史的な根拠をもつ地盤に立ちながら、国家の施設になっていったというこの特殊な発展の仕方は、支配的な社会経済的状況に直面して根本的な変化が望まれながら、それをただ理念の中だけでしか行いえなかった観念論の帰結であった。

六・三・一　大学の新設と構造改革

一七九四年から一八一八年までの時期に、ドイツないしドイツ＝オーストリアの二〇の大学が廃校になるか、他の大学に移管された。一七九四年、シュトゥトガルトの小さな大学が廃校になったのに続き、一七九五年、トゥリーアのカトリック大学が、一七九七年、マインツ、ボン、少し遅れてケルンの大学が廃止され、十九世紀の二〇年代までには、インゴルシュタット（一八〇〇）、バンベルク（一八〇三）、ディリンゲン（一八〇四）、フルダ（一八〇四）、アルトドルフ（一八〇八）、ヘルムシュテット（一八〇九）、リンテルン（一八〇九）、パーダーボルン（一八〇九）、インスブルック（一八一〇）、ザルツブルク（一八一〇）、フランクフルト／オーデル（一八一〇）、エアフルト（一八一六）、ヴィッテンベルク（一八一七）、ヘルボルン（一八一七）、ドゥイスブルク（一八一八）の大学が閉鎖された。廃校は、多くの場合、ただ形式的な出来事であった。というのも、いくつかの大学には、ここ数年の間、学生も教授もいなかったからである。[4] またいくつかの大学は、短期間、他の都市へ移されていた。たとえば、廃止されたマインツ大学では、そこの教授は一七九八年、アシャッフェンブルクで教授活動を再開し、その地で一八〇八年、形式的ながら三つの学部が作られたが、一八一八年には女子高等学校《リツェーウム》と新教の神学校《プレーディガーゼミナール》に吸収されている。インゴルシュタットで廃校になった大学は、学生や教授が多く残っていたので、一八〇〇年にランツフートに、さらに一八二六年にミュンヘンに移され、以来ここでバイエルン州立大学として存続した。その他の場合、大学が廃止されると、近隣の大学が大きく発展している。たとえば、ブレスラウのかつてのイエズス会の大学は、一八一一年にフランクフルト／オーデル大学を吸収して、学部を完備した大学に発展し、ハレ大学も、一八一七年にヴィッテンベルク大学のあとを引き取ってから、新たな隆盛期を迎えている。廃校になった大学でも、のちにより強力な物質的、内容的基盤を得て再開されたものもいくつかある（たとえば、ボン（一八一八）、インスブルック（一八二六））。

　古い時代遅れの大学で廃止されたのは、とくに新旧の宗派分裂時代や領邦国家時代に作られたものであった。東ドイツの歴史家の見解によると、カトリック教会の痛手が最も大きかったという。「封建的反動の古い中央権力は、その聖職者国家の解体とともに、彼らの最も重要な大学という〈精神の城塞〉をも失い、その後は、オーストリアを除き、数少ないカトリックないし宗派同等の神学部で満足せざるをえず、その代わりに、彼らの神学校を強力な教育施設に拡充するほかなかった。あれほど多くの大学が廃止されたのは、封建的な〈アウゲイアスの牛舎〉を掃除したものであって、資本主義的社会にとってはなんらの損失ではなかった。二十世紀初頭まで、多くの新しい大学が設立されたが、そのほとんどすべてが、一八四八年以前の市民階級の上昇期のことであったのは、特筆すべきことである」（著者集団、一九七一、二七ページ以下）。

　新しい大学の設立は、とくに、プロイセンから始まった。プロイセンでは、文化国家の理念とリベラルな改革派官僚の努力が、十九世紀初頭の二十年間、とくに強かったからである。プロイセンではとくに、フランス革命とナポレオン軍による政治的、軍事的敗北の印象が強烈で、特殊な状況を生み出しており、大学改革者たちの理想主義ないし新人文主義に、政府高官が強い関心を示していた。プロイセン政府の要職に招聘されたバイメ、フンボルト、ジューヴェルンのような人々は、無数の大学改革案を積極的に支持していた。――もっとも、余りに抜本的な変化を目指す案は、適当な妥協を強いられ、その本来の意図の大部分が削られはした。それでも、一八一〇年に開校したベルリン大学は、進むべき新しい方向を示すもので、新しい大学の模範として、その後の大学改革の指標となった。一八一〇年以後の数年に、ドイツに残っていた大学では、ベルリンを模範にして、決定的な改革がなされた。ブレスラウ（一八一一）とボン（一八一八）の二つの大学の新設――両者とも、かつての不完全な大学に代わって新設されたもの――は、新しいベルリン大学の組織モデルをそのまま踏襲したものであった。[5]

十九世紀初頭に多くの詳細な改革案を提起した大学改革論者たちの要求に従って、新しい大学は、一般的に言って、次のような諸要素を特徴としている。これまで主導的地位にあった神学部に代わって、哲学部が大学のすべての学問の頂点に立ち、「総合大学《ウニヴェルシタス・リテラールム》」の核となり、なによりも「一般的人間形成」に仕えるものとされた。哲学は、人間の自己倫理確立と自己実現に寄与する一方で、批判と規範形成によって他の学問を促進すべきものとされた。とくに古典語（新人文主義の影響）、美学、文学、数学、そのほかにも考古学、古典文献学が、哲学の理想主義的、自然主義的、ロマン主義的、古典主義的方向と並んで、哲学部の隆盛に貢献した。哲学部にはさまざまな学問分野が定着し、あの時代にとくに急速な進歩を遂げ、専門化の傾向を強めていった。公的な一般教育の学校制度が整っていって、教師の需要が増大すると、哲学部は、教師（とくにギムナージウムの教師）の典型的な養成施設となった。学校制度の拡充に伴って、大学進学にも形式の整った入学条件が作られ、一八一二年から一八三七年までに、たいていのドイツの領邦国家に高等学校卒業試験《ギムナジアール・アビツーア》が導入され、大学進学の前提条件とされた。
新しい大学の特徴の第二は、ゼミナールと研究所の設置である。これによって、研究はこれまでより強く大学の活動に組み込まれ、さらに各学科の専門化を推進していった。ゼミナールと研究所は、通常、一人の教授の指導下にあり、その結果、大学の人的構造は細分化されていった。教授は、学問上の協力者と助手に支えられ、特殊領域で資格を取った研究者は、講師ないし助教授として専門分野の講義を担当することができた。

十九世紀前半にすべてのドイツの大学に大学教員資格試験《ハビリタティオーン》が導入され、教職に就くためには、ゼミナールか研究所で仕上げた研究業績が必要となった。この資格試験と結び付けた形で、私講師の制度も確立し、多くの無給の大学教師、無給の研究者が大学を支えることになる。資格試験と私講師の制度が出来たことで、一方で、大学教授のポストへの社会的選別が明確に行われるようになったが――というのも、無給の私講師は、財産ないし後ろ盾を前提としていたからである――他方で、正教授の権力を強めることにもなった――というのも、正教授は、資格試験論文の出来、不出来、専門分野への割り振り、ゼミナールや研究所や大学病院での就職口などについて、決定権をもったからである。[6] 昔のマギステルないし教授たちの団体が、いまや最終的に、正教授の大学になってしまっていた。俸給を受ける教授は、あらゆる特権、諸権利をもつ高級国家公務員となり、国家に仕える者の高い社会的信望を獲得することになった。現存の国家に対する彼らの忠誠心は、就任時の宣誓で強調されたが、物心両面の多大な特別報酬を受けていただけに、忠誠心が揺らぐことはほとんどなかった。大学改革者たちの著作ですべての学問の主たる要素として要求された根本的な批判への姿勢は、正教授大学のこうした構造の中では、大きく制限された。それでもなお批判が行われることがあったが、それは、復古期の検閲と弾圧によって押さえ込まれた。

新しい大学の特徴として最後に挙げうるのは、官僚機構の合理化と細分化に対応したもので、大学管理が拡充され、経済的基盤が強固になったことである。もっとも、一方では大学の事務局長は、大学と国家の官僚機構の仲介者という二重の機能の中で、国家の監視と大学の自立性との均衡をいかに取るかで腐心している。ゼミナール、研究所、大学病院が拡充され、大学の人的構成が多岐にわたると、経済的にも合理的な大学経営が必要になっていた(7)。ドイツの大学の内容的な改革は、その経済的、政治的管理構造の拡充とも関係していた。

六・三・二　政治的態度

新しい大学は、相対的な自立性をもつ「国家の施設」であって、旧来の宗派間の境界や領邦国家の国境がなくなると、国民的制度になっていった。十九世紀の大学において、最も早く、ドイツの国民意識が芽生え始めた。教授たちも学生たちも、小国鼎立の偏狭さを破棄すべきドイツ統一国家の成立をさまざまに要求していた。国民的志向は、一八一五年に創設された「学生組合《ブルシエンシヤフト》」でまず共感を得たものだが、十九世紀前半には、フランス革命と「上からの改革」(農民解放、市町村改革、軍隊の改革、検閲の自由など)の影響を強権で食い止めようとした権力国家(プロイセン、オーストリア)の復古政策に反対する闘争の具となっていた。多くの学生や教授の野党的な反抗姿勢は、市民階級の政治的リベラリズムと結び付き、新しい大学の構成員の大多数に支持され承認されていた。国家は、「扇動者の迫害」で、つまり多くの学生や教授を逮捕拘禁することで、これに応え、大学の政治化が強まっていった。大学は、三月革命前期には、リベラルで民主的な理念の重要な担い手であったが、やがてまたお上《かみ》に隷属する権威主義的な姿勢に戻ってゆく。ドイツのリベラルな市民階級が自分たちの国民的かつ民主的理想を満たす政治的制度を見つけ出さない限り、市民階級の進歩的要素は、その期待を大学に投影したのであったが、大学の方は、妥協に妥協を重ねていて、そうした期待にはただ理念の上だけでしか応えることはできなかった。理想主義と新人文主義を旗印に進歩主義的に構想された大学は、設立以来の政治的、社会的妥協のために、実践の場ではははっきり限界をもっていた。

十九世紀に新設された大学の最も進歩主義的な部分は、なかんずく大学制度の新しい理論的規定、研究の制度化、巨大な大学への発展準備という点にあったのだが、これは、社会的、経済的、政治的発展の不十分な関係のために(というのは純粋に理想主義的だったため)、ほどなくして、復古的傾向に方向を変えていった。一八四八年の革命は、社会的な基盤が欠けていたために失敗せざるをえなかったのだが、この革命の主導者には、多くの大学教授が名を連ねていた。しかし、大学人の大多数は決断できぬままに傍観していた。復古政策の時代には、反対派に属していても大学から追放されることはなかったが、市民的＝民主的革命が挫折したあとは、たいていの反対派の教授や学生は、大学を追われるか、諦念状態に逼塞するかであった。

一八四八/四九年の出来事の結果としてのちのちまで尾を引いて残ったものに、ドイツのすべての大学に適用される基本原則とその法的根拠を求める努力があることが確認されている(8)。国民会議の帝国憲法草案には、「学問とその教授は自由である」と規定されていて、そのほかにも、教会の教育制度への監督を取り除くことが定められていた。ドイツの歴史で初めて記録されたこうした原則は、国民会議の挫折で、実現には至らなかったが、反動諸勢力は、改革者たちの舌鋒をかわすために、これらの原則を取り上げ、それぞれの国の憲法に組み込んでいった。というのも、革命の間の何年かに、もう一度、多くの学生たちがアイゼナハに、改革派の教授たちはイエナに集まり、十九世紀初頭の大学設立の諸原則を国民的諸潮流と結び付け、学制改革、大学改革を反動勢力から擁護しようとしたからである。これらの集会では、無給の私講師の制度を廃止して、すべて大学の教師は同じ地位にすること、講義や試験でラテン語の使用を廃止すること、大学の重要な決定事項には学生も参加させることがとくに要求された。こうした要求はしかしほとんど実現のチャンスをもてなかった。革命の挫折後、反動的な当局は、リベラルで進歩的な大学教師や学生を大学から追放し、大学構成員の大多数は、そうでなくとも、とっくに順応していたからである。ドイツの教授たちの大多数は、少なくとも一八四八／四九年以後、「あらゆる革新を防ぐ楯」（グリーヴァンク）となっていた。

かつてはあんなに進歩的であった学生組合も、次第に小市民的、権威主義的思考を強く抱くようになり、一八五〇年から一八七〇年までの間に、長い順応過程を経て、官憲国家の弁護者になっていった。彼らの中から学生同盟《シュトゥデンティッシエス・コール》が生まれ、極度に保守的でさまざまに非合理的な性格の競争が起こっている。学生同盟は、一八五五年にケーゼンで開かれた学生組合連合会《セニオーレン・コンヴェント・フェアバント》で全国的な上部組織を作り、ほどなくして、反改革的ないし当局寄りの姿勢で大学を支えるものとなっている。ドイツの大学は、一八五〇年から一八七〇年までの時期に、その進歩的衝動が禁止されたという意味で、非政治化されたが、同時に、新たに結成された政党の政争の中に引き込まれたという意味では、政治化された。多くの大学教師や学生のもともと社会＝政治的に進歩的な意図は、その後、政党政治に引き込まれたことによって、食い止められた。[9]哲学や社会科学のラディカルな批判的分析は、いまや、皮相な理論（たとえば俗流唯物論者たち）あるいは官憲国家への忠言（たとえば「講壇社会主義者たち」のそれ）に席を譲った。十九世紀後半のドイツの大学は、その大多数が、保守的で国家に忠実な施設であった。

しかしドイツの大学は、経済界の要求、つまりなによりも労働力の資格授与と研究成果の利用という点での要求に、巻き込まれてもいた。というのも、産業の急速な拡大に伴い、自然科学＝技術面での、あるいは管理＝行政面での資格をもつ人材の需要が増大しており、同時に、大学での自然科学や技術面での研究が促進されていたからである。十九世紀後半には、ドイツの大学は、ますますはっきりと経済的利害で動かされ、自然科学者、技術者、法律家、その他私企業に投入されうる専門家の養成機関になっていた。それと並んで、従来通り、官僚、教師、神学者、医師の養成機関でもあり続け、さらに、「自由業」にも養成の機会を提供していた。大学だけではこうしたさまざまな資格授与の使命を十分に果たせなかったので、すでに十八世紀に始まっていた専門大学の設立にも拍車がかけられた。大学という学問と研究を使命とする「大企業」への発展も大車輪で進められた。

ドイツの大学は、十九世紀には、次のような段階を経て発展していったのがその特徴と言えよう。十八世紀末にすでに始まり、およそ十九世紀中葉に至るまでの第一段階では、時代遅れの大学構造を廃し、新しい大学が構想され、新設され、ドイツの大学制度全体は急速に全盛期へと向かい、三月革命前期には、進歩的、国民的理念の結晶点になっていた。ウィーン会議以後の復古期に始まり、一八四八／四九年の革命の敗北後に頂点に達した第二段階では、大学は、改革に反対する保守的な施設になり、官憲国家に順応し、ユンカーやブルジョアとの妥協を正当化した。世紀中葉以降にはっきりした傾向を示し、世紀末までにその全容を示すことになる第三の段階で、大学は、資格と研究成果を当てにする実用的利害関連の中に組み込まれていった。こうした三段階の発展は、部分的には並行して進み、大学をさまざまな利害の網の目に包み込んでいる。自己実現ないし自己倫理確立を目指す一般教育と実践的な職業教育のための勉学との間の根本的な矛盾は、学科間の（とくに自然科学＝技術関係の学科や医学の）絶えざる組み替えや、専門大学、病院、研究所の設立に表現されている。専門の細分化、実験的研究の隆盛、実践的教育への傾斜は、大学制度と経済的利害との結び付きを助長していった。こうした諸要因の特殊な情勢から、ドイツの大学は、十九世紀の最後の三十年に、国際的にも高い名声を博するに至る。しかし、ベルナル（一九七〇、五三〇ページ以下）が、十九世紀末の「ドイツの学問の主導的地位」を次のように言っているのはいささか誇張であろう。「ドイツの学問は、最大の発展を遂げ、数多くの総合大学、新設の工科大学、無数の雑誌、便覧をもとにして、この世紀の末には、学問の世界を次第に支配し始めていた。イギリスやフランスは、その独自の偉大な伝統を支えに、こうした傾向に抵抗していた。しかし、ドイツ語は、学問の場での最も有力な国際的意志疎通の手段に発展していった。ドイツの教授たちは、北、中部、東ヨーロッパのすべてに広がる一種の学問の帝国を樹立し、ロシア、アメリカ合衆国、日本の学問の発展にも著しい影響を与えた。ドイツの教授は、漸次、世界中の科学者の模範になっていった。」

十九世紀末のドイツの大学における学問の、全体としていささか誇張したこのような姿は、しかし、多くの教授たちの自意識を表してもいて、彼らは、ドイツ帝国の帝国主義の擁護者を自任していただけではなく、彼らの学問分野の内部でも、権威主義的ないし勢力拡張主義的意図を貫いていた（たとえば学会での主導的立場やドイツの学問の国際的評価の過度な強調によって）。第一次大戦以前のドイツの教授たちは、大学内では、権力を振るい（正教授の支配）、外に向かっては、たいていの場合、権力者に迎合しようとひたすら努力していた。

六・三・三　教授と学生

ドイツの大学の教授陣の構成は、十九世紀の間に著しく変化している。正教授の絶対数は、――オイレンブルクの調査によると（一九〇四、二四八ページ以下、三一九ページ）――世紀前半には減少しているが、後半になってはっきり上昇傾向になっている。一七九六年に存在した三九の大学に、総数で、正教授七九一人、助教授一四一人、私講師八六人がいたが、一八六〇年の二一の大学には、正教授は六〇五人に減っている。ただし、助教授は四三三人、私講師は四五九人である。一九〇〇年には、大学数は二一と変わらないが、正教授一一二三人、助教授七〇九人、私講師八三五人と大幅に増えている。大学の数が減っていることを考えると、十九世紀を通じて、大学教師の数は増えていることになり、一七九六年には、一大学当たりの平均で、正教授二〇人、助教授四人、私講師二人であったのが、一八六〇年には、正教授三〇人、助教授二一人、私講師二二人に増え、一九〇〇年では、それが、正教授五三人、助教授三四人、私講師四九人になっている。十九世紀末には、新設のベルリン、ミュンヘン、ブレスラウ、ボンの大学の教授陣が最も数が多かった。なによりも目立つのは、正教授とそれ以外の教授との割合の変化である。十九世紀初頭には、非正教授は、教授陣全体のおよそ二二パーセントであったが、世紀末には、およそ五八パーセント（名誉教授を含めると六〇パーセント）になっている。このように比率が増えて、非正教授は、数の上では優勢になりはしたものの、権力は構造的に釣り合っていて――正教授が教授資格試験の合否、教授招聘、非正教授の専門学科割り当ての決定権を握っていたために――結局は正教授の地位を強めることになっていた。非正教授の数が最も多くなったのは、哲学部であって、ここでは正教授のポストも目立って増えている（一七九六年には哲学部の正教授は二七四人であったが、一九〇〇年にはすでに五六七人と倍増している。その間に多くの大学が廃止されていて、哲学部の数は半減していたのにもかかわらずである）。非正教授の増加は、医学部においても認められるが、ここでは、急速な学問的進歩のために、専門分野が細分化され、当初は、非正教授か私講師がそれを担当したからである。医学部の正教授の数は、一七九六年の一五九人から、一九〇〇年には二二四人に増えている。法学部と神学部での教授陣の数の上での増加はそれほど目立つものではなく、絶対数で言えば、神学部で一八四人から一六七人に、法学部で一七四人から一五六人に減ってさえいる。(この両学部は、多くの大学の廃止で最も打撃を受けたことをこの際考慮しておかねばならない。したがって、存続した大学においては、神学と法学の正教授もある程度は増えている)。学部間の勢力関係は、十九世紀の経過の中で、——少なくとも正教授の数という点では——著しく変わっている。神学部の教授の比率は、一七九六年に二二パーセントであったのが、一九〇〇年には一五パーセントに、法学部のそれは、二三パーセントから一四パーセントに下がっているのに対し、医学部のそれは、二〇パーセントと変わらず、哲学部では、三五パーセントから五一パーセントに伸びている。したがって、十九世紀末には、哲学部の教授陣は、——とくに自然科学と文献学=歴史学の分野で——大学全体の教授陣の半数以上に達している。学科ないし大学の構造に対するこうした教授陣の変化がどのような影響を及ぼしたか、また新設された専門単科大学がどのような役割を果したかについては、別に扱うことにする。

教授の数よりも学生数の方が、大学での勉学の意味を探るにはより適切な尺度と言えるかもしれない。教授の数がとくに長期的な制度(官吏の定員、学科の規定など)によって決まるのに対し、大学へやって来る学生の数は、指導的立場にある社会階層によるそのつどの大学評価を如実に反映しているからである。十八世紀末には、ドイツの大学の学生数は、総計して、およそ五六〇〇人で、最低水準に落ち込んでいた(一六〇〇年には、およそ八〇〇〇人、一世紀後でも七〇〇〇人であった)。十九世紀初頭の大学改革のあと、国民的アイデンティティーを求める理念が解放戦争とともに起こったこともあって、ドイツの大学は、新しい名声を得るに至り、学生数も、一八三〇年には、およそ一万五〇〇〇人にまで上昇していた。しかし、こうした急激な大学進学熱も、ウィーン会議後の復古政策と反対派の教師や学生の迫害のため、また十九世紀三〇年代、四〇年代の経済不況のために、ほどなく冷めて、一八三五年には、一万二〇〇〇人になるかならぬかにまで落ち込む。こうした停滞状況は一八六〇年頃まで続き、一八六〇年から一八七〇年までの間にやや上向きになり、一八七〇年から急上昇し、一八七二／七三年にやっと一八三〇／三一年の水準に回復して、一万五〇〇〇人になり、一九〇〇年には三万四〇〇〇人にまで増えている。つまり十九世紀の最後の三分の一に全盛期に達し、リーゼ（一九七七、一九ページ以下）によると、これが現在までずっと続いているということになる。「一八七〇年以前に、ドイツの大学の学生数は、百年に一度という希有の形で急増し、これが今日にまで続いている。第二次世界大戦、インフレ、第三帝国の縮小政策は、この傾向を一時的に抑えはしたものの、長期的な視野で見れば、これを止めることはできなかった。一八六九／七〇年から一九一三／一四年の間に、学生数は最低時の四〇〇パーセントも増加している。……一八七〇／七一年の普仏戦争時とその直後には増加はさほどではなかったが、一八七五／七六年から一八八三／八四年に、急激に増える。その後、上昇カーヴは平坦になり、停滞期（一八八七／八八～一八九〇／九一）と下降期（一八九〇／九一～一八九三／九四）が続く。一八八七／八八年以前の十年間の毎年の上昇率を一〇〇〇とすると、この下降期の四年間は、マイナス一五〇〇にもなる。全体傾向の中ではっきり目立つこの衰退期には、大学進学と景気との間の関係が中心的役割を果たしているものと思われる。一八九三／九四年から、以前のレヴェルで学生が殺到するようになり、一九〇五／〇六年～一九〇九／一〇年には一時的ながら以前のレヴェルを越えてさえいる。」

十九世紀前半にはまだ正確な人口統計が出されていなかったが（とくに年度別の年齢構成がない）、リーゼ（一九七七）の推定によれば、学生数は、一八六〇年までは、人口の増加とはあまり関係なく、長い周期で増減しているが、一八六〇年以後には、人口増加より速い速度で増えているという。一八六〇年から一九一三年までに、男性の人口は二五〇パーセントの増加であるのに（一九〇五年からは女性の人口も増えて、そのために女子学生も多くなるが）、学生の実数は約四〇〇パーセントも増えているからである。それゆえ、学生数の増加は、人口の増加からその一部は説明できるとしても、この時期には学生数は、人口の増加をはるかに先行して増えていたことになる。

女子の大学進学は、一九〇五年以後に初めてたいていの大学で可能になったものだが、これが学生数の増加を説明する要素にはほとんどならない。一九〇五年の学生総数約四万一〇〇〇人の中で女子学生の数は一三七人、比率にして〇・三パーセント、一九一四年では、総数約五万九〇〇〇人のうち、約四〇〇〇人、比率にして六・八パーセントである。女子学生は増えてはいるにしても、第一次大戦が始まった時点でも、ドイツの大学は、なお圧倒的に男性の大学であった。ドイツの大学の学生総数にとってより重要なのは、十九世紀前半に既存の工業専門学校を母体にして設立された工科大学の存在である。一八四〇年に工科大学の学生数は約七五〇人であったが、一八七二／七三年にはすでに四一六三人にも達し、一八七五年には五四四九人を記録、一八八五年には二五四九人に減っているが、十九世紀末には再びはっきり上昇線を描き、一八九一年の四二〇九人から、一八九六年には七二三二人になり、一九〇二年には一万二六八七人と最高になる。以後、第一次大戦まで、約一万一五〇〇人の線を上下している。工科大学の学生の絶対数は――一八七五年から一八九〇年までの時期を除いて――一九〇二年まで上昇傾向を示し、やがて停滞して、学生数全体に対する工科大学の学生の比率は落ちる。その比率が最大だったのは、一八七五年の二四パーセントで、十年後にはわずか八パーセントに落ち、以後、最大であった二四パーセントを越えることはなかった。工科大学の学生数が低迷していたのに対し、第一次大戦まで学生数が増え続けたために、一九一四年には工科大学の学生数の全学生数に対する比率はわずか一五パーセントであった。工科大学の学生数が増えなかった重要な要因としては、同時期に総合大学に自然科学の学科が拡充され、また大規模な実験施設や研究所が設立され、自然科学を目指す者たちにはそれらがとくに魅力的だったからと言えよう。

その他の専門単科大学――とくに農林大学、商科大学――の学生数は、こうした大学が増設されていったために、増加していったが、総合大学や工科大学と比べると、その増え方は慎ましいものであって、一八七〇年には約一〇〇〇人、一九〇〇年に約三二〇〇人、一九一四年に三五〇〇人であった（リーゼ、一九七七、三三九ページ以下の一覧表参照）。

六・四　専門学校と工科大学

総合大学と並んで、すでに十八世紀に一連の専門単科大学が設立されていて、当初はなによりも、軍隊と行政の需要に応えていた。こうした施設では、民間の分野で働く人材も養成されはしたが、それは本筋ではなく、主たる使命はあくまでも軍医や、要塞や橋梁や城造りの技術者、測量士、地理学者の養成にあった。十八世紀に作られたこうした施設はたいてい、とくにフランスを模範にした技術者〔養成〕学校、建築官僚〔養成〕学校であった。フランスでは、重商主義と絶対主義の影響下に、こうした施設が早くから出来ていて、革命期の一七九五年の「高等工業専門学校《エコール・ポリテクニク》」に集約された形になっていた。こうした中央化の傾向はドイツでは真似をすることはできなかった。いまだに多くの小国が鼎立していたからである。同じように十九世紀以前から出来ていた制度に、鉱山アカデミーがあった。これは、鉱物学上の発見と知見を集成し、鉱山技師を養成するための特殊な施設であった。とくに重商主義の時流と産業革命の進展とともに鉱山業が拡充されたために、鉱山アカデミーは、国家の財務的、法律的保護を受けるようになっていた。十八世紀に、これまでの採集資料と鉱山学校をもとに、公式に鉱山アカデミーが作られ、これがのちの工科大学に発展してゆくことになる。もう一つ、十九世紀の工科大学の前身と見られるものに、製図と建築の知識を教えた私立の技術学校がある。のちに技術上の学科に拡充されたものである。

六・四・一　工業専門学校と工科大学

工科大学の前身であった施設は、大学制度の特権を要求することはなく、むしろ、技術学校ないし実科高等学校と言えるものであった。というのも、ここでは、十三歳から十五歳の生徒にも自然科学と技術の授業をしていたからである。そこでは、実際的な目的に合わせた教育がなされ、自然科学ないし技術面の基礎知識を授けていた。その教育法は、授業内容に沿って綿密に組み立てられたもので、毎月、到達度と能力の証明書が交付された。

こうした教育制度の性格は、一七七〇年から一八三〇年までの時期に変わっていった。一つには、古い大学への批判がますます激しくなり、とくに学問的思弁からの離反と実際的な問題への傾斜が要求され、技術を教える施設がこうした要求をすばやく満たすことができたことがあるが、また別に、大学改革とともに、技術教育の場の地位も新たに定義されたからであった。最も早く高等工業学校が作られたのは、ウィーンとプラハで、ウィーンの高等工業学校は、ヨーゼフ二世の大学改革の時代に、一七七〇年のシェムニッツの鉱山‐林業アカデミーをモデルにし、さらにフランス革命の教育改革をも念頭にして作られたものので、一八一五年に開校している。プラハの工科大学は、工業学校と総合大学の哲学部のいくつかの学科を統合して一八〇六年に設立されたものだが、ウィーンの高等工業学校は、プラハの場合と似て、当初から教授と受講の自由があり、学生の年齢を十七歳以上と定めていた。両校とも、当初から学問的レヴェルを落とさずに、実際に役立つ知識を授けようとしていた。プラハの工科大学は、その学則によると、「学問的な授業による祖国の産業の向上」に仕えようとするものであった。ウィーンの高等工業学校の学則では、カリキュラムに関して、授業は「上から教えを垂れるものであってはならない。つまり、学問は自己目的としてではなく、市民生活のさまざまな職業を正しくかつ確実に遂行するために必要な手段としてのみ役立たせねばならない。しかし、また間違った通俗性を得ようとしてもならない。そうなれば、学問の本質と尊厳は地に落ち、目的は達成されないからである」という（トゥロイエ、一九五六、四八ページより引用）。ウィーンの施設は、もはや一義的に軍事目的や行政上の需要に応える教育を行うのではなく、「市民生活上の職業」のための準備をするところとなっている。国家に仕えることを第一にしたパリの高等工業学校とは違って、ウィーンの高等工業学校は、すでにはっきりと産業の発展のための専門家の養成を目指すものであった。「ウィーンの施設は、学問的基礎に立ったものではあり、総合大学でいわれる学問の自由、教授の俸給や休暇などの総合大学での決まりとの平等をいかに強調したとしても、結局は経済政策上、社会政策上の目的に沿って作られたものであって、国民経済を西ヨーロッパの産業経済のレヴェルに近付けることを使命にしていた。それは、企業家という〈大切な階級〉に、つまり、経済の繁栄に大きな意味をもつ職業に就いている限定された住民層に、職業上の経験的知識を越えた形で、その大学を提供しているものである。ここは、パリの〈高等工業学校〉の理念を強調して、純粋学問の価値、研究の成果を改鋳して、明白な役に立てる手助けをするものになっている。市民階級が産業‐商業に携わる時代にあって、ここは、商人、工場主、工芸家、測量士、技師、地主、諸侯の官吏たちの子弟、父親の職業を継ぐかプラハやウィーンの大学の教師あるいは教授になろうとする者たちのための、ふさわしい大学タイプの施設でなければならなかった」（トゥロイエ、一九六四、一二五ページ）。

ウィーンの高等工業学校を模範にして、ドイツにも多くの技術を教える施設が新設された。十八世紀に作られた鉱山アカデミー、建築学校、技術学校あるいは獣医学校と並んで、高等工業学校が次々と新設されていった。ブラウンシュヴァイクには、一七四五年に工業学校《コレーギウム・カロリーヌム》が出来ていて、これはもともとは技術＝自然科学部門と新人文主義部門をもつ高等学校だったのだが、これが一八一四年に再建され、一八三五年には、高等工業学校に昇格している。ベルリンでは、一八二一年に設立された「プロイセン職業奨励協会」が、一八二二年に「技術職業学校」を設立し、一八三〇年には「一般建築学校」の経営も引き受けている。カールスルーエではもっと進んでいて、フランスの高等工業学校の影響を受けて、十九世紀初頭にすでに、既存の技術学校と建築学校を高等工業学校に統合しようとしていて、長年の論争の末、一八二五年、ドイツで最初の高等工業学校を設立するに至っている。バーデン大公の言葉によると、「われらの愛する忠誠な市民層の教育のために、そしてまた高度な職業に身を捧げようとし、そのために必要な、とくに数学と自然科学の基礎知識を獲得しようとし、それを直接に、個々の点にも立ち入って、市民生活上の職業に応用する術を学ばんとするすべての者の教育のために、とくに配慮して」（トゥロイエ、一九五六、五〇ページ以下より引用）設立されたものであった。カールスルーエに設立された高等工業学校は、他のドイツの都市では別々に独立していた建築学校と職業学校を統合したものであって、このモデルは、一八二六年にダルムシュタットで踏襲され、技術専門学校を既存の職業学校に統合して、高等工業学校として発足させている。ミュンヘンでは、一八二七年、「総合技術中央研究所」が設立され、これが一八三三年にミュンヘン、アウクスブルク、ニュルンベルクの高等工業学校に分かれていった。シュトゥトガルトでも、一八二九年に総合技術研究所が作られている。同じ頃（一八二八／一八二九）、ドレースデンの技術学校が高等工業学校に改組されている。一八三一年には、ハノーファーの高等工業学校の設立が続く。

同じような学校は、一八三六年、シェムニッツにも出来ている。

こうしてドイツには、一連の高等工業学校が出来ていって、ほどなくかなりの学生がここに集まることになる。とくに、建築技師、建築家、技師、技術者などを目指す者がここに集まり、その名声は急速に高まり、著名な技術家や科学者もここの教授ポストに就くようになった。一八三〇年から一八六〇年までの三十年間に、高等工業学校の名声は安定し、総合大学と同列に扱われることを再三要求するまでになっている。高等工業学校は、産業化の初期段階にとくに強く前面に出てきた諸要求を満たすものであって、技術の応用と発展に役立つ資格を備えた人材を養成し、産業‐技術上の発展のための新しい発明や改良案を提示し、「学問性」と「粗野な産業資本主義」の調停役を務めるものであった。理論的力学の創始者であり、カールスルーエの高等工業学校の講師であったF・レーテンバッハーは、一八四〇年に、次のように強調している。「教師としての私の努力は、ただ単に機械についての学問的理論に向けられているだけではない。私の心を大きく占めているのは、産業界の文化である。教養ある人々が、産業界の連中の現状を粗野であると言うのは、正しい。しかし、彼らが、真の教養は産業活動とは折り合っていけないと思うなら、それは間違っている。残念ながら、これが現在支配的な見解であって、これが、ドイツの産業の発展を極度に阻害し、それに不利に働いてきている。尊敬されていないところには、才能があり高貴な志向をもつ人々が関心を寄せることはないだろうからである」(トゥロイエ、一九五六、五九ページより引用)。

教養市民と産業資本家とのこうした結び付きは、高等工業学校では明らかにうまくいっていて、こうした教育施設の名声と産業界の企業家たちの名声との間に、ある種の緊密な相関関係が存在した。しかし、社会的により重要なのは、自然科学‐技術畑の知識人層の躍進であって、そこでは、新しい教育施設が非常に重要な役割を果たしていた。もともとは行政や軍事の専門学校の卒業生たちが、いまや、技術者ないし建築家として次第に自信をもつようになり、一八五五年には、ドイツ技術者同盟を結成して、職業上の利益を代表するようになっている。

高等工業学校の卒業生たち、つまり技術者、技師、建築家、鉱山技師、機械設計技師などなどは、独立の職業グループを自任し、名声、資格、権限において、大学の卒業生と同列に扱われることを望んだ。十九世紀中頃には、高等工業学校を独自の大学に改組するようにとの要求が再三強く出されるようになる。既成の大学側は、こうした要求には抵抗し、激しい闘いが新聞紙上でも政治的にもなされたが、一八五六年、チューリヒで「スイス連邦立高等工業学校」がドイツの大学構造を明確に取るに至り、ドイツの高等工業学校の大学への昇格も時間の問題になっていた。シュトゥトガルトでは、一八六二年、制限付きではあったが、大学並みの規約が承認され、カールスルーエでは、一八六五年、完全な大学の形態が取られるようになった(もっとも「工科大学」という名称は、ずっと遅れて、一八八五年に初めて許されている)。一八六八年には、ミュンヘンの高等工業学校も大学規約を獲得し、一八七〇年、普仏戦争中には、アーヘンで、新しい計画によって初めから大学として工科大学が設立された。一八七一年、ドレースデンの高等工業学校も、大学の規約をもち、ブラウンシュヴァイク(一八七七)、ハノーファー(一八八〇)もこれに続いた。ベルリンでは、建築アカデミーと職業アカデミーが統合して、シャルロッテンブルクに工科大学として独立した。その後も、ダンツィヒ(一八九八/一九〇四)とブレスラウ(一九一〇)にも工科大学が設立された。

高等工業学校が工科大学に改組されたことで、大学の構造は決定的に変化したが、当初はこの事態には既存の教育施設から激しい反対の声が上がっていた。総合大学の側は、工科大学に大学としての性格を与えることに反対し、単なる職業教育の高等教育機関と受け取ろうとしていた。これは、一八六〇年から一九〇〇年までの無数の論争にも現れている。総合大学は、工科大学が形式的に大学規約を採用することは一応認めはしたものの、何十年もの間、工科大学に学位授与権を認めなかった。これは、一八九九年の勅令によって初めて、工科大学にも認められたものである。その勅令ではしかし、同時に既成の総合大学の大学としての優位性をこれまで通り主張することも許している。しかし、自然科学と技術の急速な進歩のために、工科大学は、ほどなくしてその名声を高め、総合大学と張り合うことができるようになり、教育と研究の上で両者の分業も行われるようにもなる。工科大学の台頭とともに、古い総合大学も、これまで以上に経済的要求に対処せざるをえなくなっていた。十九世紀の最後の四十年間の工科大学と総合大学との対立においてしきりに強調されたのは、工科大学の方は進歩的自然科学と技術的応用学科の代表者にとどまり、それに対し、総合大学は、むしろ保守的でエリート的な教養理想の代表者であるという主張であった。総合大学側は、これに対し、自分たちのやっているのは「認識の学問」であって、これは工科大学の義務である「行動の学問」より疑いもなく高く評価されねばならないと強調していた。こうした攻撃姿勢がぶつかり合っていたために、両者の間の密接な共同作業が可能になるまでには、数十年の期間が必要であった。二十世紀の初めに学位授与権問題が解決し、最終的な形式上の争点が決着したのちにもなお、総合大学側からは、大学内に工学部を作って工科大学を余計なものにしようという案が真剣に考えられていた。

入学資格の認定に関しても、総合大学と工科大学の間に緊張関係が起こっていた。総合大学が形式の整った教育制度の中に完全に組み入れられていて、ギムナージウムでの卒業試験合格を入学の前提条件として要求していたのに対し、当初、高等工業学校には形式的な入学の前提条件はなく、一部では十三歳の者でも入学を許し、独自の入門クラスに入れて予備教育をしていた。十九世紀中頃には、こうした予備クラスが、新設の実科学校と競り合っていた。実科学校は、しかし、実際的な職業教育をするところで、学問的功名心とは関係をもたなかったために、高等工業学校に対して独自の地位を占めていた。高等工業学校が次第に大学の性格を帯びるようになるにつれて、入学資格の形式が整えられていって、工科大学に入学するためには、実科高等学校を卒業していることが要求されるようになる。もっとも、当初は多くの例外規定が設けられていた。総合大学と同列になろうと努力していた工科大学は、その学生たちが実科ギムナージウムないし実科高等学校を卒業していることを重視していたが、当初は、この二つの学校の卒業生は、大学へ進もうとすると、特別の試験を受けねばならなかった。実科ギムナージウムと実科高等学校がこの点で普通のギムナージウムと同格に扱われるようになるのは、二十世紀になってからである。こうなって初めて、総合大学と工科大学の入学資格が法的に同等になったのである。しかし、実際には、こうした入学資格についても、総合大学と工科大学についても、一般からの評価には、さまざまな格差があった。

工科大学は当初、その内部構造に、高等工業学校時代の諸要素を引き継いでいた。高等工業学校は、ギムナージウム卒業資格を与えるための「一般学校」と、特殊な知識（建築、土木、機械、化学、冶金、採鉱など）を授ける「専門学校」の二つの異質な部門から成り立っていた。工科大学は、こうした構造を引き継いで、「一般学校」を「一般学部あるいは文化学部」に変え、「専門学校」をそれぞれの学科のための学部にしたのであった。文化学部では技師、建築家、鉱山技師になる学生のための一般知識を教えるだけでなく、二十世紀初頭以来、教師の養成にも参加することを再三要求している。文化学部がそのための重要な場になりえたからである。

工科大学における教育は、次第に、総合大学のそれに類似するものになっていった。もっとも、工科大学は、技術と自然科学の予備教育をとくに強調しており、実験的研究に強い関心をもっていて、この目的のために、さまざまに大工場主の援助を受けて、実験室、研究所を設立している。十九世紀後半には、工科大学や総合大学の内外に多くの研究施設が作られ、自然科学＝技術上の知見の急速な増加と転換に役立たせようとしていた。大学はどこも、経済的な利用関心とますます密接に結び付くようになり、この傾向はその後の数十年にさらにはっきりしてゆく。

六・四・二　専門単科大学

工科大学と並んで、同じような経済的利用関心から、十九世紀末に、多くの特殊な単科大学が出来ている。[11] 二百年も前から再三議論されていた商科大学ないし経済大学が、ここへきて設立に着手されることになった。一八九八年に設立されたライプツィヒの商科大学は、場所も人員も、総合大学と公立の商業学校をもとにしているが、財政面では、商工会議所に支えられたものであった。同じ年、アーヘンに、工科大学にならって、商科大学が設立されたが、これは、一九〇八年には工科大学に併合され、技術者の卵に経済学を教える部門になっている。一九〇一年、ケルンに商科大学が出来たが、これも一九一九年に新設の総合大学に併合され、その経済－社会科学部になっている。一九〇一年、フランクフルト市、社会福祉研究施設、商工会議所、総合技術協会の協力で設立され、豊富な基金で運営されたフランクフルトの社会学、商業学アカデミーの運命もよく似たものであった。その使命は、商科大学の枠を越え、とくに地方公共団体や国の業務の予備教育をもすることとされていたが、一九一四年、新設の総合大学の経済－社会科学部になっている。一九〇六年、ベルリンの商業団体によって、その基金で、商科大学が作られている。これは、一九四六年まで存続し、その後、フンボルト大学に統合された。マンハイムでは、一九〇八年、マンハイム商工会議所とハイデルベルク大学の共同で、商科大学が設立され、一九三四年、いったんハイデルベルク大学に併合されたが、一九四六年、再び独立している。一九一〇年にミュンヘンに新設された商科大学は、一九二二年、財政的に行き詰まって、工科大学に併合されたが、一九四五年、ミュンヘン大学に移管されている。ケーニヒスベルクでは、一九一五年、商科大学が出来、一九四五年まで存続した。さらに、一九一九年、ニュルンベルクにも商科大学が設立され、ここには当初、成人教育の施設である市民大学が併設されていた。第二次大戦後、ニュルンベルクの商科大学は、エアランゲン大学と合併した。上述の商科大学はいずれも、とくに経済部門、管理部門の高い地位に就く人材の養成を目指すものであって、経済界や市町村ないし国の関心と結び付いて設立されたものであった。設立に当たっては、国民経済学資格試験の制度化問題が密接にかかわっていた。この制度については、十九世紀末の数年と二十世紀初頭に激しく賛否両論が闘わされていて、一般にこれが確立したのは、第一次大戦後である。

　十八世紀にすでにその一部は出来ていたその他の専門学校も、十九世紀末ないし二十世紀初頭に、単科大学に昇格している。一八〇七年に設立されたアシャッフェンブルクの林業専門学校は、一八九九年、林業大学に昇格したが、一九一〇年、ミュンヘン大学に統合された。一七九〇年創立のベルリンの獣医学校は、一八八七年、獣医大学に昇格し、一九三四年、林業大学（一七七〇年に林業専門学校として創立、一九二一年、単科大学に昇格）とともにベルリン大学に統合され、その農－獣医学部となっている。一八四七年にボンに設立された農業アカデミーは、一九一九年、農科大学に昇格しているが、一九三四年にボン大学に統合されている。一七八〇年創立のドレースデンの獣医学校は、一八八九年、獣医大学に昇格し、一九二三年、ライプツィヒ大学に吸収されてその獣医学部となった。ハノーファーの獣医学校（一七七八年創立）は、一八八九年、獣医大学に改組され、今日まで存続している。一八二一年創立のクラウスタールの林業専門学校は、一八四四年、ハノーファーシュ・ミュンデンに移転し、一九二二年、そこで林業大学に昇格したが、一九三九年、ゲッチンゲン大学の林業学部になっている。一八一八年以来ホーエンハイムにあったアカデミーは、一九〇四年に農科大学になっている。一七九〇年創立のミュンヘンの獣医学校は、一八九〇年、獣医大学に昇格し、一九一四年、ミュンヘン大学に吸収された。一九三〇年、ヴァイエンシュテファンの農業‐醸造大学は、工科大学に統合されたが、第二次大戦後、独立し、今日も専門単科大学として続いている。シュトゥトガルトの獣医大学は、短命で、一八二一年創立の獣医学校から一八九〇年に大学に昇格したが、一九一二年に閉鎖されている。ターラントのザクセン林業アカデミーは、一八一一年の創立だが、一九〇四年に大学規約を獲得し、一九二八年にドレースデンの工科大学に統合し、一九四一年、学部に改組されている。こうした専門単科大学の発展経過は、どれも似通ったもので、十八世紀ないし十九世紀に設立された専門学校が、十九世紀末ないし二十世紀初頭に単科大学に改組され、その数十年後に既存の工科大学か総合大学に統合されるという形を取っている。全体として見ると、これらは、専門的資格の需要が次第に増えてきて、既存の教育制度では十分には面倒見切れなくなっていたのに対応したものであった。

とくに目立つのは、十九世紀初頭、農業に化学と技術が導入されて以来台頭してきていた多くの農林学校や獣医学校が、高等工業学校の工科大学への昇格に便乗して、格上げを望んだことである。たいていのこうした専門学校は、十九世紀末に大学昇格を申請し、認められている。これらは、一般に、学長と評議会規約をもち、その教師は教授になり、入学資格も工科大学に準じたものになった。たいていの場合、学位授与権も手に入れている。学生は、国家試験ないし資格認定試験を受けて卒業していった。こうして、専門単科大学は、これまでさまざまに格差のあった職業資格をある意味で均等化して、大学卒業資格を求める職場に卒業生を送り込むことになるが、それと同時に、同じように大学と同列になりたいと望んでいた他の学校の模範ともなっていた。たとえば、芸術アカデミーは、職能身分的な利害に抗してまで、大学規約を獲得して、芸術や建築にかかわる職業を「学問化」しようと努力している。同様な傾向は、教員養成所にもあって、教育アカデミーないし教育大学に昇格して、教師養成を「学問化する」ことを望んでいた。

単科大学が続々と出来てきたために、既存の総合大学も、その学科構成、教育内容、学位システムを変えてゆかざるをえなかった。単科大学の出現は、それと同時に、時代遅れの大学制度とは明確に異なる大学制度を求める経済界の職業上の要求の一つの表現でもある。これが、二十世紀の大学の歴史にとって大きな意味をもつことになった。

六・五　科学技術と文教政策

学問研究は、イギリスやフランスあるいはイタリアでは主に大学の外のアカデミーや研究所あるいは私立の施設で行われていたのに対し、ドイツにおいては、伝統的に大学に限られていた。小国鼎立とドイツの大学の財政力の弱さのために、当初は研究にはほとんど進歩が見られなかった。西ヨーロッパにおけるかなり急速な経済発展と市民階級の台頭とともに、ここでの研究施設は物質的に好条件に置かれるようになって、学問研究の重点はまずこの西ヨーロッパ地域に移されていた。ベン・ディヴィッド（一九七一）は、近代の学問の発展（とくに自然科学と医学）の「世界的中心」は、まずイタリアに（十七世紀中葉まで）、そののちにイギリスに（十七世紀中葉以後）、そしてフランスに（十八世紀）あったと言う。その際、彼は、学問的発見、著書、研究者、学生の数を指標に用いている。十九世紀の三〇年代以来、ドイツが学問的進歩の中心になり、今世紀の二〇年代までその地位を保つことになる。

十九世紀の学問の発展においてドイツが果たした特別な役割は、なによりも、大学制度の改革、国家の文教政策、大学外の研究施設の発展の結果として生じたものである。十九世紀初頭の大学の改組で、大学での研究も、制度的に保証され、大学に研究室《ゼミナール》、研究所《インスティトゥート》、付属病院《クリーニク》、実験室《ラボラトリー》が設置され、研究要員も増強された。学問的業績によって、敗戦国プロイセンも再び声価を取り戻すことになったのである。同じことは、その他のドイツの諸国にも言える。学問的研究は、それゆえ、政治的、軍事的弱体を補ってくれるものでもあった。それゆえ、学問的研究を強力に制度化する動機の一つは、その補償的な意味に求められるものであった。もう一つ動機があって、それは、軍事的、国家的な利用価値にあった。学問的研究の成果は、たとえば、武器の開発、要塞の構築、情報の伝達など軍事的目的や、あるいは道路建設、宮殿建設、測量、採鉱など国家的目的に役立てうるものであった。同様に、医学、農芸化学、歴史、法律学、熱力学の研究も、国家的‐管理行政的ないし軍事的関心に多かれ少なかれ直接に関連していた。

十九世紀には、学問の発展に対する私経済的関心の影響も、次第にはっきりしてくるようになる。産業資本主義企業は、新しい学問的認識（発明）に興味を示し、それを新しい生産技術ないし労働技術に転換させえた（技術革新）一方で、とくに景気の後退期には、研究費を国家に負担させようとしている。こうした利害関係は、とくに十九世紀後半に強く現れている。それゆえ、十九世紀から第一次大戦までの時期には、産業化と学問的研究の奨励に関する国家の関心は、絶えず変化している。十九世紀初頭には、国家の関心は、もっぱら行政上および軍事上の問題に向けられていたのに対し、十九世紀末から二十世紀初頭にかけては、経済的、権力政治的‐軍事的関心が前面に出てくる。プフェチュ（一九七四、一七九ページ以下）は、国家の文教政策を詳しく分析して、こうした変化を証明している。「社会＝政治的全体関連の中で、学問と科学技術に対する国家の政策は、ますます大きな意味をもつようになる。十九世紀中葉には、経済の自己調整のメカニズムが、経済に役立つ研究への投資を適当に調整していたが、世紀末には、国家の干渉と統制が前面に出てくる。それ以来、国家に規制された技術的進歩には、資本主義的利用過程を安定させ、その成長を促進させる触媒的役割が負わせられる。ドイツにおける技術教育や経済学教育の経過のもつ社会的‐階級利害保護政策的な制約の中にも、この変化が現れていた。十九世紀初頭の後期官房学の時期には、国家の明確な経済発展政策は、文教政策を利用して行われたのに対し（とくにプロイセンのボイト、バーデンのネーベニウスによって）、世紀末には、多くの新しい文教政策的計画の背後に、民間の利益団体が付いているのが証明されていて、民間がイニシアティブを取り、国家がこれに加わる形の経済的および／あるいは学問的同盟システムが出来上がっていた。これは、十九世紀の二〇年代に盛んになり、その後も続いている。自然科学教育と技術教育の制度は、大学とは独立し、大学とは緊張関係に立って発展していた。……経済上の利害と学問上の利害との密接な関係は、なかんずく、大学であろうと、民間レヴェルのものであろうと、自然科学と技術関係の新設された施設の設置された場所によっても、証明された。生産に直接関係する学問的組織は、工場密集地の中央ないし周辺に作られている。生産構造ないし生産水準が、どのような専門分野の学問的施設を作るかを決めていた。」

このことの指標としては、鉱山アカデミーは鉱山地域に新設され、高等工業学校ないし工科大学は工業地帯の近辺に設立され、商科大学は商業の中心地に作られたことを挙げることができる。新しい大学が作られなかった場合には、十九世紀後半になると、既存の、あるいは新設の研究施設が、既存の総合大学に併合される形を取った。大企業から大学に対して、時に、専門の講座ないし研究所の設立を望む要求がなされている。――たとえば、ジーメンスは、ベルリン、ミュンヘン、アーヘン、ハノーファー、シュトゥトガルトの各大学に電気工学の講座の設立を提案し、寄付ないし基金でこうした講座を財政面で援助しようと試みている。

経済と学問の関係はしかし、必ずしも直接に出来上がったものではない。このことはまず、ドイツの総合大学ないし単科大学において利害関係から自由な学問という理想が支配的であったことによる。十九世紀の最初の数十年のドイツの大学の研究は、なによりも基礎研究に集中していたので、その発展の初期段階にあったドイツの産業は、技術的、学問的知識を、産業化においてほとんど一世紀分も先行していたイギリスから取り入れていた(12)。しかしドイツの産業が急速に発展したこともあって、イギリスの産業界はやがて、競争相手に技術を提供するのを制限し始める。ドイツの産業界では、新しい科学技術ないし学問的知見への要求がますます高まっていて、遅くとも十九世紀中葉以来、学問および技術の研究施設の大々的な拡充が必要となっていた。このためにまず、生産に直結した実験施設が企業内に作られていった。しかし、こうした施設には金がかかり過ぎ、多くの研究課題に過大な要求がなされたこともあって、企業は、研究の一部を大学か大学外の研究施設に肩代わりさせようとすることになる。こうした努力には、軍備増強というもう一つ別の傾向がドッキングする。十九世紀の最後の三十年にドイツでも始まっていた帝国主義志向の中で、軍備は、経済的、政治的決定構造の中で次第にその価値を増していた。絶えずより優れた兵器システム、装備、情報システムが求められ、学問がその解決策を呈示せねばならなかった。こうした要求に応じて、十九世紀の最後の数十年と第一次大戦までの時期、ドイツの大学、とくにまた大学以外の研究施設では、軍事研究、軍備研究が盛んになされている。プフェチュ(一九七四)の調査によると、軍事科学研究への支出は、一八七〇/一八七一年の戦争後にとくに高額で、帝国の支出した学術研究費のおよそ三分の二に達している。もっともこれには波があって、その後は三分の一に落ち着いているという。しかしここで注意しておかねばならないのは、はっきり軍事科学研究のためとして計上された帝国予算だけしか考慮されていない点である。経済関係の帝国予算や各州の予算には、学術研究費の中に軍事に関係したものも当然含まれていると思われるからである。公式の予算では、一八五〇年から一九一四年までに、学術研究費で経済関係のものは、「軍事関係の学術研究費と一般の学術研究費とに対して、絶対額でも相対的比率においても」著しく上がっている。「五〇年代には、この比率はおよそ一〇パーセントにすぎなかったが、六〇年代には、一五パーセントになり、八〇年代、九〇年代には、三〇パーセント以上、第一次大戦前には四〇パーセント近くにまで達している。……帝国の建国期には、その文教政策の中では、軍事的＝権力政治的構想が支配的であって、一般的な社会的文教政策はある程度しか重視されず、生産に直結した文教政策はかなり低くしか見られていなかった。帝国の末期には、応用研究とその発展、したがってまた、経済志向の構想が文教政策の重点に置かれることになる。しかし、相変わらず軍事的＝権力政治的観点にもある種の重点は置かれていて、一般的な社会的目的にはかなり低い関心しか払われていない。経済関係と軍事関係の研究費を合わせると、帝国時代を通じて、比較的安定して、全予算の四分の三を占める。帝国の学術奨励の道具的性格がここにはっきり現れている。〈目的にとらわれない〉自由な学問には、とっくに打算的になっていた帝国においては、連邦を構成する諸国とは異なって、大きな意味は与えられていない」（プフェチュ、一九七四、六五ページ以下）。

帝国および諸州の全学術研究費のうちで総合大学と単科大学にかかわるものの比率は、一八五〇年から一九一四年までの時期、平均して五〇パーセントから六〇パーセントで、一八七二年から一八八一年の間に最大になっている（これは工科大学が次々と出来たのとシュトラースブルクの帝国大学の設立のためである）。大学外の施設の研究費の比率は、したがって、平均して全学術研究費の四〇パーセントから五〇パーセントであった。全体的に見ると、帝国および諸州の学術研究費は、一八五〇年から一九一四年の間、予算全体、国民所得、経済発展の伸びのために、絶対額では増えていた。

大学と大学外の学術研究費は、プフェチュ（一九七四、一七二ページ）の調査によると、一定の率で伸びていったものではない。「分析の結果、大学への支出が予算全体の伸びに見合っているのに対し、生産に直結した研究への投資は、経済全体の発展経過とは逆の不規則的循環で行われているという仮説を立てることができる。景気が悪いと、収益が落ち、企業側は、効果的に利益を確保しようとして、研究への余分な投資を控え、その分を国家に負担してもらおうとする。国家がこれに応えるために、生産に直結した学問奨励予算が景気と逆比例する形で増えることになる。不景気の時期の最も大きな特徴は、経済的、社会＝政治的要求がはっきり表に出るようになることだという一般的な事実によっても、こうした説明の論法が首肯されよう。」もちろん、投資と技術革新の間が時間的に比較的短い期間しか隔たっていなかった場合には、経済動向と逆方向の研究奨励政策は、大きな効果を上げることができた。

事実、十九世紀全体を通じて、学問的発見がなされた時点とそれを実際に利用できる技術へ転換した時点との間の期間は短縮されていった。にもかかわらず、技術革新にはいまだに数年、時には十年とか二十年の時間が必要だったので、そうした研究奨励政策は、限られた効果しか上げることができなかった。大学の予算を定期的に上げてゆく政策も、大学卒業資格をもつ人材の養成にはかなり長い時間がかかり、景気循環の次の波を見越して大卒者を補充しようとしても、それが現在の需要とは一致しなかったために、スムーズな経済発展を保証するものではなかった。こうした難点に対処するために、十九世紀末には、大卒者の需給計画を立て、文教政策をより正確に景気の動向に合わせようとする試みがなされている。このために、文教政策、大学政策は、新しい意味をもつものになり、ますますはっきりと、経済政策、職業政策の道具と考えられるようになっていった。

もちろん、学問と大学制度は、資格のある人材の養成と技術革新との関連の中に一貫性をもって組み入れられてはいなかった。このことは、一方では、総合大学ないし単科大学が保持していた自立性、ないしは闘い取った自立性が、いまだ残っていたことによるが、他方では、学問の組織が、ある種の自己運動を展開し、これが経済的、軍事的、国家‐行政的関心の中に断絶なく組み入れられていたためでもある。とくに、多くの学術団体、専門組織、さらには出版界や諸種の会議が、学術の運営構造に影響を及ぼしていた。プフェチュ(一九七四、一九八パージ以下)の調査によると、一七五〇年から一九一四年までの間に、ドイツ帝国の領土内には、一四〇七の学術団体や専門組織が作られていて、その大多数(一〇三六)は、一八五〇年から一九一四年の設立である。こうした学術組織のほとんど(一一二四)は、民間の手で設立されたもので、国家の息のかかったものは、全体のやっと五分の一にすぎない。こうした学術組織とともに、学術出版組織が作られている。というのも、ほとんどすべての団体が少なくとも一つの専門雑誌をもっていたし、研究所や学校(とくに自然科学や医学のそれ)にも専門の雑誌があったからである。こうした学術団体の活動は、学問的施設の制度化に対して[13]、そればかりか文教政策全体に対して、大きな影響を与えていた。

こうした学術組織の活躍は、「国民的」関心の高揚にもさまざまに役立てられていて、このための例は、たとえば、十九世紀末の、間接的には帝国主義的志向と重なっていたアフリカの学術探検や、アラブ諸国での商業活動や軍事活動の準備に役立つ「オリエント・ゼミナール」などに認めることができる。ドイツの大学は、多かれ少なかれ、こうした発展経過に組み込まれていた。国際的な学術発展も、十九世紀のドイツの大学の形態に、大きく影響していて、大学は、ますます体系的に、大卒資格者の養成、学術的技術革新、組織的自己運動、国家の学問政策、資本主義的生産様式などなどの循環の中に入り込んでいた。

六・六　大学経営と大学政策

十八世紀の大学は、いまだ中世の経済構造、絶対主義時代の経済構造をさまざまに混入していて、基金、寄付金、司教座教会参事会、所在地の都市ないし教会領を基盤にする一方で、絶対主義国家の側も早くからさまざまに大学の財政面を担い、これに干渉していた。こうした経過は、十九世紀になると、総合大学および単科大学の財政に対する国家の影響によって促進されていった。数多くの小国が経済的に立ち行かなくなって、自国の大学を維持することはもちろんできずに、消滅するとともに、国力のあるいくつかの国が台頭してきた。そうした国々では、行政機構を強化し、定期的な租税収入を得て、大学の財政を引き受けることができた。たいていの寄付金や教会や修道院の財産が国家に移管され、その代わりに、国家は、大学に対して規則的でかつ相応の大学予算を支出する義務を負った。大学とその他の学校は、以後、「国家の施設」になり、財政的に国家に保証され、これまでのように所有地や財産からの収入の不安定さに再三悩まされることはなくなった。教授たちの俸給は、俸給表に従って定められ、その他の職員の俸給も、予算に計上された。大学の人員計画とその財政的裏付けも、見通しを立てることのできるものになった。しかし、人員面での見通しも、十九世紀の経過の中で、専門学科の急速な拡張にはついてゆけなくなる。私講師、助教授、名誉教授あるいは非常勤講師の数は、前もって計画できなかったからである。それゆえ、ほどなくして、人員面で専任職と非常勤職の間に格差が生ずることになる。一時、非常勤の教師（員外教授ないし員外講師）の数の方が専任を上回る学科も多かった。全体として見ると、十九世紀には、急速な拡張と人員面での多様化、その結果としての大学予算の拡大が目立つ。費用が少なからず嵩んだ要因の一つに、研究所、付属病院、講座、動物舎の設立がある。多くの場合、こうした研究施設の新設は、当初は、本来の大学領域の外に作られた。典型的なのは、私講師あるいは員外教授が、後援者かどこかの会社から援助を受けて、自分の専門領域の小さな私的研究所を作り、その後、この研究所でなされた専門分野が脚光を浴びると、大学がその領域を重視して、大学当局にその研究所の大学への移管を要求するといったものであり、こうした例は実際にいくつも起こっている。

総合大学ないし単科大学が急速に拡張されて「学問的大企業」になるに伴って、官僚化の傾向も強まっていった。大学独自の管理機構が作られたり、拡充されてゆき、事務職員が増員された。大学の官僚的組織は、一方で予算の急激な増額のために必要なものとされたが、他方では、官僚機構そのものが出費の一要因にもなっていた。

国家の予算政策は、大学政策の決定的な道具にもなっていた。国家の大学担当官僚は大幅に増員され、議会と政党は、通常予算と特別予算によって、総合大学および単科大学の成長と構造に影響を及ぼそうと試みている。とくに、付属病院、講座、研究所は多額の費用の投入が必要なために、十九世紀の総合大学ないし単科大学の財政需要は急速に高まっていった。しかし、専任の大学職員の大幅な増員も、費用の絶えざる上昇の原因であった。ハイデルベルクとフランクフルトに二つの総合大学をもっていて、のちさらにカールスルーエに工科大学を抱えることになったバーデン州では、十九世紀初頭には、大学のための支出は、全国家予算の〇・九パーセントであったが、十九世紀末には、二・五パーセントになっている。大学への支出の年度ごとの絶対額では、十九世紀中に二〇倍にもなっている（リーゼ、一九七七、三七二ページ）。その他のドイツ諸国の予算額の上昇も似たようなものであったと思われる。ドイツ帝国全体では、国家予算に占める教育費の比率は、一八七〇年の五・六パーセントであったが、一九〇〇年には、一五・九パーセントに上昇している（ホーホルスト他、一九七三、一四八ページ参照）。しかし、教育費の大部分は、この期間に大幅に拡充された小・中学校、高等学校のものである。大学費も、教育費全体とほぼ並行して増えているが、注意しなければならないのは、大学費（とくに付属病院、講座、実験室、講堂などの設備費や維持費、教授陣の高い俸給）が、他の小・中学校、高等学校の費用より全体として嵩んだことである。教育制度には、しかし国費のほかに民間からの金も流入していた。たとえば、奨学基金あるいは民間企業の寄付による研究所設立がこれである。さらに、大学の総支出には、市町村の建物、教会の土地、民間の寄付金も参入して考えねばならない。

大学の増大する費用は国家が負担したわけだが、この国家は、いまはもはや絶対主義君主の化身ではなく、経済的、社会的な要求を突き付けてくる下部構造に配慮し、さまざまな葛藤を制御する管理と統制をこととする国家であった。本質的に新しい国家機能に、大卒資格者養成の費用負担、管理行政、法的保証もその一部にあって、これは経済的、国家的目的にとってますます不可欠なものとなっていた。大卒資格者の養成とその資格を証明することで、いま最終的に、十八世紀までの古い大学が置かれていた教会、君主、市町村、社会の利害の網の目から、解き放たれたのである。国家は、十九世紀になって、極めて政治的な組織形態を取るに至っていて、教育制度による資格者養成の基盤を財政的にも法律的にも保証し、証明された資格の通用範囲を保証しなければならず、さらに、学問的技術革新のための費用の大部分を引き受けて、大学での研究の制度はもとより、大学外の研究施設をも財政的、法律的に支えねばならなかった。十九世紀初頭まではまだ、大学卒業者の活躍と学問的技術革新は、その恩恵をもっぱら国家に与えていたのだが、十九世紀中葉から世紀末になると、それは、産業発展の重要な要素になった。資格をもつ労働者の養成は、とくに生産の技術化の進展に伴って、労働力という要因の生産性を高めていった。資格をもつ技術者、化学や物理や工学の専門家は経済的生産の効率を高め、法律や経済学の有資格者は経済過程の管理運営の能率を高めた。こうした資格のある労働者の養成にはかなり高額の費用がかかり、もしこれを私経済が負担するとなると、利潤を極度に減らすものでもあったので、私経済は、「社会全般」の化身である国家に、その費用を押し付けることに大きな関心を寄せていた。こうした関心は、十九世紀末にはっきり表に出てきて、諸政党や諸団体やジャーナリズムを通じて要求の声を上げるようになった。学問的な技術革新についての関心もまったく同じであった。経済的に利用可能な学問上の知識は、少なくとも部分的には、国家の費用で開発すべきものと考えられた。しかし、十九世紀中葉以来、産業界の大企業は、自前の実験室ないし研究所で「学問という生産力」の、少なくともその一部を自らコントロールすることに関心を抱いていて、資格者養成と技術革新にかかる費用を国家に肩代わりさせようとする動きは表立っておらず、新人文主義の公式、つまり、教養は、人間の自己実現、自己倫理確立と人類の学問的進歩に仕えるべきもので、特殊なグループの役に立てるべきものではないという理念を、体現していた。もちろん、ほどなくして、教養と職業教育の区別、学問の進歩と新技術の利用との区別がテーマに取り上げられるようになる。というのも、文化国家は産業国家に替わっていて、保証さるべきは、もはやヘーゲルの言う意味での「普遍的利益」ではなく、産業資本の個別利益であったからである。こうして、国家の文教政策は、人間の自己実現から離れて、「経済的進歩」の方向に向けて正当化されていった。十九世紀中葉以来、こうした正当化モデルが出来上がると、かつて大学に威信を与えようとしてさまざまになされていた経済的打算も、すべて後退して、その背後に隠れてしまった。かつて、とくに重商主義の時代には、大学の経済的機能は、大学所在地の都市ないし地域のためだけのものであると強調されていたが、産業化の波の中で諸都市が急速に勢力を伸ばしてくると、そうした機能も重要性を失っていった。学生数は、一八〇〇年から一八六〇年までドイツでは伸びが止まっていて、諸都市の人口が急速に膨張したために、学生の占める割合は減少していて、消費者としての学生の役割は、産業化の進んでいない小都市でのみいくらか意味をもっていたにすぎない。他方で、大学の空間的拡張は、地域の建築業界にとっては、興味を引くものだったようである。全体として見ると、十九世紀の総合大学ないし単科大学の経済的機能は、資格をもつ労働者の養成と学問上の技術革新の領域にはっきり現れているが、大学構成員の消費者としての役割においては、もはや認められないと言える。

六・七　教授内容と学習形態

十九世紀の大学構造の変化に伴って、教授内容と学習形態の改新と専門分野ないし学科の組み替えが必要になっていた。十九世紀初頭の大学改革は、中世末の伝統の中で硬直していた古い大学からの離反であると、明確に理解されていた。ドグマに縛られた教授規範に則っての無批判で儀礼化された講義は、学問的素材を自律的、批判的な分別と反省でもって扱う授業に席を譲らざるをえなかった。大学改革者たちの考えでは、知識の伝達は、「教える者と教わる者との自由で下心のない共同体」において行われるものであった。大学は、認識ないし所有知識の点でさまざまに異なる段階にいる真理探求者たちの提携の場であるべきで、それゆえ、教授内容、学習内容の主要素は、学問的討議をする講義と並んで、提起された問題と、それと結び付いた知識の伝授についての共同の反省でなければならないとされた。利用できる知識の概観が述べられる講義と並んで、教学の場としてのゼミナールないしコロキウムが盛んに行われることが望ましく、ゼミナールやコロキウムでは、教師が自分の研究の過程と成果を学生に示し、その批判を受けることで、学説と研究の間の関連が模範的に作り出されるべきであるとされ、ゼミナールでは、学生たちは、もはや単なる受け身の生徒ではなく、同じ権利で学習と研究に携わる協力者と見なされた。――少なくともこれが、大学改革者たちの理想であった。こうした教授内容と授業形態は、学生が講師たちから知識を伝授されることにもっぱら頼るのではなく、自主的に学び、知識を身につける能力をもつことを前提にしていた。

こうした考えに沿って、十九世紀前半には、既存の図書館が大幅に拡充され、新しい専門図書館が設立されていった。十八世紀にすでに盛んになっていた学術書の出版も、次第に安価に手に入るようになり、さして裕福でない学生でも学術書が買えるようになっていた。さらに、この時期には、学術雑誌も、専門分野や方法論が細かに分化していったことや、学術上の対立や研究成果が公表されるようになったことのために、多種多様に発行されるようになった。学術書や学術雑誌が刊行されたために[14]、学生たちは、最新の知識に触れることができ、教師側も、自分の方法論上や内容上の立場を教壇以外でも細かく述べることができた。このように広く開かれた学問上の公共性と大学での教授活動との間には密接な相互関係が出来て、書物や雑誌で闘わされた論争が、対立する意見を排除して、教授活動でも知識の規範化に向かう「学派」を形成してゆくことになり、逆に、公表された学問上の立場が、学生たちをも、学術上の論争へ積極的に参加させるようにもなった。こうして、知識の規範を外部から隔絶して「学派」の中に閉じ込めて置こうとする努力と公の批判との間に、全体としては実り豊かな緊張関係が、生まれていた。こうした緊張関係こそが、十九世紀の急速な学問的発展をもたらしたものでもあった。

こうした経過は、教授陣の身分の細分化と、研究所、講座、付属病院の設置という別の二つの構造上の特徴によっても促進されていった。教授資格試験《ハビリタティオーン》の導入によって、私講師という身分が設けられ、その数は急激に増えてゆき、そのほかに、多くの助教授、名誉教授、員外教授が出来ていて、教授陣は著しく増加し、専門別にも細かく分けられた。正教授が一般にその専門分野全体を代表し、非正教授たちは、専門の細かな分野を教える権利しかもっていなかった。こうして提供される授業内容は、幅を広げていったが、同時に特殊な専門化が一般的になってゆく。そのほか、私講師やその他の非正教授たちはしばしば実験室や講座や付属病院で特殊な研究課題に取り組んでいて、その研究が教壇にも持ち込まれたために、研究と授業との関係が強められた。研究領域や授業領域が細分化され専門化されたために、カリキュラムは広範かつ繁雑なものになり、絶えず新しい学科が加わっていった。とくに医学と自然科学分野では、教育は、実験室や付属病院で行われるようになる。医学部の学生は、遅くとも十九世紀後半に、付属病院で実地教育を受けるようになり、臨床授業が一般化された。化学や物理学専攻の学生は、勉強の一部を実験室での実習に割かねばならなかった。こうして次第に授業形態は、実践的、経験的なものに変わっていった。こうした授業形態には、これまで以上に多くの人員を必要とし、そのため、大学には、助手、技官、実験助手、技術員などという層が出来て、実地教育の大部分を担うことになる。これに対して、正教授や非正教授は、講義や演習で、専門領域の基礎と理論を教えた。こうして、大学のヒエラルキーが確立してゆき、その頂点に正教授がいて、それぞれの専門分野を全体的に代表し、研究所、臨床教室、実験室などの長として多くの所属員を自由に動かしていた。学問が大企業化する傾向は、大学の構造と教育活動を決定的に変えていった。教える者と教わる者との共同体は、研究所、講座、実験室、付属病院を寄せ集めた複合体、それも階層構造をもつ複合体になったのである。研究所長と正教授とが、次第にはっきりと総合大学ないし単科大学の性格を決めるものとなっていった。

こうした経過の中で、専門学科の内容もその境界も、変わっていった。リーゼ（一九七七、六二ページ以下）は、専門学科の細分化を、学問内在的関心と経済的関心の両面から分析している。「ドイツの学問の歴史の特徴と見なされるものに、十九世紀初頭のロマン主義、理想主義、自然哲学の登場がある。こうした思弁的‐普遍主義的な思考方向は、かなり早くに歴史学や文献学の方法やまた分析的な経験科学にその席を譲っているが、それでも、合理主義や功利主義を宣伝した静的な啓蒙思想や職業志向の教育を克服するための決定的な役割を果たしている。精神科学において、学問的認識は、文献の厳密な批判的‐文献学的作業や、進化と進歩という範疇や、歴史的な理解への参入によって、拡大され、細分化されていった。こうして、神学や法学の領域では、とくに歴史の部門が大きく発展した。もともとは諸学を統一した学科であった哲学は、さまざまな細分化過程にさらされ、最初にゲルマン学が分かれてゆき、――のちには、ここからさらにロマンス語文献学、英語文献学、文学史が分かれていった――その後、東洋学がエジプト学という特殊領域とともに分かれ、比較言語学もこれに続き、最後に、考古学と美術史が独立していった。歴史学では、その経過は比較的ゆっくりしていた。この時代の学問の歴史の象徴とも言えるのは、近代の自然科学‐医学の分野での専門化である。臨床医学では、古典的学科であった内科、産婦人科、外科から絶えず個々の専門科が分離独立していった。他方では、分析的自然科学の発展を受けて、新しい理論的＝医学の分野も切り開かれていった。自然科学の中では、化学が〈十九世紀の学問〉とも言われ、華々しい業績を上げて、一八六〇年以来、ドイツに化学工業を興し、これによってまた化学自身もさらに発展していった。科学と経済とのこうした相互関係からは、物理学、鉱物‐地質学、生物学などのその他の自然科学は、いまだはるかに遠く離れていた。もっとも、それらの革新的業績は過小評価されてはならないものではあった。化学の場合のような工業に利用されたという意味での、同様のフィードバック過程をもったものに、機械工学と世紀末の電気工学がある。この両者はともに、工科大学で育成されていた技術的専門分野の重要な代表学科であった。」

こうした細分化と専門化の結果、学科と学部の間の境界にずれが起こっている。文献学、歴史学、自然科学は哲学部に属していたので、哲学部は教授陣も学生数も最高の膨張率を示している。これと並んでいたのが、医学部であった。哲学部の学生数の全学生に対する比率は、一八三〇年の一九パーセントが、一九〇〇年には三八パーセントにもなり、医学部の場合は、この期間に、一四パーセントが二一パーセントに上昇している。これに対し、法学部の学生の比率は、およそ二八パーセントとかなり安定していたが、神学部の場合は、三八パーセントから一一パーセントに落ちている。学生数にこのような変動があったにもかかわらず、哲学部と医学部の講師の授業の負担は、他の学部と比べても総体的に言えば、さして過重にはならず、恵まれていた。私講師、助教授、名誉教授が大幅に増員され、哲学部の場合、教授ポストは倍増、医学部でもおよそ三分の一も増えていたからである。それゆえ、一八三五年には、哲学部の講師一人当たりの学生数は四・五人、正教授一人当たりでは八・七人であるのに、法学部では、同じ時期、それぞれ一八・七人と三三・四人であり、カトリックの神学部でも似たような数字であった。一九〇〇年になると、哲学部の場合、講師一人当たりの学生数は九・三人、正教授一人当たり二二・五人だが、法学部では、それぞれ三八・八人と六二・〇人に昇っている。医学部の場合、一八三五年に、それぞれ九・一人と一一八・七人だったのが、一九〇〇年にはそれぞれ八・五人と三〇・五人である（リーゼ、一九七七、三五八ページ参照）。講師ないし教授一人当たりの平均的な授業負担は、もちろん実際の学生数を表しているものではなく、有名な正教授による試験に関係する講義には、千人以上の学生が押し掛けているのに対し、有名でもない講師の、試験とは関係のない特殊領域での講義では、三人か四人の受講生でも来れば、それで満足しなければならなかった。

十九世紀の総合大学ないし単科大学にとって、こうした学生数の違いよりも重要なのは、別の二つの要素であった。一つは、かつては卒業試験を受ける者は少数であったのに、十九世紀の学生の大多数は、卒業試験を受けて大学を出ることに関心を示していて、受講態度がこれまでと違って、試験に出そうな問題の方ばかりに向かったことである。もう一つは、教授陣のヒエラルキーに基づいた格付け（正教授―助教授―私講師など）と学科の境界と内容の急激な変化とが、さまざまなカリキュラムを必要とし、カリキュラムは、これまでの幾世紀におけるより一層急激に変更されたことである。しかし、これは、試験によって与えられる資格や、学校間の競争（総合大学対工科大学ないし専門単科大学）のために、著しく形式的な形でなされた面もあった。こうした発展傾向のために、試験制度ないし資格制度の機能が批判の対象にされたばかりか、十九世紀末には、大学のカリキュラムや大学の教授法の問題がさまざまに論議の的になっている。第一次大戦前の二十年間には、大学での教授内容と授業形態の諸問題の分析や改善措置の提案が書物や雑誌に続々と発表され、大学教育改善運動とも言えるものが起こって、大学での教授法、カリキュラム、教授内容は、学問的反省のテーマにもなっている。(15) 教授内容と授業形態が学問のテーマになったにもかかわらず、教育の形式はさっぱり変わってはいなかった。というのも、たいていの教授個人には学者としての「カリスマ」が付きまとっていて、これは自己批判の対象にはならなかったからである。

他方で、学生たちは、――大学改革者たちから教える者と教わる者の同権が要請されたにもかかわらず――教師の雄弁と名声ばかりを頼りに集まっていた。大学教育改革者たちは、取り上げる素材こそ重要だと主張していたのに、これはほとんど実現されず、実際には講義をする教授個人にもっぱらの関心が向けられていた。十九世紀の大学の教授内容と授業形態は、さらに、かつての学生世代の儀式や習慣と十九世紀前半の政治的‐改良主義的動きに刺激されて生まれてきた新しい学生習俗にも、影響されていた。新入生歓迎式と上級生による新入生教育は、ほとんど行われなくなっていたが、似たような加入儀礼や隷属儀礼のメカニズムは、学生団体の儀式の中に残っていて、決闘規約、学生生活慣例、飲酒作法などで、十九世紀の大学生の大部分に影響を与えていた。こうした学生の習慣や交際形式は、さまざまに大学生活の主内容になっていて、知識の獲得は第二の問題と見なされていた。十九世紀の大学では、教授内容と学習形態は、習慣と反省、信仰と批判の間を揺れ動いていた。(16)

六・八　試験と学位

古い大学の試験制度と学位制度は、十八世紀末まで極めて不都合な状態にあって、既存のドイツの大学システムを批判する場合、これが最大の標的にされてきた。それゆえ、十九世紀初頭に大学が新設され、教育システムの改善がなされていったとき、なによりもこの試験と学位のあり方の改革が当然の問題になった。しかし、十九世紀初頭に書かれた多くの大学改革のための文書には、大学の学位授与権を根本から揺さぶるような意見は出されていない。とくに、ドクトルの学位は、十八世紀にはとにかく唯一の学位であって、(神学部の一部ではリツェンツィアートも授与されてはいたが)、その後も続いて授与されていた。新しい大学においても、形式を改めて、授与されるべきだとされ、学位取得の条件として、申請者作成の論文の提出が、最終的に取り決められた。学位論文は、十九世紀初頭の何十年かはまだ、ラテン語で書くことになっていたが、その後、――一八四八年の革命期のラテン語論争ののち――ドイツ語でもよいことになった。これまでの何世紀にもわたって、学位論文は、教師が自分の研究内容を出版するためのものであったが、それ以後、学位取得のために提出する論文になった。学位を取得しても、法的には、そのまま教授資格にはならなかった。中世の大学の「全国共通の教授ライセンス《イウス・ウビクェ・ドケンディ》」は、――領邦君主の措置ではっきりとは禁止されていなかったために――十八世紀にも、少なくとも形式的に通用させている大学が多くあったが、新しい大学では認められず、以後、教授資格は、教授資格試験《ハビリタティオーン》を経て初めて与えられることになる。一八一六年から一八三八年の間に、ベルリン大学の各学部の規約には、学位と教授資格の区別が明記され、これが、その他の大学に踏襲されていった。ゲッチンゲン（一八三一年まで）とキール（一八六九年まで）だけは、ドクトルの学位があれば、「講義資格《ファクルタス・レゲンディ》」ないし「講義許可書《ヴェニア・レゲンディ》」が与えられている。大学に在籍しない者に学位を授けるのは、これまで何世紀か学位制度の腐敗を招いた元凶であって、以後は認められなくなる。

その他の学位——たとえばマギステル——は、さしあたり、その規定はなかった。ドクトルの学位を取得する意志のない者は、学部の卒業試験を受けて卒業してゆくことができ、この制度は、十九世紀の経過の中で、独自の試験制度に発展していった。とくに国家試験が就職の条件になっていなかった専門分野では、学部の卒業試験が重視された。しかし、国家試験がある場合でも、一部では学部卒業試験が事前に行われていた。自主的なドクトル試験、補助的な学部卒業試験、国家試験、この三つが、十九世紀の大学の試験制度の基本構造であった。

六・八・一　教員試験

すでに十八世紀に、プロイセン国家が一般教育施設の維持と規制を「国家のなすべき事項」（プロイセン普通法）と見なして以来、義務教育が導入され、大学進学の前提条件としての高校卒業試験が定められたために、教員の養成と試験をどうするかが緊急の問題になっていて、公僕として国家主権に基づく行為（たとえば成績証明書の交付）を行う教師の資格は、国家によって試験されねばならないとされた。それゆえ、プロイセン政府は、哲学や神学の学位だけでは学校（少なくとも高等学校）の教職に就くに十分な資格ではないと考えていた。こうしたプロイセン政府の考えは、十九世紀の経過の中で、市民階級の利害とも一致することになる。というのも、市民階級はギムナージウムと実科学校を教育施設の最も重要なものと考えていて、ここに有資格の教師を置くことに関心を示していたからである。

これについての法的な取り決めが出来ていたのは、十八世紀のことであったが、その後、一八一〇年、「教師資格のための試験《エクサーメン・プロ・ファクルターテ・ドケンディ》」についての勅令が出され、高等学校の教職に就くための試験の基礎が作られた。この試験は、神学部の試験と結び付けられたもので、パウルゼン（一九二〇、II、二八三ページ以下）によると、高等学校の教師の学問的資格を強調したものであった。「この試験は、その名称からして、神学部の〈牧師資格のための試験《プリューフング・プロ・リケンティア・コンキオナンディ》〉を思わせるもので、高等学校の教職に就こうとするものの一般的な学問上の知識を確認するためのものであった。それ以後、この試験に合格していない者は、大学進学のための学校ないしそうした学校の上級クラスへ進む準備をする学校の教職には就けないことになる。この試験の実施は、政府派遣の学術代表者に委任された。この措置にはもう一つ別の意図があって、後援者の一存で、一般には都市の学務課の一存で、教職に就く者が決められていたのをやめさせて、国家の学校行政当局に教師選考の決定権を与えようとするものであった。

試験の内容は、当初は決まっていなかった。というのも、試験についての勅令の意図するところは、――一世紀前に官吏登用試験が導入されたときと似ていて――国の行政をやりやすくするために、身分上の独占的地位を打破することだったからである。それゆえ、教師の資格授与と雇用の決定権をもつのは、都市の後援者ではなく、政府の派遣した学術代表者であることが、重要であった。一八一〇年の勅令で定められた試験制度には、その後、細かな規定が加えられ、一八二六年以来、プロイセンでは、正式に教職に採用される前に、仮採用期間が設けられ、これがのちに見習期間として定着することになる。一八三一年以後、試験の成績によって教師の資格に下級、中級、上級の等級が付けられた。これは、試験の成績によって資格に格差がつくことになるその後の制度の嚆矢である。教職は、この試験制度によって、やがて社会的にも高い評価を受けることになった。一八三三年に書かれた当時の文書によると、「学校の教師は、学問的に優れ、職業上の能力にも長け、十分な手当を支給され、精神的品位ある将来性に恵まれていると考えられ、この身分は、市民社会で、ほかでは得られない格別の尊敬と高い評価を与えられていた」という（フリッケ、一九〇三、二〇ページより引用）。こうした社会的な評価は、法的にも保証されて、一八四五年には、プロイセンの文部省から、ギムナージウムの教師の給料は、裁判官と同列とするという原則が出されている。もっとも、この原則が実際に施行されたのは十九世紀末になってからであった。それまでは、高等学校の教師の法的ないし経済的地位をどのようにするかについては、政治的に激烈な論議を呼んだものであった。これは、「高校教師問題」として無数の書物に取り上げられたものである。高校教師の試験規定も、この時期には、大幅に改定されている。その際、学位をどのように評価するかがまず問題にされ、一八二六年以来、学位所持者でも、教員試験は免除されず、ただ試験のうちの論文試験に当たるものを、学位論文で替えることができることになる。のちには、この規定にも、さらに制限が付いて、学位論文のテーマが受け持ちの学科に関係するときにのみ、論文試験に替えることができるものとされた。教員試験では、当初は文献学、歴史、数学が必修科目として課されたが、一八三一年から、必修科目のうちの一部を他の科目に替えることもできるようになり、教職の専門化が行われることになる。十九世紀にはさまざまな教育改革が試みられ、教員試験の規定も変わっている。とくに、ドイツ帝国の発足後には、教師の養成と採用には、決定的な規定が作られている。一八九〇年の「十二月会議」と一八九二年の「高校教師の称号と格付けについての最高条例」で、「高校教師問題」は法的にも決着が付けられた。それによると、教師は、少なくとも六学期間の大学在籍が必要とされ、試験の内容も試験規定で詳しく定められ、試験委員は大学教授と現場教師が半数ずつで構成されることとされ、また試験の成績によって、教員の資格が二段階に格付けされることになった。一八二六年以来、一年間の仮採用期間が設けられていたが、一八九〇年からは、これに加えて、高校教師の卒業後の実地研修のための教員ゼミナールが設けられている。こうした措置で、高校教師の職業化が完成していったのだが、その他の小、中学校の教職については、二十世紀になるまで手がつけられていない。

教員試験の準備は、哲学部で行われた。教員試験は、国家試験ではあったが、次第に哲学部の卒業試験の形態を取るようになり、ドクトルの学位を取ることは、この卒業試験に通るのに不利になっていった。国家は、官職に就こうとするものの資格に直接の関心をもっていて、資格認定を大学教授だけに任せることを望まなかったために、大学教授と現場教師とが同等の権利で試験に関与したのだが、この機能の分割は、教育制度全般の担い手であった官僚的秩序国家の新しい役割から必然的に出てきたものであった。国家は、官吏を雇用し、俸給を支給するが、他方では、教師の学問的レヴェルを高めるために、そうした人材の養成を大学に委任していたのである。教職はもはや聖職禄を受けてなされる仕事ではなく、れっきとした職業となって、そのためには、大学で実践から離れてじっくり理論に取り組む準備期間が必要とされた。理論と実践とがこのように分離されていた中で、試験委員にその両者の代表が半数ずつを占めたことは、大きな意味をもってくることになる。現場教師たちは、資格認定と採用に際して、方法論上＝教授法上の基準を持ち込んだからである。それゆえ、教員試験の構造は、学校運営者たちの理論上の考え方と実践的＝教育的期待とをあとから結び付け、大学卒業の資格と官吏の補充とを重ね合わせたものになっていて、紛糾の火種を多く内に秘めるものであった。

身分上の独占的地位を打ち破り、国家によって資格をコントロールし、教職をきちんとした職業にすることのほかに、教員試験にはまた明らかに、十八世紀に低迷の極に達していた教育制度を改善しようという目的もあった。しかし、マイヤー（一九六八、七六八ページ）が、改革意図は階級的に中立的なものであったとの仮定から、「プロイセンの学校制度は、十八世紀末には、上流階級の学校――つまりギムナージウム――から発展したのではなく、貴族や上流市民層の子弟が通わなくなって、レヴェルが落ち込んでいたギムナージウムを、すべての階層のための高等教育施設にしようとの試みから出来たものである」としているのは、「下層階級の大学進学熱に水をさす」特権がいくつもあったことから見ても、にわかには賛成できない。リベラルなプロイセンの改革派官僚が、十八世紀末と十九世紀初頭に、学校制度を市民のすべての層に開いて、貴族と上流市民階層の教育の独占を打破しようと努力したというのは、おそらく当たっているだろう。しかし、十九世紀の経過する中で、高校制度は、とくに中流、上流の市民層の関心に応えるエリート的教育理想の担い手になっていた。ギムナージウムないし高等教育施設は、原則的に、なるほどすべての社会階層に開かれてはいたが、社会的現実の中では、なによりも貴族と上流市民階層を国家の教育制度と融和させようとするものであった。それゆえ、教育制度の改革、とくに教員試験の制度化は、高校のレヴェルを高め、国家にこのレヴェルのコントロールをさせる方向のものであった。

フリッケ（一九〇三、二〇ページ）の評価によると、このことは実際に成功したように見える。「高等学校は、教師の身分とともに、著しく高い評価を受けるようになっていった。……しかし、高等学校のこの高い名声は、その内部では、上流階級がその子弟を私立の学校に通わせるのをやめて、王侯でさえもその子弟を公立の学校に入れることを拒まなくなることで、博されたものである。こうして、国家と社会は、高等学校とその教師の身分の名声が高くなったことから、最大の利益を引き出していた。」教員試験の導入とともに、資格の基準も、外に向かって示されることになった。しかし、国家によって統制された資格は、貴族や上流市民階層の子弟を公立の高等学校へ新たに殺到さすことにつながったばかりでなく、また学校制度を、小、中、高の三つに厳格に三分して、社会的差別をはっきり浮き彫りにし、さらに教師の物質的な待遇でも新採用者の選考においても、社会の差別構造を引き写したものになっていった。

六・八・二　司法試験

教員の養成、その資格試験、任用規定のすべての要素が整えられたのが、十九世紀になってからであったのに対し、法律家と官吏のそれはずっと早くに出来上がっていた。国の行政職や司法職に就くためには、十八世紀からすでに、大学で法律を修めていることが前提条件とされており、さらに、現場で実務修業をする司法官試補や研修生の制度もそれに付け加えられていた。絶対主義国家は早くから、一方では古い身分の貴族の独占を打破するために、他方ではその官僚たちの資格をコントロールできるようにと、詳細な試験と選抜のシステムを作り上げていたが、これは、学問的な資格と実務能力を求める特殊な構造のために、実際には、社会的な選別機能として働き、官僚機構を社会的に同質なものにしていた[17]。こうした経過が最も早く起こっていたのは、プロイセンで、すでに一七九四年のプロイセン普通法には、資格証明のない者はなにびとも官職に就くことを得ずと規定されていた。こうした規定は、三月革命前期の他のドイツの国家のたいていの規則や指令に取り上げられている。

しかし、国によって、理論と実践に充てる期間の割合はさまざまに異なっていた。プロイセンでは、十九世紀前半には、大学での勉学はなによりも教養を身につけるためのものと考えられていて、実務教育は、卒業後の研修期間に行われるべきものとされていた。したがって、プロイセンでは、法学部の学生にも、哲学、文献学、国家学、歴史学の履修が学則ないし履修要項に定められていた。特殊な法律的知識は、仮採用期間ないし研修期間に獲得すべきものとされた。そのために、理論の勉強と実地教育との間には、分業が行われ、大学は、新人文主義の教育理想を植え付け、社会的資格を授けるところとされ、本来の国家の理論や、憲法上の思考は、官僚たち自身によって教えられていた。この時代に法思想の最先端にいたのは、プロイセン政府であって、法律の進歩と解釈への決定的な推進力は、大学ではなく、政府の行政側から出されていた。

ヴュルテンベルクでは、まったく違っていて、国家理論や法律学は、大学で教えられていて、実地研修の期間はそれだけ短くなっていた。プロイセンでは、大学が三年間で、研修が四年間であったのに対し、ヴュルテンベルクでは、大学が四年間、研修が一年間と大きな違いを見せている。バイエルンとバーデンでも、教育の重点は大学に置かれ、少なくとも三年ないし四年間大学で学ばねばならず、これに対し、研修は一年間でよかった。

プロイセンと南ドイツの諸国との相異は、その発足の状態の違いからきているものであった。プロイセンでは、十八世紀から十九世紀への変わり目に、なによりも官僚たちが、社会的、政治的進歩理念の担い手であって、フランス革命に触発されたのと、プロイセンがナポレオン軍に破れたこともあって、リベラルなプロイセンの官僚機構が、改革に取り組むことができた。アレクサンダー・リュストフの言う「プロイセン王国の、真の、枢密の、輝かしい革命」と名付けられるものである。プロイセンの官僚機構は、理想主義に専念することで、理念の中で社会的諸矛盾を揚棄することに努め、上からの改革によって革命勢力から社会の現状を守ろうとしたのであった。このためには、一般的な国民教育が不可欠だが、とくに公僕たる官吏には、新人文主義で要請された自己実現と自己倫理の確立が模範的に要求されねばならないとされ、国の行政や司法の職に就こうとする者には、大学でできるだけ普遍的な教育がなされるべきとされた。こうした考えから、一八〇八年と一八一七年の法学部教育に関する政府の命令では、官職に就こうとする者は、大学の卒業試験で一般的知識においてできるだけ良い成績を上げておくようにと、要求されている。文部当局側からも再三、司法職に就こうとする者に、哲学、歴史学、文献学の履修が要求された。一八一六年、プロイセンの文部省は、ブレスラウ大学での「実利に関係する学科での学生の実地教育」を取り入れようとする改革案に抗議している。

これに反して、南ドイツでは、古くからの身分や官房学ないし国家学がずっとあとまで残っていて、改革志向の官僚機構はほとんど発展することができずにいた。その上、ここには、理論的省察よりもむしろ技術的効果を重視するフランスの中央集権的ナポレオン政府が直接の影響を与えていた。そのためもあって、南ドイツの諸国家の政府には、国家の理論的、法律的思考は育ちえず、行政官吏、司法官吏の法律教育は、もっぱら大学で行われ続けた。しかし、こうした相異は、理論と実践の分け方だけにあるのではなく、試験形式もそうだが、教育制度や試験制度による社会的選別の仕方にも認められる。プロイセンでは、学生は、司法官試補《アウスクルタトール》のための試験を受けて卒業し、一年間の研修ののち、裁判所ないし政府の研修生《レフェレンダール》試験を済ませ、さらに三年後に、判事補《アッセソール》（ないし上級職官吏）試験へと進む。試験は、筆記と口頭に分かれ、試験委員会によって行われた。試験委員会は、試補試験の場合、大学教授と実務家のそれぞれ半数ずつで、その他の試験ではすべて実務家だけで構成された。一八四六年の「上級行政官僚の資格についての規定」では、上記の三つの試験がさらに明確に規定され、試補試験は、法律的要素の方を一般教養的要素よりはっきり重視するものになり、大学教授と実務家の半数ずつが同権で構成された委員会の前で行われ、研修生試験の委員会の議長には県知事が当たることとされ、上級職官僚任用の場合は、上級試験委員会が試験を行うこととされた。

しかし、こうした形式上の規定以上に重要だったのは、長期の実務研修期間が無給だったことである。一八〇八年と一八一七年の政府の命令では、研修生試験の受験者は、「任用までの期間、自費で十分な生活のできる者」と規定されていた（ブレーク、一九七二、一二四ページより引用）。選抜の基準には、学問的資格に加えて、経済的な裏付けも重視された。一八六三年の政府命令には、研修生試験受験者は、大学卒業後十年間、無給で生活できる証明が必要とまで規定されている。（もっとも、一八八三年、この期間は、五年に短縮された。）ブレーク（一九七二、一二四ページ以下）によると、こうした経済的な選抜基準にさらにもう一つ選抜基準があった。「選抜基準として高い教養が原則とされ、才能ある者すべてに官職の門は開かれているとされてはいたが、実際に政府の上級職に任用される際には、この原則は、経済面の配慮だけでなく、政治的、社会的配慮によっても、大きく制限されていた。法務官僚は、試験に通った者の研修勤務をそれぞれの段階で引き受ける義務を負っていたが、中央政府で研修をする者の受け入れは、県知事の自由裁量で行われた。県知事の決定に際しては、官僚層の社会的、政治的同質性への配慮が、大きな役割を果たしていた。十九世紀も時が経つにつれて、県知事は、若手の官僚たちが行政官僚としての高い社会的な意識、いわば貴族的自意識をもつことを次第に重視するようになっていった。」こうして、長期の実務研修は、社会の上流階層の諸価値と行動規範を身につけさせるという使命をもつようになっていた。これは、十九世紀初頭の大学での教育ではとても期待されなかったからである。研修のもつこうした機能は、十九世紀後半になって、君主主義的＝権威主義的国家構造と市民社会との競合する中で官僚主義的考え方が強まってくると、ますます重要なものになっていった。

プロイセン以外では、官僚主義はそれほど目立った発展はせず、法律の試験にも、プロイセンほどはっきりした特徴は見られない。試験制度は、より強く大学と結び付けられていて、大学が、行政や司法の上級職のための本来の準備の場であった。これが最もはっきりしていたのは、シュレ＝スヴィヒ＝ホルシュタインの官吏試験である。ここでは、一七九五年以来、上級裁判所の所長と評議会によって試験が行われていて、受験の唯一の条件は、少なくとも四年間、大学で法律と哲学、歴史などの一般教科を学んだことで、実務研修は必要とされていなかった。試験では、理論的知識と実際上の知識が問われ、試験に合格すれば、それだけで裁判官にも行政官僚にも弁護士にもなれた。バイエルン、ヴュルテンベルク、バーデンでも、官僚と裁判官の養成はほとんど大学で行われており、一年間（一八三〇年からは二年間）の研修期間が付け加えられているだけであった。学生は、大学教授による理論の試験――これは、一八三〇年以後、国家の監視のもとに行われた――を受けて卒業してゆき、研修後、裁判官と実務官僚からなる「常置委員会」による試験に通ると、国の司法職、行政職、あるいは弁護士、公証人になることができた。

諸国のさまざまに異なる規則は、ドイツ帝国創立後、プロイセンを模範にして、これに合わせて統一されていった。一八七九年以来、試補期間を終えたあとの試験は、県知事による形式的な研修生任用通知に代えられ、三回あった試験が二回に減らされた。以後、三年ないし四年間、大学で学んだのち、大学教授と実務官僚で構成された委員会の筆記と口頭の試験に通れば、試補ないし研修生になることができるようになった。三年間の研修後、裁判官と法律専門の実務家からなる委員会の大国家試験が受けられた。この試験は、司法、行政の上級官僚としての資格を与えるものであって、合格がそのままそうした職に就けることと直結してはいなかった。こうした試験構造は、小さな変更はあったが、第一次大戦終結時まで存続し、その基本的構造は、現代にまで残されている。

法律関係の後継者の資格認定と補充のメカニズムは、ドイツの十九世紀の現実の中で、行政を法律家が独占する事態を招くことになる。こうした法律家の独占は、表面的には、専門的、学問的基準を強調した結果起こったこととして正当化されてはいたが、実際には、後継者の補充は、圧倒的に政治的、社会的基準に従って行われていた。十八世紀末から十九世紀初頭に、リベラルな改革によって、封建的、身分的制約を解消することができるとして構想されたものが、十九世紀の経過の中で、ヴィルヘルム帝政ドイツの再封建化の道具に発展していた。十八世紀初頭には、プロイセンの行政官僚の七五パーセントもが市民階級の出であり、貴族出身者は二五パーセントにすぎなかったのに、十九世紀末には、両者の比率が完全に逆転していて、法律の資格試験を次々と受けねばならない行政官僚職は、圧倒的に貴族に占められるようになっている。この比率を調査したブレークは（一九七二、一六一ページ）、こうした経過を招いた責任は、なによりも試験制度のもつ高い社会的選別機能にあると言う。「政府機関での実務研修者を選ぶ際に、試補たちが詰まっている大きな壺の中から当局がつかみ出すのは、官僚体質の政治的、社会的同質性という構想にかなう人物たちであった。研修生たちは、市民的でリベラルな者と貴族的で保守的な者とに分かれていて、前者は法曹界にとどまり、裁判官や地方の行政機関の後継者になっていったのに対し、後者はプロイセン王国の中央政府の研修生になり、現在および将来の支配権力の中枢にいることから、法曹界の同僚たちを見下していた。上級行政職は、保守的‐貴族的風潮の保護区域になっていて、市民階級出の者は、締め出されているわけではなかったが、そこに入るためには、こうした〈国家を担っている〉階層のエリート的な意識や行動に順応することが前提条件となっていた。後継者が、官吏や法律家の子弟から補充されることが多くなり、こうした自家補充によって、価値や行動の職業上の不文律が子供の時から叩き込まれた者が増えてゆくにつれて、こうした順応はますます自明のことになっていった。プロイセンの官僚たちの高学歴のために、こうした寡頭制的‐貴族的傾向には、独特の教養豊かな気風が縁取りされていったが、教養原則が、後継者補充に当たって、社会的、政治的配慮を押さえ込むまでには決して至らなかった。」

官僚の自家補充傾向は、コンラート（一八八四）の調査でも証明されていて、十九世紀の最後の三分の一には、法学部の学生のおよそ半数が、教師、牧師、士官を除いた官吏の子弟であった。子弟に大学で法学を学ばせることは、官吏の特権になっていた。

六・八・三　医師試験

医師の養成においても、十九世紀に、大学の学位と国家試験との分離が行われた。(18) これまで医師試験は大学で行われていたが、十八世紀に設立された「医師養成所《メディコ・ヒルルギシエ・アンシュタルト》」で教育されていた軍医のための特別の試験が行われたのが最初で、大学とは離れて国家試験が行われるようになってゆく。十九世紀初頭の数十年間は、医師の認定は大学に委任され（プロイセンでは一八二五年）、二級外科医、一級外科医、医学ドクトル、内科＝外科医学ドクトルの四種類の試験に分かれて行われていた。一八四八年に「医師養成所」が廃止されてからは、こうした種類分けはなくなって、すべての医学生は、試験に合格したのち、「一般医、外科医、産科医」と呼ばれるようになる。試験は、国の試験委員会によって行われ、理論と実践にわたってその知識が問われたが、そのほかに、哲学部門（論理学、哲学、心理学）の知識についても、「哲学試験《テンターメン・フィロソフィクム》」と言われる予備試験が行われた。のちに、この試験は、「基礎科目試験《テンターメン・フイジクム》」ないし医学部《フイ》前期試験《ジクム》として定着する（一八六九年から）。国家試験に合格すると、服務宣誓をして、開業免《リツエンテイア・プラクテイカン》許《ディ》が与えられる。学位は必要ではなかったが、たいていの場合、学位も取っている。いくつかの大学では、開業医になろうとする者の学位と、大学教師になろうとする者の学位とを区別していて、前者の場合は、学部での口頭試問だけでよく、後者では、それに加えて、筆記試験が課された。十九世紀後半に、これも統一され、どちらの場合にも学位論文と口頭試問が課されることになる。大学の教師になるためには、一般にさらに教授資格試験を受けねばならなかった。

開業免許は、当初は、所属国内でのみ有効で、地域制限があったが、国民国家に発展して、医師の移動が激しくなるにつれて、実状に合わなくなり、包括的な取り決めを求める声が高くなり、営業条例にまず取り上げられることになる。ヤストゥロウ（一九三〇、二二一ページ）によれば、十九世紀の医師は、国民国家の成立を強く望む職業の一つであって、「北ドイツ連邦成立後、一八六九年の営業規定の所産として普通言われているような、医師の身分の、したがってまた医師試験制度の、新しい規定について、今日の医師世代には、歴史的事実に合わない一つの伝統が出来上がっていた。〈医師の営業条例の順守〉は、医師たちに無理強いされたリベラルな教義一点張りの結果だと考えられているのがこれだが、実際は、医師層自身の中から、三月革命前期の放置できない状況に対する不満が、噴き出していた。ドイツ連邦では、三八もの異なった医師試験が行われ、開業権についてもそれと同じくらいの数の異なった規定があった。たいていの規定では、医師の置かれている地位は、文書運搬とか規定の手数料などを受ける役人並のものであった。……いくつもの国では、医師は、（十八世紀のシステムそのままに）いまだに決められたことしかしてはならなかった。帝国統一への機が熟しつつあった中での自由主義的立法で、営業条例は、手初めに取り上げられたテーマの一つであったために、医師たちは、それが近代的な規則になることを切に望んでいた。つまり、営業の自由を切望していた」。

こうして、医師という職業は、新しい統一国家の経済政策、秩序政策から法的に利益を得た最初のものの一つに数えられる。営業条例によるこうした規定を補完する形で、国家試験規約も一八六九年の「連邦参議院試験規則」によって統一された。さらに、社会立法が次々となされ、疾病保険金庫が発展して、とくに一八八三年以後、これらが医師開業免許規定の成立に影響を及ぼすようになって、医師の職業は、法的に固定されていった。こうした経過の中で、十九世紀中頃まで実際の治療に長けていたために繁盛していた「もぐりの医師」に対して、大学出の医師の地位が、最終的に確実なものになった。医師の職業は、国家試験と開業免許と社会政策上の諸組織の側からの単独承認とによって、法的にも保護され規格化された。

十九世紀後半に医学が急速に進歩し、なによりも自然科学的方法によって疾病の研究と治療を行うようになったことも、医師の職業の発展に極めて大きな貢献をしている。治療面での目覚ましい成果に加えて、大学で行われる医学は、自然科学の進歩－イメージにも参画することができた。世紀前半には、医学部の教授は、しばしば社会的にも活躍していたが、十九世紀後半になると、実験的自然科学に没頭して、次第に社会的関連を失っていった。

医学が発達し、専門に細分化していったために、次第に専門学科が制度としても必要になっていった。新しい知識は急激に増え、もはやすべての医学者には――したがって大学の教授でも講師でも、いわんや一般の医師にも――精通し切れるものではなく、大学内部でも、専門家にしか扱えない専門の学科が出来ていった。このために、研究と治療の中心地（とくに付属病院や研究所など）が拡充される一方、助教授、私講師、客員教授が増員されていった。これが医師国家試験にも関係してきて、試験の範囲が全体的に大きく広がり、「全科に通ずる万能家」である正教授にしか試験をする資格がなくなり、理論と実践の双方が試験に持ち込まれることになった。医学部の学生の実地の技能は、十九世紀末には、すでに試験によって試されていた。この時期には、専門学科がそれぞれに試験科目に割り込もうとしたために、試験の内容が過剰になり、それに対する批判の声が高くなっていて、受験者の負担を軽減するために、一般領域に通ずる正教授ないし付属病院長たちだけで試験を行う試みもなされていた。しかし、医学は専門領域への分化を強めていて、第一次大戦前にすでに、専門医——一般医、外科医、眼科医、歯科医、産科医など——の養成が始められている。もっとも、こうした傾向が一般的になるのは、二十世紀になってからである。

医師国家試験制度は、十九世紀に急速に発展していって、医師という仕事の職業化と専門化をもたらすことになった。ここにはすでに、のちに大きな意味をもつことになる資格政策の諸要素が認められる。

六・八・四　技師試験

工業専門学校が高等工業学校に、さらに工科大学に発展してゆくとともに、この領域でも、試験制度の問題が起こっていた。(19) もともとこの制度は、国家行政のための技術官僚を養成するために作られたものであった。国の官僚の監視下に行われる試験は、この意図に沿うものであった。試験に合格すると、「国家試験合格技師」の称号が与えられ、これに専門別の詳しい名称を付け加えることができた。しかし、産業化が進む中で、ますます自然科学‐技術関係の人材が必要になったとき、国の専門学校では需要に応えることができなくなり、工科大学への改組が促進されていった。私経済の目的にとっては、国の技術官僚の補充のための試験基準は、もはや十分なものではなくなっていた。新しい試験制度を要求する声は、称号への要求と同様に激しいものとなっていた。十九世紀中葉以来、ヤストゥロウ（一九三〇、七四ページ）によると、高等工業学校ないし工科大学の卒業生の地位問題は、公の場で盛んに論じられた。「〈大卒者〉の中の新しい、やがては大きな力をもつことになる身分、つまり学問的修業を積んだ技師たちのグループは、次第に数を増して、大学出の〈教養層〉の中に割り込んでいった。世紀中葉以来の彼らの自己顕示要求は、自意識が強まるにつれ、断固たる態度で、〈身分問題〉、〈社会問題〉、さらに〈称号問題〉として表に出てきた。」

技師という職業の重要性はますます増していたのに、技師という称号は、法的、社会的にそれに見合った形では通用していなかった。総合大学側は、技師の称号の格上げには強く抵抗していて、総合大学とその担当監督官庁は、長年、技師の称号をまったく承認していなかった。一八六〇年から一八八〇年の間に、高等工業学校が工科大学に改組されて以来一般になっていた「工学士《ディプローム・インジェニュール》」という称号は、総合大学からは、工科大学を卒業した証明としてしか認められず、大学の学位とは受け取られなかった。工科大学は、当初、学位授与権をもっていなかったので、十九世紀後半には、工科大学の多くの学生が、学位を取るために、総合大学に移っていたが、工科大学で修めた科目は、総合大学においては、その一部しか認められなかった。工科大学での卒業研究は、さまざまに総合大学での学位取得の基礎にされたが、総合大学の教授たちからは、――マーネゴルト（一九七〇）が収集した不平の声によれば――こうしたやり方は、さまざまに批判されている。

こうした背景を知って初めて、世紀後半に激しく荒れ狂い、大きな政治問題になって、文部大臣の辞任にまで発展した工科大学の学位授与権をめぐる長期の争いが理解される。称号問題は、一つには、既存の総合大学と並ぶ新しい教育施設の設立問題であったが、また、新しい職業の出現の問題でもあった。新しい教育施設に、社会的に認められている既存の称号を与える権利と正当性の是非をめぐって争われたのだが、同時に、それは、その学問的地位をめぐる争いでもあった。学問の何たるかを定義する権力は、歴史をもつ既成の教育施設が握っていて、新しい施設は、こうした定義の独占に抗することによってしか地歩を築くことはできなかった。総合大学は、伝統と規範化された学問と新人文主義の教育理想（パンのための学問に抗して立てられた理想）、そして政治的、社会的評価とを、楯に取ることができた。さらに総合大学は、学長会議という影響力の強い代表機関をもっていた。これに対抗して、工科大学側は、一八五六年以来、「ドイツ技師同盟」に結束し、技師の称号問題を文筆活動や政治の場に持ち出していた。ところで、議会政治の発展に伴って政党が出来ていて、利益団体の主張のるつぼでもあるこの政党のほとんどすべてに、大学教授、技師、その他の利益代表者が名前を連ねていて、政党はいわば、組織的、政治的争いの最前線であって、ここで、世論はますます政治化されて、対立を激化させていた。一般新聞でも専門書でも、何年にもわたって、技師の称号問題をめぐる総合大学と工科大学の間の争いが繰り広げられていた。

組織的、政治的、経済的、そしてジャーナリズムでの対立が乱立する中で、十九世紀末には、とりわけ化学者の学位授与問題が激しく論議された。この争いがとくにアクチュアルだったのは、総合大学と工科大学が同じように化学の研究を認めていたことによる。それに加えて、十九世紀末には、経済的発展のために、化学専攻の大卒者や化学の専門知識への需要が急速に増えていた。独立した「化学博士《ドクトル・デア・ヒエミー》」を設けるという問題は久しく激しい論議の的であったが、これが、ついに、一八九九年の皇帝の特許状によって、「工学博士《ドクトル・デア・テヒニク》」というより一般的な問題と一緒に、終止符を打つことになる。この特許状によって、工科大学にも学位授与権が認められ、爾後、工学士と工学博士の称号を与えることが許された。(もっとも工学と博士との間にダッシュを入れ〈Dr.-Ing.〉、かつドイツ文字で書くこととされた)。これに対し、総合大学の方は、長い伝統と知識の無限性に結び付くことを強調しようとし、称号をラテン語で書いた。

工科大学の学位授与権が認められたことで、次々と新しい問題が起こってきた。獣医大学、農林大学、商科大学も学位授与権を要求したからである。これは、二十世紀初めの数十年の間に認められることになる。こうした新しい学位構造は、結局、学問の専門分化に対応したものであった。そこではさらに、職業に関係した卒業資格(学士)と学問に関係した上級の資格(博士)とが分けられることになった。こうした学位制度は、十九世紀にまでその基本的形を残していた中世の学位制度からはっきり離れるものであった。専門の特殊な学位が認められたことで、学問の包括的な関連（ドクトルという共通の名称でどうにか保たれていた関連）は、もはや考慮されず、大学構造と職業システムの要求だけが顧慮されたのである。大学の試験と学位は、経済的、組織的打算の産物になっていた。

六・八・五　試験制度と資格制度への批判

教育制度のあらゆる次元で試験制度が細分化されてゆくにつれて、「資格制度」も強化されていった。とくに中学校、高等学校と大学のすべての領域で、十九世紀全体と二十世紀初頭に、「資格」によってなにごとも決められるシステムが確立していった。大学への進学は、ギムナージウムの卒業試験で規制され、「一年志願兵資格試験」（ギムナージウム七年級への進級試験を兼ねた試験）によってそれがさらに強化され、そのほかにも大学進学のためにはいくつもの国家試験を受けねばならないという「資格」のシステムが出来ていた。大学進学の条件としての高等学校卒業試験は、十九世紀初頭にドイツのほとんどの国で義務付けられている。「アビツーア」と言われたギムナージウムの卒業試験に通ると、大学のすべての学科で学ぶ資格が与えられたが、実科ギムナージウムや実科高等学校の卒業試験の場合は、特定の学科での修学しか認められなかった。これが同等に扱われるようになったのは、一九〇〇年になってからである。

一八一四年以来、すべての青年層には三年間の兵役が義務づけられていたが、「教養階層の子弟」で、自己資金で武器と服装と賄いの手当ができる場合には、規定の三年間の兵役期間を一年間で済ますことのできる「一年志願兵制度」があって、これは、社会的にも極めて大きな機能をもつものであった。一年間の兵役を終えると、一般に、下士官として退役し、その後、自由参加の教練を受けて、予備役の将校になることができた。現役の将校になろうとすれば、高校卒業試験を済ませていなければならなかった。この「一年志願兵」になる条件は、当初は、何年間かギムナージウムに通学していたことであったが、のちには、ギムナージウムの七年級への進級証明（ないし同等の証明）があることとなった。その後、「芸術家条項」なるものが出来て、芸術、音楽、学問の特別な才能が認められ、当該の学校へ入学を許可された場合、あるいは軍事委員会の試験に合格した場合、「一年志願兵」になることができた。ブランケルツ（一九六九、一〇八ページ以下）によると、この「一年志願兵制度」は、社会的に極めて重要な意味をもっていて、「一年志願兵の資格をもつと、兵役を短縮できることのほかに、政府の中級官僚への道も開け、機械＝冶金専門学校、芸術大学、農科大学、商科大学への入学も認められ、さらに体育や図学の教師の養成所に進むこともできた。一年志願兵になることは、〈教養階層〉に組み入れられることをも意味していて、中産階層の子弟にとっては、たいへんな名誉でもあった。一年志願兵は、兵役期間中、体にぴったり合った自前の軍服を着用し、待遇も宿舎も優遇され、誰の目にも明らかに〈その他大勢〉とは違っていた。それに、退役後も、一年志願兵はたいていの場合予備役将校になっていて、これが、社会での就職や昇進のチャンスにとって大きな意味をもっていた。決定的なのは、兵役期間を短縮できたことよりは——この時間の節約は、のちに教練への参加義務でいくらかは埋め合わせされた——むしろ、社会的な威信の方が決定的であって、これは、小学校の教師の態度からとりわけはっきり説明できる。一八七二年、教員養成所は、シュティールの規則に定められていた制限から解放され、やがて、ラテン語を教えない高校と同格の扱いを受けるようになるが、長年要求していた資格を獲得できたのは、かなりのちの一九〇〇年であった。小学校の教師は、ほとんどが下層階級の出であって、一年志願兵になってその権利と義務を行使するか、普通の三年間の兵役を務めるか（もっとものちにこの普通の兵役も一年だけになった）は、教師の選択に委ねられてはいたが、経済的基盤の必要なこの資格を手に入れることは極度に困難であって、〈皇帝の軍隊の志願兵〉に応募することもなかなかできずにいた。それにもかかわらず、教員同盟は、自分たちの職業の社会的地位を高めるために、金融公庫や共済金庫から金を借りて、できるだけ多くの若い教師を一年志願兵に応募させようと努力していた。これは、教師の地位を高めるための極めて有利な投資であると考えたからで、借りた金は、何年かかかって返済すればよいとされていた」。

一年志願兵制度のはらむ問題は、十九世紀はもとより、二十世紀初頭になっても、さまざまに小説の題材にもされ、時に戯画化されている。政治の場や新聞雑誌上での議論では、資格制度全体の中に占めるこの制度の大きな政治的、社会的な意味が強調された。しかし、社会構造、職業構造、教育構造は、一方では、急激な産業化によって、他方では、上昇志向の経済市民階層と封建的‐復古主義的な権威主義国家の間の社会的‐政治的妥協から根本的なずれを生じていたのだから、こうした問題設定は、そうしたずれの一要素、それも中間市民階層をとくに主題とする一要素を取り上げたものでしかなかった。試験と証明書によって獲得される資格の細かなシステムは、こうしたずれを克服するための特殊ドイツ的な形態であったが、実際には、これが、市民階級、官僚機構、軍部、貴族の間の協定を支援するものであった。

資格制度の核心は、行政、司法、医療、教育に携わるすべての職業に就くための試験にあった。試験は、もともとは、貴族ないし都市の豪商ないしツンフトがこうした職を独占していた体制を打破する機能をもったものであった。試験制度、とくに大学の学習との関連で行われた試験や国家試験の、こうした解放を目指す当初の目的は、やがて失われていって、試験制度自体の中に、社会的選別のメカニズムが定着するようになり、これが実際には、市民階級と貴族の間の分業的な妥協を可能にしていった——たとえば、法律の国家試験にこれが見られる——。試験制度の解放的な要求は、資格の正当性を認定するだけの表面的なものに変質してしまっていた。官吏や将校になろうとする場合、もはや貴族の家系の出生証明書がものをいうことはなくなり、試験の合格証書が決定的なものになり、新人文主義でいう、血統の上の貴族に代わって、精神の貴族が登場すべきであるとの理念が、前面に出てくることになった。それにもかかわらず、精神の貴族は、形式の整った教育制度、つまりギムナージウムや大学、の中でしか得られず、これらは、したがって、決定的な社会的選別機能をもつことになった。しかも、こうした教育制度は、市民階級と貴族の手に相変わらず握られていた。採用基準として、市民階級ないし貴族の出自に代えて「資格」を用いるようになって、なるほど社会正義が行われているとの印象が強まりはしたものの、——これは、社会的矛盾が次第にはっきりしてきたことによってあわてて提出されたものでもあった——資格の概念が曖昧であったために、市民階級と貴族は、その間隙を突いて支配権をめぐって妥協することになる。

ブランケルツ（一九六九、一一〇ページ以下）は、資格制度のために、市民階級と貴族が、新興の労働者階級に対抗して、これまで以上に緊密な同盟を結ぶに至ったことを指摘している。「資格制度は、早くから、その政治的方向を転換していて、単に貴族の特権に対する市民階級の武器であるだけではなく、より強力な形で、産業化の波に乗って台頭してきた労働者階級に対抗する道具になっていた。というのも、社会では誰もが形式的には同権になったとはいえ、政治的権力はもっぱら資産家の手中にあったからである。国の官職に就こうとしたり、社会的に重要な機能をもつ地位を得ようとすると、資格がいるわけだが、その資格は、資産家層の子弟しか行けない学校を出ていなければ取れなかった。資格制度は、……いわゆる高等一般教育施設の卒業を前提にして出来上がっていて、職業上の能力証明は、まったく意味をもたぬか、もってもほんのわずかでしかなかった。新しい産業内での職業教育でも、上級の資格を取るためには、一般の高校卒業資格が必要とされ、以前は職業教育の内部で可能であった昇進が抑えられ、ついには完全に閉ざされて、労働者たちの技術向上意欲はますます阻害されていった。」

中世以来、手工業や商業には、たとえば、親方―職人―徒弟という三段階のツンフト組織上の資格があったが、これは、十九世紀の試験によって決められる資格制度とは比較することはできない。手工業や商業での人手の補充は、職能団体によって手配され、社会的選別を正当化する方向のものではなかったからである。「一般の」教育ないし修業と「職業上の」それによって得られる資格の間の曖昧さが次第に整理されて、資格制度もやっと意味をもつようになり、「資格」を補完するものとして「業績」というカテゴリーが持ち出されてきた。これは、もともと、社会的、政治的に重要な地位を要求する市民階級が、そうした要求を正当化するために用いたものであった。封建的、ツンフト的社会形態では、労働とその成果の責任は、団体で取っていたが、市民階級は、そうしたやり方に反抗して、その責任を個人で取ろうとしたのであった。そこでは、リベラリズムを旗印に、「幸福は自らの手で築くもの」とされ、幸福は、結局、経済的、社会的成功の形で現れるとされた。封建貴族や協同組合的な手工業、商業の場合とははっきり一線を画して、計算できる経済的利潤の大きさと計測できる教育業績の形で、成果は表現されるものとされた。業績は、身分とは関係をもたない要素であって、その責任は個人が負うことになり、形式的には、すべての個人がこうした業績を上げることができた。これが、啓蒙主義教育学の社会批判的なモチーフだったのだが、実際には、意図に反して、教育が所有と結び付けられ、さらに一般教養としての教育が労働過程と切り離されたために、啓蒙主義教育学の起爆力も失われていった。所有と教育の結合には、新人文主義によって、人間の自己実現と自己倫理の確立という建前から、職業に関係した実践的な教育要素はむしろ障害になるとして、イデオロギーの縁飾りも付けられた。とにかく資産を有する階層にとっては、こうした教育理想は歓迎すべきものであった。彼らには、職業に関する実践的資格は、職業上の労働に直接に頼っていた無産階層にとってより、はるかに価値の低いものだったからである。

業績という概念は、さらに、自然科学と技術の発展から大きな刺激を受けていた。業績は、社会的諸条件から独立して普遍的に働き、その上、一見厳密なものとの印象を与えるという意味で、非歴史的な概念であって、自然科学の領域で、次第に重視されるようになる。自然科学上の業績を利用することで、自然科学－技術は、明らかに発展してゆき、それに伴って経済的発展も加速されていった。産業化が急速に進んでいるとの考えから、非歴史的で一見厳密な業績概念が流布されていったのだが、一見階級中立的に見えるこの概念も、実際は社会的諸条件を度外視しえないものであった。十九世紀には、この業績概念は、次第に強く試験制度、資格制度に取り入れられてゆき、そこでは、徐々に一見厳密な業績概念が大手を振って闊歩するようになってゆく。優劣がはっきりし、将来の力量の予測がつく業績は、自然科学的業績概念にも対応していて、重要な地位に人材を抜擢する際の効率のよい基準とされた。

しかし、業績概念は、資格制度に取り入れられるようになるや否や、社会的なさまざまな理由から、漠然としたものにならざるをえなかった。というのも、職業構造が急激に変化していったために、基準としての資格そのものが不明確になっていたからである。その上、学校の修了証書は、——ヴェーバー（一九六四年、七三六ページ）によると、十九世紀から二十世紀への変わり目の時点でのこととして強調しているが——社会的な特権を与える新しいメカニズムとなっていて、その構造は、封建社会の諸制度と極めて類似しているという。「こうした経過は、なによりも専門分野の試験で獲得した免許状の社会的威信によって強力に推進された。さらにそれが経済的利得にもつながっていたのでなおさらである。かつて、身分の対等性の前提、寄付能力の前提とされたもの、そして貴族が社会的に権勢を誇っていたところでは、また国家の官職資格の前提とされたものが、貴族家門証明であったとするならば、いまはそれが、大学の卒業証書になる。総合大学、工科大学、商科大学で学士号が与えられ、あらゆる領域でそれぞれの領域に関する学士号が求められるようになって、会社やその支社で特権階層が形成されてゆくことになる。学士号を所持していると、名士有力者の閨閥になることもでき（支社でも、当然、支店長の娘を手に入れると出世の道が開ける）、出世を約束された〈キャリア〉のグループに入り、働きに応じた報酬しか受けないのではなく、〈身分にふさわしい〉高給を支給され、確実な昇進と老後の保障と、なによりも後進の学士号候補者たちのために、社会的、経済的に有利なこの地位を独占しておくことができる。あらゆる領域できちんと整った教育過程と専門の試験制度の導入要求が声高になっているが、これは、どう見ても、〈向上心〉が突然に目覚めたのではなく、学士号所持者のために地位の提供を制限し、これを独占しておこうとする努力の現れでしかない。こうした独占化にとって、いまでは、試験が普遍的な手段であり、それゆえにこそ試験がとめどなく広められているのである。そして、学士号を取得するには、莫大な費用と待機期間が必要であるので、そうした努力は、同時に、金持ちのために、才能（それも〈特殊な才能〉）を抑圧することをも意味する。——というのも、学士号を取るのに、〈精神的な〉出費は、いつもほとんどかからず、大量生産したとて、出費が嵩むどころか、かえって安上がりだからである。」

特権をもつ上層の地位が学士で埋められたことから、社会的構造の特徴に変化が生まれ、資格制度、試験制度に「経済と社会の官僚化」（ヴェーバー）という形の決定的な次元が作り出されている。もっとも、当初は、新しい中間官僚層は出現してこず、むしろ、市民階級と貴族の間の支配をめぐっての妥協が行われているだけであった。

こうした支配をめぐる妥協は、間接的にではあるが、ヘーゲルによってすでに理論的に擁護されている。ヘーゲルの見解によれば、政府の業務は、客観的に行われるべきものであるが、それを実行するのは、主観に左右される個々人である。この両者の間には、直接の〈自然な〉結び付きはない。家柄も生まれながらの個性も、官職に就く資格ではないからである。特殊なものに対して一般普遍的なものを政府の原理として貫徹するためには、官職に就く前に、資格の証明がなされねばならず、そのためには、試験が、理性の実現として、最も適切なものと思われる。こうして資格を証明された応募者が、任用された暁には、理性のさらなる貫徹のために必要な国家意識の担い手となる。

こうした観念論的な理論構成こそが、極めつきの市民《ブルジョア》的なものだとしたのは、マルクスである。国家試験のもつもともと解放的な内容は、十九世紀の社会的現実の中で、教育と所有を市民階級に都合のよいように結び付けることで、その機能を変えてしまっているからである。市民階級が、社会的解放に関心をもつのは、「社会全体がこの階級の状況にあるとき、つまり、たとえば金と教養を所有し、ないしは任意に所有できるとき」だけだと言う（マルクス、一八四三、一八五七、二〇〇ページ）。市民階級が国民のすべての教育に興味をもつことはありえないのであって、それゆえ、社会が教養ある者と教養のない者のヒエラルキーを内蔵している限り、そして教養ある者が、その思考に寄せられる尊敬をかさに、教養のない者を支配するのが当然とされる限り、必然的に「ナンセンスのヒエラルキー」が作り上げられることになる。支配のメカニズムは、無教養な者に対する教養ある者の主導権を「合理的」に見せるためにつくられた試験制度、資格制度によってのみ、機能しうるという。マルクスは、ヘーゲルとは違って、国家試験における現実の諸制度を、市民社会と官憲国家とをつなぐ中間リンクと考えていたのに対し、ヘーゲルにとっては、国家試験は、すべての個人に「一般の身分」、つまり一般の利益、に身を捧げる可能性を与えるものであった。マルクスによると、ヘーゲルの考えはここで破綻していることになる。「一般の身分」は、試験によって、官僚の特権になり、一般的なものから切り離されるからである。それゆえ、マルクスによれば、「一般の身分」は、決して一般的なものではなく、特殊なものであって、これが現実には、市民階級の特権を支えながら、一般的なものに敵対的に振る舞うことになる。「〈試験〉は、一種のフリーメーソン規定にほかならない。市民の知識を特権として法的に認知することにほかならない。〈官職〉と〈個人〉との〈結合〉、市民社会の知識と国家の知識との間のこの客観的な帯、これが試験であって、知識に官僚的な洗礼を与えるもの、平凡な知識の聖なる知識への全実体変化を公的に認知するものにほかならない（どんな試験においても、試験官はすべてを知っていることが自明とされる）」（マルクス、一八四三、一九五七、二〇一ページ）。このように、マルクスは、試験制度、資格制度が、階級特有の形で市民階級だけの利害を官憲国家の一般利害と和解させるとともに、形式上は平等のような印象を与えていると、試験制度、資格制度の核心を突いたのであった。マルクスは、市民階級の諸条件のもとでは、教育が、職業と教養を分離させ、形式を整えた教育制度と官僚的職業システムを別々に発展させているとして、その形式のもつ社会的規定を分析したのであった。

資格制度と試験の弊害への鋭い攻撃は当時も盛んになされていたが、それらの分析のどれよりも、マルクスの批判は、核心を突くものであった。資格制度を批判する出版物は、とくに一八七〇年から一九三〇年までの間に数多く出されている。このことは、一つには、既述の「一年志願兵制度」と関連しているが、また教育制度、職業システムのすべての領域に試験が行き渡っていたこと、さらに「大卒者の職場の超満員」という事態とも関連していた。とくに、大卒者の数と重要な地位の数が表面上不一致であったために、「精神的労働者の就職難」に対する警告が溢れることになるが、その論旨は、「大卒プロレタリアート」に対する現代の警告とまったく同じで、試験制度に介入することで、大学への学生の殺到に影響を及ぼそうとの試みが繰り返し行われていた。

他方で、十九世紀全体を通じて、試験の及ぼす破壊的な心理的結果が、再三嘆かれている。帝国宰相のビスマルクさえも次のように言ったという。「われわれは、試験試験と追い立てられて破滅寸前だ。試験に通った者もたいていは、精力を使い切ってしまって、なにごとかに積極的に取り組むことができず、差し出されるすべてをできるだけ拒否しようとする。最も悪いことは、こうした試験を見事に通ってきたからと、自分たちの能力を買いかぶっていることだ」（パウルゼン、一九〇二、四四二ページより引用）。とくに、大学の試験制度、資格制度は、十九世紀に急速に拡充されて、これに対する基本的な批判は、――支配階層からさえも――無数に出されていた。

六・九　大学と職業

十九世紀の大学においては、二つの逆方向の傾向が実現されることになった。一つは、新人文主義の教育原理であって、人間は、教育によって自己を形成し、自己実現と自己倫理の確立に至るとするもの、もう一つは、社会で高い地位に就くための道具として役立つ規範的準備教育である。新人文主義の一般教育と職業準備としての専門教育との間の争いは、十九世紀の経過する中で、次第に強く直接職業に役立つ知識の方に軍配が上げられるようになる。学生の大多数にとっては、大学での勉学は、職業に関係した資格試験で終わる「パンのための勉学」を意味した。十九世紀前半までは一般であった「教養のための勉学」は、資格をもつ人材と学問的技術革新への経済的需要が高まるにつれて、後退していった。国家の行政機関も、十九世紀当初の数十年にはまだ、「パンのための勉学をこととする学科での若者の訓練」には抗議していたが、次第にはっきりと、経済的システムの資格要求に順応してゆくようになる。

官職には、当初はもっぱら大学出の資格をもつ者が就いていて、この目的のために国家試験が導入されたのであったが、もともとは国家のためであった資格基準が、やがて私経済のためのものになり、国家試験と結び付けて考えられていた資格への期待と能力証明は、次第に強く私経済のための採用基準になっていった。[20] 新興の産業資本主義は、生産の技術化の指導、操作、改善のために、また組織と分配のためにも、高い労働生産性によって投下資本の収益性を確実にしてくれる資格をもつ人材を必要とした。資格ある人材を養成し、資格を確認する試験制度を維持するには、多額の費用が要るために、これは、その後も国家の受け持つこととされた。したがって、私経済領域の代表者たちにとっての問題は、国家の行政部門の資格モデルを引き受けつつも、これを自分たちの利益に合うように作り替えることであった。就職するのに、形式の整った資格試験に通っていることが当たり前になると、新人の採用が計算できるようになり、同じレヴェルの学位の所持者なら互いに交換できるようにもなった。つまり、形式の整った大学の学位を目安にすれば、労働配置の効率的な計算や人材の配転が可能だというのである。この二つのことが、経営者たちの関心の的であった。

もちろん、こうした経過にもさまざまな矛盾が起こっている。というのも、これが国家の行政部門の採用モデルに則ったこともあるが、さらに大卒者の職業そのものの重要性も考慮しなければならなかったからである。多くの大卒者の職場は、過去何世紀もの間に作り上げられ、規範、価値、利害の一覧表が出来ていて、規範的な領域に深く根差しているこうした職業上のさまざまな規範は、産業資本主義の職業にスムーズには受け入れられえないものであった。こうした規範を統合するためには、こうした規範を吸収してしまう一般的価値を極度に強調することが必要で、そのために、一方では、大学卒の資格をもつ人材に体現され、代表される「学問的進歩」がことさらに強調され、他方で、大卒者が私経済領域で一般に得ていたホワイト・カラーの地位が高く評価されることになった。企業で働く技師や、物理、化学、工学、法律、国民経済学、あるいは地理の専門家は、特定の学問の代表者を、したがってまた、学問的進歩の担い手を自任し、ホワイト・カラーとして、社会構造の中に新しく台頭した社会階層とされ、古い中間身分や新興の労働者階層とは違ったものとされた。こうして、大卒の資格をもつものは、一般的な「進歩」に関与しているものとされ、その職業上の伝統の重みを保持することができた。

しかし、大卒者は、自分たちの利益を代表する職能組織を結成することで、自分たちの独自性を強調してもいた(21)。こうした職能団体は、とくに制度として確立していない部門や職種に出来ていて、たとえば、技師連盟や国民経済学団体は、総合大学や単科大学でのその専門分野の制度化、その職業の社会的な認知を求めて激しい闘いを繰り広げていた。大卒者たちの職種の利益代表は、それぞれの職種のイデオロギー上の諸要素をはっきり表に出してはいたが、現存の大卒者の職場の排他的独占を確保するために、いわれるところの「大卒者の職場の過密状態」に反対して、一般の教育政策議論の一会派としての動きも見せていた。そうかと思うと、また逆に、新しい職業構造を提起し、教育内容や教育形式にも積極的に発言して、教育制度の刷新にも力を入れていた。職場の大卒者の利益組織は、職業上のイデオロギーを伝えるものであるとともに、また一般の価値評価や社会像を見せつけてくれるものでもあって、試験制度に影響を与えもしたし、専門学科や教育制度の改組にも影響力をもっていた。このことは、新しい大卒者の職場の分離独立にとってとくに重要な役割を果たすことになる。この組織は、大学制度と大卒者の職業の絡み合った関係の中で、かなり重要な要素となっていた。

大卒者の職業構造は、十九世紀の経過の中で、二重の形で変化している。一つは、これまでのものに新しい職業が付け加わったこと、もう一つは、万能のなんでも屋が専門家に取って替わったことである。これは、国家の独占していた職業が私経済の地位に合うように機能変換されたために起こったことで、フェルバー（一九五六、三九ページ）が強調しているところでは、「大卒者の需要が、まず第一に、国家業務の直接的な機能（教師、裁判官、高級行政官僚）あるいは公の需要（牧師、医師）と密接なつながりをもっていた限りで、その養成が特定の大学に独占されていたことも、国家の大学政策の当然と言ってもよい結果であった。私経済は、この間隙を縫って、自分たちの希望する形の改変を加え、大卒者を育てようとした。商社員の養成のために、総合大学や商科大学で、法律の学習も義務付け、工科大学では、一般教育部門のほかに、工業化学のための特別部門を作った……」。こうして大卒者の専門分化が行われていった。法律家さえも、法律のすべての分野にわたる万能家ではなくなり、一分野の専門家となり、医学生は、医学全般にわたって学ぶことになってはいたが、ここでもとくに国家試験後の研修では、一つの専門分野に集中すべきとされた。十九世紀の経過の中で、次第に一般的な資格より特殊な専門的資格の方が重視されてゆくようになる。

職業構造と資格構造が変化してゆくにつれて、大卒者の職場には、次第にはっきりと、業績原理が入り込んでくる。身分制社会での大卒者の職業は、はっきり貴族の階級構造に見合う形のものであったが、リベラリズムと強固な産業資本主義が押し進められてゆく時代には、個々人の業績を重視する考えが、大卒者の職場にも持ち込まれる。そうした職に就いている者は、試験に合格したことこそが、自分の能力の証明であるとし、試験に資格を結び付けていた。大学で学位を得た者は、学問の進歩に関与したために念願の資格を得たとして、これを正当化していたのである。大卒者たちは、自分たちの活躍で、学問、技術、経済の発展に貢献していると自負していた。技術革新と高度な活動とは、かなりはっきりと、個々人の能力に負っていたので、個々人の業績を上げようとする意識が表に出てくることになる。

もちろん、大卒者の職場での役割は、少なくとも十九世紀前半には、過大に評価してはならない。試験に通って大学を出ていった学生は、過去何世紀より、その数はかなり多くなってはいるものの、一八六〇年頃までは、学生数は停滞しているからである。学生数が急激に増えるのは、一八六〇年から一九一四年までであって、この時期に、上述のような発展傾向が全面的に当てはまるようになる。

六・一〇　大学と社会構造

十九世紀初頭の多くの大学改革論者たちの考えでは、大学は、「あらゆる階層、階級の才能あるもの」に開かれているべきものであった。しかし、新人文主義の教養理想にしてすでに、暗に、教育と所有の間の関連を持ち込んでいて、これが、現実において、大学の社会的選別機能を助長していた。リベラルな改革派官僚は、十九世紀の社会の「脱封建化」を、とくに試験制度と資格制度によって進めようとし、そのために、高等教育制度に、構造改革の使命も与えていた。しかし、十八世紀の大学は、万人に出世を保証するための道具としては、限られた範囲でしか機能していなかった。十八世紀に発布された「下級階層の大学進学を禁止する勅令」は、その後も生きていたし、大学外の職業分野——たとえば、軍隊、法律、行政、いくつかの経済領域——の方が、むしろ出世の可能性が多かったからである。

ドイツの大学の学生の社会的構成について信頼できる報告が出されたのは、十九世紀も三分の二を過ぎてからである。[22]大学制度の社会的可動性機能を評価するに際して、もう一つ注意すべきことは、およそ一八七〇年まで、学生数が低迷していて——一八二〇年から一八三〇年まで一時期増えたことはあるが——人口の増加を考慮すると、率としてはかなり下がってさえいることである。リベラリズムを旗印に最後の封建的きずなも廃棄されたのち、一見、社会的可動性が認められるようになった時代にも、大学で学ぶことにはそれほど魅力がなかったとされるが、それは、大学がまだ社会的な立身出世の場所とは見られていなかったからであった。資料からわかる限りでは、大学は、十九世紀の初頭と中葉には、とくに教養市民層の確立に、つまりは大学卒業者階層の再生産に励んでいる。リーマー（一九三二、五四九ページ）は、当時の数少ない資料を精査して、次のような判断を下している。「はっきりわかることは、大学卒業者の職場が、当初、他の社会グループに門戸を閉ざす社会階層として作り上げられ、その後、徐々に経済界の上層に開かれ、徐々にまた、下級、中流階層にとって出世を阻む閘門の機能をもつに至ったことである。大学卒業者たちのかなり身分意識に支えられた閉鎖性は、おそらく、大学で学んだ者の大部分を受け入れていた高級官僚層が、十七、十八世紀に、貴族の封建的‐身分制的な任務範囲が狭まる一方であるのに対して、その代用品を貴族に提供しなければならなかったことからきているのだろうが、それにも増して、絶対主義大国の行政、司法機構に関与する都市の富豪層が、貿易と交通の発展に伴って、自分たちが手中にしている影響力に対して、ほとんど身分制を思わすまでの承認を求めていたことによる。貴族と目覚めつつある大ブルジョワ層は、次男を高級官僚に据え、それと手を取り合って——大学卒業者層が社会的にますます勢力を広げていたにもかかわらず——ある種の身分的要素を、大卒者の職業構造の中に持ち込むことができた。」

大学がどれほど教養市民層を再生産していたかは、リーンハルト（一九一八）のヴィッテンベルクの学生についての調査からもはっきりする。一八三五年から一八七〇年までの時期、大卒者の子弟の全学生中に占める比率は、かなり安定していて四四パーセントであり、これは、ハレやベルリンでもほとんど同じであって、十九世紀の初頭と中葉には、全学生のおよそ半数が、大学出の父親をもっていた。しかし、父親が「大学出」だということだけでは、実際の社会的可動性を細かく知るには不十分である。というのも、可動性の規模がどれほどのものかは、牧師の息子が、長期にわたって大学で学び、ついに法律の教授として社会的信望の頂点に昇ることになるか、あるいは医学部の教授の息子が、比較的短い勉学ののちに、教師になるか、では、同じではないからである。十九世紀の可動性のプロセスを詳しく分析するために、ミットガウ（一九七〇）は、大学が、この世紀の初頭と中葉に、教養市民層の再生産と並んで、とくに手工業と小売商などの「底辺の職業」に就いている家庭の子弟の昇進階段にもなっている、との仮説を立てている。ミットガウは、系譜学を駆使して数字を弾き出しているが、この時期、彼が系図を調べた牧師と教師のうち、四二パーセントが手工業者の家庭の出であり、その次の世代になると、四分の三が公職に就いていて、そのうち牧師になったものは四七パーセント、教師になっているのが一一パーセントであった。牧師と教師の職は、したがって、——奨学金がもらえ、就学期間も短かったためもあって——底辺にいた手工業や小売商のうちの立身を望む部分には、社会的な身分上昇に打ってつけのものとして利用された。その子弟は、こうして、教養市民層に入って行き、次の世代には、それを再生産させようと心を砕くことになる。ミットガウの挙げた数字は、リーンハルト（一九一八）の研究結果とも一致する。リーンハルトは、とくに十九世紀中葉まで、カトリック神学部に手工業や中小企業の家庭の子弟が殺到しているのに対し、法学部と医学部では学生の三分の二ないし四分の三が大学出の家庭の子弟で占められていたことを確認している。

十九世紀の最後の三十年になって、ドイツの総合大学、単科大学の学生数が急増する。大学が広く立身の道具として利用されたからでもあろう。産業化が進むに伴って、とくに産業部門では、大卒の資格を要求される地位が急速に増え、十九世紀最後の二十年には、医学の進歩と疾病保険制度の確立のために、医師の需要が飛躍的に高まり、教師の職も急増していた。ケルブレ（一九七三、四六ページ以下）が収集した資料から算出したところでは、一八五八年には、プロイセンには五〇人以上の従業員をもつ企業はわずか二〇〇〇であったが、一九〇七年には、それが約一万七〇〇〇になり、一八四九年に約七五〇〇人であったプロイセンの上級官僚が、一九〇七年には、二・五倍に増えている。大学教師の数も、一八三五年には一一八六人であったのが、一九一〇年には三九一九人になっている。一八四三年、プロイセンには医師が五〇〇〇人いたが、一九〇九年にはすでに三万人以上にもなっている。一八四九年の高校教師数は一八〇〇人、それが一九〇〇年には八五〇〇人である。一八四三年、プロイセンにはおよそ一万人の聖職者がいたが、一九〇七年のその数は二万六〇〇〇人に昇っている。大卒の資格を要求する職場の増加は、人口増加をはっきり上回っていて、こうした急速な需要の増大は、新しい立身の可能性を開くものでもあった。こうした職場の拡大によって、次世代の大卒者の総数は当然増えていったわけだが、社会的可動性研究の仮説によれば、それは、大卒者が、子弟を同じように大学へ進ませようとする傾向が強かったからだという。他方で、職業間に構造の変化が起こって、職種によっては大拡充されたり、かなりこれまでとは違った新しい職業が出来て、伝統的な採用モデルでは、人材の補充がうまくできなくなっていたので、立身の足場にもこれまでとは違った形が可能になっていった。

ケルブレ（一九七三、五四ページ以下）は、一八七〇年から一九一四年までの間の学生の社会的構成とその変化を、重要な学科と職種ごとに資料から調べ上げていて、それによると、法学部を出たあとさらに実務研修を終えねばならない上級行政官僚の場合、その社会的構成は、一八三五年から一九一四年の間、ほとんど変わっていない。「ヴェストファーレンでは、上級官僚の一〇人中九人が上流階層の出であるが、バイエルン、バーデンと、ハノーファーのアウリッヒ県の上級官僚は、一八七〇年以前には、その三分の一以上が下層からの出世組であった。バイエルンとヴェストファーレンという対照的な二つを比べても、職業グループの成長と社会的出自との間には、認めうる相関がなかったことがわかる。十九世紀後半、バイエルンでの上級官僚の数の増え方は、ヴェストファーレンの場合より緩慢ではあったが、逆に、バイエルンで社会的に出世した者は、ヴェストファーレンにおけるよりはるかに多かった。さらに、徹底的な産業化が行われた一世紀全体を通じて見ると、両地区において、社会的に出世した者の数は増えていない。これまで調べた限りでは、細部においても、産業化は、上級官僚の社会的出自に対してほとんど影響を及ぼしていない。社会的に出世した者の父親の職業を調べると、圧倒的に中級官僚であって、官職以外の職業を営む中間層から出た者は増えていない。〈産業の〉部門が出世の堰所であったことを示すものは、ここにも見られない。唯一の変化と言えるのは――これまでにわかった限りでは――企業家の子弟からは次第に多く上級官僚が生まれるようになるのに反し、大地主の子弟ではその数がどんどん減っていることであろう。その理由としては、企業家と大地主のグループが非常に異なった発展の仕方をしたことと、さらに、企業家の経済的、社会的地位が上昇して、子弟を別領域の上層の地位に就けることが容易になったことが挙げられよう。」

官職に就こうとする者の準備のために大学が果たした機能は、すでに法律の国家試験についての箇所で述べたところだが、社会的可動性の観点からすると、大学で法律を修めることは、十九世紀全体を通じて、とりわけ次のような二重の機能をもつものであった。一つは、新たに定義された資格概念に対する貴族の優位性を保証して、貴族を、行政、政治の領域の、そしていくらか緩い形ながら司法の領域でも、その頂点に立つ地位を保たせようとしたこと、もう一つは、試験によって市民階層がこの地位に就くのを抑制し、適当な社会化によって、支配階級の規範に順応させたことである。こうした二重の機能は、大学だけで行われたものではなく、卒業後の研修を受け持つ当局によっても行われたが、専門知識を授け、社会化が行われる場としての大学での法律の勉学は、官職に就こうとする学生を型に入れるために、決定的な意味をもっていた。とくに、市民階級出の子弟や他の貴族でない社会階層出の子弟にとっては、ブレーク（一九七二、一五八ページ）によれば、官職を目指す準備期間は、絶え間ない順応の期間であった。「官僚として〈国家身分〉に出世するには、支配階層への社会的順応が必要であり、職務外でも市民階級の家族から政治的＝社会的に距離を取らねばならなかった。市民層が社会的身分を変えても、それは、すでに階級に転換していた古い身分を廃棄することにはならず、一つの中間階級を作り出しただけであった。この中間階級は、昔からの上流階層にならって行動したものの、そこへ吸収されることはなかった。こうした中の上の階層の社会的、政治的信念と生活習慣は、〈封建化〉していったが、その際に、大学時代とその後の実務研修の時代が大きな役割を果たしていた。」

法学部は、あらゆる学科の中で、おそらく社会的選別の最も強いものであった。これは、目的の職に就くためには、無給で過ごす実務研修が必要であったために、一般に財産のあることが絶対の前提条件であったことと関連していたが、大学時代と実務研修期間中に、「封建化された中の上の階級」の規範、価値、行動モデルに進んで順応する姿勢が要求されたこととも関連していた。行政と司法においては、法学部卒業生が独占態勢を築いていて、高い自給度と大きな順応圧力によって、社会的可動性を阻んでいた。十九世紀の経過の中で、上級官僚に占める企業家の子弟の比率が増大しているのに対し、大地主の子弟のそれが下がっていることは先に指摘したところだが、この事実は、ここに挙げた事例がすべてそうであるように、行政職ポストの量的変化、他の領域での出世のチャンスの変化、職業構造の変化と関連付けて考えねばならない。というのも、十九世紀後半の行政職ポストの倍増の意味するものは、総体的に言えば人口はさほど増加していなかったわけだから、これまでの素性別のグループが拡大していったか（つまり、社会的ヒエラルキーが下へ向かって裾野を広げていったか）、それとも、これまでの素性別グループが、次男、三男までも上級官僚職に押し込んでいったか（たとえば、貴族は次男、三男にも法律を学ばせ研修を受けさせようとした）のどちらかということになる。しかし、上記の上級官僚職の増加の意味を考える際には、その他の社会的領域——たとえば軍隊、工場など——での就職チャンスの変化も考慮しなければならない。たとえば、産業経営の部門で出世のチャンスが高まったために、官僚を目指しての準備がさほど魅力的でなくなっていたからでもある。さらに、職業構造の変化に伴って、社会的出自の種類も変わっていった。というのも、十九世紀初めには、「技師」という職名は、この職業がまだ広まっていなかったために、かなり稀だったが、二十世紀になると頻繁に見られるようになるからである。

もう一つ、統計の数字には表すことはできないが、可動性に影響を与える要因に、職業代表者組織や身分組織の閉鎖傾向がある。これは、パウルゼン（一九〇二、一六〇ページ以下）によると、一般に、下層の社会階層からの成り上がりを抑えようとするものであった。「ドイツ国民の道徳的外観には、一世代前から社会＝貴族的容貌がはっきり表に出ていて、大卒の職業上の地位においては、〈身分にふさわしい栄誉〉への関心が極めて活発かつ切実になっていた。これはなかんずく、下層身分の出の者を後継者にしないことが一般に強く主張されていたことからも証明される……。」医師連盟は、この意味で、実科高等学校からの医学部進学に常に反対していた。同じような考えは、高校教師の雑誌論文や討議の中にもしばしば現れていて、貧しい無教養な家庭の子弟を受け入れるのは、われわれの身分を不幸にすると言われたり、仕立屋、手袋製造業者、小売商、農家の子弟が、教職に就くならば、学問的教養の乏しさがあまりにもしばしば、そして社会的教養の不十分さが常に職場にもたらされることになり、彼ら自身だけでなく、異なった階層の生徒たちの前で、この教師という身分全体を笑いものにし、この身分の社会的評価を落とすことになると言われもした。

こうした身分上の閉鎖傾向にもかかわらず、教師と医師の職は、十九世紀の最後の三十年には、法学部の卒業生で占められた官職と比べると、社会的に上の身分に移ることとの可能な領域になっていた。ギムナージウムの教師になろうとする学生は、この時期、一般の職業に携わる中間階層、中級官僚層、小学校の教師の家庭から来ている者が、七〇パーセントにもなっている。このことは、教職が、この世紀の初頭と中葉に、すでに社会的上昇のための「足場」となる機能をもっていたことから説明できる。教職は、手工業者や中級官僚層にとっては、社会的に上昇するための「足場」としての役を果たしていて、次の世代になると、教師の子弟は、しばしば、官僚や医師や技師になっていった。こうした機能にふさわしいというか、この時期には、教師の子弟が教職に就く割合はかなり低くなっている。このことは、一方で、教師自身の経験と出世意図に関連していたが、他方で、教職が国家試験制度によって法的にも規制されたのが、やっと十九世紀初頭のことで、伝統的に固定した出世の道筋がまだ出来ていなかったという状況とも関係している。総体的に見ると、教師は、一八七〇年から一九一四年までの時期、ケルブレの収集した資料からも証明されるように、ほとんどが中間階層から、一部は下級階層から、補充されていたようである。「高等学校の教師の中には、少なくとも一九一四年以前の数十年には、経済界の上層のポストや上級官僚職や大学の教職におけるよりも、下級階層から出世してきた者が多くいたようである。その間に教職の数はそれほど急激に増えてはいなかったにもかかわらずである。しかし、ここでも、〈産業関連の〉部門が出世の閘門の機能を果たしていたとは認められない。市井の中間層の子弟には、中級官僚や小学校教師の子弟と比べると、高校の教師になるチャンスは多くはなかった。農家の子弟の場合は、それは驚くほど稀であった。」

その他の伝統的な大卒者の職場の中で、一八七〇年から一九一四年の時期に、その社会的な信望が高まったのは、なによりも医師であった。これは、一つには、国家の社会政策で疾病保険制度が創設され、「もぐりの医師」に対する正規の医師の地位が最終的に確立したのに伴って、医師の需要が急激に増加したことによるが、また一方で、有産市民階級ないし商工業を営む中間階層のとくに強い上昇志向のせいでもあった。この時代の医学部の学生の中には、とくに中間層の子弟、なかでも手工業者、商人、旅館経営者の子弟が目立つが、彼らには、教師や中級官僚の場合よりも医師になるための学資の捻出が容易だったためであろう。官僚層や土地を所有する貴族が、医師の職業にさほど興味を示さなかったのは、これが、国家の行政職や法曹界や産業界ほどに確実性と権力を約束するものではなかったからである。医師の需要が急速に増大していったのに、医師の子弟が親の跡を継ぐという自家補充は、極めて少なかったが、これは不思議なことではない。少なくともこの時期の当初には、息子に医学の勉強を勧めることのできる医師の数が、総体的に言って少なかったからである。そのほか、教師の子弟も、大学を出たあとは、教師以外の職に進路を変えていっていた。大学教師の出自を調べてみると、親は医師、薬剤士、獣医であるのがかなりの数を占めていて[23]、自然科学の領域でも、同じように、他の職業領域からの子弟の進出が次第に増えている。医師の子弟が親の職業を継ぐ自家補充の率が高くなるのは、二十世紀になってからのことである。十九世紀末には、医師になるのは、一般企業でも中間層の子弟にとっての立身のための典型的な手段であって、プロイセンでは、医学部の学生の三分の二以上がそうした社会層の出身者であった。ところが、ヴュルテンベルクでは、医学生は主として上流階層から来ていた。ケルブレの集めた資料だけからは、統一的な像は出てこず、ただ、医学生には、社会的下級階層の子弟はほとんどいないことが認められるだけであり、社会のヒエラルキーのもう一つの側面で、将校の子弟で医学部に進むのは異例のことであったのがわかるくらいである。ケルブレの資料では、地域によって部分的には相当ばらつきがあり、学生数の違いを除けば、そこから判断できることは、地域ごとの社会構造の違いとその地の大学の名声の違いによって、大学卒業後の就職の決定にも、明らかに社会的な意味での相異が存在したし、現に存在しているということである。ヴュルテンベルクでは、上級官僚、企業家、医師、獣医の子弟を合わせると、医学部の学生数の半数になるが、プロイセンでは、それが、四分の一にしかならない。逆に、プロイセンでは、医学部の全学生のほとんど三分の二が中間階層の出であるのに対して、ヴュルテンベルクでは、それは、およそ四分の一でしかない。ドイツ帝国の大部分を占めていたプロイセンでは、少なくとも、社会の中間階層の子弟にとって、医師という職業は、社会的に出世する絶好のチャンスであった。もっとも、のちの職業上の実践が実際にどの程度に社会的な地位の獲得と結び付いていたかについては、さらに詳しい研究に待たねばならない。

聖職界でも、社会的な身分移動のチャンスは、同じようにかなり存在していた。聖職も、十九世紀全体を通じて、社会的な出世の「足場」と見られていて、とくに、カトリックの聖職者の八九〜九〇パーセントは中間層から、それも大部分が商工業を営む中間層から出ていた。それでも、この領域では、下級階層からも上流階層からと同じくらいがカトリックの聖職者になっていて、大学でカトリック神学を学ぶことは、社会的出世の良いチャンスを提供するものであった。プロテスタントの聖職者の場合も、中間層から出た者の比率は高いが、カトリックの場合と違って、プロイセンとヴュルテンベルクの間にはっきりした相異があった（六章の注23参照）。詳しく調べてみると、地域的な宗派の違いと人口の違いのほかにも、プロイセンとヴュルテンベルクの間には、聖職者の自家補充の率と下層からの出世組の率で大きな相異があることがわかる。プロイセンでは、プロテスタントの聖職者で親の跡を継いだ自家補充率は、ヴュルテンベルクより低いが、これは、ヴュルテンベルクの牧師館では特殊な価値観が行きわたっていて、子弟を大学の神学部に進ませる傾向がとくに強かったことから説明できる。カトリックの場合には独身制規定のために自家補充はありえなかったわけだから、プロテスタントの場合のこの自家補充を外して考えると、両宗派の聖職者の中で上流階層出身者の占める割合には、ほとんど相異はない。違いがとくにはっきりしているのは、大学教授と高校教師の子弟の聖職者の中に占める割合で、プロテスタントの聖職者の場合、それが目立って高い。中間層の出の者では、両宗派で大きな違いがあり、プロテスタントでは、およそ半数が中間層の出なのに対し、カトリックでは、それが十人中九人にもなっていた。より詳しく父親の職業を見てみると、その違いはもっと興味深い。プロテスタントの聖職者の場合、父親の職業は、そのおよそ三分の一が小学校教師、中級の官僚か会社員、あと三分の一が聖職者、大学教授、高校教師であるのに対し、カトリックでは、四分の三が、有産中間層（手工業者、商人、旅館経営者、農場経営者）であった。こうしたことを、高校教師と医師の社会的構成のデータと突き合わせて考えると、商工業を営む中間層は、カトリックの勢力の強い地域（ヴュルテンベルク、アウクスブルク）では、その子弟をカトリック神学部へ送ったのに対し、プロテスタントの勢力の強い地域（プロイセン）では、逆に、子弟を医学ないし教師養成の学部へ送ったという結論を出すことができる。

工科大学の学生の社会的身分の移動を見極めることは、なかなか難しい。一つには、これまでの高等工業学校の学生の社会的出自が調査されていないからだが、さらに、この高等工業学校が、はるかに高い社会的信望を得ていた総合大学の陰に隠れて相対化されていたからでもある。この条件は、一八六〇年から一八九〇年にかけて高等工業学校から昇格したか新設された工科大学についても妥当する。工科大学の卒業生が総合大学の卒業生と同格に扱われるようになるのは、十九世紀も末になってやっとのことであった。ケルブレ（一九七三、六二ページ）のまとめた資料によると、工科大学は、「一九一四年以前の社会の重要な出世コースになっていた。学士号をもつ技術者のうち、上流階層出の者は、三分の一にも達せず、大多数は、社会的に下からはい上がって来た者であった。少なくともベルリンでは、商工業を営む中間層の出身者が極端なまでに多かった。しかし、他の上級の職業の場合と同様に、労働者、下級官吏、奉公人の子弟は、稀であった」(六章の注23参照)。工科大学は、なによりも、閉鎖的機構をほとんど備えていなかったために、社会的可動性を高めることができた。工科大学では、特別な語学の障壁(ラテン語)は課せられず、実科ギムナージウムやその他の学校の卒業生も受け入れられ、そのカリキュラムでも、言葉によらない能力の方が重視されたために、伝統的に高校で言葉の障壁に悩んだ、ないし、いまも悩んでいる中の下の階層、下の階層の者も、不利な扱いは受けなかったからである。

総体的に言って、総合大学と単科大学は、一八〇〇年から一九一四年の間に、わずかの領域でしか、社会的可動性を推進する役を果たしえなかった。それはとくに、次世代の出世のための「足場」となる職業(聖職、教職)に通じる学科と自然科学‐技術関係の学科、それも新しい工科大学であった。逆に、上級官僚の資格に通じる学科(法学、官房学)やギムナージウムの教職ないし大学の教職を準備する学科はとくに、社会的上流階層に独占されていた。こうした社会的可動性効果の違いを引き起こすいくつかのメカニズムについては、すでに触れたところである。

十九世紀における大学教師の社会的出自は、かなりよく知られていることだが、大学教師の後継者補充には、これまでに触れていない特殊な社会的要因が認められる。大学教師は、十九世紀全体を通じて、また二十世紀初頭になっても、社会的上流階層から補充されていて、全体のほとんど四分の三にもなる(六章の注23参照)。そこでも目立つのは、大学教師の子弟が親の跡を継ぐ自家補充がかなり多いこと、高級官僚の子弟の比率が安定していること、そして時代が下がるにつれて、企業家の子弟の比率が高くなってゆくことである。大学教師に企業家の子弟が増えていったことは、とくに聖職者層、部分的には大学教師の子弟にとっては脅威であった。大学教師のかろうじて三分の一は、中流ないし下級階層から出ていたが、そこでも、有産中間層（手工業者、商人、旅館経営者、農場経営者）が、かなり高い比率になっている。明らかに、私講師として定収のないまま長期間勤めねばならなかったからである。さらに、労働者、小学校教師、奉公人、下級官吏の子弟は、その他の大卒者の職場と比べると、大学において昇進するチャンス、つまり大学教師になるチャンスは多かったのも目立つ。しかし、大学教師のポストが数少なく、社会的昇進の規模を制限していたことも見過ごすことはできない。ドイツ全体で、大学教師のポストは三〇〇〇であって、下級階層出身の者は、一〇パーセント、つまり絶対数でわずか三〇〇人でしかなかった。その上、専門学科特有の違った取り決めがなされていた。「総体的に言って、産業化が大学教師のポストを大幅に増やすことになったが、それによって社会的に身分が上がった者の数はどう見ても増えてはいない。大学教師の出自を学部別に調べてみると、ポストが増加しても、社会的昇進の機会はほとんど増えていないことがわかる。フェルバーとオイレンベルクの調査からも、中層、下層から上がってきた者が一番多かったのは、カトリック神学部のように拡充されなかった領域であり、それに対して、大幅に拡充された医学部では、大学教師の四分の三以上が上流階層の出であったと推定される」（ケルブレ、一九七三、五七ページ以下）。大学教師になる際の社会的選別を強めていたメカニズムの最たるものは、私講師制度の導入であった。私講師は、当初は無給であったために、財産があって経済的に保障されていなければならない一方で、正教授、人事委員会、大学当局に従属していたために、並外れた順応力が要求された。こうした順応圧力は、表面的には、さしたるものとは感じられなかったかもしれない。教授後継者の大半は、教養市民層の出であって、これまでに社会化の経験を積んでおり、「ドイツの大学の正教授の高級官僚身分《マンダリーン・シュタント》」（リンガー）への準備が出来ていたからである。十九世紀のドイツの大学教授が、新興の社会階級ないし社会階層、とくに台頭してきた労働者階級に対して、あんなにも強く一線を画していた理由も、このことから理解できる。十九世紀後半の大学教授の大半は、社会的には保守的な考えの持ち主であって、そうでない少数の大学教師は、ほどなくして孤立していった。教授たちは、一八四八年の革命で、最後のリベラルな社会革命の志向が挫折したのちには、教養市民層、支配権を握る官僚機構、大土地所有者、新興の企業家層のもつ労働階級や小市民層に対する嫌悪感を共有することになる。こうした同一の意見をもったために、ドイツの教授たちは、支配階級の社会的信望と権力に与る協力者ともなったのであった。しかし、彼らは、現実の社会的矛盾や諸要求を認めようとせず、次第にはっきりと「大学という象牙の塔」に閉じこもっていった。大半の教授たちは、「学問性」というマントを着て、ヴィルヘルム官憲国家の味方をし、社会的、政治的システムを変えようとする社会潮流に対しては、攻撃的な反応を示した。こうした姿勢は、十九世紀中葉以来次第に重要性を増していた政党の中で、直接に表明することができるというわけで[24]、ほとんどすべての政党は、有名な大学教授を国会に送り込むようになる。こうして、大学の取り扱いは、国家によって変わってくることにもなり、大学政策は、次第に強く政党政策になっていった。のちにマックス・ヴェーバーは、職業としての政治と学問を理論的に切り離して考えたが、これは、十九世紀中葉に起こって現在まで続いている大学と国家の政党政治的絡み合いの道に一石を投じたものであった。

ドイツの大学教授たちの大多数は、現存の社会的、政治的状況に肩入れしていて、これは、間接的に、社会的な下からの立身出世傾向の拒否——時には猛烈な拒否——の形で現れ、彼らの多くは、「大卒者の職場の過密状態」を招いた元凶が、なによりも、労働者や手工業者の子弟の殺到だとして、さまざまに嘆きの声を上げる一方で、下級階層出の「ふさわしくない応募者」を大学に入れるなという職能身分の諸団体から出されていた「閉鎖要求」の擁護者を自任してもいた。もちろん、大学の教育内容も、いまだに新人文主義の理想を指針とし、教養市民層の関心に迎合したもので、市民でもなく、貴族でもない学生たちの特別な予備知識やモティヴェーションを取り上げる用意はそこには一切なかった。こうした傾向が最もはっきりしていたのは、法学部で、いくらか穏やかな形ながら、ギムナージウムの教師を養成する学科でも、同様の傾向が見られた。教授たちの「閉鎖的傾向」が最も少なかったのは、神学部と自然科学＝技術関係の学科であった。こうした領域では、社会的な身分の上昇が早くから可能であったからである。

総体的に言えば、一八五〇年から一九一四／一八年までの時期は、ドイツの教授たちが、現存の社会的、政治的状況に次第に強く味方してゆくようになるのを特徴としている。ヴィルヘルム官憲国家に対するこうした忠誠が頂点に達しているとも言えるのは、一九一五年、一三四七名の大学教授と知識人が連署して提出した戦争目的に関する請願書である。ドイツが、東西の隣国を軍事的、経済的に占領することを要求したものである。第一次大戦に反対した大学教授はほんの一握りにすぎない。フンボルトの新人文主義の理念に沿って改革された大学、そして一八四八年の運動での多くの教授たちや学生たちの革命的萌芽はつぶれて、ドイツの大学の百年の歴史の中で、いまや国家に忠誠を誓う施設になってしまっていた。国家からの大々的な干渉など必要としなかった。というのも、教授たちや学生たちの大多数は、十九世紀後半に、反動的と言えるまでの保守的な理念の擁護者になっていたからである。大学の中で批判的な知性が発言できたのは、わずかな領域においてだけであった。とくに名声の高い自然科学者、技術者、医師だけが、その世界的な名声のゆえに、孤立せずに意見を述べることができた。アインシュタインやプランクの場合がこれで、ともに第一次大戦に反対して激しい発言を行っている。しかし、しばしば、大学教師たちは、教授資格を奪ったり、招聘を拒否したり、あるいは孤立させることで、批判的な学者を自らの手で排除していったので、国家は弾圧に乗り出すまでもなかった。

七　ワイマール共和国における大学

第一次世界大戦の終結は、帝国の政治的、軍事的終焉を意味しただけでなく、なによりも、ドイツの経済的、社会的発展における一つの区切りでもあった。産業資本主義の急速な成長は中断され、生産施設の一部は破壊され、破壊されないものも解体され、賠償の一部としてドイツから運び出されていた。インフレは、財産価値を著しく減少させ、ために、とりわけ旧中産階層、つまり家主、手工業者、商店主が、貧困化した。一九一九年以後に資本の国際的提携が強まって、経済発展は、世界の景気に左右されるようになり、世界的な経済危機に巻き込まれていった。国内レヴェルでは、戦争によって重要な生産上の潜在力が破壊され、軍需工場や重工業が他の産業分野に転換され、経済危機に伴って失業者が増大し、軍備縮小によって解雇された軍人が町に溢れ、さまざまな付随的諸問題が生じていた。ドイツの経済発展は、一九一九年から一九三三年までの時期には、戦後の混乱、インフレ、再建、国際化、世界経済恐慌の間を揺れ動いていた。このことの結果、国家行政の経済的基盤は（それに伴ってまた教育制度も）不安定であって、旧中産階層の経済的状態、そしてまた新中産階層のそれも次第に不安定になり、実際の、ないしは推定の就職の機会は、そのつどの景気をどう評価するかにかかっていた。それゆえ、ワイマール共和国の大学制度は、直接にも間接にも、経済の規模にかかわっていた。

七・一　社会史的発展傾向

社会構造は、ヴィルヘルム時代の官憲国家が崩壊したあとも、決定的な変化はしていなかった。[1] 貴族の特権とユンカーの社会経済的優位性が廃棄されて、ドイツ社会の「脱封建化」の努力がなされたにもかかわらず、社会的構造変化は、極めて限られた範囲でしか行われなかった。工場労働者は、第一次大戦以前、そして大戦中の産業化の進展によって、また労働組合と労働者政党の勢力拡大によって、社会的にも政治的にも影響力をもつものになっていた。もちろん、失業率が高くなるにつれて、まもなくして、労働者階級は、失業者と就労者に分裂するに至る。――これは、経済的にも政治的にも労働者階級の利益に反するものであった。労働者階級解放の萌芽は、なによりも教育制度の中に認められるが（授業料の廃止、奨学金、教育内容の改革など）、改革反対派の官僚機構や、いまだにヴィルヘルムの官憲国家時代の考えの抜け切らない教師たち、またインフレと世界経済恐慌によって余裕のなくなった財政のために、壁にぶつかっていた。労働者階級は、経済的には影響力を増してはいたものの、その社会的、政治的役割は、部分的な意味しかもっていなかった。

しかし、労働者階級が台頭してくると、それとは別の立場を取ろうとする市民階級の動きが強まってくる。旧中産階層（手工業、商業、農家、家主）は、十九世紀の最後の三分の一以来、急速にその数と勢力を増していた新中産階層（サラリーマンと官吏）と同様に、労働階層を恐れて、それとは一線を画していた。サラリーマンと官吏の階層は、社会の多くの領域で、指導的立場を取り、高等教育機関に殺到し、多かれ少なかれ、労働階層に対して目に見えない一線を引いていた。それでなくても、十九世紀以来、高等教育制度には、中産階層的性格が染み付いていたが、サラリーマンや官吏たちが社会的に上昇してきて、自分たちの子供により良き教育を受けさせて社会的にさらに出世させようとしたために、この性格は、一層強められていった。こうした階層と真っ先に手を結んだのは、内心では帝国の滅亡を悼みながらも、実際にはワイマール共和国と妥協し始めていた教育学者たちであった。この層にとっては、総合大学、単科大学、高等学校は、事実上、十九世紀におけるよりも、その門ははるかに広く開いていた。

それに対して、古典的な教養市民層――つまり、教師、牧師、文士、芸術家、自由業者など――は、その他の社会的階層と比べると、かなり地位が下落していた。数の上でも、彼らは、他の階層ほどには増えていなかったし、それに加えて、多くの職業が官僚化され、サラリーマン的な生き方に同調するようになっていた。台頭する社会階層に対してさほど一線を画そうとする必要を感じなかった教養市民階層は、社会政治的改革の努力や教育制度の変更に対しては、アンビヴァレントな姿勢で対処していた。教養市民階層は、官憲国家的制約からの解放が提供してくれるチャンスを認める一方で、彼らの際立ったリベラリズムは、権威主義的な運動に対しては無力であった。

これに反して、産業界の市民層は、十九世紀に貴族やユンカーの勢力と妥協していたが、貴族や軍人の政治的権力が失墜した今、これまで以上に支配機構に対して影響を及ぼすチャンスが到来したと思っていた。産業界の市民層、とくに寡占ないし独占の経済部門や大手百貨店ないし大手商社や銀行の連中は、政治体制に対するその影響力を広げて、少なくとも労働者階級に有利な政策を極力阻み、産業に有利な政策をできるだけ促進させようと努めていた。その際、産業界の市民層は、遅くとも一九二五年以後、産業界の利害が大土地所有者や軍部のそれと衝突しない限りで、再び力を取り戻して官僚機構や政界に進出してきた貴族を頼りにすることができた。経済界の利益団体と政界や軍部や大土地所有者の後ろ向きの勢力とのこうしたはっきりとは見えない連合は、今世紀二〇年代後半の特徴とも言えるもので、権威主義的運動の興隆を助長するものであった。直接的な経済的ないし政治的利益を追求することと並んで、ワイマール共和国の「体制」を拒否するという点では、大方の考えは一致していた。

こうしたワイマール体制への敵意は、市民階級の広い層の社会観、政治観の根底に根強く染み付いていた。没落してゆく旧中産階層はもとより、立場の不安定な新中産階層、産業界の市民層、大土地所有者がそうであった。政治の近代化は、それにふさわしい社会経済的構造変化を基盤にすることができず、不安定な形にとどまっていた。諸政党は、帝国時代と比べれば、形の上では勢力を増大してはいたが、民主的な伝統の欠如のために、そのつどの経済的、社会的グループの利益を代表する地方分権主義にとらわれていた。諸政党間の関係も、不安定に動揺し続けていた。しかし、日刊新聞が急速に経済力をつけ、ラジオが普及したことによって、政治の場で世論を形成し、大衆を動員する圧力団体が出来ていった。これは、今世紀の経過の中で次第に重要性を増していったものである。市民を成熟させることを目標にしながら、その市民をほとんど完全にイデオロギー的に支配するところへ反転する啓蒙の弁証法は、文化産業の拡大とともに、次第に本格的に、政治的決定のプロセスの中に割って入ることになった。生産者と消費者とに細分化された市民は、政治上のシンボルとイデオロギーによって、支配権力に与っているように見えながら、実は、非政治的な場に誘導されていた。

こうした関連の中で、またしても、教育制度に、とくに重要な役割が与えられた。帝国の廃止とともに、政治上のシンボルに真空地帯が出来たことも与って、楽観的な進歩主義ないし改革意志が掻き立てられたのであった。もっとも、実際の経済的、社会的、政治的構造の中では、それらは実現されえないものではあった。教育制度は、高度の資格と学問的‐技術的革新への急速に増大する需要のために、そうでなくても、根本的に変革さるべき時期を迎えていて、改革の余地は十分あったのだが、改革は、その他の体制に脅威となるものであってはならなかった。というのも、教育制度によって、経済と社会の根本的改革に取り掛かる可能性は、とくに労働者政党や進歩的グループから認められてはいたが、教育制度に組み込まれている教員たちのどちらかというと後ろ向きの考えからすると、この可能性が実現するなどとは、幻想にすぎなかったからである。支配者グループは、構造上の要請に民衆を順応させるために、また、改革意志があるという印象を一般に与えておくために、教育制度の改革を認めてはいたが、厳しい枠をはめて、それが社会変革の可能性をもつことは許さなかった。

七・二 大学改革

第一次世界大戦が終結し、帝国が没落し、ワイマール共和国が成立したとき、ドイツの大学は、危機的な状態にあった。(2) リューレ(一九六六、一三八ページ)によると、この状態は、批判的な新しい意識が生まれる契機にならねばならなかったものである。「ドイツの大学は、大学の理念を無視して、第一次世界大戦の悲劇的破局に至る道をともに歩んできた。ここにおいて、市民的大学の潜在的危機が、公然と表に出てきた。仮借なく弁明を求めるに十分な理由がそこにあった。それはまた、大学の前提条件を分析する絶好の機会でもあった。結論を先に言ってしまうと、一九一八年には、そしてその後も、そうした精神的対決はなされなかった。大学の姿勢は、保守的なままであった。学生団体の社会的構造も、教授団の政治的色分けも、本質的には変わっていない。」大学は、保守主義と君主主義の担い手であったし、その後もそれは変わらなかった。それゆえ、大学の改革は、まずは、理念と規約から始めなければならなかった。

とくにプロイセンの文部大臣C・H・ベッカーは、フンボルトの改革理念を出発点にして、細分化された専門分野の寄せ集めの学問の大企業になってしまっているドイツの大学を、理念的にも組織的にも改革しようと努力している。彼は、フンボルトと同様に、大学改革のもつ補償的機能を出発点にする。フンボルトの時代に、プロイセンは、普仏戦争に敗れて政治的にも軍事的にも打ちひしがれていて、再び隆盛を取り戻すには文化国家として立つ以外になかった。第一次世界大戦の敗北後のドイツも、その大学の栄光によって、新しい名声を獲得しなければならなかった。そのためには、大学は、新しい国家と和解し、政党間の争いから脱皮しなければならない。精神的エリートたちが、「貴族的な」学問の担い手として、大学と新しい民主国家との調停の努力をして、このワイマール共和国を支えてゆかねばならない。ベッカーの考えによると、この目的のために、大学制度は、もはや就職のための準備教育に主力を置くのではなく、一般教養の涵養に努めるべきなのである。専門分野のセクト主義や職業に役立つもののみへの関心は、それらを包括する総合によって弱めてゆかねばならない。「改革はどこから始めねばならないか。総合への意志が再び目覚まされねばならない。……個別のエゴに立つわれわれの思考と感情、私経済的なとは言わないまでも、そうした思考と感情を、一般的なもの、普遍的なものへと教育するために、われわれに必要なのは、総合である。すべての専門分野での総合、われわれのすべての学問の総合である。……ここで言いたいのは、素材を支配し、各自の狭い専門の仕切り壁を破って外を見、より大きな関連をつかむことによって初めて本当の意味で創造的に働くより高度の精神的活動、ただこれだけである」(ベッカー、一九一九、八、三、四ページ)。

ベッカーによると、この総合は、十九世紀初頭の大学改革の諸理念に沿って、哲学を再発見することで促進されるのだが、それだけではなく、とくに、「学問的政治学と時代史をも含んだ、言葉の最も広い意味での社会学」のような包括的な科目や、「総合的外国学」、専門科目として独立していない哲学、こうしたものによって、作り出されるべきものであった。そのためには、教育の見地から大学の授業を根本的に見直すことが必要で、授業は専門知識の伝授ではなく、政治的な一般教育を目標とするものとされた。大学は、過去に、知性主義に陥り、細かな個別事例の研究ばかり行って、学生に対する教育的責任をゆるがせにしていたと、ベッカーは言う。それゆえ、教授たちの教育的適性と講義の改善に極力努めねばならず、それと同時に、もっぱら職業に関連した大学教育を、「一般教養」によって、総合へと導こうとする。こうした教育内容の総合化は、ただ単に一般教養を促進するだけのものではなく、とくに政治的な教養の体得に資するものでなければならないとされた。必修の「政治を学ぶ学期」の設置さえも、幾度となく検討された。

ベッカーは、こうした改革理念を、少なくとも部分的にでも、プロイセンの大学において実行しようと試みた。「一般教養」のために、高等学校の講師ないし教師の中間層、のちには助手も指名され、これに充てられた。しかし、こうした授業は、全学生の必修という形では実施されえなかった。カリキュラムは強化され、教育的見地から改革され、「われわれがいまもっているような、無秩序で放縦な受講の自由」は、教育的に配慮された効率的な受講形式に改められた。これまでドイツの大学では、受講形式と試験は、個個の専門分野でさまざまに異なっていたが、ベッカーは、学位を統一することで、勉学内容を引き締めようとした。[3]たとえば、経済学を専攻する場合では、国民経済学専門家資格試験を導入することで、統一が図られた。しかし、総体的に見ると、大学の講義の教育的見地からの見直しと、これの引き締めは、大多数の教授がこうした措置に反対し、消極的姿勢や公然たる抵抗を示したために、中途半端に終わった。ベッカーの提言していた総合教育学部あるいは学芸学部の設立案、あるいはケルシェンシュタイナーの要求した一般教養最終学部――この学部は、「中世におけるのと類似した形で、すべての職業教育課程が終了した段階に置かれ……すべての専門的研究課程の始まる前に置かれる、いわば哲学部」として構想されたもの――のための大学の増強案は、多数の大学の教授連の改革反対に出会って、実現の機会を見出せなかった。

それゆえ、この時代の広範囲の内容にわたる改革の萌芽は、結局は、規約の改正に限られることとなった。これまで大学の決定機関としての委員会に入ることができなかった員外教授が、今後、各学部に組み入れられ、私講師が私講師会に結集しているのと同様に、決定権をもつ利益組織が作られた。学生は、大学構造の一部をなす自治団体を結成する権利を得、学生評議会ないし学生委員会と学生集会は、少なくとも学生に関する事柄に決定を下す可能性を得た。社会的な諸問題での学生の扶助――とくに奨学金の交付や保険給付――のために、自治組織としてドイツ学生相互扶助会が設立された。こうした改革は、実際上の発展経過に応じたもので、員外教授と私講師は、とっくに正教授を数の上で凌駕しており、重大な葛藤が起こった場合を除いて、決定機関の委員会から遠ざけてはおけなかったし、学生は、家父長的管理システムによってよりは、独自の組織形態を取らせた方が、スムーズに大学構造に組み入れることができ、なによりも、自治は、場合によっては、大学内部の他の官僚機構よりも効率的に機能したのである。大学内部の個々のステータス・グループの利益保護組織を保証したのは、利害をはっきり表現すれば、それがきちんと伝わる気風であった。こうした諸改革は、したがって、大学を実際の諸状況に適合させ、紛争が起こった場合に前衛部隊になりかねない部分を、自治的な組織という形で組織化したのであった。その際、国家と政党には、自己の利益のためにそのつどのグループを利用するに十分な可能性が残されていた。

大学内部では、その構造は、絶えず発展を続けていた。この発展は、十九世紀に始まっていて、大学は、学問分野の大企業に膨れ上がっていた。研究所、診療所、講座、実験室などが、体系的に整備され、職員と設備が増強された。図書館、資料館、古文書館が、大々的に拡張され、とくに、大学の講義を支える研究室付属の図書室も随所に設置された。とりわけ社会科学や精神科学の領域のいくつかの新しい学科（社会学、心理学、精神分析学、民族学など）が、新設された。それと並んで、自然科学と医学において、細分化が始まった。新しい学科には、まず教授ポストが付き、のちに講座ないし研究所に拡大され、後進の研究者たちに働く場を提供した。

大学の種別は、ワイマール共和国においても、決定的な変化は見られない。工科大学とその他の単科大学は、第一次世界大戦以前にも、伝統的な総合大学とは異なった独自の地位付けがなされていた。こうした専門単科大学は、大学改革者たちが「単科の大学」に反対する発言を行っていたにもかかわらず、今世紀二〇年代にさらにその意義を強めていた。（C・H・ベッカーは、「……新しい専門学校を作る動きにはどんな形のものであれ断固反対して闘う。専門化ではなく、総合が必須」と言う。）ところが、まさにこうした専門化への拒否の姿勢が、工科大学やその他の単科大学のレヴェルを高めることになった。というのは、技術教育は、一般教養と統合されて、そうすることによってレヴェルを高めねばならなかったからである。工科大学に対する総合大学の旧来の反感は、技術的知識と一般知識の総合によって、克服されるべきものであった。このことは、なかんずく、工科大学への予算の大学予算全体に占める割合が、大戦前と比べて、二〇年代には、かなり増えていることにも現れている。それに反して、その他の単科大学のいくつかは、既存の大学や工科大学に吸収された。獣医大学の大部分は、近隣の総合大学ないし工科大学に、独立の学部として併合され、いくつかの商科大学は、経済学部として、総合大学に組み入れられた（巻末資料参照）。十九世紀末にできた専門単科大学は、財政上と組織上の理由で、二〇年代、三〇年代に、既設の大学に統合された。

しかし、のちに教育大学になる教育アカデミーの場合は別で、これだけはその後も多数新設されている。

ギムナージウムの教師、一部の実科学校の教師が、大学で養成されていたのにならって、大学改革論者たちは、二〇年代の初め、小学校の教師も大学で養成する方向の努力を重ねていた。C・H・ベッカーは、「教育的見地からの大学の講義の見直し」という彼の理想と実践とは縁遠い現状への彼の批判に沿って、一九一九年以来、ドイツの各地に設立された教育アカデミーの共同創立者に名を連ねていた。しかし、このアカデミーは、既存の大学の抵抗に遭って、独立の大学となることはできないでいた。(4) しかし、教育アカデミーは、小学校教師の職に就く者の学問的な準備施設として、名声の高い教育学者の協力によって、まもなくして高い評判を得るに至る。総合大学の教育学講座と教育アカデミーとの間の関係は、多くの場合、緊張したものではあったが、教育アカデミーの声価が上がったために、大学内部での教育学の地位も高まった。教育アカデミーは、新しい大学の一つのタイプとされ、その後の数十年に、その他の専門単科大学と同様に、発展してゆくことになる。

ドイツの既存の総合大学のうち、一八七二年に政治的理由で新設されたシュトラースブルクの「帝国大学」は、第一次大戦の終結とともに閉鎖された。その代わりというわけではないが、いくつかの大学が新設された。一九〇二年にミュンスターに出来ていた大学(5)は、全学部をそろえ、完全な総合大学になった。一九一四年にフランクフルト・アム・マイン市によって設立されたものの、動き出していなかった大学は、大戦後に、開学した。一九一九年にハンブルクに設立された大学も、同様に、地方公共団体の設立であった。一九一九年に中世の大学を引き継いで再開されたケルン大学は、プロイセン政府の設立になるものである。したがって、第一次大戦後に出来た大学は、地方公共団体ないし国の利益に基づいていた。そして、商業、交通、産業の中心地に建てられたのが特徴であって、ハンブルク、フランクフルト、ケルンという大都市が、大学都市となった。

単科大学と総合大学の間の協力が強められていった。一九一九年までは、総合大学の学長たちは、その他の単科大学の代表者と協力することには抵抗していたが、いまや、総合大学、工科大学、のちにはその他の単科大学も加わって、学長会議を開いて協議するようになった。学長会議と、のちにはその他の各州代表レヴェルの会議で、大学制度の諸規定、諸規約の統一化が協議された。この統一化は、とくに、入学条件、試験規定、履修規定、教授招聘手順、給与問題、奨学金、成績評価に及んだ。

各大学が提携したことには、この統一化の努力のほかにも、さらに二つの機能が見られる。研究推進の組織化と国際化である。大学での研究は、第一次大戦以前は、経済的、軍事的目的に重点が置かれていて、一般的、普遍的な目的には向けられていなかった。それゆえ、多くの学問領域――とくに、精神科学の領域――は、とかく遅れをとっていた。敗戦後に再び起こってきた「文化国家」の理念のもとにあっては、学問的研究は、したがって、国家の強力な援助によって、普遍的目標に向けねばならなかった。研究計画に対して支出される予算の大部分は、依然として、直接に利用価値の高いものに回されてはいたものの、目に見える形の利用価値のないものも、予算面の裏付けを得て奨励されることになった。大学には、基礎的な研究と委託研究が共存していたが、国の研究援助は、基礎的研究を強化する方向でなされ、この点に、国家的利益（学問上の成果による敗戦の痛手の埋め合わせ）に経済的利益を結び付ける可能性を見ていた。基礎的研究の成果は、大企業の研究所によって、技術、化学、医学、その他の革新に取り入れることができた。経済と大学の提携、つまり産学協同は、組織化された国の研究援助によって、むしろ強化されることになったのだが、これまで不利な条件に置かれていた学問分野のいくつかは、その後、厚く遇されることとなる。

研究と教育の国際化が進み、国内と国外の大学間の接触が繁くなり、学長会議や大学教師ないし研究所の提携のもつ意味は大きくなっていった。二〇年代には、国際的な学問上の接触、学会、出版、研究計画が数多くなされた。大学制度の構造も、国際的に比較分析されたが、そのことで、ドイツの大学制度に重大な変化が起こることはなかった。

学問の公開性のもつ独自のダイナミズムは、一方で、「国民的な」学問に縛られずに、その情報伝達性のゆえに、拡大と分化を求め、大学間の相互関係の国際化につながっていったが、他方で、大学の生み出すもの――つまり、高度の資格と学問上の革新――は、ますます国際的な産学協同が進んでゆく中で、十六世紀から十九世紀までの時代におけるよりはるかに強く、国際的な流通圏に取り込まれていった。このことは、たとえば、大学での試験を国際的に認めさせようとしたり、学問上の発見を国際的に記録にとどめようとする努力がなされているところにも現れている。

七・三　学生数と職業構造

ドイツの大学の学生数は、一九一九年から一九三三年までの時期、大きく揺れ動いている。一九一九年から一九二三年までは、約八万三八〇〇人から一三万〇七〇〇人まではっきり増加しているが、その後の一九二三年から一九二五年には、約九万七六〇〇人にまで減少し、一九二五年から一九三一年までの時期に再び上向きになり、一九三〇／一九三一年の冬学期には頂点に達して、一三万三〇〇〇人になっている。それが、一九三一年の夏学期以来、急カーヴで減少し、第二次大戦勃発直前には、五万八〇〇〇人と最低を記録する。学生総数のこの推移の原因には、さまざまな要因が考えられる。一九一九年から一九二三年までの時期には、明らかに、戦争世代の遅れを取り戻そうとする気持ちが強く働いていた。一九一四年に第一次大戦が始まって、すべての大学の学生数は大幅に減り、一九一六年には、一万七〇八九人という惨めな数にまで落ち込んでいるが、その後の一、二年に、退役したり負傷して帰国してきた参戦者たちが大学に戻ってきて、少しずつ増えていった。一九一九年の夏学期に、学生数は飛躍的に増え始め、戦前の数を一挙に越える。「終戦の年の一九一九年の夏学期、前年と比べると三四五・三パーセント増という比類のない増え方で、一一万一六七一人もの学生が再び大学で勉強を始めた。領土を大幅に失ったにもかかわらず、戦争の始まる前の年と比べても、まるまる四〇パーセントもの増加なのだが、四年間の兵役のために勉学を妨げられた世代、多くの死者を出しながら生き延びて帰国したこの世代と、戦争勃発のために勉学を中断された学生たちが、同時に大学に殺到したことから考えると、このことも簡単に説明がつく。つまり、戦後のこの時期には、普通の時の二倍の学生がいて不思議ではない。二つの世代が、重なり合ったのである。一九二三年まで、学生数は、絶えず、しかしゆっくりと増えていった。増加分は、主に正規のアビツーア合格者である。一九二三年には（ダンツィヒを含めて）、戦前の学生数よりまるまる一四〇パーセント増になっていた。とくに目立つのは、一九二三年までの戦後期の専門学校への学生の殺到である。それ以上に注目に値するのは、戦争と領土の喪失によって、同じ時期に人口が九・二パーセント減少しているにもかかわらず、また同じ時期に大学がいくつもなくなっていたにもかかわらず（シュトラースブルク大学、ダンツィヒ工科大学、ポーゼン・アカデミー）、学生数が増加したことである。このことは、復員してきた学生の復学を考慮しても、なお、注目すべきことである」（シュヴァルツ、一九七二、四一三ページ以下）。

この経過は、なによりも、一九二三年から一九二五年の間の学生数の急減を説明するものである。復員してきた学生の大多数は、この年に勉学を終え、総合大学ないし単科大学を出ているからである。もう一つの要因、つまり一九二一年から一九二三年までのインフレが、同じように、大学入学に影響を及ぼしていた。貨幣価値が急カーヴで下落して、多くの学生たちは、勉学を続けることができなくなったのである。これについては、多くの研究論文、出版物、学生議会でも、強く指摘されてもいた。経済的難局は、とくに、伝統的にドイツの学生の大部分の供給源であった資産家の市民階層を直撃し、一九二二年頃から、この階層からの大学入学者が減っていると言われる。通貨改革が行われて、経済状態が改善されると、大学以外の養成機関を出て職に就くことの方が再び魅力的になり、大学へ進むはずの若者の一部が、大学と関係のない職に向かうことにもなった。伝統的に大学入学者の供給源であった社会階層の貧困化と、大学以外の職業分野の魅力の増大とのこうした二重作用が、一九二三／二四年から一九二六年の間の学生数の減少をもたらしたのであった。もちろん、戦争世代が大学を去っていったことも、その理由の一端である。一九二四年から一九二九年までの経済の相対的安定期のもたらした影響は、時間的に少しずれた形で、一九二六年からの規則的な学生増に現れている。一九二六年から一九三一年までの間、平均して毎年五パーセントから一二パーセント学生数は増え、一九三一年には、一九二二年のそれを越えて、一三万三〇〇〇人以上という新記録に達している。ワイマール共和国の学生数は、こう見てくると、はっきり経済的状況に左右されていた。

学生数の変動は、総合大学においてとくに強く見られるもので、その他の単科大学では、それほど目立たない。工科大学の学生数は、一九一九年におよそ二万人であったのが、一九二三年に二万八〇〇〇人に増え、一九二六年に約二万一〇〇〇人に減っているが、二万人台を上下しているだけである。その他の単科大学もまったく同じ傾向を示している。総合大学だけが、上述したような激しい波状経過で揺れ動いていた。こうした変動を総体として満足のゆく形で説明することは、これまでまだできないでいるが、学生の、とくに総合大学の学生の供給源である伝統的な社会階層（とりわけ市民階層）が、その景気の動向に左右される物質的状態によって、大学での勉学を選ぶか、その他の職業分野に逃げるかによるという仮説には、多くの証拠が見出せるようである。この時期には、女子学生は、学生数全体にはさして影響を及ぼしてはいない。女子学生は、一九一九年におよそ九〇〇〇人で、一九二五年には八〇〇〇人であった。

一九一九年と一九三三年の間の学部ないし学科に学生がどのように分布していたかを見ると、医学部には、一九一九年に全学生の二一パーセントが属していたが、一九二五年までずっと続いて、勢力を失っていって、一一パーセントにまで落ちているが、一九二六年から一九三一年までの間に再びかつての比率を取り戻し、その後、増え続け、第二次大戦直前には、三七パーセントと最高に達している。(戦争中は、五〇パーセント以上にもなる。) 他の学部では、当然、この経過は逆で、法学部では、一九一九年の一四パーセントが、一九二六年に一九パーセントになったが、その後、継続的に比率は下がり、一九三二年に一四パーセントに、一九三八年には九パーセントにまで落ち込んでいる。経済学部の場合もまったく同様で、一九一九年の九パーセントが、一九二三年に一六パーセントになったものの、一九三二年には七パーセントに落ちている。文科系学部では、一九一九年の一二パーセントが、一九二三年に八パーセントに下がり、その後、一九三〇年に一六パーセントに伸びたものの、大戦前には九パーセントになっている。工学部の学生数も同様に揺れ動き、一九一九年の一六パーセントが、一九二六年までに二一パーセントまで増え、一九三二年には一二パーセントに落ちている。これに反して、自然科学は、変動が少なく、一九一九年の九パーセントが、一九二三年に七パーセントに減ったものの、一九二九年に最高の一一パーセントに達したあと、ずっと九パーセントに落ち着いている(クヴェッチュ、一九六〇、四三ページ参照)。

学部の学生数の多寡は、なによりも、卒業後の就職のチャンスの多寡と関係したそれぞれの学科の魅力を表している。一九一九年以後に大学に殺到した戦争世代の若者の大学への期待は、とくに、工学部、法学部、経済学部に寄せられ、当初は、医学部と文科系学部には人気がなかった。卒業後すぐに職にありつける学科は、一九一九年から一九二三年の間は、とくに人気があり(商科大学で経済学を学ぶのが、就学期間も他の大学より短かったので、志望者がとくに多かった)、それに反して、長期間在学しなければならず費用もかかる学科(とくに医学部)への関心は低かった。学生数が減っていった一九二三年から一九二六年の間の時期にも、法学部と理工系学部の学生の比率は安定していて、文科系学部は、いくらか増加してさえいる。法学と自然科学を専攻するグループの場合、終戦直後の進路決定の基準とは関係がなくなったこの時期の、安定した期待度がはっきり現れている。法学部の学生数が安定していたことの説明としては、法学部の学生が、伝統的に、インフレでも打撃を受けることの最も少なく、その後の経済的安定期に早速に立ち直った官公吏や上流家庭の出身者で占められていたことが挙げられよう。理工系の場合は、二〇年代、三〇年代の自然科学専攻の学生の比率がほとんど変わらなかったことから、自然科学に関係する職業のもつ一般的な魅力で説明できるものと思われる。経済的安定がはっきりした一九二六年以後の時期には、その他の学部の学生の比率はいくらか落ちているのに、とくに、医学部と文科系学部の学生が増えているのが確認できるが、これは、経済的安定の時期には、伝統的な学生供給源であった社会階層が、その子弟を大学へやることができるようになったからと説明できよう。このために、医学部と文科系学部は、上流の社会階層の子弟が不釣り合いなほどに増えて、喜んでもいる。

しかし、こうした状況は、大学卒業者の労働市場の雇用問題によって修正を迫られることになる。(6) とくに、一九二二年から一九二五年の間は、「頭脳労働者の職場不足」や「頭脳労働者の職場の過密さ」を訴える声が高くなっていた。マイヤーの挙げた数字では(一九六八、七六四ページ、注四)、一九二一年から一九二七年の間に、大学卒業者は、毎年、二万人ずつ増えているのに、この間に定年で職を辞する大卒者はおよそ八〇〇〇―九〇〇〇人にすぎない。大卒者の失業の比率を高めているこうした不均衡は、ベン-ディヴィドによれば（一九六一、一〇八ページ）、社会の民主化の波の中で生み出された上流志向と、実際にはいまだに残存する身分的-封建的支配構造ないし職業構造との間の矛盾からきているものであった。「現実の問題は、ステイタスと名声の体系が存続していたところにあった。大学は出ておこうと大方は考えるものの、かかった学費に見合う対価を十分に得られるような職場や仕事に自由に就くことは、制度上の障害のために、なかなかできなかった。高等学校で吹き込まれる観念や理想も、大学の場合と同様に、学者、高級官僚、会社の管理職の生活や自由業の仕事ならともかく、現実のものとは一切結び付かないものであった。さらに、数少ない特権的地位や公的に保護された称号とか資格と結び付いている威信と、その他のたいていの職業に付与されている信望との間には、大きなずれがあって、学生の身分のままでいたり、卒業しても職に就かずにいる方が、稼ぎがあっても〈名誉あるもの〉ではない仕事に就くよりは望ましいとも考えられていた。……大卒者の職場の過密状態は、近代的な経済と、身分社会の諸価値を代表する職階性ないし支配秩序との間に、不均衡を生み出していた。」

大卒者の職場の状態は、雇用体系の要求するところがすでに変化してしまっているのに、いまだに、十九世紀の威信秩序、価値秩序、社会秩序に影響されていた。二〇年代、三〇年代の雇用体系は、とくに、教職――とりわけ小学校教師の職――の膨張、自然科学-技術、とりわけ経済学の役立つ職の漸増、法律、行政の知識の必要な職の持続的な増加、医療職の小刻みな増加を特徴としていた。大卒者のこうした職業構造の変化は、個々の総合大学ないし単科大学の学生数にも現れている。しかし、職業構造の変化と学生数の変動の間の関連には、再三、景気の変動が交錯していたが、大卒者の職業市場に最も強い影響を与えたのは、第一次大戦後の数年の大卒者の大量生産であった。一九一九年から一九二三年の間の大卒者の高い比率は、その後もずっと、大卒者の職業市場を圧迫していて、そこでは、これに追い討ちする形の景気の変動にも苦しまねばならなかった。

七・四 大学と社会構造

大学での勉学と卒業後の就職との関連性に十九世紀がいまだに幅を利かせていたのと同様に、ドイツの大学の学生は、一九一九年から一九三三年の間、相も変わらず、第一次大戦前にすでに出来上がっていた社会的モデルに従った構成を取っていた。ワイマール政府は、高等教育を受ける機会の均等化に取り組んで、さまざまに文教政策上の改革を試みていたにもかかわらず、学生の社会的構成には、決定的変化は起こっていない。ケルブレの研究によると(一九七五、一三七ページ)、ワイマール共和国の時代には、文教政策についての書物が、とくに多く発行されていた。「一九二五年以来――これは統計数字が使えるようになって以来ということだが――そうした書物は、実数でも人口一人当たりでも、増加の一途をたどっていた。国民所得に占める割合でも増えていて、一九二八年には三・四パーセントに達し、一九三二年には経済恐慌にもかかわらず四パーセントにもなっていた。以前の帝政時代でも、ナチ時代でも、連邦共和国の一九六〇年までで も、これほど高い水準で文教政策に関する書物が出版されたことは絶えてない。……一連の重要な教育改革がなされた。その中で最も重要なのは、一九二〇年の帝国憲法と帝国基礎学校法とによる、すべての児童に共通の、統一的な四年制の国民学校の設立と上流子女のための高校進学予備校の廃止であろう。これによって、少なくとも、国民学校から高校への進学は容易になった。ワイマール共和国時代に女子高校が一段と拡充されたが、これもおそらくは、女子高校生や女子大学生が上流家庭の出の者に限られることを妨げるものであったろう。……しかし、ワイマール政府の教育改革は、大学教育を受ける機会の不平等を、完全に解消するものではなく、ただ段階的に解消するものでしかなかった。文教政策に関する多くの書物の出版は、これまで差別されていた階層にとっては、大学で教育を受ける可能性を大きく広げるものではあったが、教育を受ける機会は、実際にはほとんど変わってはいなかった。ワイマール共和国の文教政策が、決定的な効果を上げることができなかったのには、文教政策に携わった人々自身にも一端の責任があった。……しかし、より重要なのは、当時の教育行政の置かれていた不利な諸条件であったように思われる。敗戦後の混乱、インフレ、経済恐慌のために、より決定的な実りある効果が妨げられたことは、十分に考えられる。しかし、文教政策は、ドイツで初めての共和国の存続した十五年間くらいでは、成果が現れてくるものではないのは、言うまでもない。」

大学領域での文教政策上の改革は、しかしまた他の要因によっても挫折せざるをえなかった。大学教授の大多数は、十九世紀のヴィルヘルム時代の社会の諸理想を指針としていて、ワイマール政府の「新しい体制」を拒否していた。彼らからは、大学領域での社会的機会均等を目指す改善策の積極的な支持は、期待すべくもなかった。高校の教師たちも、社会政策的に、十九世紀末の社会の中産階層ないし上層階層の利害関係に組み込まれていて、高校やギムナージウムの社会的選別機能を除去することには二の足を踏んでいた。教育制度の社会的機会均等を目指す改善策に対する人間の側からのこうした抵抗に加えて、一番の障害は、経済的状況にあった。一九一九年から一九三三年の間の経済的変動にも、十九世紀以来、学生の大部分を送り込んでいた市民階層は、さしたる打撃を受けていなかった。この階層にとっては、大学進学を決定する際の基準は、最も安定していて、短期間の景気の変動によってはほとんど崩れてはいなかった。この階層は、会社員や官公吏をくわえ込んで、大きく膨張していたが、彼らは、国の要職や経済界の指導的地位にあって、経済的変動からの被害の被り方の比較的少ない人たちであった。今世紀前半に起こった職業構造の変化も、ドイツの学生たちの社会的構成には、取り上げて言うほどの影響を与えることはなかった。ケルブレ(一九七五、一二七ページ)は、一九一一年から一九六〇年までの学生構成を調べて、次のような結論を得ている。「学生の社会的構造には、親の職業や実家の属する階層ないし階級あるいは父親の学歴から見ても、決定的な変化はなかった。ここ半世紀を通じて、学生は、父親の職業別分類から見ると、ほとんど同じパターンであって、高級官僚、経営者、自由業の父をもつ学生が、一貫して、高い比率を占めていた。労働者の子弟は、大学では、微々たる数であり、それはほとんど変わっていない。その比率は、変わったとしても、五パーセントを越えないいずれしかない。……中級、下級の会社員の子弟や農家出のものの比率は、大きく上下してはいるが、この変動は、本質的には、職業構造の変化、会社員の急速な増加、農家戸数の減少によるものであった。教育の機会均等は、会社員の子弟には、さして改善されておらず、長期的に見ると、農家の子弟にもこれが言える。……しかし、中産階層の上の部類出身の学生のみならず、中の下の出身の学生にとっても、大学教育を受ける権利は保持されていた。帝政期にもすでに、この中の下の階層の学生が、全学生の過半数をぎりぎりながら越えていた。彼らにとって、大学は、開かれたものであって、しばしば利用される教育の場であった。それゆえ、帝政期にすでに、ドイツの大学は、限られた上流階級のためだけの制度ではなくなっていた。しかし、下層階級の子弟にとっては、大学は、決して広く門戸を開いた立身の道ではなかったのは確かである。……学生の父親の属する階級間の比率に変化が見られるとしても、それは表面的なものにすぎない。なるほど、全学生中に占める経営者の子弟の比率は上がってはいる。しかし、ドイツ帝国ないし連邦共和国においても、被雇用者に対する経営者の比率も同じ程度に上がっているのである。それゆえ、一九一一年から一九六〇年の間には、長期的に見れば、教育の機会は、経営者に有利になっているとは言えない。」

学生数が増え、大学出の有資格者への需要も増大し、職業構造が変化し、さまざまに文教政策が練られているにもかかわらず、二十世紀前半には、ドイツの大学の学生の社会的構成は、ほとんど変わっていない。これは、経験を踏まえた諸研究にも示されているとおりである（これについては、ケルブレ、一九七五、参照）。

市民階級出身者が極めて高い比率を示すという、長期にわたって変わることのなかった学生の社会的構成モデルは、やがてファシズムに流れ込んでいったあの時代の官僚的‐権威主義的傾向に大学を順応させるのには好適であった。市民階級は、自身を帝政末期の社会的ヒエラルキーに合わせて位置付けていたが、そこには、進歩の理念が――もっとも、これは、ほとんどもっぱら経済的領域に関連したものであったが――紛れもなくみなぎっていた。教育は、「自己自的」と捉えられ、大学は社会経済的な治外法権だとする考えは、捨て去られることはなく、大学教育の目的は、「精神の貴族階級」への入口であるべきだとされていた。クロイツベルガーによると（一九七二、一七六ページ以下）、大学人たちは、大学のもつ問題点を認識していなかった。「それ（大学のもつ問題点）は、学問的、政治的に言うと、その組織形態が、国家や経済界の官僚機構のヒエラルキー的構造にすっぽりと順応し、その教育機能が、市民社会の危機感に脅えている部分の家族レヴェルの立身出世志向に合わせて作られていたところにあった。学生は、形式的には大学という団体に組み入れられてはいたが、大学内では、むしろ、周辺的構成要素であって、小さなグループに分かれてばらばらになっているか、ないしは、学問上はせいぜい二義的な意味しか与えられていない独自のグループに任せられていた。こうしたグループの中の支配的なタイプであった学生組合も、大学と極めて類似した志向で大学教育という概念にとらわれていて、身分的に産業社会の上に立つエリートだという意識を植え付けられていた。……こうした意識と社会的現実との懸隔が、平等を目指す社会的勢力や政治的理念に対するルサンチマンを助長し、独立した価値としての権威主義の傾向を強めていた。社会的な支配関係を〈理念〉として様式化するのは、支配権力への、少なくとも〈内的な〉関与を予告するものでもあった。……自身は〈関心をもつ集団〉として表面立って活動することのできなかった者も、〈強力な国家〉の出現を期待し、〈理想主義〉の衣を着せて、この期待を表明していた。」

ワイマール共和国の学生の大多数のこうした素質は、大学においても、台頭しつつあったファシズムの地ならしをするものであった。というのも、ナチスドイツ学生同盟（NSDStB）の形でドイツの大学に地歩を固め始めていたファシストたちは、自分たちの論拠に、「非政治的な」大学を、二重の意味で組み入れることができたからである。一つは、ナチスの組織図式に応じ、少数派の切り捨てに適した「民族共同体」のために、あらゆる階級間の対立を越えた政治化を要求することができたこと、もう一つは、大学の現状に対する責任を、多くの大学教師たちの拒否するワイマール政府の政治に、押し付けることができたことである。政治的な学生組織や団体は、それゆえ、世界経済恐慌で、たいていの大卒者の職場が、そして中間層出の所有者に占められていた中小企業の職場もまた崩壊したとき、これを合図のようにして、ナチスに同調するようになった。非政治的な大学という理想主義的模範像は、社会的現実の中で、ほどなくして崩れ去った。学生のリベラルな立場は、基本的な民主主義的立場と首尾一貫した形で一致していたわけではなく、精神貴族的、個人主義的な萌芽の部分に固執していて、リベラリズムそのものに反する方向に進む現状を、苦々しい気持ちながらも寛容に見ているだけだったので、権威主義的傾向に対しても、ほとんど抵抗することはできなかった。(7) ワイマール期の学生の大きな特徴でもあった社会主義的立場も、それゆえ、やすやすと犠牲の羊の役回りに追いやられた。孤塁を守っていた社会主義学生組織は、ナチス学生から、当初は政治的に、やがては物理的にも攻撃され、理想主義に取り付かれていたリベラルな学生組織は、そうした争いを、手をつかねて傍観していた。

大学教師の大多数も、現実の社会経済的、政治的諸関係を無視した精神貴族主義的理想を代表していたので、強力な国家と「大学の指導者原理」と内外の敵に抗して結束する「民族共同体」とを要請するナチスに対して、まもなくして、好感を示すようになっていた。それぞれの分野の専門家で非政治的な科学者であると自己理解している大学教授たちは、外見から見たところ超政党的な政治概念（「国民は結束して敵と戦う」）を好んだ。彼らは、非政治的姿勢の理想主義的基盤に立って、対立する社会的状況を見て見ぬふりをしながら、権威者たちの希望に沿い、政治的、社会的指導者の役割を果たした。大学教授は、十九世紀にも官憲国家を肯定し、あらゆる政治的問題の核心を「正しい指導者の選択」と考え、その他の点ではしかし、学問と政治の厳密な分離を擁護していたのだったが、その意味でも、彼らは、自分たちの職能階級の伝統を継承していた。それゆえ、ナチズムは、ドイツの大学ではほとんど抵抗に遭わなかった。

八　ナチ時代の大学

ドイツの大学は、台頭してくるナチズムに対してほとんど抵抗をしなかったために、ナチの「統制」は、極めてスムーズに行われた。大学教師や学生の大多数は、ナチの権力掌握を、黙って、あるいは大手を広げて、受け入れていった。学生や講師たちの中には、一九三三年以前にすでに、ナチ党員になっていた者も多く、ナチ党員の組織——ナチ学生同盟（NSDStB）やナチ大学講師同盟（NSDB）——は、ドイツの大学の画一化を、内部から準備していた。[1]大学を「政治化」しようとする彼らの要請は、これまで非政治的であった大半の学生や講師たちから共感をもって迎えられた。「重苦しい諸状況」からの解放、新しい出発を約束するこの「政治化」は、茫漠たる自然神秘主義に訴えるものであった。ファシズムの雑誌『ドイツの学生』の一九三三年のある号では、次のように言われている。「制限に身を固めた政治的兵士が、大学に出動する。インテリはそれを野蛮な行為として恐れるが、若い世代は、原始の森へ帰って行くのを喜ぶ」と。原始の森への帰還、俗流ダーヴィニズムの説明によると、強者のみが生き残るという原始の森へのこうした帰還は、早速に、焚書の形で、好ましくない講師や学生たちへの物理的、精神的テロの形で、あるいはユダヤ人学者の殺害という形で表現されていった。原始的な攻撃を煽るナチの訴えは、「精神貴族的」あるいは「理想主義的」を自負する大学人たちにも共感されてゆく。彼らは、自分たちの地位について不十分にしか反省することなく、それをもっぱら市民的社会モデルからしか理由付けていなかったからである。現実の経済的、社会的危機現象に直面して、自分たちの地位が危ういものになったとき、学生たちも大学教師たちも、その多くは、原始的な行動モデルに立ち返っていったのであった。危機的状況と行動の退行現象との関連は、ナチ党員たちにはっきり認識されていて、大学人たちの結集ないし忠誠にうまく取り入れられたのであった。大学の知性は、一九三三年以前にもナチのイデオロギーの多くの断片を疑似学問的に基礎付けていて、そのために、多くの大学人は、ファシズムのイデオロギーの中に、自分たちのイメージを再発見することができた。それゆえ、ナチの権力者たちは、一九三三年、大学に対して根本的な形で介入する必要はなかった。大学側が唯々諾々とほとんどなんの反対もなくナチの統制に従ったからである。大学自治の理想は、ドイツの大学をナチズムに順応させるためにことさら取り崩す必要はなかったのである。

わずかに行われた抵抗も即座に押し潰された。公然とナチズムに反抗した数少ない大学教師たちは、物理的、精神的なテロにさらされ、幾人かは殺害され、あるいは逮捕され、職を奪われた。反ナチの学生たちは、逮捕され、大学から追放された。ナチは、当初、こうした措置のために新しい法律や命令を必要としなかった。大学自身が、既存の規約を利用して、反対派を締め出していたからである。学長、学部長、事務局長あるいは教授たちは、そうした規約を適用したからとて、それだけではナチの心酔者というわけではなかった。自己目的としての大学の自治さえあれば、十分であって、大学は、大学の自治へのナチ権力者の直接の干渉を恐れて、「より悪い事態を免れるために」自ら進んで、反ナチの動きを次々と排除していったのである。あとに残った大学人たちは、受け身の態度に徹するか、心中は反ナチであっても、決してそれを表には出さず、そうした雰囲気は、ドイツの大学のナチ支配体制への順応を助長していった。

ナチは、ナチ学生同盟とナチ大学講師同盟を、組織上の伝導ベルトとして利用したわけだが、この二つの組織は、ナチ支配の官僚機構に直接組み入れられていて、学生ないし大学教師の大多数を押さえていたわけではなかったが、ほどなくして、全学生および大学教師の代表を自任するようになっていた。この組織への加入は義務にはなっていなかったが、加入しておれば、有利な点が多く、ほかからの攻撃を受けなくて済んだ。この組織は、「世間離れした大学の政治化」をスローガンに、学生や大学教師にナチズムへの政治的忠誠を要求し、大衆を動員し、学生や大学教師を統制し、その動静を探り、好ましくない教師への弾劾キャンペーンに励み、また大学の自治へも強力に食い込んでいた。当初、学長や学部長がナチ大学教師同盟に属していなかったときでも、一九三三年以後になると、ナチ学生同盟ないしナチ大学教師同盟は、当初はまだ存在した自治委員会選挙に影響を与えようとさまざまに画策していた。学長、学部長、事務局長は、政府の文教担当局から承認を受けねばならなかったので、一九三三年にすでに、大学委員会で正式に選ばれた学長や学部長でも承認されない事例がいくつも出てきている。当初、多くの大学は、できるだけ有名な大学教授を学長ないし学部長に選ぶことで、ナチの大学局の干渉を避けようとした。これを拒否すれば世間を大いに騒がせることになるだろうとの計算であった。しかし、やがてたいていの大学はそれも諦めて、ナチ的な考えをもつ大学教師や大学教授に大学自治のトップの座を任せるようになっていった。もちろん、ナチ体制に距離を取っていた大学教師が、(2)輪番で学長や学部長として大学の頂点の職に選ばれた例もあるが、そこでは、体制に忠実な同僚(たとえば副学長、副学部長、事務局長など)から監視され、結局は、ナチ大学政策の遂行の片棒を担ぐしかなくなっていた。大学の内容上の統制は、スパイ・システム、大学教師相互の間に組織的に掻き立てられた不信感、教授陣や図書館の蔵書の「粛清」、試験、学位、教授資格、招聘の政治的コントロールによって行われた。カリキュラムも教授法も行政的に変更されたわけではなかったが、教授や講師たちの大多数は、自主的にナチの要求に教授内容を迎合させるようになる。というのも、一九三三年にナチが権力を掌握すると早速にも、批判的な教授は、その一部は大学を追われ、逮捕された者も多く、そうでなくても、教壇に立つことを禁じられたからである。こうした「粛清」は、既存の法的根拠の拡大解釈によって行われた。他の大学教師たちも、さまざまな組織的な威圧の中で、亡命するか、教職を諦めるか、ナチの諸要求に順応するか、そのどれかを選択しなければならず、同僚をどれほど信頼できるかも見極められないままに、お互いの間にははなはだしい不信感が漂うに至っていた。講義の内容に対する組織的なスパイ行為、標的を決めての密告、証拠のでっち上げが横行する中で、お互いの不信感も増幅され、いつしかナチのイデオロギーへの順応の道が広がっていった。とくに、国民的、種族的ないし民族的、帝国主義的要素が強調され、大学での講義内容がこれに従って変えられてゆき、ドイツ主義の強調から、ほとんどすべての学科で、「ドイツ的」数学、「ドイツ的」物理学、「ドイツ的」社会学、「ドイツ的」地理学などなどの理念が持てはやされることになる。さらに、ナチズムのイデオロギーを補強するために、いくつかの新しい「学問」が作り出されもした——その最たるものは「人種学《ラッセン・クンデ》」である。ナチズムの敵、つまりユダヤ人、共産主義者、社会的少数派にあまりに密接に関連すると思われた学科は、大学から放逐された。

とくに試験は、極度に政治化された。試験において——少なくとも一般的な決まり文句では——ナチズムに対する忠誠心が試されねばならなかった[3]。学内試験、学位試験、教授資格論文は、内容的にともかくにもナチズムのイデオロギーに合致するものでなければならなかった。学問の基準は、次第にはっきりと、政治的基準の背後に引き下がっていった。これまで常に社会から離れたところで非政治的に行われていた学問的営為の中に、ファシズムの理念が急速に地歩を築いていった。人種的理念は、帝国主義的、国粋主義的、軍国主義的思考と同様に、学問と称され、ファシズムは、一見正当化されたかに見えた。批判的、反ファシズムの立場は、学内試験、学位試験、教授資格論文では、一切認められなかった。一九三三年から一九四五年までの間にドイツの大学で書かれたほとんどすべての学術論文にとって、このことが当てはまる。出版された学術論文は、「帝国著作物局」の検閲を受けていたが、出版されない試験論文の方は、大学の手によって自主的に検閲された。

試験にはそのほかに、競争原理を利用して政治的順応を押し進めるという機能ももたされていた。これが最も顕著に見られるのは、教授資格試験の場合で、これは、一九三三年以後はますます政治的な意味合いを強めていた。当初、教授資格試験は、免職、逮捕、テロ、亡命などで空席になっていた大学教師のポストを埋めるべく、早急に教授陣を補充する機能を果たすものであったが、のちには、教授後継者に野心満々な私講師ないし講師を選ぶことで、ナチ理念に無関心な、あるいは政治的に無色な大学教師たちに圧力をかけるという機能ももつようになっている。教授資格試験は、競争圧力と志操検定とによって、大学の教授陣を政治的に画一化させるための道具になっていった。それと同時に、正教授のポストに就けないでいた講師たちの大多数は、「教授資格をもつドクトル」の称号で象徴的にその地位が上がったことに満足し、その称号を携えて、ナチズムに対する高度の政治的忠誠心を要求される職に次々と選ばれていった。そこはしばしば政治的出世第一主義者にとってのスプリングボードとなるものであった。彼らは、専門的には高いレヴェルにあり尊敬されてはいても、ナチの側からは信頼されていなかった大学教師に、さまざまに威圧を加えることになった。大学教師界の後継者政策は、ナチ政府に対する大学の政治的忠誠心を保持させるための効果的な道具ともなっていた。もちろん、これも必ずしも完全には成功していない。というのも、一九三三年から一九四五年までの間、ドイツの大学のいくつかの領域では、時に、ナチズムに対する抵抗が陰に陽に認められるからである。抵抗はしかし、散発的なものでしかなく、すぐに孤立していった。大学教師たちの大多数は、ナチ政権に対して忠誠であるか、あるいは無関心を装うことによって体制を支えていたからである。数の上では、ドイツの大学の教授陣は、一九三三年から一九四五年までに著しい損失を被っていた。ユダヤ人教授は亡命するか、逮捕され、政治的に信頼できないとされた教授や講師の大多数も、一九三三年以後ほどなくして大学を去らねばならず、その大半は亡命して行った。さらに、第二次大戦で失われた大学教師の数もおびただしいものであった。質的にも量的なそれをはるかに越える損失をドイツの大学は被っている。世界的名声を博した多くの教授、講師、学者が、一部はすでに一九三三年以前に、ほとんどはナチの政権掌握後に、大学を去っていったからである。一九三三年から一九四五年までの間に教授陣に加わった後任の教師たちは、専門分野の実績や名声というよりは、むしろ政治的忠誠心によって際立っていた。教授陣の量的、質的な損失のために、大学は、難関を切り抜けてまで進学するところとは思われなくなっていった。出世第一主義の講師たちが次々と教授陣に加わったことも一つだが、一九三三年から一九四五年の間に学生数が大きく減っていることからもこれがわかる。一九三三年にはまだおよそ九万九八〇〇人の学生がドイツの大学に登録していたが、一九三九年までにそれが五万八三〇〇人にまで減っている。この学生数の減少は、ナチ政府側の大学卒業者を削減しようとする政策の意図的な操作によるものであったが、もう一つ、当初は大学生には免除されていた何年かの奉仕義務（労働奉仕、兵役義務、ナチ突撃隊（SA）、ナチ親衛隊（SS）、あるいは準軍事的組織への参加）が、学生にも課されることになったのもそれに与っている。しかし総体的に言えば、学生数の減少は、ナチによる大学の画一化にその原因が求められると言えよう。大学は、一九三三年以後、その名声の一部を失い、その水準は低下してしまっており、大学に学ぶことは、ワイマール時代におけるより魅力のないものになってい

たようである。第二次大戦勃発後、当初は、オーストリアの大学を加えたために、[4] 統計上は学生数は増加

していて、一九四三／四四年の冬学期には、八万四七〇〇人の学生が登録している。しかし、この数字は、

戦時中の実際の学生数を示すものではない。登録している学生の大半は、従軍していて、ただ名目だけの

学生だったからである。

学部間の勢力関係には、さまざまな変化が起こっている。医学部が最も大きな学部になって、一九三三年には全学生の約三一パーセントであったのが、一九四三／四四年の冬学期には、名目上登録していた学生は、ドイツとオーストリアを合わせて五二パーセントになっている。学生数はその絶対数が減っていた中で、医学部の学生の比率が上昇したのは、とりわけ兵役義務と関係していたと言える。医学を学んでいると兵役義務を免除してもらいやすかったからである。法学部と経済学部では、学生数の比率がかなり減少しているが、その理由として考えられるのは、とくにこれらの学部では政治化の傾向が強く、政治的な思想の堅固さが強く求められたことである。その他の学部の学生数の比率にはあまり変動はないが、文科系の学部はいくらか減少し、技術系の学部はいくらか上昇している。学部間の勢力関係の変化は、なによりも学部内での政治化の度合い、卒業後に就く職業の魅力の変化、女子学生数の極度の減少（女子学生数は、ワイマール共和国時代と比べると、その比率は四分の一に落ちている）は、ナチの臨戦体制の職業政策からきていた。医療体制を固めるためのもの、「粛清」によって生じた欠員を埋めるもの、とくに軍需産業に利用できる知識を保証するものは、特別に奨励され、宣伝された。こうした形の職業指導は、制度化されはしなかったが、学生の学科選択にとっては、少なからぬ影響を与えたと言える。

研究も、ナチ政体の軍事的目的に合わせて行われた。とくに、その成果が軍備生産に利用されうる研究領域、たとえば、電子工学、化学、技術、原子物理学は、強力に推進された。それと並んで、ナチ政体の

正当化に適している領域、たとえば人種学、地理学、国際法にも、とくに目がかけられた。ナチの権力者たちの目的にとってあまり重要と見なされなかった学科は、当然、軽視された。大学での研究はもちろん学術研究の一部でしかなく、その大部分は、軍需産業や軍部の研究所や実験室、大学とは間接にしかつながっていない特殊な研究所で行われた。しかし、大学での研究も軍事的に重要であったので、世界大戦の勃発が迫ってくるに従って、次第に強く、大学の研究所の中にも軍事的関心が入り込んでいた。軍備にとって重要な研究を行っていた大学の研究所に対する軍部とナチ官僚の干渉は、戦前からすでに強くなっていたが、大戦勃発後はそれは当然より強力なものになっていった。文部官僚、軍政部官僚、経済諸組織、大学事務部など、官僚機構相互の間は、ナチ党の委員会が調整をとっていて、縄張り争いの多い官僚機構の間の伝導ベルトの役を果たしていた。

総体的に言って、ナチ体制は、大学を統制する方向に一路邁進していて、大学内でのそれぞれの地位は、法的にも制限を受け（たとえば一九三七年の帝国大学助手規定によって）、各州の大学に対する権限は、少なくとも部分的に廃棄され、大学は、国の行政とナチ党の官僚とに二重のコントロールを受けていた。講義内容も研究内容も、ナチズムのイデオロギーに沿ったものでなければならず、研究は、ナチズムの軍事的、経済的、イデオロギー的目的に沿って組織され、講義内容は、非公式のスパイ・システム、密告システムによって、ナチズムの指導原理との一致を強制された。「粛清」と水も漏らさぬ統制機構と行政上の干渉によって、大学の自治は制限されたのであったが、大学は、とっくに自らに禁治産の宣告を下しているも同然で、大学人の大多数は、ナチの要求する大学の「政治化」に応じ、ナチズムの目的に合わせて自己統制を行っていた。ファシズムは、ドイツの大学を根底から変えるものではなかった。ファシズムはむしろ、十九世紀に始まっていた一つの発展、とくに保守的な官憲国家に依拠し、社会の進歩的な諸勢力から距離を取っていた発展の、終着点であった。

九　一九四五年以後のドイツの大学

第二次大戦終結後、ドイツの大学の構造は、ドイツの地に異なる社会制度が作り出されたことによって、決定的に変わった。変化は、当初、ナチズムとその遺産に対するさまざまな反動として起こったが、やがて、政治的、社会的システムの民主化との関連で行われるようになり、ついには、職業システムの諸要求の変化および大学教育の評価の社会的な変化に伴って起こっていった。大学制度は、ドイツ連邦共和国とドイツ民主共和国とでは違った発展経過を取っているが、ここでは一九四五年から現在までを、それぞれにまとめて記述してゆくことにする。一つには、この発展が歴史の総体をなしているからだが、他方で、急激な発展のダイナミズムのために、アクチュアルな変化がどの程度まで歴史的傾向を示すかが、必ずしもはっきり認められないからである(1)。歴史と現在とは、切り離すことはできないからでもある。

第二次大戦が敗北に終わったとき、ドイツからは、いくつもの大学が失われていった。一九四五年以後、その所在地が事実上(しかし国際法上はそうではなかったが)他国に属することになったからである。ケーニヒスベルクの大学は、ソ連の主権下に入り、ダンツィヒとブレスラウの大学は、ポーランドの支配地区に組み入れられた。しかし、一九四五年以後のドイツの大学は、こうした領土の損失に伴う数の上のことだけでは済まない大きな損失を被っていた。ナチズムの撲滅キャンペーンと亡命と戦争による、大学教授陣の膨大な人的損失が、これである。教授、講師、助手そして学生の相当な部分が、命を断つか亡命によって失われていたし、ドイツの大学の建物や設備の破壊も、計り知れないものがあった。人的、物的損失よりさらにひどいと言わざるをえなかったのは、ナチズムによる大学の極度なまでの異常倒錯化である。大学は、あまりにも唯々諾々とナチによるいわゆる「政治化」に加担していたために、民主的、道徳的資格の一切を投げ捨てていたのである。大学人たちは、自由に行動する余地があったにもかかわらず、進んでナチズムと自己を同定し、ナチの撲滅機構に強制されない場合にでもしばしば、意見の異なる者を見捨てていった。たいていの学科ではその講義内容も、ナチ党員たちによって、均制化され、いともやすやすと本来の規準を放棄していた。

九・一　ドイツ連邦共和国

敗戦後まもなくして、総合大学、単科大学の再建が始まり、一九四五／四六年の冬学期に、短期間中断されていた講義が再開されたとき、大学は、ナチズムのこうした遺産を清算しなければならなかった。米英仏の西側三占領地区の大学では、教授陣のうち、明確に暴虐行為に加担するか、ナチ政府の指導的地位にあったことが証明された者だけが解雇された。しかしその数は、内容的にも政治的にもナチズムと自己を同定していた教授、講師、助手たち、意見の異なる者に対するナチの迫害や弾圧を、容認しないまでも黙って拱手傍観していた教授、講師、助手たちの数に比べるとあまりにも少なかった。その後、占領軍による「非ナチ化」によって職を失った者もほんのわずかで、こうした大学教師たちによって、西ドイツの戦後の大学の教授陣の主力が形成されていた。亡命していた学者たちは、ためらいながらも、帰国してきたし、強制収容所や前線で生き延びた教授や講師たちも、大分のちになってからだが、総合大学ないし単科大学に再び帰ってきた。教授陣の欠員の一部は、暫定措置で急遽資格を与えられた若手の学者によって埋められた。こうして、大学の人的損失は、量的には逐次埋め合わせられたが、質的および正統性上の欠陥は、ずっと続いたままであった。高いレベルの学者の大量の損失は、応急措置で補うことはできなかったし、かつてナチ体制と自己を同定していた大学教師たちがそのまま職にとどまっている限り、ナチズムによって落とした信用は容易には取り戻すことはできなかった。

一九四五年から一九四九年までの西側三占領地区における当初の大学政策にしてすでに、大学制度の過激な改革は回避されていた。新生が個々に要求されはしたが、アンチ・ファシズムが声高に宣伝されるだけで、実効は上がってはいなかった。とくに、西側三占領軍の「再教育‐プログラム」は、大学の民主化を目指すものではあったが、社会的、経済的、政治的諸構造が徹底的に民主化されない限り、またファシズムの根源が取り除かれない限り、こうした民主化も、必然的に絵に書いた理想にならざるをえなかった。西ドイツの大学は、形式的に民主的要請を受け入れ、多くの大学教師たち、そしてもっと多くの学生たちも、進んでこうした要請に自己を同定したのではあったが、大学の民主化は、——当初——形式的なものに尽きていた。全国学生連合（AStA）や専門別学生組織の形で、学生の自治組織の最小限の萌芽は制度化されはしたが、大学の内部構造には、伝統的な正教授モデルが復活されていった。評議会、学部、研究所は、その後もずっと、正教授の強力な影響下に置かれていて、助手や学生の共同決定権は、最小限のものであった。員外教授、講師、私講師の地位にしても、事実上の共同決定権をもつものではなく、講座の主任教授に対してむしろ何もできない無力なものであった。教授資格の有無は、終戦直後の時期には、いくつかの学科では、欠員のために、さして重要視されていなかったが、それでも、大学教師の職に就くためのほとんど唯一のチャンスであることには変わりはなかった。大学内部の人的組織は、その後も変わらず、正教授を頂点とするピラミッドを形成していて、正教授が、学問上の昇進も、カリキュラムや研究計画についても、ほとんど独占的な決定権を握っていた。専門分野の学問的研究対象の決定は、一九四五年以後の経過の中で、大学の教育研究活動が協業的、大企業的構造を取る傾向を示していたにもかかわらず、相変わらず、講座の主任教授の鶴の一声によってなされていて、その他の大学構成員は、この決定権に従うしかなかった。大学での教授内容、授業形態、研究題目は、ヒエラルキー的＝権威主義的に決められていて、民主的に、平等に決められることはなかった。こうした大学の内部構造を保持するためには、もちろん、国家の直接的な介入は、最小限に抑えられねばならなかった。

ナチの直接的国家干渉とナチ組織からの政治的統制という直前の過去の体験をもとにして、一九四五年以後の西ドイツの大学は、少なくとも二十世紀になっていまだ存在していなかった形の、国家行政からかなり独立した自治を獲得することができた。直接の国家の干渉をはねつけたという点では、ドイツ連邦共和国の大学は、最も早く、ナチの遺産の克服に成功したのであった。大学の自治は、終戦直後の時期には、民主主義的理論の要請、あるいは学問内在的な要請からというよりは、むしろナチ政体の弊害に反対する形で確立されたものであった。戦後の大学は、ナチによる「政治化」をはっきり否定し、学問を政治から離れたものと考えたのである。総合大学と単科大学は、国家の干渉と政治的関心から相対的に離れていなければならないとは、終戦直後の時期に書かれたほとんどすべての理論的な著作に一貫して流れていた考えである。(2) そして総合大学ないし単科大学は、民主主義の要請を教授するところ、国家に忠誠を示すとすれば、いまやリベラルで民主主義的とされる国家に対してでなければならないとされた。かなりの程度の自治を獲得し、政治から離れながら、同時に民主主義を外的に肯定するというこうした構造のために、大学はその内部においては非民主主義的に組織されたままに、外に対しても積極的に民主化の努力をしないままでいることになった。ドイツ連邦共和国の大学は、議論を闘わす党派の集まりではなく、争いのない静養の場と定義され、積極的な民主化の機能、つまり政治的、社会的、経済的な不正と闘う機能はもたされてはいなかった。それどころか、大学での講義、学習、研究は、社会的、政治的、経済的葛藤の外に囲い込まれ、学問の抽象的、普遍主義的な真理概念に立ち戻ることが求められ、利害の対立するグループのどちらかに積極的に加担することは、固く禁じられた。学問は、いかなる場合にも、不偏不党でなければならぬとされたわけだが、それも、学問的認識と対象との間の弁証法的緊張や認識と利用価値との間の必然的に党派的な関連を宥め静めるという意味においてであった。

にもかかわらず、西ドイツの大学は、多くの異議申し立ての潜在力を内に秘めていた。たとえば、原爆死反対のキャンペーン（一九五八）、ゲッチンゲンの教授たちの請願書（一九五八）、シュピーゲル事件（一九六二）あるいは大学紛争（一九六六／七〇）にこれが見られる。しかし社会的、経済的、政治的状況に対する抗議は、いくつかの点に限られ、小さなグループで行われ、[3]すべての大学、大学人を巻き込む大きな抵抗は、西ドイツの戦後史には起こっていない。一部の学生や大学教師の政治化は、当初は、ナチの遺産に反対し、積極的な民主化を求める性質のものであった。しかし、そうした衝動は、アデナウアー時代の経済的な再興と安定化の中で、退潮していって、東欧の状況に反対するか、理想主義的なヨーロッパー運動に賛同するといった特殊なキャンペーンに変形していった。大学の政治的性格は、アデナウアー時代の表面的な目標、つまり社会主義体制の「全体主義」の拒否、西欧統合の是認、政治的複数主義の支持などに、限定されていた。こうした政治的境界が踏み越えられたのは、西独国防軍の核武装計画が表面化し、政治的な敵に対する非合法活動が活発になるに従って、新しい政治体制の弾圧が激しくなったときであった。

強圧的に押さえ込まねばならなかったところにこの政治体制の正当性の脆さがあったわけだが、それだけではなく、五〇年代、六〇年代初めの急激な経済成長ののちに全世界規模で始まった経済的危機によっても、この政治体制の脆さが表面化していった。「教育の危機的状況」に対する最初のキャンペーンは、当初はまだ、教育を受けるチャンスの社会的な不公平、国際的にもかなり低いドイツ連邦共和国の文教費を弾劾するものであった(4)。一九六五年以後になって初めて、大学の果たす社会的機能、大学の非民主的な組織形態に対する批判が声高に表明されるようになる。それと同時に、多くの学生たちやその他の大学人たちから、後期資本主義の政治的 - 社会的諸関係が攻撃された。六〇年代末の学生反乱の結果、大学の部分的領域で改革が行われ、学生、助手、教務員たちの共同決定権の改善が図られ、それとの理論的関連から、大学の社会的責任も指摘された。大学を政治化するには、一方で新しい権限が必要であったが、他方では政治体制 - 管理行政体制の反動を挑発することにもなった。大学の構造上の難点には、——これは、なによりも、民主化の諸要求、身分によるグループ形成、学生収容力の限界、教育制度と職業制度の間の調整不備などから生じたものである——改革論議も改革措置も必要とした一方で、長期的な構想と手段がなかったために、計画や調整は、大学の伝統や各種団体の利害や予測できなかったさまざまな問題のために挫折していった。

それゆえ、大学の根本的な改革は、一九七〇年以後になっても行われなかった。これに対して、行政当局は、法的手段でもって対処した。一方で大学改革の政治的要求に応ずるとともに、他方で大学の潜在的闘争力を孤立させようとしてであった。大学制度の法的基盤の統一（連邦共通の大学大綱法と各州の大学法によって）、勉学内容の実際の利用関心への適応（大学改革委員会）、比較的無計画であった大学制度の組織化（全国教育審議会、学術審議会）、学生定員の需要に合わせての拡大（定員規定）などの努力が行われるとともに、一九七〇年頃から、西ドイツの大学には、とくに抑圧的な傾向が強くなっていった。これは、たとえば、大学の秩序規定、在籍年限規定、講義内容と学習の政治的コントロールなどにも現れている。六〇年代末の学生反乱によって動揺させられた官僚機構は、巧みに自分たち独自の活力を、一般的な経済的、社会的、政治的関心と結びつけ、大学における自然発生的な体制を脅かす動き、正当性を疑う動きを阻止していった。したがって、ドイツ連邦共和国の大学の最近の発展を説明するには、支配を代表し、ないしは貫徹し、下部構造の諸使命を果たす一般的国家機能をもってするだけではなく、また官僚機構の特殊な反応をも考慮しなければならない。

一九四五年以後の西ドイツの大学の政治的な発展段階は、一般に「ナチの遺産の克服」(一九四五〜一九四九)、「上からの民主化」(一九四五〜一九五五)、「安定化と内部の分化」(一九五〇〜一九六五)、「政治的動員と学生反乱」(一九六五〜一九七〇)、「官僚化と法制化と弾圧」(一九七〇〜現在)という標語で表されるのだが、これは、経済の発展過程と少なくとも部分的には対応していた。終戦直後の第一期には、経済システムの将来の発展がどうなるかは不明で、したがって民主化の要求とアンチ・ファシズムの姿勢が重みをもちえた。一九五〇年から一九六五年の間の「奇跡の経済復興」の時期の経済的安定と急速な経済成長とともに、大学も安定し、内部も拡充され、制度的にも分化してゆくことができた(総合大学、工科大学、教育大学、専門単科大学)。東ドイツからの大学卒業生たちの殺到が、一九六一年に突如跡絶えたとき、そして六〇年代初めの「スプートニック・ショック」と「技術の欠陥」とが話題になって、東欧の体制やアメリカや日本に対する立ち遅れがはっきりしたとき、ドイツ連邦共和国の大学教育は、一種の危機状態に陥った。大学教育の経済成長に対してもつ意味についての、教育経済学の立場から出された報告は、ショッキングな内容であったが、将来、職業システムの要求に合わせて大学卒業者を劇的に増やすことはとてもできそうになかった。その後の大学の危機的な発展状況は、大学が自主解決能力をもたないところからきた結果でもあった。大学システムと職業システムとの間の調整問題は、改善案や大学新設や制度的な分化（統合大学《ゲザムトホーホシューレ》構想）によって、また大幅な学生増（「大学進学奨励」）や全大学のキャンパスの拡充によって解決すべきものとされた。好景気の波の中で始まったこうした措置は、経済システムや職業システムのその他の発展と未調整のままに行われていって、そこからさまざまな調整問題、計画問題が生じてきた（入学許可数制限《ヌーメルス・クラウズス》の強化、定員超過問題、大卒者失業問題、学科間の不均衡など）、これが国家の管理行政の意味を高め、官僚独自の活力を助長することにもなった。経済的、社会的、政治的なさまざまな発展傾向の絡み合いは、一九四五年以来のドイツ連邦共和国の大学の発展にとっても、ますますはっきり反映されてゆくようになった。大学が相対的な自治を要請することは、ますます難しくなっていった。伝統的な正教授中心の大学では、国家に忠誠を誓う大学教師が、ピラミッド型に構成されている教授活動の場ないし研究活動の場（講座、研究所）の指導者として、政治的－官僚的システムの関心とは必ずしも一致せずに、かなり自主的に支配していたが、これがいまや、意見の違うグループの集まる組織としての官僚化された大学、規則で運営される大学になったのである。そこでは、自治は、連立相手の選挙（とくに国家行政との関係での）においてしか存在しなくなる。大学を規則によって規制することにはなったが、ヒエラルキー的な規則は廃止されることはなく、各種委員会が積み重ねられて、付随的権限はここが作り出すことになる。制度が改められたとしても、それは表面の装いだけのことで、正教授には、職業システムや国家の要求に応じて教育と研究のより強力な機能化が求められたにもかかわらず、彼らの相対的な自立性は、その背後に保持され続けた。

一九六五年以来、ドイツ連邦共和国では、大学の規制の強化と並んで、その経済性の重視が目立っている。このことは、経済発展のための大卒の資格のもつ意味が問題視され、経済成長のための学問的技術革新の果たす役割が重視されたためであるが、一方では、大学への投資が、これまでに増して、使途別にチェックされ、その効用が計算されるようになったからである。大卒者の養成に高額の経費が要ることから、大学での勉学の効率、就学年限の長短、在籍年数の制限、学生定員の計画的設定などについて、さまざまな議論が持続的に行われるようになるが、これは、一九六五年頃からの大学政策についての考察の主流となったものである。各州の文教権が独立しているところから生じていた各州ばらばらの傾向は、この頃から、大学政策に関する限り、共通の計画に向けて進んでゆくことになる。(5)

この頃から学生数が急速に増えていったために(六章の注23参照)、大学を新設するなり、既存の大学の設備を拡充することで対応しなければならなくなる。一九四五年から一九六〇年までには、大学の新設は多くはないが、一九六〇年以後、新設ラッシュが始まる。大戦末期に閉鎖された大学は、一九四五/四六年の冬学期には再開されていたが、一九四六年には、マインツに、一七九七年に閉鎖されていた大学の跡に新しい総合大学が設立され、一九四八年には、ザールブリュッケン大学が新設され、同年、ベルリンのフンボルト大学の学生と講師陣を引き抜いて、ベルリンの西側地区にベルリン自由大学が設立され、一九五七年には、ギーセン大学が再開された。ケルンには、一九四七年、体育大学が新設され、ヴィルヘルムスハーフェンに一九四七年、経済‐社会学アカデミーが出来、これは一九五七年、ゲッチンゲン大学に統合された。一九三九年にハイデルベルク大学に吸収されたマンハイムの商科大学は、一九四七年、経済大学として独立し、のち、総合大学に昇格している。

総合大学や工科大学、商科大学の新設よりも重要なのは、一九四五年から一九六〇年までの時期の教育大学と専門単科大学の発展である。既存の教育アカデミーないし教員養成所を母体にして、一九四五年以後、小学校教員、実科学校教員を大学で養成するために、多くの教育大学が設立された。総合大学やその他の単科大学に対する教育大学の地位は、当初、さまざまに問題となった。教授陣や設備の面で不十分と見なされていたし、学位授与権も教授資格授与権も与えられていなかったからである。にもかかわらず、教育大学は、次第に、資格のある大学教師をそろえてゆき、教授内容も充実させ、多くの学生を集めてゆくようになる。

教育大学と並んで、一九四五年以後、なかでも専門単科大学の拡充が目立つ。多くの技術学校、経済アカデミー、教員専門学校は、大学昇格を望んでいて、一般的に、六〇年代に実現している。これらは、技術、経済学、社会学、工学、建築学の専門単科大学として、技術、社会福祉、経済計画、行政、経済関係の職場に、資格をもつ人材を送り込む機能を受け持った。こうした単科大学は、これまでの古い大学とは違って、卒業生に工学士、経営学士、社会教育学士、建築学士などの称号を授与することが許された。職業システムの要求に応じて、一九四五年以後、専門単科大学、教育大学、工科大学、その他の特殊単科大学そして総合大学という分化したシステムが出来上がったのであったが、その役割分担や統合をどうするかが、六〇年代になるとますます大きな問題となっていった。

役割分担や統合の問題と関連して、また既述の職業システムと教育システムの間の相互関係とも関連して、一九六〇年頃から、これまでに増して、西ドイツの大学の拡充についての議論が激しくなっていった。すでに一九五九年、連邦内務大臣の鑑定書に、大学卒業者の数を増やすことの必要性が強調されていて、(6)一九六〇年、大学、政府当局、諸種の団体、企業の代表者で構成された学術審議会は、ドイツ連邦共和国における大学制度の大幅な拡充を勧告している。それを受けて、その後の数年に、ボーフム、ブレーメン、レーゲンスブルク、コンスタンツに総合大学を、リューベック、ウルムに医科大学を新設する決議がなされた。数年後（一九六五／六七）、ビーレフェルト、ドルトムント、アウクスブルクの総合大学新設決議が続いた。新設の決議とその実現の間には数年の開きがあるので、新しい大学が開校したのは、六〇年代の後半になるが、開校がずっと遅れた例もある（たとえばブレーメン）。七〇年代の初めには、バンベルク、バイロイト、カイザースラウテン＝トゥリーア、オルデンブルク、オスナブリュック、ハーゲン（通信教育大学）にも総合大学の新設決議がなされている。同じ時期、既存の教育大学、専門単科大学、その他の大学施設が統合大学に改組された。統合大学は、さまざまな職業領域に役立つきめ細かな教育を施し、類似した学科（たとえば社会教育学、教育学など）での大学教育を統合しようとするものである。七〇年代に、ドゥイスブルク、エッセン、パーダーボルン、ジーゲン、ヴッパータール、カッセルに統合大学が新設された。デュッセルドルフでは、これまでの医学アカデミーが医科大学に改組され、のち、これを母体に総合大学となっている。ここに記した大学とは独立に、ハンブルクとミュンヘンにそれぞれ防衛大学が創設されたが、他の大学との関係がその後久しく多くの問題を投げ掛けている。防衛大学設立構想では、一般学生にも開かれたものにするとされていたが、これはこれまで実現されていない。

大学の新設と並んで、既存の大学の改組が部分的に行われた。工科大学のほとんどは、工学以外の学科（たとえば教員養成学科）も引き受け、工科総合大学（ＴＵ）に改組された。マンハイムのかつての商科大学ないし経済大学は、総合大学になり、シュパイアーの行政アカデミーは、行政学の単科大学になった。こうした改革は、なによりも大学の学生収容力を高めることを目標としたものであって、一般に、単なる名称の変更にとどまるものではなかった。格が上がったことで、各大学はまた、新しい研究施設やこれまでとは違った学科や重点科目を設けることになり、学位授与権や教授資格授与権も対象を広げていった。こうして、これらの大学と伝統的な総合大学や単科大学との間の格差も縮まって、やがて同格視されるようになる。

総体的に言って、一九六〇年頃以後、ドイツ連邦共和国の大学は、かなり大きな組織上の多様性をもつようになっていった。[7] 古くからの総合大学の優位性は薄れてきて、新しい総合大学、工科総合大学、そしてまた統合大学は、ほぼ同格のものと認められ、教育大学、専門単科大学、その他の特殊単科大学は、いくらか格の落ちるものとされてはいたが、タイプの異なる大学間の境界は、この十五年ばかりの間の急速な大学改革のために、はっきりしないものになっている。このことを外的に表しているのは、大学と名の付くところはすべて、西ドイツ大学長会議（WRK）と決定権をもつ大学改革委員会[8]に代表を送っていることである。しかし、大学のタイプの違いを均してしまうことはできない。こうした違いこそが、国家の大学政策と職業上の利用関心を計算に入れて出来ているからである。大学の多様性は、混沌と規制の間を揺れ動く大学政策の現れであるとともに、またその原因でもある。過去およそ十五年ほどの間に着手された大学改革のさまざまな試みは、部分的に大学に混乱を引き起こし、大学は改革と順応のチャンスを最小限にとどめようとしていた。国家の行政システムは、こうした混乱に規制の強化でもって対処しようと試みているが、教育制度の多機能性から生じる教育計画、教育行政の実際上の限界に縛られて、実効を上げるには至っていない。

こうした限界は、職業システムの側にもある。大学卒業者の求人は景気の良し悪しによって変動し、必要数を見込んで学生を入学させる操作をしても、卒業までにはかなりの時間的ずれがあって、思惑通りにはならないからである。職業システムには、置換過程（たとえば専門単科大学の卒業生を総合大学の卒業生に替えるとか、その逆）や浸透過程（新しい職種の割り込み）がはっきりあるわけだが、これらは、あらかじめ計画することはできないし、さらに、大学卒業者は、さまざまに構造の違う職種（国の行政機関や私企業など）で働くために、大学システムと職業システムの間を明確に調整するには、そのほかにもさまざまな難題が起こっているからである。

　大学のもつ社会的機能からも、教育計画なり教育調整には限界が生じている。大学が存在することで、社会的可動性が可能となり、また同時にそれがコントロールされる。大学を出ることで、主として大学卒業者が就職している社会階層に受け入れられ、社会的に出世することができる。しかし、大学の学生の大部分が、少なくとも両親のどちらかが大学を出ている家庭の出であるために、そうした場合、大学に行くことは、社会的階層帰属の追認ないし保持を意味するにすぎない。統計のデータ（六章の注23参照）からもわかるように、西ドイツの学生の社会的構成比率は、それほど変化を示してはいない。上流階層と中流の上の階層が、一九四五年以来の大学の発展全体を通じて、圧倒的な優位を保ち続けている。下級階層出の者の比率は、確かにかなり高くなってはいるものの、社会全体の下級階層の比率にはいまだにとても及ばないままである。下級階層出の者がそれでも多くなっている理由の一つは、過去十五年間の大学急増であろう。大学の急増は中の上の階層や上流階層にとってはさほど有利なものではなかった。彼らは、そうでなくても、伝統的にその子弟を大学へやることができたからである。いま一つの理由は、一般の学校制度が変化し（進学奨励制度や統合学校《ゲザムトシューレ》の試み）、労働者の子弟や田舎の若者の大学進学のチャンスが改善され、これらの間の関連がうまくいったことであろう。さらに、大学の分化が進んだことも（とくに統合大学の設立、教育大学の改善）、下級階層にとっての大学進学のチャンスを広げたと考えられる。

　総括すると、ドイツ連邦共和国の大学は、第二次大戦後にも、ドイツの大学のさまざまな伝統を強力に引き継いでいたことが確認される。一九四五年以後に相対的な自治権を獲得し、これが、政治的、社会的システムに対して忠誠を誓う限り、大学の安定化を保証したのであった。大学は、その後も、エリート養成の施設であり続け、中・上流階層の子弟を不釣り合いに多く受け入れていた。「大学特有の」特殊な価値モデルと行動規準を植え付けることによって、大学は、その卒業生のもっぱら体制順応的な意識を保証したのであった。もっとも、社会の変化にとって不可欠な最小限の批判能力は保ってはいた。経済発展が危機的状況になって以来初めて、大学の経済化、法制化、規制が強化されることになる（一九六五年頃から）。同時に大学の内部改造や将来計画が進められ、制度上の分化が強まっていった。しかし、こうした「改革」によって、どの程度まで大学が、たとえばカレッジーシステムのようなものに変えられていったかは、いまはまだ結論を出しえない。表面的には、大学教授のガウンの下の千年の黴は、消えているのかもしれないが、当分はまだ、ドイツの大学制度の社会史が強い発言権をもたねばならない。

九・二　ドイツ民主共和国

ソ連占領地区に、一九四九年、ドイツ民主共和国（DDR）が建設され、ここでは、大学は、西側のドイツとはまったく異なった発展経過をたどっていった[9]。一九四五年から一九五〇年までの第一期に、ナチズムの遺産は克服され、大学の民主化が導入されたとされるが、この時期の発展は、西側のドイツの場合と重なり合うとはいえ、それは概念的にのみ言えることである。ソ連占領地区ないしドイツ民主共和国においては、大学における「非ナチ化」は、西独の大学におけるよりはるかに徹底的に行われた。なんらかの形でナチにかかわった大学教師の大部分は、大学の職を解かれ、ソ連国内で促成教育で資格を与えられた若手の学者に置き換えられた。幾人かの学問上の大家は、その飛び抜けた名声と決定的な実力のゆえに、新しい体制にとっても重要なものとされて、この非ナチ原則の例外とされたが、非ナチ化は、総体としては、徹底的に遂行された。明白に反ナチないし民主主義的とされた学者だけが、職にとどまり、当初ナチに加担したと疑われた者では、幾人かが疑いが晴れて、のちになって復職しているだけである。非ナチ化は、個人の領域だけに及んだのではなく、教科書や講義内容も、ナチを思わせる一切が、徹底的に「粛清」された。

ほぼ同時期に行われたもう一つのキャンペーンで、大学がファシズムと一体化したことの原因が、除去されねばならないとされた。これは、公式の標語に言われた「市民的‐民主主義的諸価値」の実現を目指す一方で、大学構成員の社会的構成の変更をも目指すものであった。市民的‐民主主義的諸要求は、教育と研究における民主主義的な決定機関を設立すること、つまり、すべての大学構成員が決定過程に参加することであった。学生、助手、講師、教授、その他の研究補助員が、それぞれの委員会において完全な責任をもって決定に参加することができることになった。「社会正義」を高めるために、予備教育のための「労働者‐農民学部」(ABF)が作られ、これまで不利な状況に置かれていた社会グループの大学進学の準備が徹底的に行われ、ふさわしい形の動機付けがなされた。同時に、大学進学には、大まかながら、社会構成に見合った形で学生数が配分された。それに加えて、教授陣の構成も、専門的見地と教育的見地と並んで、社会的出自が考慮された。理念的には極度に徹底していたこうした措置も、現実には、多くの緊張や葛藤を巻き起こし、五〇年代には、理念通りに実行することはできなかった。いずれにせよ、一九四九年には、東ドイツの大学では、全学生の三分の一が労働者と農民の子弟であった。

一九五〇年以後、東ドイツの大学は、社会主義的知識人を養成する場所となっていた。市民的内容と行動様式の型にはまった「学問の砦」は、大学の中でも労働者階級の立場を貫徹しうるために、打ち倒さねばならなかった。反ファシズムと民主主義の諸価値を実現するための最初の大学改革が行われたのち、第二の改革が始まった。「この第二の大学改革の基本理念は、帝国主義的、小市民的イデオロギーと帝国主義的な階級の敵のその他すべての反動的影響との対決の中で、大学の研究水準を、創造的マルクス＝レーニン主義の基礎の上に効果的に高め、勉学と学問研究を、社会主義建設の実践とDDRの社会的発展の社会主義的展望とに堅く結び付け、さらに、困難な諸条件を乗り越えて、大学網を再建し、大幅に拡大することによって、経済の領域の緊急の投資や住民の生活水準の早急な向上をしばらく見送ってでも、将来の要請に応えることにある。……学問上の〈研究のための研究〉を学問上の〈社会のための研究〉に切り替えることは、多くの学者にとっては、複雑な過程をたどらねばならぬことであった」（共同執筆者グループ、一九七一、七九ページ）。

第二の大学改革は、まず第一に、経済的、社会的長期計画（二ヵ年計画ないし五ヵ年計画）で大学を統合することであった。つまり、出費、卒業生数、研究計画などが、一定の変動幅を認めつつも、計画大綱の中であらかじめ策定された。第二に、一九五一年の「大学の新しい組織化についての命令」に基づいて行われたこの大学改革は、教育内容の重大な改革を意味するものであった。社会主義的知識人の養成は、社会主義的内容とそれに相応する教育形式を前提としていたからである。つまり、マルクス－レーニン主義の学習、ロシア語の学習、その他の国際語の学習が必修となり、そのほか、カリキュラムは、ソ連邦での社会主義建設の経験と成果を考慮するものとされた。(10) 第三に、この大学改革とともに、「社会主義的民主主義」の諸原理が、大学においても実現されるべきとされた。つまり、大学の決定手続きにおいて、ドイツ社会主義統一党（SED）と自由ドイツ青年同盟（FDJ）が指導的立場を取った。そのほか、社会と大学とを結び付けるために、大学のための社会諮問委員会が作られ、労働組合、政党、教会、各種団体がこれに代表を送った。第四に、イデオロギー上の諸要求に応える一方、新しい実践分野を学問化するために、新しい学科、専門分野、タイプの異なる大学が作られた。

最後に挙げた新しい実践分野の学問化という使命のために、ＤＤＲ建国直後の数年に、多くの新しい大学が設立された[11]。第二次大戦終結時までドイツ領内には一一の工科大学があったが、ＤＤＲ領土内に残ったのは、そのうちの二つだけであった。それゆえ、急遽、マクデブルク、カール・マルクス・シュタット、ロイナ・メルゼブルクに工科大学が設立された。これらは、当初は特殊な工科系の学科だけの単科大学であったが、一九六一年から一九六四年までに工科大学ないし工科総合大学に昇格している。フライブルク／ザクセンの鉱山アカデミーは、一九四六年には再開され、ワイマールの建築アカデミーは、建築と土木の単科大学に改組され、ライプツィヒには、土木建築の単科大学が新設された。ドレースデンには、一九五二年、交通制度の単科大学が出来、マイセンとベルンブルクには、農科大学が設立された（一九五三）。ベルリン・カールホルストには、一九五一年に経済大学が、ライプツィヒには、一九五二年に体育とスポーツのドイツ大学（DHfK）が、ポツダム・バーベルスベルクには、一九五四年に映画とテレビのドイツ大学が、同年、ドレースデン、エアフルト、マクデブルクに、医科大学が設立された。五〇年代の初め、エアフルト、ドレースデン、ポツダムの教員養成所が教育大学に昇格し、ギュストゥロウ、ハレ、ケーテン、ライプツィヒ、マクデブルク、ツヴィカウの教員養成所も教育学研究所の地位を得るに至っている。五〇年代、六〇年代には、多くの音楽大学、芸術大学が出来て、すべて他の大学と同格とされた。一九六九年、技師養成の特殊な学校も、技術単科大学に統合された。

ＤＤＲの大学の発展にとって、これまでに述べた特殊‐大学よりもより重要になったのは、ドイツ社会主義統一党（ＳＥＤ）の中央委員会直属の党大学、社会科学研究所、ポツダム・バーベルスベルクにある国家学・法律学ドイツアカデミー、ドレースデンの軍事アカデミーといった別の施設である。これらは、高度の政治的、軍事的諸機能のための資格を与えるもので、特別な学生のみが入学できた。その内容と教育形態は、一般の大学システムとは異なっていて、党の施設として直接SEDの、軍事アカデミーの場合は国防省の、監督下に置かれた。これらの大学に職を得るのは、大学教師や大学卒業者にとって特別の出世コースでもあって、ここは、部分的には大卒者の卒後研究の場ともなっていた。

一九五〇年以後の第二の大学改革の時期に、一般の大学の内部では、イデオロギー上の要請、経済上の要請に応える新しい学科が次々と設けられていった。すべての学科で必修であったマルクス－レーニン主義の基本学習と並んで、多くの大学では、社会科学の研究と教育を行う施設が付置され、やがてこれは社会科学として独立の分野になっていった。[12] 技術系の学科では、工業経済学が独立の学科に発展し、教育学は急テンポで拡充され、分化されていった。たいていの学科で特殊な専門分野が確立してゆき、講座や研究所になって大学内に地歩を占めていった。大学の組織は、学長と評議会に運営されるという伝統的な原理によっていて、各大学の頂点には学長が座り、個別問題（学生問題、後任人事、研究、政治的使命など）は幾人かの副学長が担当して学長を補佐した。評議会には、各学部長と選挙で選ばれた評議員のほかに、局外者（たとえば企業の長、労働組合や党の幹部）も表決権をもってこれに加わっていて、大学のすべての重要な事項はここで決定された。学部は、学部長に統括され、ここでも幾人かの副学部長が役務を分担して学部長を補佐した。別に特殊な問題（たとえば研究計画など）のために、参事会や委員会が置かれた。DDRの大学の自治は、当初から制限されていた。大学は、中央の書記局ないし文部省に指導されていて、直属の参事会や委員会が設けられていた。[13] こうした国家の中央委員会と並列して、SEDの中央委員会の中にも「文教部」があって、大学政策を「将来展望をもって指導」し、大学構成員の社会主義的意識レベルの向上を図ることになっていた。国家の行政機構と党組織のこうした二重の伝導ベルトが、DDRの大学の社会主義的改革を推進していたために、現実にはさまざまな軋轢が起こり、不当干渉や強圧的コントロールも行われ、そのため、一九五〇年から一九六一年までの間に、多くの大学教師がＤＤＲを去って、西ドイツへ移住して行った。ＤＤＲの大学の内容的、意識的改革は、五〇年代に、学位をもつ大学教師の大量の流出によって、由々しき難局を迎えることになる。この時期にはさらに別の難問も加わっている。つまり一九四五年以前にドイツ領土内にあった自然科学‐技術関係の大学の大半が、ドイツの西側地区になったために、工科大学、医科大学、その他の専門単科大学が急遽新設されたのだったが、設立と第一期生の卒業までには数年の時間がかかり、すぐに効果を上げることはできなかったことである。ＤＤＲの大学は、こうした不利な条件のために、西ドイツの大学よりはるかに大きな難問を克服してゆかねばならなかった。

一九六一年以後になって初めて、ＤＤＲの大学の内容上の改革も進んでいった。これまで自主的な社会主義的知識階級の形成は、不完全にしか成功していなかったし、既述のように葛藤の火種をいくつも抱えていて、継続的な発展は不可能であった。ＤＤＲにおける大学の新しい改革は、一九六五年に公布された「統一的、社会主義的教育体制に関する法律」によって基礎付けられ、これによって、第三の大学改革が始められた。「その基本理念は、学生を幅広い教養をもつ社会主義的志操堅固な人物に育て、その創造的力を十全に伸ばせるように、ＤＤＲの大学を改革することにある。高度の資格をもつ社会主義的な大学卒業生を送り出すことによって、社会主義の新しい科学＝技術的、社会的諸課題の解決のための望ましい幹部を確保することが目標とされた。……就労者総数に対する大学や専門学校出の幹部の比率は、これによって、著しく上昇した。発展した社会主義的社会は、国民すべてに高い水準の科学‐技術的、社会＝政治的教養を要求する。大学および専門学校出の幹部を、学問と実践において、他の社会的機関とも協力して長期的展望のもとに再教育することは、総合大学および単科大学の新しい責任重大な使命である。……大学卒業生は、体制の諸関連の基本的過程を学び、これに精通し、これを数学的正確さでモデル化し、技術的、工業技術的、社会的にこれを実現しうるまでにならねばならず、その認識を各自の専門の活動分野で効率よく実行に移すために、集団で受けた教育の成果をもとに、あらゆる必要な知識と能力を獲得しなければならない」(共同執筆者グループ、一九七一、九三ページ以下)。

この第三の大学改革は、今日まで形式的にはまだ終わっていないもので、その目指すところは、第一に、DDRの社会主義体制に対する大学構成員および大学卒業者の忠誠心を固めること、第二に、「幹部候補生」つまり大卒の資格をもつ人材の供与を計画的にかつ制御可能にすること、第三に、大学卒業者の恒久的再教育のより明確な制度化、第四に、学問の内容をより明確に体制との関連に向けることであった。こうした基本方針の諸点を実行に移すために、中央の大学指導部局の組織も改組された。一九六五年から一九六八年までの間に、これまでの大学問題国家書記局をもとに作られていた大学・専門学校省の中に、とくに当該計画を推進し正当化する特別の任務をもつ学術審議会と社会審議会が作られた。九〇〇以上もあった大学独自の研究所は、学際的共同研究を進め、投入した資金を効率良く利用しうるように、一七〇に統合された。これまでの技術-自然科学系の教育施設は、一二の技術大学に統合された。大多数の専門学校はそのまま残された。個々の専門分野の学生数は、長期計画に基づいて決められた。こうして、SEDの第七回党大会では、「基幹工業部門」の大学卒業者の比率を、一九八〇年までに、一九七〇年の二・五倍に、自然科学者と技師の比率は三・五倍に高めることが決議されている。五〇年代にすでに制度化されていた通信教育は、拡充されることになり、すでに就職している大学や専門学校の卒業生の再教育も、組織的な諸計画に基づいて推進されることになった。とくに、「社会主義的指導過程の学問化」(14)を旗印に、国と党の幹部には、いまからでも大学で社会科学あるいは経済学を学ぶように奨励された。工業界と大学の共同研究は、すでに五〇年代から、協力契約や共同の再教育措置や人材調達措置あるいは共通の研究所や研究計画によって制度化されていたが、これがさらに拡充されることになった。

カリキュラムも改善され、とくに学問相互間の体制への関連を統一するための「複合プログラム」が採用された。カリキュラムと教育形式は、DDRの大学のすべての他の分野と同様に、効率と業績の強調を特徴としていた。教授と学習とは、DDRの大学においては、高等学校並のやり方が取られていて、試験の連続で規制されている。試験で締め付ける仕方には、現在でも再三に批判がなされ、大学で同じような構造を取っている東欧の諸国でも、学問的見地からの嘆きの声が上がっている。[15] 業績と効率を上げるためという大学での勉学の厳しい規制は、創造的な社会主義的個性を十全に展開させるというよりは、むしろ順応さすことにつながると思える特殊な価値観を醸成してもいる。こうした社会化がどの程度に社会主義社会の諸要求と関連しているのか、また、堅苦しい社会化の形式がどの程度に「社会主義的知識人」の物質的な補償行為、あるいは地位と関連した補償行為を促進しているのか、この問題はより詳しく研究さるべきであろう。

社会主義社会の諸要求がDDRの大学の社会的な教育の欠陥の克服という点に関して、これまでにどの程度までかなえられたかについても、さらに検討が必要であろう。手元の資料では、「労働者」あるいは「農業生産協同組合所属農民」という統計上のカテゴリーは、あまりに不明確で、学生の中に占める労働者や農民の子弟の高い比率だけから、進学の障壁が除去されたと推論することはできず、明確な結論は出しえない。逆に、国や党の幹部の子弟が大学進学で優遇されているという嘆きの声も、代表的な例が見当たらず、新官僚層の教育特権を逆推進する確実な論拠はない。DDRの大学の学生の社会的構成については、統計的にしっかりした正確な数字はないが、おおまかには、ドイツの歴史の中で初めて、しかもドイツ連邦共和国との比較においても、DDRの大学においては、労働者と農民の子弟の比率を高める努力がなされたと見なすことができる。この観点からすれば、DDRにおける大学の発展は、これまでの大学史と断絶している。

しかし、教育のさまざまな欠陥を部分的なりとも克服していって、大学生活には別の種類の質が生まれてきている。つまり、学科の選択は、経済的＝社会的計画によって制限され、奨学金は、将来の活動領域が決まっている者に支給され、就学期間は、厳しく規制され、業績主義の圧力は強く、政治的な忠誠度は、四六時中、証明されねばならない。DDRの大学での学習の新しい質が、どの程度まで不利な働きをしているかは、心理的な固定観念や機能主義的な効率の面からは評価されえないもので、これは、なによりも、個人主義的な「市民的個人」がどの程度まで集団主義的な「社会主義的個人」に生まれ変わっているかにかかっているわけである。諸利害と決定手続きの社会化は、社会主義理論によれば、個人と社会システムを変化させるはずのもので、DDRにおいては、これが、これまではまだ不完全にしか達成されていない[16]。こうした内容上の局面は、少なくとも部分的に、過去三十年のDDRの大学政策を説明するものである。

しかし、常に経済的諸要因は、決定的であった。ドイツの東西への分裂で重工業や鉱山や外国貿易などの中心地から離されたことから生じたDDRの経済的欠陥は、学問レヴェルの向上と技術革新によって埋め合わさねばならなかった。早くからDDRの指導層は「科学という生産力」をスローガンにして、大学の幹部層の能力の向上と学問上の新しい成果の産出を組織的に経済計画の中に組み入れ、生産過程と業績過程を理論化する努力をしていた。組織的な大学計画は、集団主義的関心よりも個人主義的関心が優っている限り、また、学科選択や学習行為が干渉を受けて制約される限りは、不十分なものにならざるをえなかった。なるほど、学生数を持続的に増やしてゆくことはできて、一九五一年に三万一五〇〇人であったのが、一九五五年には七万四七〇〇人に、一九七〇年には一一万八〇〇〇人に、一九七二年には一五万四〇〇〇人になっている。しかし、大学の幹部層は、西側への大量流出のために、一九六一年までは、壊滅的な状況で補充計画も立たず、その後も、資格の授与までに時間がかかったのと、将来の需要を予測できなかったために、補充計画の転換も不十分な形でしかできなかった。

なにもかも不十分であったにもかかわらず、DDRの大学は、一九四五年から現在まで、なによりも、計画、規制、効率と業績の強調、制度上の分化、経済主義化、そして集団志向の社会化を特徴としている。こうした傾向は、これまでのドイツの大学の歴史とははっきり断絶しているものである。ドイツでは、現在、二つの大学システムが競合している。しかし、それがどのように距離を広げてゆくか、どのように収斂してゆくかについては、今後さらに詳しく研究されねばならない。

一〇　欠落部分と将来の見通し

これまでの記述には欠落していることも多く、それは今後、補ってゆかねばならない。さしあたっては、大学史の記述で言えることは、答えを出すよりも、より多くの問いを発することができるということである。大学史の方法論に関して言えば、たとえば、社会＝経済的発展と大学内部の変化の間の相互作用を、いかに捉えるべきかが議論されねばならないであろう。また、学問、理念、職業の歴史の諸契機と諸成果を、いかに大学の社会史と結び付けるべきかも、明確にすべきであろう。さらに、社会科学において用いられる「知識人層」、「公共性」、「変化」、「カリスマ」、あるいは「社会的信望」などの概念を、大学の歴史記述の中にいかに組み入れることができるかも、未解決の問題である。本書では簡単に触れただけの問題、たとえば、長らく女性の大学への進学がなかったのはなぜか、修道僧の伝統がどのような役割を果たしたのか、言語の排他性や象徴の強調がどのような意味をもっていたのか、どのような社会化のメカニズムで大学がその他の教育施設と区別されたのか、むしろ異質なもので構成されている社会の中で、どのような普遍的特性が効果を発揮したのか、教育過程についての理論がどのように大学の構造の中に定着したのか、大学の活動形式はどのように宗教的活動形式あるいは営利経済的活動形式と区別されるのか、などなど、こうした問題にももっと明確に答えねばならないであろう。もっとも、これらの中には、いまだに資料が不足していて答えを出すことのできない問題も多いし、また、資料を処理するのに適当な方法が見つからない問題も多い。

多くの学問は歴史的展望を失ってしまっているし、歴史学は今頃やっと社会を再発見しかけている状況の中で、大学の社会史は——本書では主にドイツだけに限ってはいるが——いくつかの将来展望を呈示することができる。大学の社会史は、現在の大学の諸問題の相対性を明らかにすることができるし、また大学政策上の諸措置を見る目を研ぎ澄ますこともできる。大学の社会史は、社会構造と教育システムの関連を理論的に捉え、この両者の間の変化を再構成することができる。さらに国際的な関連を歴史的文脈で記述することで、国民的な問題の偏狭さを認識させることもできる。こうしたすべての設問において、大学の社会史は、単に一つの学問の部門ではなく、それをはるかに越えたものである。大学の社会史は、自らの基盤を反映することによって、再帰的であるとともに、一方で、その対象を見る視点を変えることによって、党派的でもある。こうした仕方で、大学の社会史は、多くの祝賀記念論集が好むと好まざるとにかかわらず呼び起こしている非政治的な印象を克服する。その際、資料が足らないことや方法が不備なことが問題になるのではない。困難なのは、資料の山と方法の多様さに押し潰されないことである。情報の洪水をいかに制御するか、これはしかし、問題設定にかかわる事柄である。そしてこの問題設定は、理論に左右される。それゆえ理論形成が最優先されねばならない。

原注

一 序

(1) 西ドイツの大学に現在も存在する「二重の隘路」という状況は、ローマー他（一九七五）の編集した論文集に詳しく述べられている。ただし収録論文のほとんどすべてのものに歴史的展望が欠けている。

(2) 中世の大学のさまざまな葛藤については、かなり古くに書かれた大学史に詳しく述べられている。とくにカウフマン（一八八八／九六）、ライト（一九一二）、ラシュドール（一八九五）参照。

(3) 歴史の堆積物という概念は、地質学の用語から借用したもので、諸制度の規範、価値、儀式の中の伝統の堆積物をいう。大学の試験の領域での歴史の堆積物については、著者は別の著書で詳しく述べた。プラール（一九七六）。

(4) 時代遅れになっている機能がどれほど現在の試験制度と実際の試験に影響を及ぼしているかについては、著者は別の箇所で検討した。プラール（一九七六）、（一九七七）。

(5) 大学史の文献を見れば、こうした書物の出版の多様さがわかる。エルマン／ホルン（一九〇四／〇五）、シュタルク／ハッシンガー（一九七四）、シュタイガー／シュタウベ（一九六〇）、その他の当該参考文献参照。

(6) はっきりした例としては、デールマン（一九七七）、イエンス（一九七七）、クラーマー／ヴァーニャ（一九七七）が挙げられる。

(7) エルマン／ホルン（一九〇四／〇五）、フラッシェンドレーガー／シュタウベ（一九七〇）、ニッチュ（一九七三）、ペトリ（一九五九）、シュタルク／ハッシンガー（一九七四）、シュタイガー／シュタウベ（一九六〇）、その他の多くの専門文献参照。

（8） 十年ほど前から昔の大学史が復刻される傾向が見られるが、これは、最近しっかりした研究がなされていないことの間接証拠とも見られる。
（9） ニッチュ（一九七三）は、その萌芽があることを詳しく報告するとともに、その欠点を指摘している。とくに、社会史的分析の不足ははっきりしている。本書で繰り返し用いた「大学制度の社会的ダイナミズム」という概念は、ニッチュの尊敬に値する著書から借用したものである。
（10） ここに挙げたさまざまな立場は、必ずしも個々の著述に明確に分類されうるものではない。それらは、理念型によって構成したもので、その際、タイプ分けは、歴史学の相応の立場というよりは、より強く、狭義の社会学内部の学理的立場から行っている。こうして強調したのは、最近、歴史学の議論がとくに学理的議論によっていることからのものである。――それぞれの立場の叙述は、ここでは思い切って短く切り詰め、個々の立場の内部での相異には、ほとんど触れていない。詳しい叙述は別の研究に譲らねばならない。
（11） この点に関しては、とくにルッツ（一九七三）の編集した論文集の各論文参照。さらに、雑誌『歴史と社会』の一九七三年度号で行われた当該論争参照。
（12） ここに挙げた機能は、その他すべての機能を多かれ少なかれはっきり固定するものであるゆえに、基本的機能と見なされる。この基本的機能は互いに独立しては存在しない。機能と構造の関連は、本書の枠内では、構造機能主義の意味で扱われてはおらず、より強く、システム理論と批判的社会理論の間で最近闘わされている議論によっている。
（13） ここで用いた正当性という概念は、ハーバーマス（一九七三）によって発展させられた考えによっている。
（14） ヨーロッパでの発展は、第三章にまとめて考察する。その他の章では、叙述はドイツに限られる。その他の、部分的には大幅に相異なる発展にまで言及すると、本書の枠をぶち破ることになりかねないからである。こうして限定することが、また、大学の国際的な比較社会史が緊急に要請されていることを明らかにするものでもある。

二　揺らん期

（1）こうした初期の教育システムについては、マーロウ（一九五七）が包括的に記述している。その他、ニッチュ（一九七三）の報告参照。

（2）都市文化の社会経済的構造は、中世になって初めて、北イタリアと西ヨーロッパで発展段階に達し、遍歴学生と学者の大部分の持続的共同生活と共同作業の前提条件を整えるものとなった。こうした経過を助長したのは、一つは聖職者の組織形態と協同組合の組織形態の先行投資であり、もう一つ、遠隔地貿易である。

（3）マックス・ヴェーバーの諸業績に依拠して、多くの著者は、職業としての教授業が始まる日付をルターのヴォッカチオ講義の行われた日としている。しかしこれは、社会学や歴史学の職業史の研究においては議論のあるところである。

（4）マーロウやその他の研究者は、ギリシャのアカデミーやローマの法律学校までも「総合大学」と名付けている。しかし、この見解は、教育制度の連続性を証明することはできないでいる。

三　中　世

（1）歴史の経過の中で、地方の領邦君主は、中央権力から封土を受けてこれを利用していた。こうした封土権は、地方の領邦君主や封臣によってやがて経済的従属構造を打ち立てるのに利用されるようになる。

（2）遠隔地貿易は、ドイツ領域内においては、とくに大きな港（ハンブルク、リューベック、ブレーメン）、ライン河沿いの貿易路、南ドイツのいくつかのかなり大きな商業の中心地で行われた。国土の中央部は、遠隔地貿易にはかかわってなく、部分的にのみ国内市場が発展していただけであった（たとえば、ゴスラー、リューネブルク）。貿易の発展は、都市の成立にとって決定的なものであって、都市文化の発展は、高等教育制度の形成にとって重要な前提条件であった。したがって、遠隔地貿易に関与するか貿易から締め出されるかは、その間に直接の関連は想定できないにしても、大学の設立にも、決定的な影響を与えていた。

（3）こうした経過にとってのもう一つの重要な前提条件は、北イタリアの恵まれた自然条件による農業の相当の裕福さであった。

(4) これまでほとんど注目されていなかったが、地域的な人口の移動の原因の一つに、北イタリアの農民の反抗がある。彼らは、封建領主に反抗して、居住地を離れ、一部は都市へ移住して行った。したがって、地域的移動は、商業、手工業、軍隊や知識人層に限られるのではない。

(5) 一部の学科だけを備えるかすべての学科を備えるかの違い、つまり不完全な大学か完全な大学かの違いは、大学史の古い文献で詳しく論じられている。とくにデーニフレ(一八八五)参照。

(6) この場合も、すべての後世の大学新設の日付と同様に、部分的には創設の年にずれがある。本書の枠内では、通例、これまでの研究書の大多数に採用されている年号を用いることにする。こうしたプラグマティクなやり方は、満足できるものではないが、資料批判的研究自体は本書の目的ではない。

(7) 赤髭王がこうした特許状を出した動機は、北イタリアの彼の支配地では、ドイツとは違った法律が通用していたことにあると見られる。つまりドイツではゲルマン法であったのに、北イタリアではローマ法だったからである。彼は、ボローニャの法律学者を自分の側に取り込むことによって、二つの異なった法体系を統一しやすくなると考えたのである。

(8) ここに用いた「市民的」という概念は、都市の市民階層(豪商、行政官僚とその縁者)をいう。したがって、のちに始まった資本主義的発展の中での市民階級とは同じものではない。

(9) ナポリの帝国大学は、宮廷の直接の管理を受けていたために、行政上の自主性はほとんど育たなかった。ラシュドール(一八九五)参照。

(10) オックスフォードの大学設立記録は、十二世紀にすでにあると何度か推測されてきているが、確実な証明書類は、十三世紀の初めのものである。

(11) この分野の経過について、詳しくはラシュドール(一八九五)、ヴィールスツォウスキー(一九六八)、その他参照。

(12) 大学の設立趣意書の公表と実際の設立との間には、中世では一般に、十年から二十年の歳月が経過している。こうした時間的なずれの原因は、情報伝達状況や交通状況の悪さのためでは必ずしもなく、なによりも、大学の経済的基盤を確保するために必要であった面倒な交渉(教会財産、司教座教会参事会財産の変更、財団の設立、教授陣の招聘など）のためであった。

(13) もちろん、こうした関心は、しばしば、異端的運動によって妨げられた。たとえば、ウィクリフやフスは、大学に多くの賛同者をもっていた。

(14) 現在では、資格者の養成とその利用との間には一貫した関連が想定されねばならないが、中世や近代初期にあっては、こうした関連は、むしろ間接的なものであった。おそらくは、特殊な教育形態と教える者と教わる者との共同生活が、教えられた内容や技術よりも、社会の要求とより一致する特別な資格を与える方を重視したからであろう。十三世紀から十八世紀までの発展経過の中で、資格の次元が変化していって、特別の思考形式、生活形式から、政治的な信頼性の方に、ついには職業上の利用価値へと向かっていた。

(15) 大学の歴史の最初の幾世紀かには、大学が個人の家に入っていることが稀ではなかった。十五世紀、十六世紀になって初めて、多くの大学が自分の建物をもつに至った。

(16) 大学の専属者は、「大学家族」とも名付けられ、大学は、家父長制的、生活保護的な組織にもなっていた。大学のすべての構成員とその直接の家族は（そして教授の未亡人までも）、その生活が保障され、困ったときには保護されるものとされた。中世の大学の物質的構造は、「完全な家族」という家族構造にならって作り上げられていた。

(17) この時期の地域的移動は、すでに激しくなっていて、この教皇の回勅は実際の状況を考慮したものと推測される。しかし、全国共通の教授資格を指示したことは、教える者と教わる者の遍歴の動機をさらに刺激したことと思われる。

(18) この概念は、ハーバーマス（一九七三）の用語を借用したもので、一般に高く評価される価値と象徴を表す。こうした価値／象徴が、特定の関心に役立ちうるようにするためには、どのように変形されるか、これは、社会的状況とグループの諸関連に左右される。

(19) こうした使命は、のちに生まれたカルヴァン主義の理念とはまだ一致してはいない。それはまだ、封建社会のヒエラルキーの集団的（身分的）固定観念に包含されていて、個人主義的自由を意味するものではない。

(20) 圧倒的に身分と聖職禄を基盤にして組織された社会においては、現代的な意味での労働市場は成立しえなかった。それゆえ、大学卒業資格の提供と需要ということに用いた概念も、中世に当てはめる場合には、限られた形でしか用いられない。制度化された斡旋機関はどこにも認められない。教会と世俗の行政機関は、まだ、人事面での操作の手段にはなっていなかった。

(21) とくにグルントマン（一九五八）参照。

(22) 独身制規定の役割と大学からの女性の締め出しは、別の形で研究されるべきであろう。ここでは、社会化の内容ないしその技術と中世の社会構造の特徴にとっての重要な手掛かりを推測するにとどめる。

四 領邦国家の時代

(1) 領邦国家という名称は、歴史記述においては、必ずしも反論の余地のないものではない。第一に、この概念は歴史的に曖昧なものである。領邦は歴史のあらゆる時代に存在したからである。第二に、国家という概念は、この局面においては、まだはっきりとは強調されていなかった。第三に、他の名称（たとえば「宗教戦争の時代」）でも、同じように用いることができるからである。にもかかわらず、この概念をここに用いたのは、この時期の大学が、強力な内容的、組織的、機能的な領邦化のもとに発展していったからである。

(2) 宗派の対立は、競合する社会経済的利害の間の「代理戦争」にすぎなかった、とは、なかんずくマルクス主義の側から提起されている意見である。納得させるものもあるとはいえ、こうした見解は、あまりにも短絡的にすぎるように思われる。とくに、いまだ強力な市民階級の出来ていなかったドイツの、制約された経済的状況のもとでは、経済外の動機も大きくものをいったはずである。とくにドイツの小都市においては、非合理的な志向がさまざまに指摘される。

(3) このような嘆きの声は、カウフマン（一八八八／九六）とパウルゼン（一九二〇）に引用されている。

(4) イエズス会の影響についての詳しい記述は、多くの大学の記念論集に見られる。部分的には、個別の研究もなされている。

(5) 社会的、精神的局面を人間科学に引き入れても、それだけではまだ、社会科学の始まりと見なすことはできない。社会科学が成立するためには、こうした学科を利用価値の関連の中に引き込む社会的諸要因がさらに付け加わらねばならない。

（6） これについては、とくに、ヘルメリンク／ケーラー（一九二七）とクラーマー／ヴァーニャ（一九七七）参照。

（7） ヴレチュコ（一九一〇）参照。領邦君主にとって、直接の干渉よりももっと重要なのは、特別の場合に大学がなくても学位試験を実施し、いわゆる宮中伯学位《プファルツグラーフェン・ディプローム》を授与する権利であった。

（7a） エルザス（一九三六）の数字参照。

（8） 十六世紀、十七世紀には、宮廷の行政に法律家を登用してはいても、それが大学卒業試験や学位とはまだ必ずしも結び付けられてはいなかった。しかし、ドクトルの学位があれば、一般に、高い地位を得るには有利ではあった。

（9） ケーニ（一九七〇）参照。

五 絶対主義の時代

（1） 以下の社会史的素描は、もっぱらドイツの領域に集中している。イギリスやフランスでの発展は、部分的にはまったく異なった経過をたどっている。相互の影響も認められるし、イギリスやフランスの市民革命の精神的発展にとって著しい衝動は、ドイツの知識人にも波及してきてはいたが、ここではその違いに言及することはしない。――ここで用いた「絶対主義」という概念は、この歴史的統治形態のドイツ的変種を示す。時代的、地域的な定義は必ずしも明確ではないが、十七世紀の後半にとくにブランデンブルク‐プロイセンでは、絶対主義的支配体制への発展傾向は明確になっている。ホルボルン（一九七〇）とローゼンベルク（一九五八）参照。

（2） クリッシャー（一九二九）参照。

（3） これについては、ヘルリッツ（一九七一）のこの理論についての詳しい解説参照。

（4） これについては、一般的にはベン‐ディヴィド（一九七一）、ドイツについてはゲルト（一九三五）参照。

（5） 大学の廃止あるいは改組についての議論は、ケーニヒ（一九三五）が詳しく分析している。

（6）ゲッチンゲンとハレは、あの時代の指導的役割を演じた貴族や外国の貴族にも人気があった。学者たちからも再三に、この新しい二つの大学のどちらかから招聘されることは特別な勲章であるとの意見が述べられている。
（7）ディルサイ（一九三三／三五）と著者名なし（一九六七）参照。
（8）ベン-ディヴィド（一九七一）参照。
（9）デーベルル他（一九三〇／一九三一）、マーネゴルト（一九七〇）、シュナーベル（一九二五）、トゥロイエ（一九五六、一九六四）参照。
（10）この問題は、ヘルリッツ（一九七一）に詳しく述べられている。
（11）シェーネ（一九七六）編集の論文集参照。

六　文化国家から産業資本主義へ

（1）ドイツの産業化の始まる日付を確定するのは難しい。地域や部門によってその時期はさまざまに異なるからである。ラインラントのいくつかの地域では、すでに一七八〇年に繊維工場が出来ているのに対し、ルール地区の製鉄業はやっと一八二〇年から一八四〇年に始まっている。クリッシャー（一九二九）あるいはリュトゲ（一九六六）参照。
（2）これについては、アルトファーター／フェイスケン（一九七一）編集の論文参照。
（3）こうした理念は、共同執筆者グループ（一九七一）、ケーニヒ（一九三五）、ニッチュ（一九六五〜一九七三）、シェルスキー（一九六三）、ヴァイル（一九三〇）、その他多数から批判的に取り上げられている。あらゆる歴史上の時期の中で、大学改革議論は、十九世紀初頭におそらく最も活発に表明されている。
（4）それゆえ、年号は、必ずしもそれぞれの大学の実際の閉鎖時期とは一致していない。
（5）ベルリン大学の創立事情についての文献は、あまりにも多すぎて、詳しく言及することはできない。文献表参照。
（6）これについては、ボック（一九七二）とブッシュ（一九五九）参照。

(7) フェルバー(一九五六)参照。
(8) グリーバンク(一九四九)とヘルファー/ラッセム編の論文集参照。
(9) アンダーナハ(一九七二)参照。
(10) マーネゴルト(一九七〇)とトゥロイエ(一九六四)の記述参照。
(11) ここでは、のちに専門単科大学に改組された製図=美術学校やその他の専門学校には触れない。ここで問題にしている時代には、それらのもつ意味は小さかったからである。
(12) マルサク(一九六九)、トゥロイエ(一九六四)、その他参照。
(13) ブルシャート(一九七四)参照。
(14) 学術書や学術雑誌は、検閲や広告税の部分的廃止で刊行しやすくなっていた。さらに、十九世紀には、商業ベースのメディア産業も出来てきていた。
(15) ヴェスターマン(一九七四)参照。
(16) ヘルファー/ラッセム(一九七五)参照。
(17) この経過については、ブレーク(一九七二)に詳細な研究がある。以下の叙述は、その資料に基づいている。
(18) これについては、とくに、ヤストゥロウ(一九三〇)参照。一般的な関連については、そのほかにベン-ディヴィド(一九六一)、ベン-ディヴィド/ツロチョファー(一九六二)、バロー(一九六六)も参照。
(19) マーネゴルト(一九七〇)とシュナーベル(一九二五)参照。
(20) もともとは国家のための資格認定基準が私経済によって変えられていった経緯については、これまでほとんど研究されていない。歴史的な一例研究が個別にはあるが、総合的な研究はいまだない。
(21) とくに、ベン-ディヴィド(一九六一)とダーハイム(一九六七)参照。
(22) これについては、ケルブレ(一九七三)の調査参照。
(23) これについては、ケルブレ(一九七三、五九ページ)の表参照。ケルブレの二つの論文(一九七三、一九七五)には包括的なデータが挙げられていて、これは、十九世紀初頭から一九六〇年までの時期の大卒者の職場での社会的な採用状況を示すものとして利用できる。この、これまで唯一の統計資料について詳しく述べることは、ここでは残念ながら紙数の関係で諦めねばならない。一九六〇年以後の西ドイツの学生の社会的構成その他についてのデータは、連邦教育学術省の文教政策中間報告（ボン、一九七六）にある。

(24) アンダーナハ（一九七二）参照。

七　ワイマール共和国における大学

(1) ホルボルン（一九七〇）、リュトゲ（一九六六）、リーマー（一九三二）参照。この時期の経済史的、社会史的叙述は、本書の関連ではもっと詳しくなされねばならないのだろうが、紙数と資料の関係でそれは断念しなければならない。

(2) ブロイエル（一九六八）、デュヴェル（一九六八）、クロイツベルガー（一九七二）、シュヴァルツ（一九七二）参照。

(3) 一九二三年から一九二五年の間に、ドイツの大学の多くの学科で試験規定の改正が行われ、そのうちのいくつかは現在にまで続いている。——国民経済学の試験と並んで、商業免許の規定も出来ていた。経済学の卒業試験についての議論は、すでに十九世紀から行われていて、これについては、ピンチョーヴィウス（一九三〇）に詳しい記録がある。

(4) 教育アカデミーや教員養成所の法的地位は、各州でさまざまに異なっていた。これらの施設の歴史についての総括的な記述はこれまでまだ行われていない。

(5) ミュンスターの大学は、十八世紀に設立されているが、長続きできず、いったん閉鎖され、二十世紀の初めに、神学校と教員養成所を母体に総合大学として再生された。

(6) 大卒者の労働市場の機能問題は、一九二〇年から一九三〇年の間の時期に、とくに重大なものとなっていた。第一次大戦後の遅れを取り戻す必要から、大卒者の数がとくに急激に増えていたからである。しかし、大卒者の失業率が一般の失業率より平均して低かったので、こうした機能問題に対する一般の反応はかんばしいものではなかった。十九世紀最後の三分の一の「精神労働市場の過剰」を嘆く声や現代の「大卒者プロレタリアート」を警告する発言に対しても、一般の反応は、同じようなパターンを示していた。教育システムと職業システムが整合していないことへの懸念は、教育制度が職業システムを追い越して大幅に拡充されるとき常に起こってくるもので、こうした懸念は、決まって、特権的身分のグループ（大卒者や学位所持者）によって掻き立てられる。彼らは自分たちの地位が脅かされるからである。

（7）こうしたメカニズムは、批判理論（マルクーゼ、ヴォルフ、アドルノ、ホルクハイマーなど）によって詳細に研究されている。ドイツの個々の大学における経過は、ここでは残念ながら詳しく検討することができない。

八　ナチ時代の大学

（1）ナチズムのイデオロギー上や組織上の影響については、数から言えばまだそれほど多くはないが、さまざまに研究されている。しかし、この時期に大学構成員の社会的構成が変化している点を検討する社会史的研究は、まったくといってよいほどなされていない。

（2）リベラルな学長や学部長や教授たちが個々の場合にナチズムの無法行為に対して抵抗したことを、ここで反駁するつもりはない。しかし、総体的に言えば、彼らは少数派であった。

（3）一九三三年から一九四五年の間の試験制度の政治化については、著者の知る限りでは、いまだ体系的な研究はなされていない。しかし、続々と出版される個々の証言は、それだけでも十分にショッキングである。

（4）ナチ・ドイツに占領された地域の大学は、占領後まもなく閉鎖されたが、オーストリアの大学は存続した。かつてドイツ帝国に所属していたいくつかの大学、たとえばシュトラースブルクも、占領後も存続した。

九　一九四五年以後のドイツの大学

（1）一九四五年以後の大学政策については、アンガー（一九六〇）、プレスナー（一九五六）、シェルスキー（一九六三）、シュム（一九六八）が取り上げている。大学政策についてのその他のものについては、ニッチュ（一九七三）の文献表参照。

（2）とくに、アーダム（一九六五）、アドルノ（一九六一）、ニッチュ他（一九六五）、シュム（一九六八）、および学生反乱の時期に書かれた多くの文書参照。

(3) アラーベック（一九七三）参照。
(4) エッディング（一九六三）とローマー他（一九七六）の論文集、ヒュフナー（一九六七）の文献表参照。
(5) この段階で行われたものとして、とくに、連邦＝各州＝計画委員会の設置、連邦の財政および管理権限の拡大、大学入学の中央的調整（学籍振り分けセンター〔ＺＶＳ〕、大学入学者制限《ヌーメルス・クラウズス》）、連邦憲法裁判所の教育政策の規格化への介入などが挙げられる。
(6) 五〇年代末にはすでに、連邦内務大臣の鑑定書（シャイデマン鑑定書）で、国際的な大学発展の中でのドイツ連邦共和国の立ち遅れが警告されている。
(7) いくつかの州の大学法では、私立大学の新設が可能とされているが、これまで実現していない。既存の教会立大学については、本書では取り上げない。
(8) すでにいくつかの州（ノルトライン＝ヴェストファーレンやバーデン－ヴュルテンベルク）に設置されていて、連邦レヴェルでも一九七八年と一九七九年に新設されることになっている大学改革委員会は、学内規定と試験規定を改正して、正規の在学で卒業が可能になるように負担を軽減することを使命としている。これは、実際には、大学での勉学を規制して高等学校並にすることに通じていると言えよう。「大学改革」の旗印のもとでの大学の質的変化は、これまではまだはっきりした形では認められない。
(9) 共同執筆者グループ（一九七一）とリューレ（一九六六）参照。ＤＤＲの大学の発展については、西ドイツでもいくつかの研究がなされている。雑誌『ドイツ・アルヒーフ』ケルンに載った論文とそこに挙げられた出版書目参照。
(10) ＤＤＲとソ連邦の大学の間には、密接な提携があって、定期的に学者や学生の交換交流が行われている。
(11) 一九四五年以後、ＤＤＲの領域では、新しい形式の大学が作られていないのは特徴的である。社会主義大学政策の構想に沿って、特殊な大学で集中的な教育が行われ、そうした大学の数は急速に増えていった。
(12) ＤＤＲにおける教育学研究を統合するために、一九七一年、教育学研究アカデミーが設立された。
(13) 一九五七年以来、最重要視される研究計画を調整するための計画審議会が設置されている。間接的な調整は、学術審議会を通じても行われる。

(14) 党や政府の幹部の大多数は、社会科学あるいは経済学の学士の称号を取得している。しかし博士号や教授資格をもつ者は、この領域では稀である。

(15) こうした苦情の一部を、著者は、試験の重圧についての研究(プラール、一九七七)に取り上げている。

(16) こうした意識形成の側面的な措置、つまり収穫キャンペーン、自発的生産義務などには、ここではこれ以上立ち入ることはできない。同様に、社会主義的知識人やその官僚機構との関係のもつ諸問題も、DDRの大学政策の評価にとって重要なものではあるが、ここでは立ち入って議論することはできない。

訳者あとがき

本書は Hans-Werner Prahl の "Sozialgeschichte des Hochschulwesens" (München, Kösel-Verlag, 1978) の全訳である。著者のプラールは、一九四四年生まれ、キール大学、ミュンスター大学で社会学、社会史を専攻、社会学・政治学博士。現在はキール大学社会学研究所の研究員兼ビーレフェルト大学、オスナブリュック大学講師。本書のほかにも『大学の試験、その意味と無意味』("Hochschulprüfung—Sinn oder Unsinn?", München, 1976)、『試験の不安』("Prüfungsangst", München 1977) など大学問題の社会学の立場からの研究や『余暇の社会学。発展—構想—展望』("Freizeit-soziologie. Entwicklungen—Konzepte—Perspektiven", München 1978) などユニークな分野でも活躍している新進の社会学者である。

大学問題あるいは大学史については、本書の参考文献表を見てもわかるように、これまでおびただしい研究書、論文が出ていて、わが国でも、家永三郎『大学の自由の歴史』(一九六二)、島田雄次郎『ヨーロッパ大学史研究』(一九六七)、伊藤恒雄『大学の現実と理念』(一九七三)、梅根他『大学史I・II』(世界教育史大系26、27)(一九七四)などや多数の論文があり、ドイツのものでも、ヤスパース『大学の理念』森訳(一九五五)、シェルスキー『大学の孤独と自由』田中、阿部、中川訳(一九七〇)、ブロイエル『大学知識人の思想史』平野監訳(一九七一)などの邦訳がある。そうした中で、あえて本書を訳出したのは、これが社会史というまったく違った視点からの大学史だからである。大学に寄せるそのつどの社会の関心と大学が社会に及ぼす影響との相互作用を基本に置いて、具体的には、中世から現代に至るまでの大学教師や学生の社会的出自、社会組織と大学組織の関連、大学出の知識人の社会的役割、大卒者の職場の形成と分化、つまり大学教育の利用価値、大学進学と社会的可動性(社会的身分の移動)、教育組織や研究組織と社会経済的構造との関係、政治的支配権力と大学制度との関係、教育制度の効率化と分化の社会構造に及ぼす影響など、極めて興味深い事項がさまざまな資料、文献を駆使して体系的に記述されていて、これからの大学論にも有益な手掛かりを与えてくれるものと思われる。わが国の大学が戦後にアメリカナイズされたとはいえ、それはひょっとして表面的なものであって、明治以来の模範であったドイツの大学制度、その正教授中心のフューラー・システムは、隠然と存続しているのかもしれない。「千年の黴」が付着したものを、それと知らずに受け継いで、その黴が日本の風土で特殊な形で繁殖して、戦後四十年、いまだに取り切れていないのかもしれない。黴にはしかしそれなりの存在の理由と条件があり、時にはなにか別の重要な機能のための必要悪なのかもしれない。黴を取り切らぬまでも、その存在理由を知るためには、理念史や制度史だけでなく、もっと生臭い社会史がどうしても必要なのではあるまいか。もちろん、本書は、これまであまり手のつけられていなかった領域だけに、不満な点がなくはない。中世や領邦国家の時代や絶対主義の時代、十九世紀の記述に比べると、現代のわれわれに近く、われわれがより強い関心を抱くワイマール時代やナチの時代の記述、それに東西ドイツの現在についての記述が量的に少なすぎる感じもしないではない。しかし考えてみれば、数世紀にわたる中世や二世紀にも及ぶ領邦国家の時代、あるいは絶対主義の時代や十九世紀のおよそ一世紀間の時間の長さに比べると、ワイマール期はわずか十四年、ナチ時代は十二年、戦後もまだ四十年にすぎないわけだから、あるいは当然なのかもしれない。中世は別にして、第三章を除いて、ドイツ以外の国の大学についての記述あるいはそれとドイツの大学との比較が少ないのもものの足らない。しかし、これについては、著者自身、第十章でその欠陥に触れていて、将来の課題としている。より包括的な大学の社会史が編まれることを期待するものである。

本書の翻訳は、法政大学出版局の稲義人氏のお勧めで始めたものだが、お陰でいろいろと勉強させていただいた。文中、ラテン語でわからないところは、大谷大学の水野有庸氏の御教示を賜った。ここに記して感謝の意を表したい。

一九八八年十一月

訳者

著　者

ハンス＝ヴェルナー・プラール
(Hans-Werner Prahl)

1944年生まれ．社会学・政治学博士．キール大学教授．専攻：社会学，大学問題．著書：『大学における試験制度——その意味と無意味』『試験への不安』『余暇の社会学——発展・構想・展望』『マスメディアの社会学』『社会学史』『青少年の社会学』など．

訳　者

山本　尤（やまもと　ゆう）

1930年生まれ．京都府立医科大学名誉教授，大阪電気通信大学教授．専攻：ドイツ文学，思想史．著訳書：『ナチズムと大学——国家権力と学問の自由』（中公新書）；ザフランスキー『ショーペンハウアー』『ハイデガー』『悪』『ニーチェ』『人間はどこまでグローバル化に耐えられるか』，ショーレム編『ベンヤミン＝ショーレム往復書簡』，アルトハウス『ヘーゲル伝』，ボルツ『仮象小史』『カオスとシミュレーション』，グロス『カール・シュミットとユダヤ人』，キーゼル編『ユンガー＝シュミット往復書簡』（以上単独訳，法政大学出版局），シャルガフ『過去からの警告』『未来批判』『証人』『懐疑的省察ABC』『自然・人間・科学』，ザフランスキー『人間にはいくつの真理が必要か』，ボルツ『批判理論の系譜学』，アリー『最終解決』，ブルーメンベルク『世界の読解可能性』（以上共訳，法政大学出版局）ほか．

《叢書・ウニベルシタス　256》
大学制度の社会史

1988年12月15日　　初版第1刷発行
2015年2月10日　新装版第1刷発行

ハンス＝ヴェルナー・プラール
山本　尤 訳
発行所　一般財団法人　法政大学出版局
〒102-0071 東京都千代田区富士見 2-17-1
電話03(5214)5540／振替00160-6-95814
製版・印刷：三和印刷／製本：積信堂

Printed in Japan

ISBN978-4-588-14004-4

資　料

表1　ドイツにおける大学の設立

初期のヨーロッパの大学	
(文献によって設立年に違いがある)	
ボローニャ	1088／1158
パリ	12世紀
オックスフォード	12世紀
ナポリ	1224
ケンブリッジ	1267／1318
(サレルノ	10／11世紀，一部分が大学)
(モンペリエ	12世紀，一部分が大学)
(レギオ	12／13世紀，のちに正式の大学となる)
中世のドイツの大学	
プラハ	1348／1365
ウィーン	1365／1384
ハイデルベルク	1385
ケルン	1388 (1798閉鎖，1919再建)
エアフルト	1392 (1816閉鎖)
ライプツィヒ	1409
ヴュルツブルク	1402／1410 (1413閉鎖，1582再建)
ロストック	1419 (再三に移転)
グライフスヴァルト	1456 (1648〜1815スウェーデンに帰属)
フライブルク／ブライスガウ	1456
インゴルシュタット	1472 (1800ランツフートへ，1826ミュンヘンへ)
トゥリーア	1454／1473 (1798閉鎖，1970再建)
マインツ	1476 (1798閉鎖，1946再建)
テュービンゲン	1477
(バーゼル	1460)
ヴィッテンベルク	1502 (1817ハレ大学に統合)
フランクフルト／オーデル	1506 (1811ブレスラウ大学に統合)

領邦国家時代の大学

マールブルク	1527
ケーニヒスベルク	1544／1560
イエナ	1558
ディリンゲン	1549／1554（1804女子高等学校《リツエーウム》に，1923哲学・神学大学に）
ヘルムシュテット	1574／1576（1809閉鎖）
アルトドルフ	1578／1623（1809閉鎖）
ギーセン	1607（1624～1650と1945～1957の間閉鎖）
パーダーボルン	1615（のちイエズス会のギムナージウムに，一部は大学）
リンテルン	1621（のちギムナージウムに）
シュトラースブルク	1621（1792閉鎖，1872～1918帝国大学）
ザルツブルク	1623（1810閉鎖）
オスナブリュック	1630（1633閉鎖）
バンベルク	1648／1773（1803閉鎖）
ドゥイスブルク	1655（1818閉鎖）
キール	1665
（カッセル	1633　1653マールブルク大学と統合）
（ヘルボルン	1650「大学校《ホーエ・シユーレ》」，1817閉鎖）
ブレスラウ	1638／1702（イエズス会大学，1811フランクフルト／オーデル大学と統合）

絶対主義時代の大学

ハレ	1694（1817ヴィッテンベルク大学と統合）
ゲッチンゲン	1737
エアランゲン	1743（1961ニュルンベルクの経済大学と統合）
ミュンスター	1773（1818閉鎖，1902再建）
（フルダ	1734〔一部大学，1804閉鎖〕）

専門単科大学

ベルリン医師養成所《コレーギウム・メディコ・ヒルルギクム》　1724

フライブルク／ザクセン鉱山大学　1766

ベルリン鉱山アカデミー　1774（1916ベルリン工科大学に統合）

クラウスタール鉱山アカデミー　1775

各地の獣医学校　1780以降

農業専門学校，林業専門学校　1800以降

建築アカデミー，芸術アカデミー　1800以降

19世紀の大学

ベルリン	1810
ボン	1818（前身は1786～1796）
（ブレスラウ	1811〔1702に開学したブレスラウ・イエズス会大学とフランクフルト／オーデル大学が合併したもの〕）
（ミュンヘン	1826〔1472にインゴルシュタットに設立され，1800にランツフートに移転していたもの〕）
（シュトラースブルク	1872〔1918まで帝国大学〕）

工科大学

（ウィーン	1815〔工業技術研究所〕）
（プラハ	1806〔工業専門大学〕）
カールスルーエ	1865／1885（1825／1832以来工業専門学校）
ミュンヘン	1868／1877（1827／1857以来工業専門学校）
アーヘン	1870／1879
ブラウンシュヴァイク	1872／1879（1745以来工業学校《コレーギウム・カロリーヌム》）
シュトゥットガルト	1876／1890（1840以来工業専門学校）
ダルムシュタット	1877／1895（1826以来工業学校）
ベルリン	1879（1770鉱山研究所，1799建築アカデミー，1821商工業アカデミー）
ハノーファー	1880（1847以来工業専門学校）
ドレースデン	1890（1828工業養成所）

ブレスラウ　1910
ダンツィヒ　1904

1895年から1914年までの新設大学

商科大学ないし経済大学（たとえば，ライプツィヒ，アーヘン，ケルン，ベルリン，マンハイム，ミュンヘン，ニュルンベルク，ケーニヒスベルク）
農科大学，林業大学（たとえば，アシャッフェンブルク，ベルリン，ボン，エーヴァースヴァルデ，ホーエンハイム，ターラント）
獣医大学（たとえば，ベルリン，ドレースデン，ハノーファー，ミュンヘン，シュトゥットガルト）

1900年から1945年までの新設大学

フランクフルト／マイン　1914
ハンブルク　1919
（ミュンスター　1902〔再建〕）
（ケルン　1919〔再建〕）
各地の教育研究所，教育アカデミー，教育大学

1945年から1960年までのドイツ連邦共和国での新設大学

マインツ　1946（再建）
ベルリン　1948（ベルリン自由大学）
ザールブリュッケン　1948
ギーセン　1957（再建）
各地の教育大学
各地の専門単科大学

1960年以後のドイツ連邦共和国での新設大学

総合大学

ボーフム	ドルトムント
コンスタンツ	ブレーメン
レーゲンスブルク	デュッセルドルフ(1919以来医学アカデミー)
ビーレフェルト	カイザースラウテン

トゥリーア	ウルム（医学=自然科学単科大学）
オルデンスブルク	パッサウ（1978開校）
オスナブリュック	
バイロイト	

統合大学／総合大学

バンベルク	パーダーボルン
ドゥイスブルク	ジーゲン
エッセン	ヴッパータール
カッセル	

改組

ベルリン	工科大学（ＴＨ）から工科総合大学（ＴＵ）へ
ブラウンシュヴァイク	ＴＨからＴＵへ
クラウスタール	鉱山アカデミーからＴＵへ
ハノーファー	ＴＨからＴＵへ
カールスルーエ	ＴＨから総合大学へ
ミュンヘン	ＴＨからＴＵへ
シュトゥトガルト-ホーエンハイム	農科大学から総合大学へ

医科大学

リューベック

ハノーファー

防衛大学

ハンブルク

ミュンヘン

そのほかにいくつかの教育大学

特別な立場の特殊単科大学（たとえばスポーツや映画）

専門単科大学

教会立大学

1945年以後のＤＤＲでの大学新設

ドレースデン	1952	交通大学
イルメナウ	1953／1963	工科大学
カール・マルクス・シュタット	1953／1963	工科大学
ライプツィヒ	1954	土木建築大学
マクデブルク	1953／1961	工科大学
ロイナ-メルゼブルク	1954	化学・工科大学
ワイマール	1954	建築・土木大学
各地の技術大学	1969	（改組による）

各地の教育大学

医学アカデミー（ドレースデン，エアフルト，マクデブルク）

専門単科大学

特別な立場の単科大学（たとえば，党大学，軍事アカデミー）

出典

（この一覧表は以下の書物を参考にして作成したものである。ただしデータの中には，一致していないものもある。）

共同執筆者グループ『ドイツの総合大学と単科大学の歴史。第二部』，ベルリン／ＤＤＲ，1971.

M. デーベルル他（編）『ドイツの大学。第一巻』，ベルリン，1930／1931

H. シェルスキー『孤独と自由』，ラインベック，1963.

連邦・各州・教育計画委員会（編）『大学と職業の選択　1975／76』，バート・ホネフ，1976.

表2a　15世紀以来の学生の学部別分布

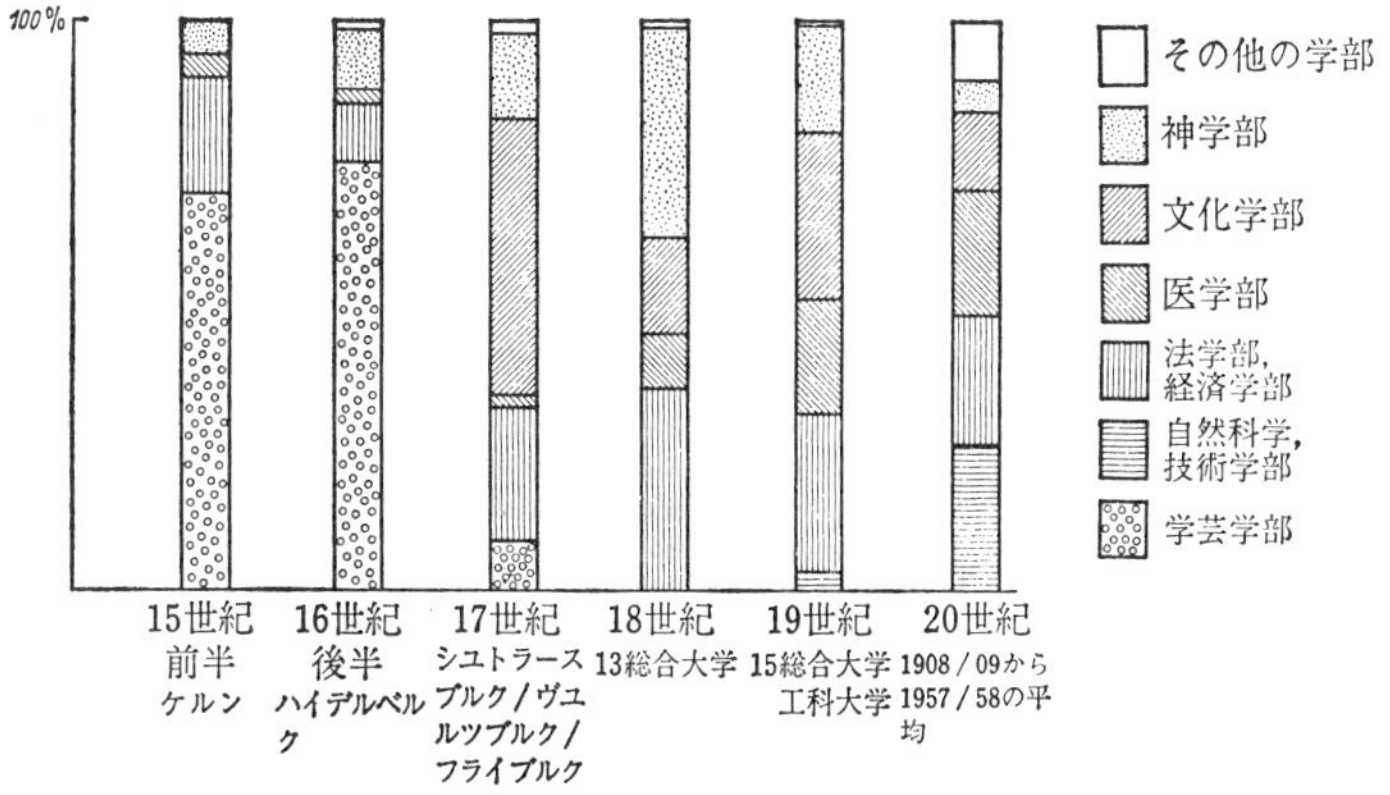

出典：C.クヴェッチュ『最近15年間の大学在学生数の経過』ベルリン/ゲッチンゲン，1960，11ページ。

表2b　専門別の学生分布（百分比）

専門別	一般大学[1]）		専門単科大学		総　計	
	1965	1974	1965	1974	1965	1974
神学，言語学，文化学	21,2	22,5	—	1,8	17,8	19,2
芸術，音楽，スポーツ	2,8	1,3	—	—	2,3	1,1
法律，経済，社会学	21,0	19,8	—	30,2	17,6	21,5
自然科学	13,4	17,4	—	3,5	11,2	15,2
技術，工学	12,3	11,5	100	54,7	26,5	18,4
農学，獣医学	1,7	2,1	—	2,4	1,4	2,1
医学，保健衛生	10,5	6,4	—	0,2	8,8	5,4
歯学	1,7	1,0	—	—	1,4	0,9
教育学	15,5	18,0	—	—	13,0	15,1

[1]）教育大学，体育大学，芸術・音楽大学を含む。

出典：連邦教育学術省（編）『教育政策中間報告』，ボン，1976，22ページ。

表3　1385年から1540年までの学生数（5年刻みの平均数）

	ハイデルベルク	ケルン	エアフルト	ライプツィヒ	ロストック	グライフスヴァルト	フライブルク	インゴルシュタット	トゥリーア	マインツ	テュービンゲン	ヴィッテンベルク	フランクフルト	マールブルク	総計
1385/90	438	—	—	—	—	—	—	—	—	—	—	—	—	—	438
1391/95	158	123	292	—	—	—	—	—	—	—	—	—	—	—	515
1396/1400	194	126	345	—	—	—	—	—	—	—	—	—	—	—	662
1401/05	275	126	395	—	—	—	—	—	—	—	—	—	—	—	796
1406/10	159	162	471	—	—	—	—	—	—	—	—	—	—	—	793
1411/15	144	179	303	380	—	—	—	—	—	—	—	—	—	—	1164
1416/20	271	253	336	378	386	—	—	—	—	—	—	—	—	—	1249
1421/25	219	396	394	488	278	—	—	—	—	—	—	—	—	—	1778
1426/30	207	315	347	329	243	—	—	—	—	—	—	—	—	—	1439
1431/35	294	319	314	305	276	—	—	—	—	—	—	—	—	—	1509
1436/40	257	368	387	308	152	—	—	—	—	—	—	—	—	—	1474
1441/45	217	398	541	500	233	—	—	—	—	—	—	—	—	—	1929
1446/50	221	294	376	355	242	—	—	—	—	—	—	—	—	—	1491
1451/55	233	352	723	618	438	—	—	—	—	—	—	—	—	—	2189
1456/60	228	467	733	634	436	185	(214)	—	—	—	—	—	—	—	2531
1461/65	165	498	709	702	226	89	159	—	—	—	—	—	—	—	2499
1466/70	191	483	691	576	287	70	82	—	—	—	—	—	—	—	2378
1471/75	187	465	473	476	338	74	86	250	?	?	—	—	—	—	2349
1476/80	200	607	494	518	322	72	70	324	?	?	256	—	—	—	2807
1481/85	207	651	600	644	287	76	82	439	?	?	141	—	—	—	3176
1486/90	222	760	674	760	165	128	121	431	?	?	163	—	—	—	3388
1491/95	250	705	532	641	255	76	70	310	?	?	184	—	—	—	3075
1496/1500	264	796	543	599	318	103	135	291	?	?	151	—	—	—	3196
1501/05	201	586	461	740	322	81	207	172	?	?	155	527	—	—	3346
1506/10	266	556	473	789	333	63	208	291	?	?	219	308	—	—	3687
1511/15	299	581	502	819	359	77	203	371	?	?	212	364	257	—	4041
1516/20	247	469	541	705	284	72	170	422	?	?	161	600	273	—	3850
1521/25	156	322	95	331	140	44	147	184	?	?	123	379	93	—	1994
1526/30	84	152	44	175	37	—	77	149	?	?	95	250	49	47	1135
1531/35	140	121	108	256	44	—	131	154	?	?	105	371	75	140	1645
1536/40	170	173	124	301	100	—	177	229	?	?	156	586	112	182	2307

出典：オイレンブルク（1904．54～55，102～105，302～307ページ）

1541年から1700年までの学生数

	ハイデルベルク	ケルン	エアフルト	ライプツィヒ	ロストック	グライフスヴァルト	フライブルク	インゴルシュタット	トゥリーア	マインツ	テュービンゲン	ヴィッテンベルク	フランクフルト	マールブルク	ケーニヒスベルク
1541/45	178	129	136	468	122	(74)	203	406	?	.	194	879	201	205	—
1546/50	181	228	302	489	182	(76)	282	360	?	.	224	640	228	154	125
1551/55	153	243	158	378	224	?	257	392	?	.	312	866	286	206	63
1556/60	187	261	156	490	177	(54)	341	402	?	.	341	960	349	203	80
1561/65	168	246	214	655	268	(52)	265	404	?	.	495	964	290	235	105
1566/70	276	240	172	636	205	88	282	460	?	.	502	1005	405	294	126
1571/75	222	217	162	710	271	68	247	280	?	.	354	865	369	91	147
1576/80	205	212	118	782	312	76	254	446	?	.	442	735	429	131	113
1581/85	357	177	92	519	207	84	212	454	?	193	512	711	405	121	153
1586/90	322	143	206	830	312	104	217	420	?	202	383	801	487	189	183
1591/95	340	154	112	848	298	98	226	500	?	114	372	811	564	191	213
1596/1600	257	169	98	798	278	112	217	436	?	121	337	753	555	282	252
1601/05	243	225	138	913	278	126	255	470	?	165	334	873	621	321	175
1606/10	275	180	138	932	352	110	287	494	?	147	332	960	591	259	315
1611/15	327	263	104	974	397	198	217	462	?	132	385	990	541	273	315
1616/20	319	339	172	1026	438	178	255	498	?	121	440	839	579	231	343
1621/25	25	306	106	897	473	270	343	476	?	75	436	669	556	115	413
1626/30	84	335	120	850	286	172	312	441	?	185	371	630	237	182	296
1631/35	—	335	190	550	509	254	118	209	?	—	266	499	296	107	413
1636/40	—	347	82	420	327	186	46	344	?	35	86	198	126	.	924
1641/45	—	321	102	535	287	208	16	350	?	73	137	334	338	.	986
1646/50	—	394	88	770	413	371	134	237	?	99	231	597	482	.	525
1651/55	126	466	136	942	410	301	178	364	?	134	371	750	461	307	309
1656/60	171	567	98	800	325	161	116	315	?	251	363	690	365	174	245
1661/65	181	546	122	750	236	175	162	?	?	293	308	549	291	170	238
1666/70	89	430	176	690	150	159	150	313	?	235	304	487	232	142	301
1671/75	.	492	232	840	254	129	110	301	?	193	264	391	256	144	385
1676/80	.	402	130	760	171	79	—	287	?	205	242	405	320	131	392
1681/85	.	407	102	770	192	133	—	308	?	185	256	408	309	124	392
1686/90	.	420	212	925	117	115	178	348	?	246	224	423	201	119	371
1691/95	.	428	202	820	241	73	138	323	?	183	189	479	242	146	364
1696/1700	.	414	210	735	245	137	198	386	?	200	275	529	239	154	322

（5年刻みの平均数）

ディリンゲン	イエナ	ヘルムシュテット	ヴュルツブルク	ヘルボルン	ギーセン	パーダーボルン	シュトラースブルク	リンテルン	アルトドルフ	バンベルク	ドゥイスブルク	キール	ハレ	総計	
—	—	—	—	—	—	—	—	—	—	—	—	—		3195	1541/45
—	—	—	—	—	—	—	—	—	—	—	—	—	—	3531	1546/50
132	—	—	—	—	—	—	—	—	—	—	—	—	—	3670	1551/55
118	269	—	—	—	—	—	—	—	—	—	—	—	—	4388	1556/60
156	269	—	—	—	—	—	—	—	—	—	—	—	—	4786	1561/65
180	320	—	—	—	—	—	—	—	—	—	—	—	—	5191	1566/70
230	437	180	—	—	—	—	—	—	—	—	—	—	—	4850	1571/75
224	320	387	—	—	—	—	—	—	—	—	—	—	—	5342	1576/80
242	332	435	130	151	—	—	—	—	—	—	—	—	—	5487	1581/85
230	394	429	116	135	—	—	—	—	—	—	—	—	—	6103	1586/90
272	552	455	94	110	—	—	—	—	—	—	—	—	—	6324	1591/95
292	474	474	162	189	—	—	—	—	—	—	—	—	—	6256	1596/1600
306	423	559	184	215	—	—	—	—	—	—	—	—	—	6824	1601/05
288	531	459	210	245	.	—	—	—	—	—	—	—	—	7105	1606/10
300	426	529	154	180	.	—	—	—	—	—	—	—	—	7167	1611/15
300	524	753	178	207	.	.	—	—	—	—	—	—	—	7740	1616/20
288	450	444	212	247	.	.	353	?	(370)	—	—	—	—	7524	1621/25
272	378	137	158	51	.	.	419	?	316	—	—	—	—	6232	1626/30
95	387	198	?	36	(72)	.	299	?	98	—	—	—	—	4931	1631/35
73	235	427	80	?	(44)	.	92	?	226	—	—	—	—	4298	1636/40
107	276	457	130	21	(40)	84	221	?	208	—	—	—	—	5231	1641/45
67	445	467	140	60	(54)	105	261	?	170	(245)	—	—	—	6355	1646/50
186	699	387	222	54	162	151	279	?	230	103	78	—	—	7806	1651/55
266	796	418	260	57	194	173	299	?	306	152	120	—	—	7682	1656/60
254	841	416	246	81	194	205	338	?	196	163	128	—	—	7083	1661/65
295	822	232	204	42	176	215	270	?	192	137	92	144	—	6679	1666/70
292	691	224	156	39	116	161	160	?	186	135	56	158	—	6365	1671/75
266	689	250	212	42	126	147	115	?	196	140	62	132	—	5901	1676/80
306	691	208	254	66	174	140	146	?	160	161	90	158	—	6140	1681/85
298	808	243	192	105	208	143	101	?	158	137	82	122	—	6496	1686/90
235	799	262	188	102	172	191	55	?	178	224	122	128	684	7168	1691/95
265	727	229	294	60	208	179	124	?	180	185	116	132	646	7389	1696/1700

1701年から1830年までの学生数

	ハイデルベルク	ケルン	エアフルト	ライプツィヒ	ロストック	グライフスヴァルト	フライブルク	(ミュンヘン)インゴルシュタット	マインツ	テュービンゲン	ヴィッテンベルク	フランクフルト	マールブルク	ケーニヒスベルク	ディリンゲン	イェナ	ヘルムシュテット
1701/05	78	504	190	1083	276	196	126	287	254	286	535	212	178	354	252	978	341
1706/10	116	369	182	882	264	144	93	311	310	277	464	220	156	314	279	1258	284
1711/15	120	376	178	968	150	30	87	280	412	270	549	166	182	292	301	1412	295
1716/20	135	381	196	844	146	48	177	350	392	252	556	119	158	272	305	1464	293
1721/25	117	359	150	747	154	76	193	315	350	248	416	142	174	246	277	1058	288
1726/30	169	369	144	806	166	62	189	359	252	255	364	182	231	246	(287)	1196	354
1731/35	165	380	190	703	150	74	161	355	206	248	362	200	229	328	256	1344	293
1736/40	191	380	148	736	164	70	193	336	320	252	310	144	240	302	264	1280	196
1741/45	171	347	122	704	136	86	149	175	220	215	245	129	193	370	(260)	1004	198
1746/50	176	379	116	662	132	68	189	351	448	226	279	168	194	326	230	1010	211
1751/55	205	383	110	654	114	90	214	385	230	240	266	238	172	326	245	862	227
1756/60	221	371	96	540	132	128	232	341	(200)	300	162	211	152	248	255	750	259
1761/65	205	326	76	740	100	124	229	351	(200)	320	144	200	147	324	(259)	602	246
1766/70	198	329	158	716	74	82	170	329	192	309	190	166	158	272	268	472	101
1771/75	208	326	126	676	62	64	227	329	282	309	218	230	130	294	217	484	141
1776/80	195	277	96	703	62	70	161	257	214	252	203	185	132	364	140	408	156
1781/85	191	261	82	720	72	52	129	317	142	260	238	180	183	380	140	561	187
1786/90	128	257	68	670	112	58	—	257	128	244	254	120	302	280	137	783	163
1791/95	101	—	90	642	68	62	126	240	—	218	279	162	293	230	117	867	128
1796/1800	91	—	83	524	56	74	117	296	—	249	194	176	204	323	106	678	120
1801/05	154	—	35	480	68	88	140	308	—	230	189	283	172	306	—	404	98
1806/10	402	—	49	516	82	64	300	474	—	282	196	—	168	266	—	328	160
1811/15	300	—	26	566	115	77	245	374	—	264	—	—	164	124	—	330	—
1816/20	461	—	—	837	103	89	334	402	—	580	—	—	219	166	—	515	—
1821/25	589	—	—	1055	96	165	548	526	—	792	—	—	317	285	—	461	—
1826/30	726	—	—	1073	159	185	616	1831	—	832	—	—	347	345	—	589	—

（5年刻みの平均数）

ヴュルツブルク	ヘルボルン	ギーセン	パーダーボルン	シュトラースブルク	アルトドルフ	バンベルク	ドゥイスブルク	キール	ハレ	ブレスラウ	ゲッチンゲン	フルダ	エアランゲン	ミュンスター	総計	
322	75	297	161	98	154	230	100	156	972	122	—	—	—	—	8807	1701/05
188	63	271	134	148	173	207	100	146	1022	240	—	—	—	—	8015	1706/10
286	72	266	149	162	187	237	91	96	920	210	—	—	—	—	8684	1711/15
288	72	213	139	162	168	240	81	84	1089	244	—	—	—	—	8868	1716/20
240	105	240	145	164	182	222	81	122	1085	326	—	—	—	—	8222	1721/25
232	60	161	134	216	165	227	95	80	1202	306	—	—	—	—	8509	1726/30
284	84	202	122	194	168	240	95	85	1075	322	330	—	—	—	8809	1731/35
280	66	143	124	280	135	251	65	70	1116	262	416	224	—	—	8958	1736/40
320	48	143	107	200	96	263	77	67	1244	134	385	169	122	—	8105	1741/45
380	69	152	107	288	93	298	68	58	1026	190	625	152	162	—	8833	1746/50
302	66	139	99	276	91	250	91	52	918	220	600	141	158	—	8364	1751/55
314	57	139	78	320	91	197	56	86	734	—	521	108	218	—	7517	1756/60
320	45	114	53	346	114	246	61	43	799	190	427	97	174	—	7622	1761/65
328	36	141	45	246	84	260	70	115	587	116	653	158	114	—	7139	1766/70
272	42	176	67	254	75	162	91	138	673	112	805	79	204	—	7473	1771/75
222	45	198	58	254	77	182	77	182	1021	126	855	75	238	—	7483	1776/80
236	51	198	63	212	72	162	74	158	1076	206	874	97	212	?	7786	1781/85
298	36	174	61	182	63	148	60	170	1042	210	816	77	196	?	7494	1786/90
300	45	140	60	—	67	112	48	180	854	191	726	89	200	?	6635	1791/95
210	36	98	60	—	46	116	51	(169)	744	182	705	73	209	?	5990	1796/1800
448	51	192	60	—	42	—	27	122	749	93	683	34	201	108	5765	1801/05
317	39	176	57	—	63	—	28	101	248	84	612	—	183	162	5357	1806/10
302	24	196	42	—	—	—	29	151	311	235	689	—	209	112	4885[1]	1811/15
555	—	252	60	—	—	—	13	215	703	474	1037	—	235	128	7378[1]	1816/20
676	—	310	—	—	—	—	—	275	954	740	1462	—	376	249	9876[1]	1821/25
604	—	425	—	—	—	—	—	328	1210	1094	1340	—	435	272	12411[1]	1826/30

1) これにさらにベルリンとボンが加わる。

1830年から1900年までの

学期	ベルリン	ボン	ブレスラウ	エアランゲン	フライブルク	ギーセン	ゲッチンゲン	グライフスヴァルト	ハレ	ハイデルベルク	イェナ	キール
1830/31	2175	865	1129	424	590	512	1123	181	1184	887	558	311
1831	2032	822	1114	*379*[1])	558	478	920	204	1122	923	598	337
1831/32	1626	917	1058	334	606	418	913	210	1043	1018	588	223
1832	1703	890	1013	*317*[1])	*551*[1])	411	847	225	914	905	597	321
1832/33	1953	797	1109	299	495	399	832	236	868	828	600	253
1833	2004	764	1009	*282*[1])	474	355	843	224	888	681	535	300
1833/34	2223	849	982	264	480	362	836	209	842	518	485	294
1834	2056	854	953	*255*[1])	434	337	862	220	801	568	441	320
1834/35	1978	816	922	246	446	294	882	187	752	580	441	293
1835	1807	733	901	*248*[1])	407	301	881	181	682	548	445	268
1835/36	1934	693	901	249	401	321	904	194	679	510	454	232
1836	1860	671	868	*257*[1])	405	319	854	190	688	457	430	234
1836/37	1843	683	886	265	405	290	823	204	682	456	422	263
1837	1731	680	842	*275*[1])	390	326	888	260	687	457	413	275
1837/38	1835	671	825	285	400	325	909	260	657	468	379	258
1838	1790	734	825	*292*[1])	345	370	725	248	666	541	424	273
1838/39	1911	748	807	298	346	357	656	244	638	583	416	247
1839	1775	684	755	302	338	390	664	197	635	647	436	219
1839/40	1978	636	711	325	315	377	675	192	637	622	450	231
1840	1806	609	712	*318*[1])	296	404	693	212	686	658	484	237
1840/41	1805	606	694	311	301	407	704	221	697	614	460	212
1841	1682	616	675	*307*[1])	288	423	703	231	717	654	447	207
1841/42	1889	565	691	303	273	446	728	239	718	565	414	216
1842	1807	603	719	*303*[1])	249	472	728	249	688	602	429	208
1842/43	1916	570	732	304	253	445	691	244	678	623	423	203
1843	1723	626	708	*314*[1])	228	470	677	238	673	657	410	210
1843/44	1841	661	762	323	244	478	648	231	662	673	433	227
1844	1673	664	746	*319*[1])	228	504	652	240	742	698	438	206
1844/45	1758	682	809	315	248	492	637	241	739	759	411	197
1845	1705	687	808	*325*[1])	213	512	633	241	747	842	424	200
1845/46	1810	684	828	335	212	488	653	255	751	839	408	205
1846	1627	677	807	*350*[1])	200	538	649	241	766	864	419	209
1846/47	1685	656	803	364	241	535	609	216	743	891	411	196
1847	1568	660	765	*384*[1])	217	570	591	207	682	870	430	187
1847/48	1742	709	789	403	270	550	582	200	685	828	421	192
1848	1518	720	768	*419*[1])	231	508	612	196	681	564	441	*150*[1])
1848/49	1317	813	782	434	280	459	668	209	706	609	375	*146*[1])
1849	1290	842	772	*410*[1])	295	446	742	200	699	623	407	*136*[1])
1849/50	1480	878	844	386	351	430	789	199	657	517	370	129
1850	1448	912	795	*387*[1])	348	438	764	186	639	522	383	132
1850/51	1604	914	833	387	376	413	715	189	601	557	358	*126*[1])
1851	1473	1000	822	402	372	409	691	206	621	603	421	119
1851/52	1717	955	867	385	360	379	697	185	600	677	385	145
1852	1551	984	859	400	317	411	677	200	641	703	426	141
1852/53	1686	866	867	422	375	392	674	208	630	695	409	121

[1]) 推定。

全総合大学の学生総数

ケーニヒスベルク	ライプツィヒ	マールブルク	ミュンヘン	ミュンスター	ロストック	シュトラースブルク	テュービンゲン	ヴュルツブルク	ドイツ帝国の全総合大学の学生総数	学期
454	1259	346	1915	375	118	—	823	599	15838	1830/31
443	1488	361	*1844*[1])	315	112	—	791	585	15426	1831
442	1079	366	1772	305	145	—	795	521	14379	1831/32
426	*1164*[1])	390	*1728*[1])	314	115	—	808	514	14153	1832
452	1248	400	1084	292	80	—	818	493	14196	1832/33
424	1296	378	*1640*[1])	306	90	—	796	410	13699	1833
422	*1198*[1])	309	1595	292	70	—	725	402	13357	1833/34
422	1100	303	*1527*[1])	242	81	—	717	377	12870	1834
437	*1058*[1])	303	1459	267	81	—	695	408	12545	1834/35
415	1016	311	*1417*[1])	239	88	—	626	385	11899	1835
406	1001	279	1374	227	102	—	609	433	11903	1835/36
367	965	272	*1365*[1])	210	103	—	592	431	11538	1836
386	909	284	1356	216	76	—	625	461	11535	1836/37
379	963	271	1315	206	71	—	613	421	11463	1837
395	912	252	1478	227	86	—	629	447	11698	1837/38
393	961	284	1401	220	100	—	631	424	11647	1838
423	956	245	1465	228	93	—	694	433	11788	1838/39
422	933	270	1424	203	96	—	693	440	11529	1839
431	910	286	1456	233	115	—	695	447	11722	1839/40
401	939	287	1340	213	105	—	696	422	11518	1840
409	935	285	1377	219	109	—	721	443	11530	1840/41
387	903	264	1307	201	109	—	711	458	11290	1841
391	884	294	1329	223	91	—	762	485	11506	1841/42
371	873	293	1234	209	88	—	750	480	11355	1842
368	850	261	1322	210	99	—	830	512	11534	1842/43
377	857	253	1240	201	105	—	830	485	11282	1843
359	869	261	1324	226	109	—	842	484	11657	1843/44
356	877	266	1295	205	111	—	836	458	11513	1844
365	880	260	1362	238	115	—	839	477	11824	1844/45
356	864	255	1334	224	105	—	853	464	11892	1845
342	825	227	1428	260	96	—	870	470	11988	1845/46
327	832	245	1424	241	81	—	840	450	11782	1846
333	901	242	1481	259	82	—	832	521	12003	1846/47
295	911	248	1474	245	90	—	851	502	11744	1847
327	906	245	1590	256	96	—	835	565	12197	1847/48
312	894	255	1523	254	110	—	731	558	11447	1848
318	928	286	1825	300	104	—	759	626	11945	1848/49
334	947	278	1724	281	77	—	751	512	11766	1849
313	950	281	1966	328	70	—	782	603	11327	1849/50
326	897	287	1924	293	90	—	791	606	11169	1850
332	902	263	1927	323	105	—	795	657	12377	1850/51
358	855	261	1817	299	116	—	758	670	12274	1851
347	848	263	1948	334	106	—	762	722	12682	1851/52
339	812	289	1961	302	89	—	765	772	12639	1852
322	786	258	2004	344	108	—	786	722	12675	1852/53

学期	ベルリン	ボン	ブレスラウ	エアランゲン	フライブルク	ギーセン	ゲッチンゲン	グライフスヴァルト	ハレ	ハイデルベルク	イエナ	キール
1853	1621	862	831	431	340	402	669	204	624	719	420	133
1853/54	1681	857	805	479	309	380	699	221	616	680	368	142
1854	1493	831	794	486	333	404	761	228	640	675	393	144
1854/55	1635	765	843	521	361	378	713	222	632	674	376	153
1855	1505	800	847	540	321	366	673	217	667	695	384	160
1855/56	1680	755	874	539	342	354	640	221	652	631	391	134
1856	1567	790	829	549	318	368	635	232	694	687	408	141
1856/57	1722	828	824	500	315	354	624	241	698	563	369	150
1857	1558	873	836	549	310	343	656	244	706	606	382	142
1857/58	1723	824	783	589	334	375	672	245	698	580	379	122
1858	1466	806	815	485	308	383	676	272	711	659	471	132
1858/59	1586	770	835	561	330	363	681	292	704	564	446	143
1859	1494	730	849	523	303	339	677	306	689	575	477	157
1859/60	1604	801	845	485	349	364	694	294	717	548	453	144
1860	1509	820	819	501	312	356	716	279	727	600	461	154
1860/61	1736	835	847	508	335	348	735	272	737	558	403	169
1861	1645	842	856	483	311	335	744	290	718	588	427	178
1861/62	1920	844	913	448	313	343	737	294	683	603	412	161
1862	1815	866	926	472	310	344	743	301	697	721	478	172
1862/63	2046	920	922	485	310	403	709	312	689	705	448	190
1863	1892	920	921	462	301	386	700	327	730	785	504	201
1863/64	2145	892	954	501	338	387	699	337	756	727	452	183
1864	1900	931	965	497	301	384	682	339	785	817	509	162
1864/65	2150	931	960	478	337	373	682	358	796	767	506	197
1865	1939	943	964	464	283	379	728	363	830	764	525	225
1865/66	2144	841	1015	473	315	384	755	405	848	728	472	229
1866	1916	885	1032	456	303	400	775	413	786	801	469	218
1866/67	2287	934	1024	421	326	349	757	435	827	644	422	242
1867	2058	944	971	446	297	326	818	420	838	690	467	223
1867/68	2375	944	912	401	317	326	805	423	871	536	416	203
1868	2090	928	915	392	291	314	822	435	859	685	409	181
1868/69	2384	897	935	399	282	301	794	411	863	559	372	165
1869	2085	956	898	367	265	291	774	404	859	714	375	156
1869/70	2461	922	892	374	250	293	745	398	827	612	352	163
1870	2168	896	877	344	225	291	795	416	860	822	377	168
1870/71	2271	617	932	248	218	212	479	447	820	370	311	101
1871	2208	671	913	294	204	233	669	439	833	539	336	112
1871/72	2719	784	963	344	220	280	804	508	992	571	358	135
1872	2112	784	934	359	231	284	871	544	1005	841	423	152
1872/73	2017	796	998	371	261	304	923	521	1057	633	374	149
1873	1661	803	1015	408	275	318	978	522	950	803	408	158
1873/74	1757	813	1067	445	284	338	1000	528	1018	585	378	169
1874	1609	827	1016	442	288	336	1006	531	1039	835	472	194
1874/75	1824	724	1087	416	318	340	991	465	989	534	442	109
1875	1724	776	1068	401	294	326	1062	495	882	725	537	190
1875/76	2143	707	1116	429	274	315	986	444	870	488	440	202
1876	1977	751	1107	422	272	320	1040	498	882	735	483	212

ケーニヒスベルク	ライプツィヒ	マールブルク	ミュンヘン	ミュンスター	ロストック	シュトラースブルク	テュービンゲン	ヴュルツブルク	ドイツ帝国の全総合大学の学生総数	学期
347	794	261	1893	328	104	—	732	705	12420	1853
326	807	243	1781	330	101	—	725	700	12310	1853/54
331	806	241	1731	315	93	—	681	689	12069	1854
353	813	225	1531	361	97	—	679	818	12150	1854/55
350	808	228	1496	343	92	—	685	792	11969	1855
363	809	225	1437	422	92	—	692	765	12018	1855/56
360	782	238	1395	399	95	—	694	743	11924	1856
353	811	224	1406	449	104	—	706	711	11952	1856/57
366	828	240	1358	402	119	—	696	653	11807	1857
369	850	233	1352	476	111	—	721	668	12104	1857/58
392	839	256	1303	449	124	—	699	650	11896	1858
393	878	231	1329	488	127	—	657	651	12029	1858/59
387	847	242	1162	438	136	—	620	591	11541	1859
381	848	221	1209	527	129	—	627	614	11854	1859/60
419	874	229	1199	477	123	—	701	607	11883	1860
426	874	234	1312	529	119	—	734	687	12398	1860/61
430	887	239	1288	494	120	—	706	651	12232	1861
418	904	239	1283	548	127	—	701	645	12536	1861/62
412	940	232	1222	511	132	—	681	627	12602	1862
412	924	215	1238	508	148	—	664	648	12896	1862/63
420	978	235	1213	491	147	—	722	634	12969	1863
437	960	234	1304	508	141	—	772	638	13365	1863/64
450	999	245	1235	473	150	—	810	614	13246	1864
453	982	254	1234	571	137	—	804	604	13574	1864/65
470	1000	264	1236	532	147	—	829	614	13499	1865
475	1059	244	1301	576	161	—	802	622	13849	1865/66
496	1179	257	1186	512	158	—	836	603	13681	1866
457	1114	240	1191	526	167	—	737	561	13661	1866/67
440	1116	296	1161	465	161	—	769	565	13471	1867
446	1190	300	1249	468	172	—	777	597	13728	1867/68
447	1309	355	1217	435	188	—	824	565	13661	1868
454	1374	329	1337	436	167	—	767	650	13878	1868/69
468	1485	372	1274	391	173	—	798	667	13772	1869
484	1515	378	1321	456	158	—	737	635	13973	1869/70
485	1665	418	1276	425	137	—	816	673	14134	1870
500	1762	259	1048	439	123	—	530	544	12241	1870/71
512	1803	338	1107	405	108	—	671	673	13068	1871
552	2204	403	1241	417	129	—	780	807	15211	1871/72
561	2315	375	1220	371	137	212	853	759	15343	1872
603	2650	335	1219	383	151	390	780	822	15737	1872/73
580	2720	380	1128	333	126	467	868	880	15781	1873
607	2876	418	1143	417	135	564	791	872	16205	1873/74
599	2716	430	1012	442	136	621	897	890	16338	1874
623	2947	409	1101	472	153	654	814	951	16453	1874/75
611	2775	421	1012	412	161	649	867	961	16349	1875
611	2925	401	1203	431	153	677	812	984	16611	1875/76
610	2730	440	1136	409	141	674	1006	954	16799	1876

学期	ベルリン	ボン	ブレスラウ	エアランゲン	フライブルク	ギーセン	ゲッチンゲン	グライフスヴァルト	ハレ	ハイデルベルク	イェーナ	キール
1876/77	2490	793	1219	474	293	312	991	468	854	473	439	219
1877	2237	897	1245	431	310	306	917	503	827	766	566	241
1877/78	2834	859	1253	448	334	315	909	460	854	461	469	242
1878	2569	1063	1240	415	418	531	988	525	914	750	545	252
1878/79	3213	818	1329	434	364	357	990	507	950	495	443	226
1879	2880	1040	1283	436	431	340	1051	531	1040	811	527	266
1879/80	3608	881	1309	481	302	353	965	531	1098	502	451	242
1880	3305	1099	1255	464	528	374	985	591	1129	809	523	301
1880/81	4107	887	1281	473	443	391	959	599	1211	543	438	284
1881	3709	1070	1580	462	683	402	1002	644	1293	825	508	344
1881/82	4421	875	1444	504	488	433	1071	654	1351	610	464	321
1882	3900	1061	1532	575	721	435	1083	659	1377	922	570	381
1882/83	4678	973	1495	568	551	447	1063	662	1416	698	507	354
1883	4062	1165	1559	641	823	464	1104	741	1414	1019	631	441
1883/84	4635	1037	1479	730	615	497	1064	725	1544	732	566	352
1884	4154	1201	1481	720	924	521	1010	903	1593	968	611	435
1884/85	5006	1080	1389	760	802	505	993	856	1631	713	586	387
1885	4411	1253	1407	811	1144	539	974	978	1608	957	681	489
1885/86	5192	1081	1330	842	943	536	940	861	1498	745	577	447
1886	4291	1292	1392	909	1319	513	1017	1002	1524	1036	655	537
1886/87	5165	1119	1296	880	996	484	986	906	1490	772	607	477
1887	4545	1317	1343	865	1197	530	1056	1097	1482	938	658	568
1887/88	5287	1112	1267	879	884	513	978	1026	1469	832	581	466
1888	4525	1315	1288	926	1125	546	1006	1046	1433	994	634	564
1888/89	5576	1160	1266	939	850	525	940	863	1556	807	570	464
1889	4685	1395	1279	970	1191	616	957	875	1611	1060	629	581
1889/90	5526	1218	1242	948	925	566	859	755	1609	952	560	512
1890	4537	1409	1289	1006	1254	590	929	869	1563	1089	656	637
1890/91	5306	1217	1201	1054	931	549	895	762	1532	970	604	493
1891	4278	1367	1297	1078	1138	562	838	824	1407	1171	645	620
1891/92	5141	1181	1221	1060	856	543	787	705	1421	932	581	484
1892	4047	1367	1219	1107	1305	573	786	815	1328	1156	645	627
1892/93	4636	1230	1201	1099	998	515	712	765	1411	973	631	495
1893	3843	1461	1229	1137	1425	551	765	859	1373	1135	687	611
1893/94	4651	1336	1212	1098	1040	517	767	722	1399	960	643	509
1894	3794	1584	1256	1122	1477	576	791	809	1353	1206	674	629
1894/95	4821	1479	1276	1131	1136	528	805	743	1370	1028	635	508
1895	3980	1707	1377	1154	1412	568	874	870	1301	1252	730	765
1895/96	5104	1577	1371	1116	1036	558	878	791	1315	1026	682	547
1896	4444	1786	1397	1138	1379	630	1003	938	1269	1164	761	721
1896/97	5283	1599	1416	1074	1065	626	1018	781	1350	1001	705	547
1897	4405	1822	1505	1140	1449	663	1136	819	1360	1230	704	740
1897/98	5623	1633	1481	1068	1073	674	1151	733	1483	1084	632	583
1898	4615	1921	1559	1070	1545	733	1224	853	1435	1384	755	855
1898/99	5844	1736	1504	1026	1141	717	1189	760	1465	1142	664	652
1899	4762	2050	1594	1042	1670	814	1292	816	1439	1462	732	915
1899/1900	6182	1840	1587	974	1235	802	1228	744	1472	1250	655	766
1900	5105	2162	1662	974	1766	855	1344	807	1620	1553	758	1056

ケーニヒスベルク	ライプツィヒ	マールブルク	ミュンヘン	ミュンスター	ロストック	シュトラースブルク	テュービンゲン	ヴュルツブルク	ドイツ帝国の全総合大学の学生総数	学期
621	2976	382	1280	313	156	707	879	1028	17367	1876/77
620	2842	401	1267	315	152	624	1086	972	17534	1877
655	3036	415	1360	303	145	630	935	941	17858	1877/78
666	2861	450	1364	322	157	694	1122	922	18568	1878
686	3061	471	1621	268	161	684	973	941	19622	1878/79
707	2936	537	1637	282	193	742	1173	890	19759	1879
737	3227	552	1806	245	198	752	985	848	20163	1879/80
768	3094	587	1768	271	203	781	1200	870	20965	1880
788	3326	604	1890	207	200	745	1057	921	21414	1880/81
841	3183	701	1824	300	198	770	1214	969	22322	1881
836	3317	646	1968	275	235	788	1137	1006	22844	1881/82
863	3111	766	2017	326	236	823	1377	1076	23811	1882
856	3314	756	2229	304	239	828	1180	1034	24152	1882/83
929	3097	848	2295	328	231	830	1345	1085	25062	1883
909	3433	720	2468	280	232	844	1187	1167	25210	1883/84
925	3160	803	2511	332	250	827	1391	1232	25952	1884
887	3281	708	2685	340	265	828	1214	1293	26209	1884/85
870	3075	817	2825	420	299	800	1398	1291	27047	1885
854	3288	797	2865	378	318	822	1229	1368	26911	1885/86
866	3060	922	3035	443	313	846	1380	1369	27721	1886
786	3251	866	3176	461	327	846	1234	1511	27636	1886/87
843	3054	968	3367	504	343	807	1445	1453	28380	1887
788	3288	841	3414	436	340	886	1240	1526	28053	1887/88
824	3208	896	3809	433	347	828	1435	1547	28729	1888
727	3430	775	3602	403	352	881	1217	1624	28527	1888/89
747	3322	782	3622	436	360	874	1402	1588	28982	1889
775	3453	736	3479	377	346	936	1212	1610	28596	1889/90
750	3177	880	3551	383	360	902	1408	1612	28851	1890
672	3458	823	3382	381	371	947	1235	1544	28337	1890/91
689	3242	913	3551	377	368	917	1375	1422	28079	1891
651	3431	812	3292	385	381	969	1160	1367	27360	1891/92
663	3104	893	3538	417	396	915	1320	1285	27506	1892
641	3307	818	3380	408	413	969	1168	1330	27100	1892/93
662	2952	927	3630	412	405	903	1336	1276	27579	1893
647	3067	787	3408	393	420	941	1140	1335	26984	1893/94
686	2764	837	3744	424	436	913	1194	1292	27561	1894
691	2985	780	3475	408	420	949	1141	1347	27656	1894/95
721	2798	947	3662	430	413	986	1216	1342	28505	1895
681	3019	867	3621	427	426	1004	1116	1365	28527	1895/96
664	2876	955	3777	449	500	938	1152	1339	29280	1896
663	3126	856	3706	464	499	1013	1155	1467	29414	1896/97
675	3064	1021	3871	487	499	1016	1271	1430	30307	1897
659	3277	872	3817	521	451	1066	1209	1425	30515	1897/98
719	3174	1091	4028	528	462	1040	1352	1312	31655	1898
746	3413	1007	3905	554	449	1075	1291	1343	31623	1898/99
773	3270	1202	4257	591	475	1079	1506	1214	32955	1899
809	3481	999	4049	615	464	1105	1321	1215	32791	1899/1900
881	3269	1184	3991	689	495	1145	1544	1126	33986	1900

表4a　大学の種類別の学生数

年度末	学生数（受講生，聴講生）[1]							
	22 総合大学	11 工科大学	5〜4 [a] 林業アカデミー	3 鉱山アカデミー	5〜4 [b] 獣医大学	4 経済大学	総　計	男性住民1万人当たり
1869	13997	2928	261	144	267	357	17954	8,83
1872	15359	4163	317	168	271	298	20576	10,03
1875	16357	5449	269	264	284	269	22892	11,08
1880	21432	3377	394	262	436	353	26254	11,73
1885	26928	2549	394	344	735	468	31418	13,85
1888	28551	2887	386	343	962	483	33612	14,39
1891	27398	4209	255	389	1047	694	33992	13,87
1896	29476	7747	330	523	1140	1070	40286	15,70
1899	32834	10412	278	763	1343	890	46520	16,78
1902	35857	13151	251	879	1415	985	52538	18,50
1905	41235	12237	336	902	1186	1479	57375	19,20
1908	47253	11315	342	830	1306	1553	62599	20,08
1909	50612	11365	323	826	1233	1607	65966	20,87
1910	52766	11502	291	806	1220	1617	68202	21,29
1911	54999	11378	338	791	1328	1446	70280	21,65
1912	56483	11349	327	805	1269	1477	71710	21,77

1) 男子学生と女子学生の総数．男性住民1万人当たりの換算では，女子学生の数は無視している．女子学生数は極めて少ないからである．たとえば，プロイセンの大学では，1911／12年の冬学期には，男子学生が2万6550人であるのに対し，女子学生数は1896人であった（『プロイセン国家統計年鑑 1915』，265，267ページ）．

a) 1910年以降，アシャッフェンブルクの林業大学は廃止された。

b) 1912年以降，シュトゥトガルトの獣医大学は廃止された．
（ホーホルスト他1973，161/162ページ）

出典：『プロイセン国家統計年鑑』，1915，261ページ。

表4b　1830/31年から1914年までのドイツの大学の学部別学生数
（上段：絶対数，下段：百分比）

年　度	大　学 全　体	新　教 神学部	カトリック 神学部	法学部	医学部	哲学部	哲学歴 史学部	自然科学 数学部
1830/31	15838 100	4267 26,94	1809 11,42	4502 28,43	2355 14,87	2937 18,54	—	—
1840/41	11561 100	2270 19,64	932 8,06	3266 28,25	2062 17,84	3032 26,23	—	—
1850/51	12323 100	1646 13,36	1376 11,17	4388 35,61	1895 15,38	3018 24,49	—	—
1860/61	12188 100	2535 20,80	1263 10,36	2460 20,18	2128 17,46	3802 31,19	—	—
1865/66	13710 100	2346 17,11	1170 8,53	3168 23,11	2541 18,53	4486 32,72	—	—
1870/71	13206 100	1957 14,82	891 6,75	2886 21,85	2870 21,73	4602 34,85	—	—
1875/76	16490 100	1562 9,47	735 4,46	4490 27,23	3316 20,11	6387 38,73	3565 21,62	1710 10,37
1880/81	21209 100	2350 11,08	650 3,06	5229 24,65	4098 19,32	8882 41,88	4615 21,76	2815 13,27
1885/86	26996 100	4438 16,44	1080 4,00	4840 17,93	7644 28,31	8994 33,52	4218 15,62	2820 10,44
1890/91	28621 100	4332 15,14	1250 4,37	6678 23,33	8552 29,88	7809 27,28	2947 10,30	2298 8,03
1895/96	28557 100	2948 10,32	1497 5,24	7670 26,86	7757 27,16	8685 30,41	2978 10,43	2821 9,88
1900/01	33739 100	2325 6,89	1627 4,82	9726 28,83	7205 21,35	12856 38,10	4769 14,14	4796 14,22
1905/06	41158 100	2141 5,20	1738 4,22	11828 28,74	5865 14,25	19448 47,25	7438 18,07	5444 13,23
1910/11	53364 100	2422 4,54	1791 3,36	10777 20,20	10638 19,93	27736 51,97	12585 23,58	7276 13,63
SS 1914	59143 100	4621 7,81	1768 3,00	10119 17,11	17608 29,77	25027 42,32	—	—

出典：リーゼ（1977，340ページ）

表5 ドイツの学生数（1919/20年から1949/50年まで[1]）

年度	学生数	
	単位：1000	人口1万人当たり
当時のドイツ領土内		
1919/20	120,3	19
1920/21	126,8	20
1921/22	127,0	21
1922/23	130,7	21
1923/24	113,3	18
1924/25	97,6	15
1925/26	98,9	16
1926/27	104,3	16
1927/28	111,5	18
1928/29	123,0	19
1929/30	129,5	20
1930/31	133,0	20
1931/32	128,0	19
1932/33	117,1	18
1933/34	99,8	15
1934/35	80,7	13
1935/36	72,9	11
1936/37	62,0	9
1937/38	57,5	8
1938/39	58,3	8
オーストリアを含むドイツ領土内		
1943/44 (WS)	84,7	
連邦共和国		
1949 (SS)	101,9	22
1949/50	104,5	22

WS→冬学期，SS→夏学期

1）『ドイツ統計年鑑』（帝国政府編）ベルリン．
『ドイツ連邦共和国統計年鑑』（連邦政府編），ヴィースバーデン．

『統計報告（VIII/4）』（連邦政府編），ヴィースバーデン．

『ドイツ統計ハンドブック 1928〜1944』（アメリカ占領地区各州協議会編），ミュンヘン，1949．

出典：クヴェッチュ（1960，42ページ）．

表6　連邦地域内の大学の学生数（ザールラントと西ベルリンを除く）

学　期	総　数		学　期	総　数	
	総　数	女子学生		総　数	女子学生
SS[1])1950	109695	19532	WS 1953/54	115664	19609
WS 1950/51	111174	19095	SS 1954	119470	21035
SS 1951	109127	18770	WS 1954/55	121010	21121
WS 1951/52	112343	18997	SS 1955	126766	23445
SS 1952	111989	19189	WS 1955/56	126932	23178
WS 1952/53	113954	19253	SS 1956	134397	25587
SS 1953	113621	19483			

SS→夏学期，WS→冬学期

連邦地域内の大学の学生数（ザールラントと西ベルリンを含む）

学　期	総　数		学　期	総　数	
	総　数	女子学生		総　数	女子学生
WS 1956/57	150165	27396	SS 1966	280857	66446
SS 1957	160139	31060	WS 1966/67	290276	69811
WS 1957/58	166654	31184	SS 1967	280159	67316
SS 1958	178693	35588	WS 1967/68	295102	73599
WS 1958/59	186340	36836	SS 1968	287653	69873
SS 1959	197438	41592	WS 1968/69	313693	77924
WS 1959/60	202321	42269	SS 1969	308173	74341
SS 1960	215100	46625	WS 1969/70	386244	116520
WS 1960/61	219452	46731	WS 1971/72	427062	170585
SS 1961	232246	51894	SS 1972	413608	168621
WS 1961/62	237547	52069	WS 1972/73	461597	199201
SS 1962	250853	57344	SS 1973	452302	198533
WS 1962/63	253100	56522	WS 1973/74	497011	231467
SS 1963	264761	61295	SS 1974	481514	228170
WS 1964/65	271800	62990	WS 1974/75	527539	262694
SS 1965	279345	65639	SS 1975	507532	255823
WS 1965/66	275369	63355	WS 1975/76	557556	283201

出典：『ドイツ連邦共和国統計年鑑』

表7　DDRにおける総合大学，単科大学の新入生数と卒業生数

年度	総合大学 単科大学	新入生				卒業生			
		総数	そのうち			総数	そのうち		
			通常課程	通信教育課程	夜間課程		通常課程	通信教育課程	夜間課程
1951	21	—	9555	—	—	4631	4631	—	—
1955	46	19113	14709	4404	—	7617	7564	53	—
1960	44	31167	18735	6889	857	15136	11658	2666	—
1961	44	29648	18332	6683	1164	13978	9382	2295	4
1962	43	24113	15989	5271	716	17459	11866	8285	15
1963	44	24082	15939	5695	642	17386	12170	4161	149
1964	44	22928	16050	5793	654	19470	13567	5233	294
1965	44	23994	16360	6319	764	20190	13739	5530	492
1966	44	23292	16528	5436	888	20054	13797	5266	512
1967	44	23860	16413	6299	763	18399	13369	4149	367
1968	44	26796	20023	5720	623	18385	13448	4042	383
1969	54	36136	27033	8522	104	19268	14140	4214	458
1970	54	41594	31082	9951	131	20524	14855	4838	415
1971	54	41676	31331	9711	228	22730	16216	5834	289
1972▽	54	36537	28009	8130	44	25978	19089	6140	369
そのうち女子学生									
1967		8319	7120	1134	39	4822	3943	761	53
1968		10100	8928	1103	38	5035	4102	838	28
1969		13409	11859	1528	22	5603	4788	725	33
1970		15668	13964	1635	39	6312	5382	866	30
1971		17184	15367	1581	160	7774	6691	1039	25
1972▽		18247	16497	1652	13	9189	8110	1033	16

課程別の学生数

年度	大学在学生									人口1万人当たり学生数
	総数		そのうち							
			通常課程			通信教育課程		夜間課程		
	総数	女子学生	総数	女子学生	奨学生	総数	女子学生	総数	女子学生	
1951	81512	6510	27822	6510	24484	3690	—	—	—	17,2
1955	74742	19141	60148	17650	53146	14594	1491	—	—	41,7
1960	101773	25398	69129	21900	61684	22544	1926	1221	105	59,0
1961	112929	28715	74205	28729	65891	27335	3262	2533	266	65,9
1962	114002	29941	77227	25488	65394	27913	3885	2963	311	66,7
1963	115678	29959	78405	24900	67658	30628	4128	3411	390	67,4
1964	110664	28574	75878	23878	64477	30617	4353	3319	272	65,1
1965	108791	28377	74896	23354	62969	29548	4651	3372	262	63,8
1966	106422	29024	74777	24186	61470	27054	4444	3556	234	62,3
1967	106534	31071	74705	26367	61818	27387	4410	3549	174	62,4
1968	110581	35079	78308	30336	70470	27911	4481	3566	179	64,7
1969	122790	41661	87809	36347	79060	31046	5088	3147	172	71,9
1970	138541	49354	100204	43393	91296	36276	5775	1277	138	81,2
1971	152315	57127	110991	50621	100666	39344	6078	1194	325	89,3
1972▽	153997	63404	113665	56505	—	39050	6612	618	125	90,4

出典：『DDR統計年鑑1976』.

参考文献

（＊は邦訳のあるもの．末尾参照）

Adam, H.: Studentenschaft und Hochschule, Frankfurt/M. 1965

Adorno, Th. W.: Die Einheit von Lehre und Forschung unter den gesellschaftlichen Bedingungen des 19. und 20. Jahrhunderts, in: Die Einheit von Forschung und Lehre als Problem der modernen Hochschule, Mainzer Universitätsgespräche WS 1961, Mainz 1961

Allerbeck, K. R.: Soziologie radikaler Studentenbewegungen, Eine vergleichende Untersuchung in der Bundesrepublik Deutschland und den Vereinigten Staaten, München–Wien 1973

Allgemeines Land-Recht für die Preußischen Staaten, 1974

Altvater, E./Huisken, F. (Hg.): Materialien zur Politischen Ökonomie des Ausbildungssektors, Erlangen 1971

Altvater, E.: Der historische Hintergrund des Qualifikationsbegriffs, in: Altvater, E./Huisken, F. (Hg.): Materialien zur Politischen Ökonomie des Ausbildungssektors, Erlangen 1971, S. 77–90

Amburger, E.: Die Mitglieder der Deutschen Akademie der Wissenschaften zu Berlin 1700–1950, Berlin/Ost 1950

Andernach, N.: Der Einfluß der Parteien auf das Hochschulwesen in Preußen 1848–1918, Göttingen 1972

Anderson, C. A.: The Social Composition of University Student Bodies, the Recruitment of Nineteenth Century, Elites in Four Nations: an Historical Case Study, in: The Year Book of Education, London 1959

Andina, R.: Die Stellung des Akademikers in Gesellschaft und Beruf, Zürich 1951

Anger, H.: Probleme der deutschen Universität, Tübingen 1960

Anrich, E. (Hg.): Die Idee der deutschen Universität. Die 5 Grundschriften aus der Zeit ihrer Neugründung, Darmstadt 1956, 1964²

Archer, M. S. (Hg.): University and Society, London 1972

Armytage, W. H. G.: Civic Universities, London 1965

Artz, F. B.: The Development of Technical Education in France 1500–1850, Cambridge/Mass.–London 1966

Autorenkollektiv (Vorsitz: Max Steinmetz): Geschichte der deutschen Universitäten und Hochschulen – Ein Überblick, 2 Teile, Berlin/Ost 1971 (Studien zur Hochschulentwicklung Nr. 25)

Bahnson, K.: Akademische Auszüge aus deutschen Universitäts- und Hochschulorten, Diss. Saarbrücken 1973

Bahnson, K.: Studentische Auszüge, in: Helfer, Chr./Rassem, M. (Hg.): Student

und Hochschule im 19. Jahrhundert, Göttingen 1975, S. 173–242
Bahrdt, H. P.: Soziologie der »Massenuniversität«, in: Universität und Universalität, Berlin/West 1963, S. 150–164
Baldus, M.: Die philosophisch-theologischen Hochschulen in der Bundesrepublik. Geschichte und gegenwärtiger Status, Berlin/West 1965
Baldwin, J. W./Goldthwaite, R. A. (Hg.): Universities in Politics. Case Studies from the Late Middle Ages and Early Modern Period, Baltimore–London 1972
Ballauf, T.: Pädagogik. Eine Geschichte der Bildung und Erziehung. I. Von der Antike bis zum Humanismus, München 1969
Barker, E.: The Development of Public Services in Western Europe 1660–1930, New York 1944
Barth, P.: Geschichte der Erziehung in soziologischer und geistesgeschichtlicher Bedeutung, Leipzig 1920[4]
Bauer, Cl./Zeeden, E. W./Zmarzlik, H. G.: Beiträge zur Geschichte der Freiburger Philosophischen Fakultät, Freiburg 1957
Bebel, A.: Akademiker und Sozialismus, Berlin 1906
Bechtel, H.: Wirtschaftsgeschichte Deutschlands im 19. und 20. Jahrhundert, München 1956
Bechtel, H.: Wirtschafts- und Sozialgeschichte Deutschlands. Wirtschaftsstile und Lebensformen von der Vorzeit bis zur Gegenwart, München 1967
Becker, C. H.: Gedanken zur Hochschulreform, Leipzig 1919
Becker, H.: Bildungsforschung und Bildungsplanung, Frankfurt 1971
Ben-David, J.: Scientific Productivity and Academic Organization in Nineteenth Century Medicine, in: American Sociological Review, Vol. 25, 1960, S. 828–843
Ben-David, J.: Akademische Berufe und die Professionalisierung, in: Glass, D. V./König, R. (Hg.): Soziale Schichtung und Mobilität, Sonderheft 5 der Kölner Zeitschrift für Soziologie und Sozialpsychologie, Köln–Opladen 1961, S. 104–121
Ben-David, J.: Professions in the Class System of Present-Day Societies, in: Current Sociology 12, 1963/64 Nr. 3, S. 246–330
Ben-David, J.: Fundamental Research and the Universities. Some Comments on International Differences, OECD Paris 1968
Ben-David, J.: The Scientist's Role, Englewood Cliffs, New Jersey 1971
Ben-David, J.: Science and the University System, in: Internationale Zeitschrift für Erziehungswissenschaft, XVIII, 1972, S. 44–60
Ben-David, J./Zloczower, A.: The Idea of the University and the Academic Market Place, in: Archives Européennes de Sociologie 1961
Ben-David, J./Zloczower, A.: Universities and Academic Systems in Modern Societies, in: Archives Européennes de Sociologie 1962, S. 45ff.
Bernal, J. D.: Wissenschaft, 4 Bde, Reinbek 1970
Bernhard, L.: Die akademischen Berufe, 6 Bde, Berlin 1919/20
Bernhard, O.: Das Hochschulwesen in Frankreich und Deutschland, Berlin 1930
Bezold, Fr. von: Die ältesten deutschen Universitäten und ihr Verhältnis zum

Staat, in: HZ 1898
Bezold, Fr. von: Geschichte der Rheinischen Friedrich-Wilhelms-Universität, Bd. 1, 2, Bonn 1920–1933
Blankertz, H.: Bildung im Zeitalter der großen Industrie. Pädagogik, Schule und Berufsbildung im 19. Jahrhundert, Hannover 1969
Blaschke, K.: Die fünf neuen Leipziger Universitätsdörfer, in: Wissenschaftliche Zeitschrift der Karl-Marx-Universität Leipzig, I, 1951/52, Heft 5, S. 76–125
Bleek, W.: Von der Kameralausbildung zum Juristenprivileg. Studium, Prüfung und Ausbildung der höheren Beamten des allgemeinen Verwaltungsdienstes in Deutschland im 18. und 19. Jahrhundert, Berlin/West 1972
* *Bleuel, H. P.:* Deutschlands Bekenner, Professoren zwischen Kaiserreich und Diktatur, Bern–München–Wien 1968
Boas, M.: Die Renaissance der Naturwissenschaften 1450–1630, Gütersloh 1965
Bock, K. D.: Strukturgeschichte der Assistentur, Düsseldorf 1972
Boehm, L.: Der »actus publicus« im akademischen Leben. Historische Streiflichter zum Selbstverständnis und zur gesellschaftlichen Kommunikation der Universitäten im Wandel der Jahrhunderte (Sonderdruck), Würzburg 1972 (Nördlingen)
Boehm, L.: Die Verleihung akademischer Grade an den Universitäten des 14.–16. Jahrhunderts, in: Chronik der Ludwig-Maximilians-Universität München 1958/59, S. 164ff.
Boehm, L.: Die Idee der Universität in der Geschichte. Belastendes Erbe oder Postulat? in: Chronik der Ludwig-Maximilians-Universität München 1961/62, S. 189–208
Boehm, L.: Libertas Scholastica und Negotium Scholare – Entstehung und Sozialprestige des Akademischen Standes im Mittelalter, in: Rössler, H./Franz, G. (Hg.): Universität und Gelehrtenstand 1400–1800, Limburg 1970
Bollmus, R.: Handelshochschule und Nationalsozialismus. Das Ende der Handelshochschule Mannheim und die Vorgeschichte der Errichtung einer staats- und wirtschaftswissenschaftlichen Fakultät an der Universität Heidelberg, Meisenheim a. G. 1973
Bonjour, E.: Die Universität Basel von den Anfängen bis zur Gegenwart (1460–1960), Basel 1960
Boose, W.: Über Begriff, Bedingungen und Wirkungen der Überfüllung der akademischen Berufe, Diss. Freiburg o. J. (ca. 1924)
Borchardt, K.: Zum Problem der Erziehungs- und Ausbildungsinvestitionen im 19. Jahrhundert, in: Beiträge zur Wirtschafts- und Stadtgeschichte, Festschrift für Hektor Ammann, Wiesbaden 1965, S. 380–392
Borscheid, P.: Naturwissenschaft, Staat und Industrie in Baden (1848–1914), Stuttgart 1976
Bornhak, C.: Geschichte der preußischen Universitätsverwaltung bis 1810, Berlin 1900
Bornhak, C.: Die Korporationsverfassung der Universitäten, in: Verwaltungsarchiv, Bd. 18, 1910, S. 1–39

Bornhak, C.: Das monarchische Titelverleihungsrecht und die akademischen Grade, in: Verwaltungsarchiv, Bd. 21, 1913, S. 63–81
Bosl, K.: Frühformen der Gesellschaft im mittelalterlichen Europa. Ausgewählte Beiträge zu einer Strukturanalyse der mittelalterlichen Welt, München–Wien 1964
Bosl, K.: Die Gesellschaft in der Geschichte des Mittelalters, Göttingen 1966
Bosl, K.: Die Grundlagen der modernen Gesellschaft im Mittelalter. Eine deutsche Gesellschaftsgeschichte des Mittelalters, Teil II, Stuttgart 1972
Bourdieu, P./Passeron, J. C.: Die Illusion der Chancengleichheit, Stuttgart 1971
Bowen, J.: A History of Western Education. Vol. I: The Ancient World: Orient and Mediterranean 2000 B.C.–A.D. 1054, London 1972
Boyce, G. C.: The English-German Nation in the University of Paris during the Middle Ages, Bruges 1927
Boyce, G. C.: Erfurt Schools and Scholars in the Thirteenth Century, in: Speculum 1949, S. 1–18
Brandau, H. W.: Die mittlere Bildung in Deutschland, Weinheim 1959
Braubach, M.: Die erste Bonner Universität und ihre Professoren. Ein Beitrag zur rheinischen Geistesgeschichte im Zeitalter der Aufklärung, Bonn 1947
Brown, R. (Hg.): Knowledge, Education and Cultural Change. Papers in the Sociology of Education, London 1973
Brubacher, J. S./Rudy W.: Higher Education in Transition: A History of American Colleges and Universities 1636–1956, New York 1958
Brucker, G. A.: Florence and its University, 1348–1434, in: Rabb T. K./Seigel J. E. (Hg.): Action and Conviction in Early Modern Europe, Princeton 1969
Buchner, O.: Allerlei über Studenten-Auszüge, Gießen 1896
Buchner, M.: Aus der Vergangenheit der Universität Würzburg. Festschrift zum 350jährigen Bestehen der Universität, Würzburg 1932
Buck, A. (Hg.): Zu Begriff und Problem der Renaissance, Darmstadt 1969
Budinsky, A.: Die Universität Paris und die Fremden an derselben im Mittelalter. Ein Beitrag zur Geschichte der hohen Schule, Berlin 1876
Bullough, V. L.: The Development of Medicine as a Profession, Basel–New York 1966
Burchardt, L.: Wissenschaftspolitik im Wilhelminischen Deutschland. Vorgeschichte, Gründung und Aufbau der Kaiser-Wilhelm-Gesellschaft zur Förderung der Wissenschaften, Göttingen 1974
Busch, A.: Die Geschichte des Privatdozenten. Eine soziologische Studie zur großbetrieblichen Entwicklung der deutschen Universität, Stuttgart 1959

Christes, J.: Bildung und Gesellschaft. Die Einschätzung der Bildung und ihrer Vermittler in der griechisch-römischen Antike, Darmstadt 1975
Claessens, D.: Bemerkungen zur Soziologie der deutschen Universität, in: Universität und Demokratie, Berlin/West 1967, S. 54–66
Clagett, M. (Hg.): Critical Problems in the History of Science, Madison–Milwaukee–London 1959

Clagett, M./Post, G./Reynolds, R. (Hg.): Twelfth Century Europa and the Foundation of Modern Society, Madison/Wisc. 1961
Clarke, M. L.: Higher Education in the Ancient World, London 1971
Clasen, S.: Der Studiengang an der Kölner Artistenfakultät, in: Koch, J. (Hg.): Artes Liberales, Leiden–Köln 1959, S. 124–136
Classen, P.: Die Hohen Schulen und die Gesellschaft im 12. Jahrhundert, in: Archiv für Kulturgeschichte 48, 1966, S. 155–180
Classen, P.: Die ältesten Universitätsreformen und Universitätsgründungen des Mittelalters, in: Heidelberger Jahrbücher XII, 1968, S. 72–92
Cobban, A. B.: Medieval Student Power, in: Past and Present, No. 53, 1971, S. 28ff.
Cobban, A. B.: The Medieval Universities: their development and organization, London 1975
Compayre, G.: Abelard and the Origin of the Universities, New York 1893
Conrad, J.: Das Universitätsstudium in Deutschland, während d. letzten fünfzig Jahre, unter bes. Berücksichtigung Preußens, Jena 1884
Conrad, J.: Einige Ergebnisse der deutschen Universitätsstatistik, in: Jahrbuch für Nationalökonomie und Statistik, 1906, III. Folge 32. Bd., S. 433–492
Crombie, A. C. (Hg.): Scientific Change, Historical studies in the intellectual, social and technical conditions for scientific discovery and technical invention, from antiquity to the present, London 1963
Curtis, M. H.: Oxford and Cambridge in transition 1558–1642: an essay on changing relations between the English universities and English society, London. Oxford University Press 1959

Daheim, H.: Der Beruf in der modernen Gesellschaft, Köln–Berlin/West 1967
Dahrendorf, R.: Arbeiterkinder an deutschen Universitäten, Tübingen 1965
Decker-Hauff, H./Fichtner, G./Schreiner, K.: Beiträge zur Geschichte der Universität Tübingen 1477–1977, Tübingen 1977
Delhaye, P.: L'organisation scolaire au XIIe siècle, in: Traditio 5, 1957, S. 211–268
Denifle, H.: Die Entstehung der Universitäten des Mittelalters, 1885, 2. Auflage 1959
Deuerlein, E.: Geschichte der Universität Erlangen in zeitlicher Übersicht, Erlangen 1927
Deutsch, H.: Qualifizierte Arbeit und Kapitalismus, Wien 1904
Deutsche Zentralstelle für Berufsberatung der Akademiker (Hg.): Die akademischen Berufe, Berlin 1920
Deutsches Studenten-Werk: Sozialerhebung, Bonn 1973ff.
Diederich, W. (Hg.): Theorien zur Wissenschaftsgeschichte. Beiträge zur diachronischen Wissenschaftstheorie, Frankfurt 1974
Dieterici, W.: Geschichtliche und statistische Nachrichten über die Universitäten im preußischen Staate, 1836
Dobb, M.: Entwicklung des Kapitalismus. Vom Spätfeudalismus bis zur Gegen-

wart, Köln 1970
Doeberl, M./Scheel, O./Schlink, W. u.a.: Das akademische Deutschland, 4 Bde, Berlin 1930–31
Doehlemann, M. (Hg.): Wem gehört die Universität? Untersuchungen zum Zusammenhang von Wissenschaft und Herrschaft anläßlich des 500jährigen Bestehens der Universität Tübingen, Gießen 1977
Döhring, E.: Geschichte der juristischen Fakultät 1665–1965 (Geschichte der Christian-Albrechts-Universität 1665–1965 Band 3, Teil 1), Neumünster 1965
Doerner, K.: Hochschulpsychiatrie. Sozialpsychiatrischer Beitrag zur Hochschulforschung, Stuttgart 1967
Dolch, J.: Lehrplan des Abendlandes. Zweieinhalb Jahrtausende seiner Geschichte, Ratingen 1965[2]
Dolch, O.: Geschichte des Deutschen Studententhums, Leipzig 1858
Dreyfuß, C.: Beruf und Ideologie der Angestellten, München 1933
Duby, G.: The Diffusion of Cultural Patterns in Feudal Society, in: Past and Present No. 39, 1968, S. 3ff.
Düwell, K.: Konstitution, Maschine und Schule. Zur preußischen Hochschulpolitik im Rheinland vor der Reichsgründung, in: Politische Ideologien und nationalstaatliche Ordnung. Festschrift für Theodor Schieder, München–Wien 1968, S. 273–295
Düwell, K.: Staat und Wissenschaft in der Weimarer Epoche, in: Historische Zeitschrift, Beih. 1, 1971
Dyck, J.: Zum Funktionswandel der Universitäten vom 17. zum 18. Jahrhundert. Am Beispiel Halle, in: Schöne, A. (Hg.): Stadt–Schule–Universität–Buchwesen und die deutsche Literatur im 17. Jahrhundert, München 1976, S. 371–382

Ebert, O. E./Scheuer, O.: Bibliographisches Jahrbuch für deutsches Hochschulwesen, Wien–Leipzig 1912
Edding, F.: Ökonomie des Bildungswesens. Lehren und Lernen als Haushalt und Investition, Freiburg 1963
Elias, N.: Die höfische Gesellschaft, Neuwied–Berlin/West 1969
Elsas, M. J.: Umriß einer Geschichte der Preise und Löhne in Deutschland vom ausgehenden Mittelalter bis zum Beginn des 19. Jahrhunderts, Leiden 1936
Engelsing, R.: Arbeit, Zeit und Werk im literarischen Beruf (Der literarische Arbeiter, Band I), Göttingen 1976
Erman, W./Horn, E.: Bibliographie der deutschen Universitäten, 3 Bde., Leipzig–Berlin 1904–05
Eulenburg, Fr.: Die Frequenz der deutschen Universitäten von ihrer Gründung bis zur Gegenwart, in: Abhandlungen der philologisch-historischen Klasse der Königlichen-Sächsischen Gesellschaft der Wissenschaften, Bd. 24, II, Leipzig 1904
Eulner, H. H.: Die Entwicklung der medizinischen Spezialfächer an den Universitäten des deutschen Sprachgebietes, Stuttgart 1970

Fabricius, W.: Die Studentenorden des 18. Jahrhunderts, Jena 1891
Fabricius, W.: Die deutschen Corps bis zur Gegenwart, Frankfurt 1926
Ferber, Ch. von: Die Entwicklung des Lehrkörpers der deutschen Universitäten und Hochschulen 1864–1954, Bd. III der Untersuchungen zur Lage der deutschen Hochschullehrer, hrsg. v. H. Plessner, Göttingen 1956
Festschrift zur 500-Jahrfeier der Universität Greifswald, 2 Bde, Greifswald 1956
* *Fichte, J. G.:* Einige Vorlesungen über die Bestimmung des Gelehrten, 1794, Stuttgart 1959
Fick, R.: Auf Deutschlands Hohen Schulen, Berlin 1900
Finke, L. E.: Gestatte mir Hochachtungsschluck. Bundesdeutschlands korporierte Elite, Hamburg 1963
Fischer, J.: The Social Sciences and the Comparative Study of Educational Systems, Scranton/Pennsylvania 1970
Flaschendräger, W./Straube, M.: Die Entwicklung der Universitäten, Hochschulen und Akademien im Spiegel der hochschulgeschichtlichen Forschungen (1960–1969), Berlin 1970
Fletcher, J. M.: Wealth and Poverty in the Medieval German-Universities, in: Hale, J. R./Highfield, J. R. L./Smalley, B. (Hg.): Europe in the Late Middle Ages, London 1965, S. 410–436
Flexner, A.: Die Universitäten in Amerika, England, Deutschland, Berlin 1932
Fournier, M.: Les statuts et privilèges des universités françaises depuis leur fondation jusqu'en 1789, 4 Bde, Paris 1890/1894
Fricke, K.: Beiträge zur Oberlehrerfrage. Die geschichtliche Entwicklung des Lehramtes an den Höheren Schulen, Leipzig–Berlin 1903

Gabriel, A. L.: The College System in the Fourteenth-Century Universities, 1961
Gabriel, A. L.: Motivation of the Founders of Medieval Colleges, in: Beiträge zum Berufsbewußtsein des mittelalterlichen Menschen, Miscellanea Mediaevalia 3, 1964, S. 61ff.
Gabriel, A. L.: Garlandia. Studies in the History of the Mediaeval University, Frankfurt 1969
Gall, F.: Gründung und Anfänge der Wiener Universität, in: Les Universités Européennes du XIVe au XVIIIe Siècle, Genf 1967, S. 56–70
Gall, F.: Die Doktorkollegien der vier Fakultäten an der Wiener Universität 1849–1873, in: Helfer, Chr./Rassem, M. (Hg.): Student und Hochschule im 19. Jahrhundert, Göttingen 1975, S. 47–62
Gall, F.: Akademische Laufbahnen an der Universität Wien in der zweiten Hälfte des neunzehnten Jahrhunderts, unter besonderer Berücksichtigung der medizinischen Fakultät, in: Helfer, Chr./Rassem, M. (Hg.): Student und Hochschule im 19. Jahrhundert, Göttingen 1975, S. 63–74
Gercken: Woher rührt die Überfüllung der sogenannten gelehrten Fächer, und durch welche Mittel ist derselben am wirksamsten entgegenzutreten? in: Pädagogisches Archiv, Stettin, Jg. 31, 1889, S. 289–344
Gerth, H.: Die sozialgeschichtliche Lage der bürgerlichen Intelligenz um die

Wende des 18. Jahrhunderts. Ein Beitrag zur Soziologie des deutschen Frühliberalismus, Berlin 1935

Gerth, H.: Bürgerliche Intelligenz um 1800. Zur Soziologie des deutschen Frühliberalismus, Göttingen 1976

Goehring, M.: Die Ämterkäuflichkeit im Ancien régime, Berlin 1938

Goldmann, K.: Verzeichnis der Hochschulen und hochschulartigen Gebilde sowie ihrer Vorläufer in deutsch- und gemischtsprachigen Gebieten unter besonderer Berücksichtigung ihrer (Haupt-)Matrikeln, Neustadt/Aisch 1967

Goldschmidt, D.: Zum Schicksal der deutschen Universität im Ausgang ihrer bürgerlichen Epoche. Beitrag zur Festschrift für Helmuth Plessner aus Anlaß seines 80. Geburtstages, in: Neue Sammlung, 13. Jg., 1973, Heft 1, S. 2–25

Goldschmidt, L.: Rechtsstudium und Prüfungsordnung. Ein Beitrag zur Preußischen und Deutschen Rechtsgeschichte. Stuttgart 1887

Goodman, P.: The community of scholars, New York 1960

Gothein, E.: Doktordissertationen. Das Übel und seine Besserung, in: Archiv für Sozialwissenschaft und Sozialpolitik, 1911, 32. Bd., S. 781–792

Grabmann, M.: Geschichte der scholastischen Methode, 2 Bde, Freiburg i. Br. 1909/11

Grabmann, M.: Eine für Examinazwecke abgefaßte Quaestionensammlung der Pariser Artistenfakultät aus der ersten Hälfte des 13. Jahrhunderts, in: Mittelalterliches Geistesleben, II, München 1936, S. 183–199

Grabein, P.: Überblick über die Geschichte der deutschen Hochschulen und des deutschen Studententums, in: ders.: Vivat Academia, Essen o. J., S. 12–44

Grabein, P. (Hg.): Vivat Academia. 600 Jahre deutsches Hochschulleben, Essen o. J. (ca. 1932)

Green, V. H. H.: Medieval Civilization in Western Europe, London 1971

Greiff, B. von: Gesellschaftsform und Erkenntnisform zum Zusammenhang von wissenschaftlicher Erfahrung und gesellschaftlicher Entwicklung, Frankfurt 1976

Grieswelle, D.: Zur Soziologie des Kösener Corps 1870–1914, in: Helfer, Chr./Rassem, M. (Hg.): Student und Hochschule im 19. Jahrhundert, Göttingen 1975, S. 346–365

Grieswelle, D.: Antisemitismus in deutschen Studentenverbindungen des 19. Jahrhunderts, in: Helfer, Chr./Rassem, M. (Hg.): Student und Hochschule im 19. Jahrhundert, Göttingen 1975, S. 366–379

Griewank, K.: Deutsche Studenten und Universitäten in der Revolution von 1848, Weimar 1949

Grüner, G.: Die Entwicklung der höheren technischen Fachschulen im deutschen Sprachgebiet, Braunschweig 1967

Grüner, G.: Die Geschichte der deutschen Ingenieurschule, in: Niens, W. (Hg.): Handbuch für das Ingenieurschulwesen, Heidelberg 1965, S. 15ff.

Grundmann, H.: Vom Ursprung der Universität im Mittelalter. Berichte über d. Verh. d. sächs. Akad. d. Wiss. zu Leipzig, phil. List. Klasse 103, Berlin/Ost 1957

Grundmann, H.: Sacerdotium Regnum Studium. Zur Wertung der Wissenschaft

im 13. Jahrhundert, in: Archiv für Kulturgeschichte 1951/52, S. 5ff.
Grundmann, H.: Litteratus-illiteratus. Der Wandel einer Bildungsnorm vom Altertum zum Mittelalter, in: Archiv für Kulturgeschichte XI, 1958, S. 1–65
Grundmann, H.: Naturwissenschaft und Medizin in Mittelalterlichen Schulen und Universitäten, in: Deutsches Museum, Abhandlungen und Berichte 1960

Haass, R.: Die geistige Haltung der katholischen Universitäten Deutschlands im 18. Jahrhundert. Ein Beitrag zur Geschichte der Aufklärung, Freiburg 1952
Habermas, J.: Vom sozialen Wandel akademischer Bildung, in: Universität und Universalität. Universitätstage 1963, FU Berlin 1963, S. 165–179
Habermas, J.: Protestbewegung und Hochschulreform, Frankfurt 1969
Habermas, J.: Legitimationsprobleme im Spätkapitalismus, Frankfurt 1973
Habermas, J./Friedeburg, L. von/Oehler, Ch./Welz, F.: Student und Politik, 2. Aufl., Neuwied–Berlin 1967
Hagstrom, W. O.: The scientific community: a sociological analysis, New York 1965
Hall, R.: The Scholar and the Craftsman in the Scientific Revolution, in: Clagett, M. (Hg.): Critical Problems in the History of Science, Madison 1959, S. 3–32
Haller, J.: Die Anfänge der Universität Tübingen 1477–1537. Zur Feier des 450jährigen Bestehens der Universität im Auftrage ihres Großen Senats dargestellt, Stuttgart 1927
Haller, J.: Zur Geschichte der deutschen Universitäten, in: Historische Zeitschrift, 159 (1938), S. 1ff.
Hammerstein, N.: Zur Geschichte der Deutschen Universität im Zeitalter der Aufklärung, in: Roessler, H./Franz, G. (Hg.): Universität und Gelehrtenstand 1400–1800, Limburg 1970
Hampe, K.: Die Gründungsgeschichte der Universität Neapel, in: Sitzungsberichte der Heidelberger Akademie, Phil.-histor. Klasse, 1923
Hans, N.: New Trends of Education in the 18th Century, London 1951
Harig, G.: Über die Entstehung der klassischen Naturwissenschaften in Europa, in: Deutsche Zeitschrift für Philosophie (DDR) 6/1958, S. 419–450
Harms, D.: Das Universitätsstudium in Deutschland während der letzten 50 Jahre, in: Pädagogisches Archiv, Stettin, Jg. 26, 1884, Nr. 9/10, S. 577–609
Harnack, A.: Geschichte der Königlich Preußischen Akademie der Wissenschaften zu Berlin, 3 Bde., Berlin 1900
Harris, C. D./Horkheimer, M. (Hg.): Universität und moderne Gesellschaft, Frankfurt 1957
Hartfelder, K.: Der Zustand der deutschen Hochschulen am Ende des Mittelalters, in: Historische Zeitschrift 64 (1890), S. 50–107
* *Haskins, Ch. H.:* The rise of universities, Ithaca–New York 1923, 1957
Haskins, Ch. H.: Studies in the History of Medieval Science, Cambridge 1927
Haskins, Ch. H.: Studies in Medieval Culture, Cambridge 1929
Haskins, Ch. H.: The Life of Mediaeval Students as illustrated by their Letters, in:

ders.: Studies in Mediaeval Culture, Oxford 1929, S. 1–35
Haskins, Ch. H.: The Spread of Ideas in the Middle Ages, in: ders.: Studies in Mediaeval Culture, Oxford 1929, S. 92–104
Hatschek: Die rechtliche Stellung der Universitäten nach dem allgemeinen Landrecht für die Preußischen Staaten, in: Verwaltungsarchiv, Bd. 17, 1909, S. 307–341
Hauff, W. von: Wie besteht man eine akademische Prüfung? Ein Ratgeber für Studierende aller Hochschulen und Fakultäten, Stuttgart 1926
Helfer, Chr./Rassem, M. et. al. (Hg.): Student und Hochschule im 19. Jahrhundert, Göttingen 1975 (Studien zum Wandel von Gesellschaft und Bildung im 19. Jahrhundert, hrsg. v. O. Neuloh/W. Rüegg, Bd. 12, Forschungsunternehmen »Neunzehntes Jahrhundert« der Fritz Thyssen Stiftung)
Helfer, Chr.: Formen und Funktionen studentischen Brauchtums im 19. Jahrhundert, in: Helfer, Chr./Rassem, M. (Hg.): Student und Hochschule im 19. Jahrhundert, Göttingen 1975, S. 159–172
Herbst, K.: Der Student in der Geschichte der Universität Leipzig, Leipzig 1961
Hermelink, H./Kaehler, S. A.: Die Philipps-Universität zu Marburg 1527–1927. Fünf Kapitel aus ihrer Geschichte (1527–1866). Die Universität seit 1866 in Einzeldarstellungen, Marburg 1927
Herrlitz, H.-G.: Studienrecht als Standesprivileg. Sozialgeschichtliche Materialien zur Entstehung des Abiturexamens, in: Neue Sammlung 11, 1971, 3, S. 231–248
Herrmann, J.: Die Universität Münster in Geschichte und Gegenwart, Münster 1950
Hertzberg, G. F.: Der Untergang des Hellenismus und die Universität Athen, Halle 1875
Hess, G.: Die deutschen Universitäten 1930–1970, Neuwied 1967
Heubaum, A.: Das Zeitalter der Standes- und Berufserziehung (Geschichte des deutschen Bildungswesens seit der Mitte des 17. Jahrhunderts), Berlin 1905
Hintze, O.: Gesammelte Abhandlungen, 3 Bde, Göttingen 1962–1967
Hoeber, K.: Das deutsche Universitäts- und Hochschulwesen, Kempten–München 1912
Höroldt, D. (Hg.): Stadt und Universität. Rückblick aus Anlaß der 150 Jahr-Feier der Universität Bonn, Bonn 1969
Hohorst, G./Kocka, J./Ritter, G. A.: Sozialgeschichtliches Arbeitsbuch. Materialien zur Statistik des Kaiserreichs 1870–1914, München 1975
Holborn, H.: Der deutsche Idealismus in sozialgeschichtlicher Bedeutung, in: Historische Zeitschrift 174, 1952, S. 359–384
Holborn, H.: Deutsche Geschichte in der Neuzeit, 2 Bde, München 1970
Horn, E.: Die Disputationen und Promotionen an den deutschen Universitäten, in: Beiheft 11 des Centralblattes für Bibliothekswesen, Berlin 1893
Horn, E.: Kolleg und Honorar. Ein Beitrag zur Verfassungsgeschichte der deutschen Universitäten, München 1897
Horn, E.: Zur Geschichte des Privatdozenten, in: Mitteilungen der Gesellschaft

für deutsche Erziehungs- und Schulgeschichte, 11. Jg., 1901, S. 26–70
Huckert, E.: Die Ursachen der Überfüllung in den gelehrten Berufsarten und die Mittel zur Abhilfe, in: Central-Organ für die Interessen des Realschulwesens, Jg. 22, 1894, S. 512–527
Hüfner, K.: Hochschulökonomie und Bildungsplanung, Berlin/West 1967
* *Humboldt, W. von:* Gesammelte Schriften, Band XIII, Berlin 1920
Humboldt, W. von: Werke, Band IV, Berlin/Ost 1960

Illmer, D.: Formen der Erziehung und Wissensvermittlung im frühen Mittelalter. Quellenstudien zur Frage der Kontinuität des abendländischen Erziehungswesens, München 1971
Institut für Hochschulbildung und -ökonomie (Hg.): Probleme und Aufgaben der Erforschung der progressiven Traditionen in der Geschichte der deutschen Universitäten und Hochschulen (Materialien der hochschulgeschichtlichen Arbeitstagung vom 27. bis 30. März 1972 in Georgenthal), 2 Teile, Berlin/Ost 1972 (Studien zur Hochschulentwicklung Nr. 32)
d'Irsay, St.: Histoire des Universités françaises et étrangères, 2 Bde, Paris 1933/35

Järisch, U.: Bildungssoziologische Ansätze bei Max Weber, in: Verhandlungen des 15. Deutschen Soziologentages Heidelberg 1964, Stuttgart 1965
Jansen, E.: Die soziale Herkunft der Studenten an den bayrischen Universitäten, in: Zeitschrift des Bayrischen Statistischen Landesamtes, Jg. 59, 1927, S. 449–484
* *Jaspers, K./Rossmann, K.:* Die Idee der Universität. Für die gegenwärtige Situation entworfen, Berlin–Göttingen–Heidelberg 1961
Jastrow, I.: Die Stellung des Privatdozenten, Berlin 1896
Jastrow, I.: Die Reform der staatswissenschaftlichen Studien. Fünfzig Gutachten im Auftrage des Vereins für Sozialpolitik, München–Leipzig 1920
Jastrow, I.: Promotionen und Prüfungen, in: Doeberl, M. u. a. (Hg.): Das akademische Deutschland, 3. Bd., Berlin 1930
Jenkins, H./Jones, D. C.: Social Class of Cambridge University Alumni of the 18th and 19th Centuries, in: British Journal of Sociology 1, 1950, S. 93–116
Jens, W.: Eine deutsche Universität. 500 Jahre Tübinger Gelehrtenrepublik, München 1977
Jensen, P.: Universität und Bildungsideal. Geisteswissenschaft und Naturwissenschaft, Berlin 1928
Jetter, D.: Die ersten Universitätskliniken westdeutscher Staaten, in: Deutsche Medizinische Wochenschrift, Jg. 87, 1962, S. 2037–2042
Jones, R. F.: Ancients and Moderns. A Study of the Rise of the Scientific Movement in Seventeenth-Century England, Berkeley–Los Angeles 1965
Jordan, K.: Die Christian-Albrechts-Universität Kiel im Wandel der Jahrhunderte. Veröffentlichung der Schleswig-Holsteinischen Universitätsgesellschaft, N. F. 1, Kiel 1953

Kaelble, H.: Sozialer Aufstieg in Deutschland 1850–1914, in: Vierteljahresschrift für Sozial- und Wirtschaftsgeschichte 60, 1973, S. 41–71
Kaelble, H.: Chancenungleichheit und akademische Ausbildung in Deutschland 1910–1960, in: Geschichte und Gesellschaft, 2, 1975, S. 121–149
Kämmel, O.: Die Universitäten des Mittelalters, in: Schmid: Geschichte der Erziehung vom Anfang an bis auf unsere Zeit, II, 1. Abth. (1891)
Kaufmann, G.: Geschichte der deutschen Universitäten, 2 Bde, Stuttgart 1888–96
Kaufmann, G.: Festgabe zur Feier des hundertjährigen Bestehens der Universität Breslau, hrsg. im Auftrage von Rektor und Senat von Georg Kaufmann, 2 Bde, Breslau 1911
Kaufmann, G.: Die Universitätsprivilegien der Kaiser, in: Deutsche Zeitschrift für Geschichtswissenschaft, 1, 1889, S. 118–165
Kaufmann, G.: Zur Geschichte der akademischen Grade und Disputationen, in: Centralblatt für das Bibliothekswesen, 1894
Kavka, F.: Die Gründung der Universität in Prag und ihre Bedeutung für die Entwicklung der tschechischen Kultur, in: Les Universités Européennes du XIVe au XVIIIe Siècle, Genf 1967, S. 26–35
Kearney, H.: Scholars and Gentlemen, Universities and Society in Pre-Industrial Britain 1500–1700, London 1970
Keussen, H.: Die alte Universität Köln. Grundzüge ihrer Verfassung und Geschichte. Festschrift zum Einzuge in die neue Universität Köln, hrsg. v. Rektor und Senat, Köln 1934
Kibre, P.: Scholarly Privileges in the Middle Ages (Mediaeval Academy of America, Publ. Nr. 72), London 1961
Kink, R.: Geschichte der Kaiserlichen Universität Wien, 2 Bde, Wien 1854
Kliesch, G.: Der Einfluß der Universität Frankfurt (Oder) auf die Schlesische Bildungsgeschichte. Dargestellt an den Breslauer Immatrikulierten von 1506–1648, Würzburg 1961
Klinkenberg, H. M.: Der Verfall des Quadriviums im frühen Mittelalter, in: Koch, J. (Hg.): Artes Liberales, Leiden–Köln 1959, S. 1–32
Klose, W.: Freiheit schreibt auf eure Fahnen. 800 Jahre deutsche Studenten, Oldenburg–Hamburg 1968
Klotz, E. E.: Über die Herkunft der Jenaer Studenten im ersten Jahrhundert des Bestehens der Universität, in: Geschichtliche Landeskunde und Universalgeschichte. Festgabe für Hermann Aubin, Hamburg 1951, S. 97–111
Kluge, A.: Die Universitäts-Selbstverwaltung. Ihre Geschichte und gegenwärtige Rechtsform, Frankfurt 1958
Kluke, P.: Die Stiftungsuniversität Frankfurt am Main 1914–1932, Frankfurt 1972
Koch, J. (Hg.): Artes Liberales. Von der antiken Bildung zur Wissenschaft des Mittelalters, Leiden–Köln 1959
König, R.: Vom Wesen der deutschen Universität, Bern 1935
Kofler, L.: Geschichte der bürgerlichen Gesellschaft, Neuwied–Berlin/West 1966
Kollmann, O.: Zur Entwicklung des Ausbildungs- und Prüfungswesens für

Richteramt, Verwaltungsdienst, Rechtsanwaltschaft und Notariat in Bayern, in: Verfassung und Verwaltung in Theorie und Wirklichkeit. Festschrift für Wilhelm Laforet, München 1952, S. 445–472

Koselleck, R./Mommsen, W. J./Rüsen, J. (Hg.): Theorie der Geschichte, Bd. 1: Objektivität und Parteilichkeit, München 1977

Koser, R.: Friedrich der Große und die preußischen Universitäten, in: Forschungen zur Brandenburgischen und Preußischen Geschichte 17, 1904, S. 95–155

Kovács, E.: Die Gründung der Universität von Pécs und ihre Bedeutung für die ungarische Kultur, in: Les Universités Européennes du XIVe au XVIIIe Siècle, Genf 1967, S. 36–47

Koztowska-Budkowa, S.: La fondation de l'université de Cracovie, en 1364, et son rôle dans le développement de la civilisation en Pologne, in: Les Universités Européennes du XIVe au XVIIIe Siècle, Genf 1967, S. 13–25

Krabbe, D.: Die Universität Rostock im fünfzehnten und sechzehnten Jahrhundert, 2 Bde, Rostock 1854

Kramer, D./Vanja, Ch. (Hg.): Universität und demokratische Bewegung. Ein Lesebuch zur 450-Jahrfeier der Philipps-Universität Marburg, Marburg 1977

Kreutzberger, W.: Studenten und Politik 1918–1933. Der Fall Freiburg im Breisgau, Göttingen 1972

Kristeller, P. O.: The school of Salerno: Its development and its contribution to the history of learning, in: Bulletin of the History of Medicine, XVII, 1945, S. 138–194

Kristeller, P. O.: Beitrag der Schule von Salerno zur Entwicklung der scholastischen Wissenschaft im 12. Jahrhundert, in: Koch, J. (Hg.): Artes Liberales, Leiden–Köln 1959, S. 84–90

Kristeller, P. O.: Humanismus und Renaissance, 2 Bde, München 1974

Krummacher, H.-H.: Einführendes Referat zum Rahmenthema: Universität und Literatur im 17. Jahrhundert, in: Schöne, A. (Hg.): Stadt–Schule–Universität–Buchwesen und die deutsche Literatur im 17. Jahrhundert, München 1976, S. 313–323

Kulischer, J.: Allgemeine Wirtschaftsgeschichte des Mittelalters und der Neuzeit, 2 Bde, München–Berlin 1929

Kühnert, F.: Allgemeinbildung und Fachbildung in der Antike, in: Deutsche Akademie der Wissenschaften zu Berlin. Schriften der Sektion für Altertumswissenschaften 30, Berlin/Ost 1961

Kuhn, H. et. al.: Die deutsche Universität im Dritten Reich, München 1966

Kuhn, Th. S.: Die Struktur wissenschaftlicher Revolutionen, Frankfurt 1967

Kuntzemüller, O.: Die Überfüllung der gelehrten Fächer; ihre Ursache und Mittel zur Abhülfe, Berlin 1889

Kurrus, Th.: Die Jesuiten an der Universität Freiburg i. Br. 1620–1773, I, in: Beiträge zur Freiburger Wissenschafts- und Universitätsgeschichte, Heft 21, Freiburg 1963

Laurie, S. S.: Lectures on the Rise and Early Constitution of Universities, London 1886
Laurie, S. S.: Historical Survey of Pre-Christian Education, London 1900
Leff, G.: Paris and Oxford Universities in the Thirteenth and Fourteenth Centuries, New York 1968
Le Goff, J.: Les Intellectuels au Moyen Age, 1957
Le Goff, J.: Das Hochmittelalter, Frankfurt/M. 1965
Le Goff, J.: Kultur des europäischen Mittelalters, München 1970
Le Goff, J.: La conception française de l'université a l'époque de la Renaissance, in: Les Universités Européennes du XIVe au XVIIIe Siècle, Genf 1967, S. 94–100.
Lehmann, P.: Mittelalterliche Beinamen und Ehrentitel, in: Historisches Jahrbuch 49, 1929, S. 215ff. bzw. in: Erforschung des Mittelalters. Ausgewählte Abhandlungen und Aufsätze, 1941, S. 129ff.
Leibfried, S. (Hg.): Wider die Untertanenfabrik, Köln 1967
Leibfried, S.: Die angepaßte Universität. Zur Situation der Hochschulen in der Bundesrepublik und den USA, Frankfurt 1968
Lenz, M.: Geschichte der Königlichen Friedrich-Wilhelm-Universität zu Berlin, 4 Bde., Halle 1910–1918
Leśnodorski, B.: Les universités au Siècle des Lumières, in: Les Universités Européennes du XIVe au XVIIIe Siècle, Genf 1967, S. 143–159
Lexis, W.: Die deutschen Universitäten, 2 Bde, Berlin 1893
Lichtenstein, E.: Zur Entwicklung des Hochschulreifebegriffes, in: Zeitschrift für Pädagogik, 1958, S. 319–329
Limmer, R.: Bildungszustände und Bildungsideen des 13. Jahrhunderts. Unter besonderer Berücksichtigung der Lateinischen Quellen, München–Berlin 1928, Darmstadt–München 1970
Lohmar, U./Ortner, G. E. (Hg.): Die deutsche Hochschule zwischen Numerus clausus und Akademikerarbeitslosigkeit. Der doppelte Flaschenhals, Hannover–Dortmund–Darmstadt–Berlin/West 1975
Lorenz, Ch.: Zehnjahresstatistik des Hochschulbesuches und der Abschlußprüfungen, Bd. II: Abschlußprüfungen, Berlin 1943
Ludz, P. Ch. (Hg): Soziologie und Sozialgeschichte, Köln–Opladen 1973 (Sonderheft 16 der Kölner Zeitschrift für Soziologie und Sozialpsychologie 1973)
Lütge, F.: Deutsche Sozial- und Wirtschaftsgeschichte, 3. Aufl., Berlin/West–Heidelberg–New York 1966
Lundgreen, P.: Bildung und Wirtschaftswachstum im Industrialisierungsprozeß des 19. Jahrhunderts. Methodische Ansätze, empirische Studien und internationale Vergleiche, Berlin/West 1973

Maier, H.: Die ältere deutsche Staats- und Verwaltungslehre (Polizeiwissenschaft), Neuwied–Berlin/West 1966

Malden, H.: On the origin of universities and academical degrees, London 1835
Manegold, K. H.: Universität, Technische Hochschule und Industrie, Berlin/West 1970
Manegold, K. H.: Zur Emanzipation der Technik im 19. Jahrhundert in Deutschland, in: Wissenschaft, Wirtschaft und Technik, Wilhelm Treue zum 60. Geburtstag, hrsg. v. K. H. Manegold, München 1969, S. 379–402
Marrou, H.-I.: Geschichte der Erziehung im klassischen Altertum, Freiburg 1957
Marsak, L. M. (Hg.): The rise of Science in Relation to Society, 4. Aufl., London 1969
Marx, K.: Kritik des Hegelschen Staatsrechts (1843), in: Marx-Engels-Werke, Bd. 1, Berlin 1957, S. 201 ff.
Marx, K.: Über Erziehung und Bildung, Berlin/Ost 1961
Maschke, E.: Universität Jena. (Mitteldeutsche Hochschulen, Band 6), Köln–Graz 1969
Mathias, P. (Hg.): Science and Society 1600–1900, Cambridge 1972
Matzat, H.: Die Überfüllung der gelehrten Fächer und die Schulreformfrage, Berlin 1889
McKeon, R.: The Organization of Science and the Relations of Cultures in the Twelfth and Thirteenth Centuries, in: Murdoch, J. E./Sylla, E. D. (Hg.): The cultural Context of Medieval Learning, Dordrecht 1975, S. 151–192 (Boston Studies in the Philosophy of Science, Vol. XXVI, hrsg. v. R. S. Cohen/M. W. Wartowsky)
Meiners, Ch.: Entstehung und Entwicklung der hohen Schulen unseres Erdteils, 4 Bde, Göttingen 1802, Aalen 1973 (Nachdruck)
Meister, R.: Entwicklung und Reformen des österreichischen Studienwesens, Wien 1963
Meister, R.: Beiträge zur Gründungsgeschichte der mittelalterlichen Universität, in: Anzeiger der philosophisch-historischen Klasse der österreichischen Akademie der Wissenschaften, Jg. 1957, Nr. 4, S. 27–50
Meister, R.: Geschichte des Doktorates der Philosophie an der Universität Wien, in: Österreichische Akademie der Wissenschaften, Philosophisch-historische Klasse, Sitzungsberichte, 232. Band, 2. Abhandlung, Wien 1958
Merkel, G.: Wirtschaftsgeschichte der Universität Heidelberg im 18. Jahrhundert, Stuttgart 1973 (Veröffentlichungen der Kommission für Geschichtliche Landeskunde in Baden-Württemberg, Reihe B, 73. Band)
Merton, R. K.: Science, Technology and Society in Seventeenth Century England, in: Osiris, Vol. IV, 1938, S. 414–565
Meyer, L.: Die Zukunft der deutschen Hochschulen und ihrer Vorbildungsanstalten, Breslau 1873
Meyer, R.: Das Berechtigungswesen in seiner Bedeutung für Schule und Gesellschaft im 19. Jahrhundert, in: Zeitschrift für die gesamte Staatswissenschaft 124, 1968, S. 763–776
Michaelis, J. D.: Räsonnement über die protestantischen Universitäten in Deutschland, 4 Bde, Frankfurt–Leipzig 1768–1776, Neudruck Aalen 1973

Michaud, S. St.: L'histoire des universités au moyen-âge et â la renaissance au cours des 25 dernières années, in: XIe congrés international des sciences historiques. Rapports, Stockholm 1960

Mitgau, J. H.: Der Student. Eine Einführung in Studium und Studentenleben an der deutschen Universität der Gegenwart, Heidelberg 1926

Mitgau, H.: Soziale Herkunft der deutschen Studenten bis 1900, in: Rössler, H./Franz, G. (Hg.): Universität und Gelehrtenstand 1400–1800, Limburg 1970

Mommsen, Th.: Die Promotionsreform, in: Preußische Jahrbücher, 1876, S. 17–22, S. 335–352

Moulin-Eckart, R. Graf Du: Geschichte der deutschen Universitäten, Stuttgart 1929

Müller, W.: Fünfhundert Jahre theologische Promotion an der Universität Freiburg i. Br., Freiburg 1957

Müller-Papst, F.: Staat und Universität im württembergischen Vormärz, Diss. Tübingen 1975

Murdoch, J. E./Sylla, E. D. (Hg.): The Cultural Context of Medieval Learning, Dordrecht 1975

Murdoch, J. E.: From Social into Intellectual Factors: An Aspect of the Unitary Character of Late Medieval Learning, in: Murdoch, J. E./Sylla, E. D. (Hg.): The Cultural Context of Medieval Learning, Dordrecht 1975, S. 271–348

Muther, Th.: Aus dem Universitäts- und Gelehrtenleben im Zeitalter der Reformation, Erlangen 1866

Myers, E. D.: Education in the perspective of history, with a concluding chapter by Arnold J. Toynbee, New York 1960

Nationalsozialismus und die Deutsche Universität, Berlin/West 1966

Nauck, E. Th.: Zur Geschichte des medizinischen Lehrplans und Unterrichts der Universität Freiburg i. Br., Freiburg 1952

Nauck, E. Th.: Das Frauenstudium an der Universität Freiburg i. Br., Freiburg 1953

Nauck, E. Th.: Zur Vorgeschichte der naturwissenschaftlich-mathematischen Fakultät der Albert-Ludwigs-Universität Freiburg i. Br., Freiburg 1954

Nauck, E. Th.: Die Zahl der Medizinstudenten deutscher Hochschulen im 14. bis 18. Jahrhundert, in: Sudhoffs Archiv für Geschichte der Medizin 38, 1954, S. 175–186

Nauck, E. Th.: Geschichte der Promotion in der medizinischen Fakultät, Freiburg 1958

Neuhaus, R. (Hg.): Dokumente zur Hochschulreform 1945–1959, Wiesbaden 1961

Nitsch, W./Gerhardt, U./Offe, C./Preuß, U. K.: Hochschule in der Demokratie. Kritische Beiträge zur Erbschaft und Reform der deutschen Universität, Berlin/West–Neuwied 1965

Nitsch, W.: Die soziale Dynamik akademischer Insttutionen. Trend-Report zur

sozialwissenschaftlichen Hochschulforschung, Weinheim–Basel 1973
Norton, A. O.: Readings in the History of Education: Medieval Universities, Cambridge/Mass. 1909
Nothaas, J.: Sozialer Auf- und Abstieg im deutschen Volk, München 1930
Novický, G. A.: L'origine de l'enseignement supérieur en Russie et la foundation de l'université de Moscou, in: Les Universités Européennes du XIVe au XVIIIe Siècle, Genf 1967, S. 160–168

O'Boyle, L.: Klassische Bildung und soziale Struktur in Deutschland zwischen 1800 und 1848, in: Historische Zeitschrift 207, 1969, S. 584–608
Offe, C.: Historische Aspekte der Funktion und Struktur der deutschen Universität, in: Unesco-Institut für Pädagogik (Hg.): Faktoren und Zielvorstellungen der Hochschulreform in der Bundesrepublik, Hamburg 1969, S. 20–31
Ornstein, M.: The Role of Scientific Societies in the Seventeenth Century, 1. Aufl. 1913, Neuausgabe: London 1963
Otruba, G.: Die Universitäten in der Hochschulorganisation der Donaumonarchie – nationale Erziehungsstätten im Vielvölkerreich 1850 bis 1914, in: Helfer, Ch./Rassem, M. (Hg.): Student und Hochschule im 19. Jahrhundert, Göttingen 1975, S. 75–155

Paasche, H.: Läßt sich dem Zudrang unberufener Elemente zu den Universitäten nicht steuern? in: Deutsches Wochenblatt, 2. Jg., 1889, Nr. 1, S. 7ff.
Pantin, W. A.: The conception of the universities in England in the period of the Renaissance, in: Les Universités Européennes du XIVe au XVIIIe Siècle, Genf 1967, S. 101–113
Paulsen, F.: Die Gründung der deutschen Universitäten im Mittelalter, in: Historische Zeitschrift 45 (1881), S. 251
Paulsen, F.: Organe und Lebensordnung der Universität im Mittelalter, in: Historische Zeitschrift 45 (1881), S. 385
Paulsen, F.: Wesen und geschichtliche Entwicklung der Deutschen Universitäten, in: Lexis, W. (Hg.): Die Deutschen Universitäten, Berlin 1893
Paulsen, F.: Geschichte des gelehrten Unterrichts auf den deutschen Schulen und Universitätten vom Ausgang des Mittelalters bis zur Gegenwart, 2 Bde, Berlin–Leipzig 1885, 1920[4]
Paulsen, F.: Die Überfüllung der gelehrten Berufe, in: Deutsches Wochenblatt, 2. Jg., 1899, S. 510–513, 539
Paulsen, F.: Die deutsche Universität und das Universitätsstudium, Berlin 1902
Paulsen, F.: Überblick über die geschichtliche Entwicklung der deutschen Universitäten mit besonderer Rücksicht auf ihr Verhältnis zur Wissenschaft, in: Lexis, W. (Hg.): Das Unterrichtswesen im Deutschen Reich, Bd. I: Die Universitäten, Berlin 1904
Perthes, O.: Die Mitschuld unseres höheren Schulwesens an der Überfüllung in den gelehrten Ständen, Gotha 1889
Petry, L.: Die Reformation als Epoche der deutschen Universitätsgeschichte. Eine

Zwischenbilanz, in: Festgabe J. Lortz, hrsg. v. E. Iserloh/P. Mannes, 3 Bde, Baden-Baden 1958, S. 317–353

Petry, L.: Deutsche Forschungen nach dem Zweiten Weltkrieg zur Geschichte der Universitäten, in: Vierteljahresschrift für Sozial- und Wirtschaftsgeschichte, 46, 1959, S. 145–203

Petry, L.: Die Gründung der drei Friedrich-Wilhelms-Universitäten Berlin, Breslau und Bonn, in: Festschrift Hermann Aubin zum 80. Geburtstag, hrsg. v. O. Brunner u. a., Wiesbaden 1965, Bd. 2, S. 687–709

Pfetsch, F. R.: Zur Entwicklung der Wissenschaftspolitik in Deutschland 1750–1914, Berlin/West 1974

Picht, G.: Die deutsche Bildungskatastrophe, Olten–Freiburg i. Br. 1964

Pietzker, F./Treutlein, P.: Der Zudrang zu den gelehrten Berufsarten, seine Ursachen und etwaigen Heilmittel, Braunschweig 1889

Pintschovius, K.: Volkswirte als Führer oder als Fachbeamte? Eine sozialwissenschaftliche Untersuchung, München–Leipzig 1930

Pirenne, H.: Sozial- und Wirtschaftsgeschichte Europas im Mittelalter, 2. Aufl., Bern–München 1971

Plessner, H. (Hg.): Untersuchungen zur Lage der deutschen Hochschullehrer, 3 Bde, Göttingen 1956

Pleyer, K.: Die Vermögens- und Personalverwaltung der deutschen Universitäten. Ein Beitrag zum Problemkreis Universität und Staat, Marburg 1955

Pollard, G.: The University and the Book Trade in Medieval Oxford, in: Beiträge zum Berufsbewußtsein des mittelalterlichen Menschen (Miscellanea Mediaevalia 3, 1964), S. 336ff.

Post, G.: Master's salaries and student-fees in the mediaeval universities, in: Speculum VII, 1932, S. 181–198

Post, G.: Parisian Masters as a Corporation, 1200–1246, in: Speculum IX, 1934, S. 421ff.

Powicke, F. M.: Bologna, Paris, Oxford: Three Studia Generalia, in: Ways of Medieval Life and Thought, London 1949, S. 149ff.

Powicke, F. M.: The Medieval University in Church and Society, in: Ways of Medieval Life and Thought, London 1949, S. 198ff.

Prahl, H.-W.: Hochschulprüfungen – Sinn oder Unsinn? München 1976

Prahl, H.-W.: Prüfungsangst, München 1977

Prantl, C.: Geschichte der Ludwig-Maximilians-Universität in Ingolstadt, Landshut, München, 2 Bde, München 1872

Quetsch, C.: Die zahlenmäßige Entwicklung des Hochschulbesuchs in den letzten fünfzehn Jahren, Berlin/West–Göttingen–Heidelberg 1960

Rait, R. S.: Life in the medieval university, Cambridge 1912, New York 1969 (repr.)

**Rashdall, H.:* The Universities of Europe in the Middle Ages, London 1895,

Neubearbeitung von Powicke, F. W./Emden, A. B., 3 Bde, London 1936/1959
Rassem, M.: Einleitung in die vergleichende Morphologie der Hochschule, in: Helfer, Ch./Rassem, M. (Hg.): Student und Hochschule im 19. Jahrhundert, Göttingen 1975, S. 11–26
Raumer, K. v.: Die deutschen Universitäten, Gütersloh 1882
Real, H. J.: Die privaten Stipendienstiftungen der Universität Ingolstadt im ersten Jahrhundert ihres Bestehens, Berlin 1972
Recktenwald, H. C.: Die fränkische Universität Altdorf, Nürnberg 1966
Reeves, M.: The European University from Medieval Times with special reference to Oxford and Cambridge, in: Niblett, W. R. (Hg.): Higher Education : Demand and Response, London 1969, S. 61–84
Remme, K. (Hg.): Die Hochschulen Deutschlands. Ein Führer durch Geschichte, Landschaft und Studium, Berlin 1926
Riemer, S.: Sozialer Aufstieg und Klassenschichtung, in: Archiv für Sozialwissenschaft und Sozialpolitik, 67. Bd., 1932, S. 531–560
Rienhardt, A.: Das Universitätsstudium der Württemberger seit der Reichsgründung. Gesellschaftswissenschaftliche und statistische Untersuchungen mit einer Darstellung und Beurteilung akademischer Gegenwartsfragen, Tübingen 1918
Riese, H.: Der Bedarf an Hochschulabsolventen in der Bundesrepublik, Frankfurt 1967
Riese, R.: Die Hochschule auf dem Wege zum wissenschaftlichen Großbetrieb. Die Universität Heidelberg und das badische Hochschulwesen 1860–1914, Stuttgart 1977
Ringer, F.: The Decline of German Mandarins, Cambridge/Mass. 1969
Ritter, G.: Die Heidelberger Universität. Ein Stück deutscher Geschichte. Im Auftrage der Heidelberger Akademie der Wissenschaften. Bd. I: Das Mittelalter 1386–1508, Heidelberg 1936
Ritter, G.: Via Antiqua und Via Moderna auf den deutschen Universitäten des XV. Jahrhunderts, Darmstadt 1963
Roach, J. P. C.: Victorian Universities and the National Intelligensia, in: Victorian Studies, December 1959
Rodenberg, C.: Die Anfänge der Christian-Albrechts-Universität Kiel, aus dem Nachlaß von Carl Rodenberg überarbeitet, ergänzt und hrsg. v. Volquart Pauls, Neumünster 1955
Roessler, H./Franz, G. (Hg.): Universität und Gelehrtenstand 1400–1800, Büdinger Vorträge 1966, Limburg/Lahn 1970
Roessler, W.: Die Entstehung des modernen Erziehungswesens in Deutschland, Stuttgart 1961
Romano, R./Tenenti, A.: Die Grundlegung der modernen Welt: Spätmittelalter, Renaissance, Reformation, Frankfurt 1967 (=Fischer-Weltgeschichte Bd. 12)
Rosenberg, H.: Bureaucracy, Aristocracy and Rubracy. The Prussian Experience 1660–1815, Harvard University Press 1958
Rosenstock-Huessy, E.: Das Geheimnis Universität, Stuttgart 1958
Rothblatt, S.: The Revolt of the Dons, Cambridge and Society in Victorian

England, London 1968
Ruehle, O.: Idee und Gestalt der deutschen Universität, Berlin/Ost 1966
Rüthing, H. (Hg.): Die Mittelalterliche Universität, Göttingen 1973
Ruge, A.: Das Wesen der Universitäten und das Studium der Frauen, Leipzig 1912
Ruppel, W.: Über die Berufswahl der Abiturienten Preussens in den Jahren 1875–1899: Eine statistische Studie, Fulda 1904
Rutschky, K. (Hg.): Schwarze Pädagogik – Quellen zur Naturgeschichte der bürgerlichen Erziehung, Frankfurt–Berlin/West 1977

Sanderson, M.: The Universities and British Industry 1850–1970, London 1972
Schachner, N.: The Medieval Universities, New York 1938, 1962
Schäffer, T.: Das Ausbildungssystem in Deutschland in der 1. Hälfte des 19. Jahrhunderts, in: Altvater, E./Huisken, F. (Hg.): Materialien zur Politischen Ökonomie des Ausbildungssektors, Erlangen 1971, S. 101–112
Schairer, R./Hoffmann, C. (Hg.): Universitätsideale der Kulturvölker, Leipzig 1925
Schalk, F.: Zur Entwicklung der Artes in Frankreich und Italien, in: Koch, J. (Hg.): Artes Liberales, Leiden–Köln 1959, S. 137–148
Scheel, O. et. al.: Festschrift zum 275-jährigen Bestehen der Christian-Albrechts-Universität Kiel, Kiel 1940
Scheidemann, K. F.: Überfüllung der Hochschulen. Eine Studie über Studentenzahlen und Fassungsvermögen der deutschen Hochschulen, Bonn 1959
* *Schelsky, H.:* Einsamkeit und Freiheit. Idee und Gestalt der deutschen Universität und ihrer Reformen, Reinbek 1963
Schipperges, H.: Einflüsse arabischer Wissenschaft auf die Entstehung der Universität, in: Nova Acta Leopoldina 27, 167, 1963, S. 201–212
Schmid, K. A.: Geschichte der Erziehung. Vom Anfang an bis auf unsere Zeit. Stuttgart 1884–1901, Neudruck 1970, 5 Bde in 10 Teilen
Schmidinger, H.: Zur Entstehung der Universitäten im Mittelalter, in: Forschung und Bildung, Aufgaben einer katholischen Universität, hrsg. v. N. A. Luyten, Freiburg/Schweiz 1965, S. 127–141
Schmitt, Ch. B.: Philosophy and Science in Sixteenth-Century Universities. Some Preliminary Comments, in: Murdoch, J. E./Sylla, E. D. (Hg.): The Cultural Context of Medieval Learning, Dordrecht 1975, S. 485–537
Schnabel, F.: Die Anfänge des technischen Hochschulwesens, in: Festschrift anläßlich des 100jährigen Bestehens der Technischen Hochschule Fridericiana zu Karlsruhe, Karlsruhe 1925
Schneppen, H.: Niederländische Universitäten und Deutsches Geistesleben. Von der Gründung der Universität Leiden bis ins späte 18. Jahrhundert, Münster 1960
Schöne, A. (Hg.): Stadt–Schule–Universität–Buchwesen und die deutsche Literatur im 17. Jahrhundert. Vorlagen und Diskussionen eines Barock-Symposions der Deutschen Forschungsgemeinschaft 1974 in Wolfenbüttel, München 1976

Schrader, W.: Geschichte der Friedrichs-Universität zu Halle, 2 Bde, Berlin 1894
Schröder, O. (Hg.): Die Erwerbung der philosophischen Doktorwürde an den Universitäten Deutschlands, Halle 1929[2]
Schröder, O.: Aufnahme und Studium an den Universitäten Deutschlands, Halle 1926[2]
Schulze, F./Ssymank, P.: Das Deutsche Studententum von den ältesten Zeiten bis zur Gegenwart, Leipzig 1910
Schumm, W.: Soziologie der Hochschulpolitik, München 1968
Schwabe, K.: Zur politischen Haltung der deutschen Professoren im ersten Weltkrieg, in: Historische Zeitschrift 193, 1961, S. 601–634
Schwickerath, R.: Jesuit Education, Los Angeles 1905
Seiffert, H.: Hochschule im sozialwissenschaftlichen Zeitalter, in: Neue politische Literatur, Jg. 13, 1968, S. 49–60
Seiffert, H.: Hochschule im revolutionären Zeitalter, in: Neue politische Literatur, Jg. 14, 1969, S. 11–31
Seiffert, H.: Hochschule im Zeitalter der Resignation, in: Neue politische Literatur, Jg. 16, 1971, S. 45–71
Selle, G. v.: Die Georg-August-Universität zu Göttingen 1737–1937, Göttingen 1937
Selle, G. v.: Geschichte der Albertus-Universität zu Königsberg in Preußen, 2. Aufl., Würzburg 1956
Simon, O.: Die Fachbildung des Preußischen Gewerbe- und Handelsstandes im 18. und 19. Jahrhundert, Berlin 1902
Simon, P.: Voraussetzung und Wesen der mittelalterlichen Universität, Stuttgart 1933
Solla Price, D. J. de: Little Science, Big Science. Von der Studierstube zur Großforschung, Frankfurt 1974
Spranger, E.: Wandlungen im Wesen der Universität seit 100 Jahren, Leipzig 1913
Spranger, E.: Begabung und Studium, Leipzig–Berlin 1917
Spranger, E.: Wilhelm von Humboldt und die Reform des Bildungswesens, Tübingen 1965
Ssymank, P.: Das Hochschulwesen im römischen Kaiserreich bis zum Ausgang der Antike, Posen 1912
Ssymank, P.: Von Studenten, Magistern und Professoren, Leipzig 1935
Stadelmann, R./Fischer, W.: Die Bildungswelt des deutschen Handwerkers um 1800, Berlin/West 1955
Stark, E. (Bearb.)/Hassinger, E. (Hg.): Bibliographie zur Universitätsgeschichte, Freiburg–München 1974
Statistisches Jahrbuch der Bundesrepublik Deutschland, Wiesbaden, fortlaufend
Statisches Jahrbuch der Deutschen Demokratischen Republik, Berlin/Ost 1950ff.
Steiger, G./Straube, M.: Forschungen und Publikationen zur Geschichte der deutschen Universitäten und Hochschulen auf dem Territorium der DDR, in: Zeitschrift für Geschichtswissenschaft (DDR), Sonderheft, 8. Jg., 1960,

S. 563–599
Stein, L. v.: Das Bildungswesen des Mittelalters, 1893, in: Die Verwaltungslehre, Bd. 8, 1962
Steinmetz, M.: Zur Geschichte der deutschen Universitäten und Hochschulen, in: Studien- und Hochschulführer der Deutschen Demokratischen Republik, 1954/55, Berlin/Ost 1954, S. 11–39
Steinmetz, M.: Geschichte der deutschen Universitäten und Hochschulen. Ein Überblick, Berlin/Ost 1971
Steinmetz, M.: Die Konzeption der deutschen Universitäten im Zeitalter von Humanismus und Reformation, in: Les Universités Européennes du XIVe au XVIIIe Siècle, Genf 1967, S. 114–127
Stern, L. (Hg.): 450 Jahre Martin-Luther-Universität Halle-Wittenberg, 3 Bde, Halle 1952
Stelling-Michaud, S.: Quelques remarques sur l'histoire des universités à l'époque de la Renaissance, in: Les Universités Européennes du XIVe au XVIIIe Siècle, Genf 1967, S. 71–83
Stimmer, G.: Die Mythologisierung der Revolution von 1848 als Modell einer Studentenrevolution, in: Helfer, Ch./Rassem, M. (Hg.): Student und Hochschule im 19. Jahrhundert, Göttingen 1975, S. 243–302
Stimmer, G.: Zur Herkunft der höchsten österreichischen Beamtenschaft – Die Bedeutung des Theresianums und der Konsularakademie, in: Helfer, Ch./Rassem, M. (Hg.): Student und Hochschule im 19. Jahrhundert, Göttingen 1975, S. 303–345
Strangmeier, R. L. F.: Der Arbeitsmarkt für Akademiker. Soziale Struktur und Steuerung, Frankfurt–New York 1978

Thienen-Aderflycht,, Ch.: Wandlungen des österreichischen Studiensystems im Übergang vom 18. zum 19. Jahrhundert, in: Helfer, Ch./Rassem, M. (Hg.): Student und Hochschule im 19. Jahrhundert, Göttingen 1975, S. 27–46
Tholuck, A.: Das akademische Leben des 17. Jahrhunderts mit besonderer Beziehung auf die protestantisch-theologischen Fakultäten Deutschlands, Halle 1853
Thompson, J. W.: The Literacy of the Laity in the Middle Ages, New York 1960
Thorbecke, A.: Statuten und Reformationen der Universität Heidelberg vom 16. bis 18. Jahrhundert, Leipzig 1891
Thorndike, L.: University Records and Life in the Middle Ages (Columbia University Records of Civilization 38), New York 1944
Toynbee, A. J.: Concluding Chapter, in: Myers, E.: Education in the perspective of history, New York 1960
Timm, A.: Die Universität Halle–Wittenberg, Frankfurt 1960
Treue, W.: Das Verhältnis der Universitäten und Technischen Hochschulen zueinander und ihre Bedeutung für die Wirtschaft, in: Luetge, F. (Hg.): Die wirtschaftliche Situation in Deutschland und Österreich um die Wende vom 18. zum 19. Jahrhundert, Stuttgart 1964

Treue, W.: Das Verhältnis der Universitäten und Technischen Hochschulen zueinander und ihre Bedeutung für die Wirtschaft, in: Forschungen zur Sozial- und Wirtschaftsgeschichte, hrsg. v. F. Lütge, Bd. 6, München–Berlin 1964, S. 223–237
Treue, W.: Die Geschichte des technischen Unterrichts, in: 125 Jahre Technische Hochschule Hannover 1831–1956, Hannover 1956

Ullmann, W.: The Medieval Interpretation of Frederick I's Authentic »Habita«, in: L'Europa e il diritto Romano: Studi in memoria di Paolo Koschaker, Milan 1954
Les Universités Européennes du XIVe au XVIIIe Siècle, Genf 1967

Venn, J.: Early Collegiate Life, Cambridge 1913
**Verger, J.:* Les universités au moyen âge, Paris 1973
Verger, J.: The University of Paris at the End of the Hundred Years War, in: Baldwin, J. W./Goldthwaite, R. A. (Hg.): Universities in Politics, Baltimore–London 1972
450 Jahre Martin-Luther-Universität Halle–WWittenberg, 3 Bde, Halle 1952
Vincke, J. (Hg.): Zur Geschichte der Universität Freiburg i. Br., Freiburg 1966
Volkmann, H.: Die deutsche Studentenschaft in ihrer Entwicklung seit 1919, Leipzig 1925
Vondung, K. (Hg.): Das wilhelminische Bildungsbürgertum. Zur Sozialgeschichte seiner Ideen, Göttingen 1976

Waddel, H.: Wandering Scholars, London 1954
**Wagner, W.:* Uni-Angst und Uni-Bluff. Wie studieren und sich nicht verlieren, Berlin 1977
Walden, J. W. H.: The Universities of ancient Greece, New York 1909
Weber, M.: Wirtschaft und Gesellschaft, 2 Bde., Köln 1964
Weber, N.: Privilegien durch Bildung. Über die Ungleichheit der Bildungschancen in der Bundesrepublik Deutschland, Frankfurt 1973
Webler, H.: Die Kameral-Hohe-Schule zu Lautern (1774–1784). Eine quellengeschichtliche Entwicklung und theoretische Fundierung der Sozialökonomik als Universitätswissenschaft, Speyer 1927
Webster, Ch. (Hg.): The Intellectual Revolution in the Seventeenth Century, London 1974
Wehler, H. U. (Hg.): Geschichte und Soziologie, Köln 1972
Weil, H.: Die Entstehung des deutschen Bildungsprinzips, Bonn 1930
Weingart, P.: Wissensproduktion und soziale Struktur, Frankfurt 1976
Weischedel, W. (Hg.): Gedenkschrift der Freien Universität Berlin zur 150. Wiederkehr des Gründungsjahres der Friedrich-Wilhelms-Universität zu Berlin, 2 Bde, Berlin/West 1960
Weischedel, W. (Hg.): Idee und Wirklichkeit einer Universität. Dokumente zur Geschichte der Friedrich-Wilhelms-Universität zu Berlin, Berlin/West 1960

Westermann, H. H.: Grundsätzliche Aspekte hochschuldidaktisch-pädagogischer Bestrebungen in Deutschland, Diss. Münster 1974
Wieruszowski, H.: The medieval Universities, 1966
Wilkinson, R.: The prefects. British leadership and the public school tradition. A comparative study in the making of ruless. London 1964
Wilpert, P. (Hg.): Beiträge zum Berufsbewußtsein des mittelalterlichen Menschen (Miscellanea Medievalia III) 1964
Wippermann, K. W.: Die Hochschulpolitik in der Weimarer Republik, in: Politische Studien 20, 1969, S. 143–158
Wolter, H.: Geschichtliche Bildung im Rahmen der Artes Liberales, in: Koch, J.: Artes Liberales, Leiden–Köln 1959, S. 50–83
Wretschko, A. v.: Die Verleihung gelehrter Grade durch den Kaiser seit Karl IV, Weimar 1910

The yearbook of education 1959: higher education, London 1959

Zarncke, F.: Die urkundlichen Quellen zur Geschichte der Universität Leipzig in den ersten 150 Jahren ihres Bestehens, Leipzig 1857
Zarncke, F.: Die deutschen Universitäten im Mittelalter, Leipzig 1857
Zendel, H.: Die Handelshochschulidee und ihre Verwirklichung in Deutschland, Diss. Mainz 1957
Zentgraf, E. (Hg.): Aus der Geschichte der Naturwissenschaften an der Universität Freiburg i. Br., Freiburg 1957
Ziegler, Th.: Über Universitäten und Universitätsstudium, Leipzig–Berlin 1913
Zöller, E.: Die Universitäten und Technischen Hochschulen. Ihre geschichtliche Entwicklung und ihre Bedeutung in der Kultur, ihre gegenseitige Stellung und weitere Ausbildung, Berlin 1891
Zorn, W.: Hochschule und höhere Schule in der deutschen Sozialgeschichte der Neuzeit, in: Repgen, K./Skalweit, St. (Hg.): Spiegel der Geschichte. Festschrift für Max Braubach, Münster 1964, S. 321–339

〔邦訳書〕

ヴァークナー，W.『現代ドイツ学生気質——大学生の不安とハッタリ』(松尾欣治・川嶋正幸訳)，龍渓書舎，1984.
ヴェルジェ，J.『中世の大学』(大高順雄訳)．みすず書房．1979.
エリアス，N.『宮廷社会』(波田節夫・中埜芳之・吉田正勝訳)，法政大学出版局，1981.
シェルスキー，H.『大学の孤独と自由』(田中昭徳・阿部謹也・中川勇治訳)，未来社，1970.
ハスキンズ，C. H.『大学の起源』(青木靖三・三浦常司訳)，法律文化社，1970.
フィヒテ，J. G.『学者の使命・学者の本質』(宮崎洋三訳)，岩波文庫，1942.
ブロイエル，H. P.『大学知識人の思想史——ドイツ大学の虚像』(平野一郎監訳)，黎明書房，1971.
フンボルト，W. v.『人間の諸問題』(西村貞次訳)，創元社，1950.

〃　『歴史哲学論文集』(西村貞次訳), 創元社, 1948.
〃　「ベルリンにおける最高学府の内的及び外的組織について」(天野貞祐訳)(『天野貞祐著作集』収録), 細川書店, 1950.
〃　「ベルリン高等学問施設の内的ならびに外的組織の理念」(梅根悟訳)〔フィヒテ他著『大学の理念と構想』所収〕
ヤスパース, K.『大学の理念』(森昭訳) 理想社, 1955.〔『ヤスパース選集』II, 理想社, 1964.〕
ラシュドール, 『H. 『大学の起源——ヨーロッパ中世大学史』(横尾壮英訳), 東洋館出版社, 1968—1970.